山西省地方志办公室 编

民国山西实业志

上册

山西出版传媒集团
山西人民出版社

图书在版编目（CIP）数据

民国山西实业志 / 山西省地方志办公室编. —太原:
山西人民出版社, 2012.12
ISBN 978-7-203-07928-6

Ⅰ. ①民… Ⅱ. ①山… Ⅲ. ①经济史 — 山西省 — 民国
Ⅳ. ①F129.6

中国版本图书馆 CIP 数据核字（2012）第248702号

民国山西实业志

编　　者: 山西省地方志办公室
责任编辑: 张建英
装帧设计: 敬鹏涛

出 版 者: 山西出版传媒集团 · 山西人民出版社
地　　址: 太原市建设南路21号
邮　　编: 030012
发行营销: 0351-4922220　4955996　4956039
0351-4922127（传真）　4956038（邮购）
E-mail: sxskcb@163.com　发行部
sxskcb@126.com　总编室
网　　址: www.sxskcb.com

经 销 者: 山西出版传媒集团 · 山西人民出版社
承 印 者: 山西省史志印刷厂

开　　本: 960mm×787mm
印　　张: 117.75
字　　数: 980千字
印　　数: 1-2000册
版　　次: 2012年12月第1版
印　　次: 2012年12月第1次印刷
书　　号: ISBN 978-7-203-07928-6
定　　价: 330.00元

《民国山西实业志》出版说明

二十世纪三十年代初，南京国民政府为制定全国性的实业发展规划，责成实业部国际贸易局举办全国实业总调查。此项工作自一九三二年八月开展，分四期进行。由于设计科目繁多、任务繁重、一些省份重视不够，加之一九三五年日军发动华北事变，致使调查工作一波三折，直至一九三六年十月，仅完成了江苏、浙江、山东、湖南、山西五省工作。

庞大的调查工作虽未竟功，但它留下了极其珍贵的调查成果，这就是一九三二年以后实业部贸易局汇编成册的《中国实业志》江苏、浙江、山东、湖南、山西各卷。这五卷实业志，在国民政府经济建设中发挥了重要的指导作用，今天对中国近代经济史研究和地方志编纂，仍具有极高参考价值和学术声誉。

《中国实业志·山西省》是整个工作的收官之作，所收资料非常珍贵。全书分绪论、山西经济之鸟瞰、都会商埠及重要市镇、农林畜牧、矿业、工业、特种商业、金融机关、交通九编，共五十四章。

为了抢救、保护和更好地利用这部民国史上仅有的记述山西经济发展的志书，我们决定原版影印《中国实业志·山西省》卷。同时为了让读者对其内容和价值一目了然，将其定名为《民国山西实业志》。

《民国山西实业志》主要采用山西大学刘成虎博士提供的复旦大学保存的《中国实业志·山西省》电子版。其中一些遗漏采用山西大学王欣欣副研究馆员提供的藏版补齐。在此，对他们的热心帮助表示感谢。

由于时间紧，修版整理工作中未尽或不当之处，敬请读者指正。

编者

二〇一二年十一月

全國實業調查報告之五 山西省

中國實業誌

吳鼎昌題

民國二十六年一月初版
定價大洋伍元

編纂者 實業部國際貿易局
上海江西路四〇六號
電話一五六六九六・七

發行者 實業部國際貿易局
上海浙江路五三六號

承印者 華豐印刷鑄字所
電話九〇三五八號

中國實業誌山西省序

中國實業調查，先後已告完竣者，計有江蘇浙江山東湖南四省，且均次第印行，現山西省亦調查竣事，刊行問世矣。

山西爲我國華北主要省份，不僅農產豐富，工商各業亦具相當規模，此次調查，對於各種特產產銷狀況，均加以深切之注意，調查及編纂方法，則大體根據以前之原則及系統，惟更力求其數字之眞確，與資料之豐富，俾此種事業，不僅爲書本上之硏究，可進而爲一切建設事業之基礎。

山西省全省共計一〇五縣及一市。調查區域劃分爲八區。第一區包括太原市，陽曲，太原，太谷，祁縣，徐溝，清源，交城，文水，汾陽，平遙，臨縣，離石，及方山等一市十三縣。第二區爲榆次，遼縣，和順，榆社，平定，昔陽，盂縣，壽陽，忻縣，定襄，代縣，五台，及繁峙等十三縣。第三區爲大同，渾源，應縣，懷仁，山陰，靈邱，廣靈，陽高，天鎭，右玉，朔縣，左雲，及平魯等十三縣。第四區爲長治，長子，屯留，襄垣，潞城，黎城，壺關，平順，晉城，高平，陵川，沁縣，及武鄉等十三縣、第五區爲介休，孝義，石樓，中陽，沁源，洪洞，安澤，霍縣，靈石，趙城，汾西，隰縣，大寧，及永和等十四縣。第六區爲陽城，沁水，臨汾，襄陵，浮山，汾城，曲沃，翼城，吉縣，鄕寧，新絳，河津，稷山，及蒲縣等十四縣。第七區爲永濟，臨晉，虞鄉，榮河，萬泉，猗氏，解縣，安邑，夏縣，平陸，芮城，聞喜，絳縣，及垣曲等十四縣。第八區爲岢嵐，嵐縣，興縣，寧武，神池，偏關，五寨，靜樂，崞縣，保德，及河曲等十一縣。

關於調查及編纂工作，仍由阮靜如，陸國香，侯厚吉，蔣學楷，楊竹君，姚方仁，趙康節，馬驥伯，謝澤，蔣桴，孟爾藏，陳望泰，陶仲琦諸君分別担任，而負主持之責者，則爲朱羲農朱保訓兩主任。兩主任指導有方，諸君工作忠實，始終其事，均可資紀念者，又此次調查山西實業，蒙山西省政府，各縣縣政府，各公私團體，及各業專家多方協助，使進行得稱便利，於此謹誌深厚之謝意。

最後尙有一端須爲全國人士告者，即實業調查本爲全國整個的計劃，分期次第舉行，自二十一年開始以來，業已完成五省，現奉行政會議議決停辦，故自本篇刊行之後，即告結束。

民國廿五年十月十日郭秉文

中國實業誌目錄

山西省

第二編　山西經濟之鳥瞰

第十四章　蔬菜　二四八——三一六(丁)

第一編　緒論

第一章　沿革概要

位置

山西位於黃河流域之中部，以在太行山之西，故名山西。別稱晉省，又曰山右。南界河南，東接河北，北憑長城界綏遠，西以黃河與陝西分界，東北一隅，毗連察哈爾。以地處高寒，耕地甚少，故農產比較鮮薄。惟礦物則蘊藏極豐，鹽鉄之饒，自古而然，煤有「無量藏」之稱。畜牧事業，亦頗發達。工業以製鐵器，造酒、窰器、製紙、紡紗、麵粉、火柴等業較著。商業則素稱繁盛。就華北經濟言，山西實居於重要之地位。

沿革

攷山西爲我國最古之都會所在地，古爲冀州之域，虞分置并州，夏仍爲冀州；周曰并州；成王封叔虞爲唐國，後改晉國，戰國屬趙，兼屬韓魏；秦置太原、上黨、河東、雲中、雁門、代郡；漢元封中，置并州；後漢因之，建安十八年，省并州入冀州；三國魏黃永元年，復置并州，晉因之，隋開皇二年，置河北道行台，三年罷郡置州，九年廢行台，復置并州總管府，大業元年府罷，三年改諸州爲郡，屬冀州刺史；唐武德元年，改諸郡爲州，置并州總管府，又分置蒲州、潞州、二總管府，開元中，分置河東道，天寶以後，分置河東、河中、潞澤三節度使；五代晉天福初，割蔚朔雲應等省入遼；周廣順初，劉崇據太原，是爲北漢；宋太平興國四年，平北漢仍爲河東路，其雲州屬遼；重熙十三年，建爲西京道，宋宣和四年復歸於宋，別號雲中府路；七年，兩路俱入於金，爲河東西京兩路，天會六年，又分河東爲南北路；元置河南，山西道，宣慰使司，又肅政廉訪司，統屬中書省；明洪武元年，置山西行中書省於太原；九年改爲山西等處承宣布政使司，領五府，直隸州三，清稱山西省，以長城以北之蒙古，歸化城，土默特等地，編入省內。民國成立復將上述各地劃歸綏遠，察哈爾二區，將原有之區域分爲三道，曰冀寧道，居省之中部包括陽曲、太原、楡次、太谷、祁縣、交城、文水、徐溝、清源、岢嵐、嵐縣、興縣、汾陽、孝義、介休、平遙、臨縣、中陽、石樓、離石、方山、平定、壽陽、盂縣、昔陽、長治、長子、屯留、襄垣、潞城、平順、壺關、黎城、晉城、高平、陽城、沁水、陵川、遼縣、楡社、和順、沁縣、沁源、武鄉等四十四縣；曰雁門道居省之北部，包括大同、懷仁、山陰、應縣、渾源、靈邱、廣靈、陽高、天鎭、右玉、左雲、朔縣、平魯、甯武、神池、偏關、五寨、保德、河曲、代縣、五台、崞縣、繁峙、忻縣、定襄、靜樂等二十六縣；曰河東道，居省之南部，包括安邑、解縣、夏縣、平陸、芮城、永濟、臨晉、虞鄉、猗氏、萬泉、榮河、絳縣、新絳、稷山、河津、聞喜、垣曲、臨汾、洪洞、襄陵、汾城、曲沃、安澤、浮山、翼城、鄉寧、吉縣、霍縣、趙城、靈石、汾西、隰縣、蒲縣、大寧、永和等三十五縣。後道制廢，故今山西之縣共計一零五縣卽：陽曲、太原、楡次、太谷、祁縣、徐溝、清源、交城、文水、岢嵐、嵐縣、興縣、汾陽、平遙、介休、孝義、臨縣、石樓、離石、方山、中陽、長治、長子、屯留、襄垣、潞城、黎城、壺關、平順、晉城、高平、陽城、陵川、沁水、遼縣、和順、榆社、沁縣、沁源、武鄉、平定、昔陽、盂縣、壽陽、臨汾、襄陵、洪洞、浮山、汾城、安澤、曲沃、翼城、吉縣、鄉寧、永濟、臨晉、虞鄉、榮河、萬泉、猗氏、解縣、安邑、夏縣、平陸、芮城、新絳、河津、聞喜、稷山、絳縣、垣曲、霍縣、靈石、趙城、汾西、隰縣、大寧、永和、蒲縣、大同、渾源、應縣、懷仁山陰、靈邱、廣靈、陽高、天鎮、右玉、朔縣、左雲、平魯、寧武、神池、偏關、五寨、忻縣、定襄、靜樂、代縣、五台、繁峙、崞縣、保德、河曲、

第二章　地理

一　地勢

概觀　山西位於東經一一二度至一一五度北緯三四度至四一度之間，爲陰山支脈所盤結而成之高原，由北向南傾斜，其高度所至不一，大抵各處平地，最低者，拔海在二千尺內，最高者，往往至六七千尺以上，平均爲四千尺至五千尺之高平原。其西南部由龍門接於秦隴之梁山山脈，由中條山，底柱山接於豫秦之三崤太華山脈，此數山皆爲黃河所折斷。其間河流，穿爲深渠，水力侵蝕，兩岸成黃土斷崖狀。諸山脈之間。多低地，自北而南，所向各分離爲數谿地。要之，山西地勢係一高原，與秦嶺迤邐相連，而對河北，河南之平原，及陝西之渭北邱陵，均截然高出其上，倘由三面返而仰觀山西，則不啻於燕秦豫間翹聳高台，黃河流域諸省，甘肅而外，地勢之高，當推山西。

地質　山西當原始時代尚沉淪於石炭紀之大海，至中古時代漸涸爲陸地，故石炭層佔省境之大部分，其上覆以砂巖，黃土及冲積地層。黃土最多，深淺不一，自中央縣延南北者皆是。兩側之山脈由花崗片岩、班岩組織而成，中部之山岳則成於花崗岩及變質岩。

形勢　山西地居正北，左幽燕而右關陝，倚沙漠而眄中原，帶黃河而憑太行，翹出於四圍平野之中，而寄居於三四千尺高原之上。就內陸言，山西之形勢最爲完固，關中而外當推山西。東有太行爲之屏障。西有大河爲之襟帶，北則大漠，陰山爲之外蔽，勾注雁門爲之內險。南則首陽、底柱、析城、王屋諸山，沿河而錯峙，又南則孟津潼關皆足爲門戶。且汾澮縈流於右，漳沁包絡於左，原隰可灌注而漕粟可以運輸。若越臨晉、溯龍門則涇渭之間，可析箠而下。出天井，下壺關，邯鄲井陘而東，所向無前，故天下之形勢，必有取於山西。

山西地勢既以陰山遙帶於北方，黃河作曲尺狀，包繞於西南兩界，故三晉山系獨成系統，稱管涔山系。

陰山幹脈，東西橫走於塞北，至綏察區域之間，向南分出一支脈，是爲沾黃二大流域之分水嶺，入複長城之中央爲洪濤山，再南入寧武關爲管涔山，爲全省山脈總系，由是分爲數脈，北走者爲洪濤山脈，東走者爲恆山山脈，（雁門山脈），東南走者爲雲中山脈，延續而接太行山脈，西南走者爲呂梁山脈。太行山脈實爲全省最大之脈。而其西相平行者，又有太岳山脈，以上所舉，凡一系六脈。再一一分述。

（一）管涔山脈　分布於甯武、神池、五寨、岢嵐之間，作東北西南之方向。

（二）洪濤山脈　陰山自綏察二區界上之舒瑪哈達嶺、南走察區爲奎騰梁，更南走入山西省之外長城，縱走左雲縣西境，爲桑乾河與洪河之分水嶺，至朔縣北，秀起爲洪濤山，復西南與管涔山系會，是爲洪濤山脈。

（三）恆山山脈　由管涔山東走爲勾注雁門等山，至渾源縣東南，秀起爲天峯嶺，是爲北嶽恆山，南走入河北，更崛起於曲陽之北，仍爲恆山，一名大茂山，甚形高峻，再東南遂與太行尾部混，其餘脈西南走，更叢矗而爲五台山之秀峯。

（四）呂梁山脈，自岢嵐縣境，奪管涔而南走，爲赤堅嶺，爲孝文山，爲劉王暉山，至離石縣東北境，起頂爲呂梁山。又走入汾西縣境，與姑射山接，更西南至河津縣汾河會口之北，爲龍門山，隔黃河岸與陝西省之梁山山脈相接觸。

（五）雲中山脈　自管涔南走，至忻縣西北八十里，起頂爲雲中山，更抱陽曲縣北境，而東南走至壽陽、平定間，以接於太行。

（六）太行山脈　太行山純爲龐大山脈之名，爲山西高原之東南周圍，平均高度約三千五百尺。此山脈起點於黃河北岸，爲山西河南之交境，自砥柱山而前，爲王屋諸峯，沁水自山西橫斷而出，注於黃河。河南修武以東，山脈方向折而北趨，有林慮井陘諸山，漳水滹沱橫斷而出。太行山北端與恆山山脈相混，五台一帶，山脈高至七千五百尺，而五台高峯實在九千尺以上，爲山西最高之山。太行又東走爲南口山脈。

（七）太岳山脈　太岳即霍山。其脈蜿蜒磅礴於靈石、霍縣、沁源、趙城、安澤、數縣之間，北端由介休縣境接乎綿山，南端由浮山縣境，接乎中條，皆屬於太岳山脈，此山脈高達七千五百尺。

水系

山西全省水系凡二：卽黃河沽河二水系而已。其分水線爲洪濤、管涔、雲中太行相連之脈。在此山脈以西之水，則西流或西南流以注黃河，以東之水則東流而匯爲沽河。茲述二河系之幹支流域如左：

沽河水系，分源有五，卽白河、永定河、大淸河、滹沱河及漳河、衞河合而爲南運河是也。除白河、大淸河在河北省外，其餘三源皆出山西境內，茲述其源流如下：

(一)永定河——卽桑乾河，相傳每歲桑葚熟時，河水乾涸，故名。古有治水、濕水、灅水之名，繼有盧溝河渾河之名。元史謂之小黃河，俗又謂之無定河，淸康熙三十七年始建隄工，錫名永定，然其上游仍謂之桑乾河。有三源，一曰洪濤泉，卽古灅水，出馬邑縣西北十里洪濤山，水自出山西南流微渾，亦謂之黃道泉。一曰桑乾泉，出寧武西南管涔山之天池，伏流百二十里至馬邑縣雷山之陽，七泉湧起，爲金龍池，池周里許，澄淸可鑒。水自池東南流出，是爲桑乾水；今皆以此爲正源。一曰灰水，出管涔山之分水嶺北麓，繞寧武縣城東南，而北流出長城，經朔縣城南而東流，至馬邑城南。桑乾泉自城西北，左會洪濤泉，南流經城西至城南與之合，東流經山陰城北至應縣城東北，有馬跑泉，自西南夏屋山繞城東而來會。又東有渾河，自渾源縣東北望狐山西流而來會，恆山卽在水南，河復東北至甕城驛北御河會武州河自北來會。武州河亦曰十里河，出左雲縣城南，繞城西而北流，轉西北流，復東南流，至大同縣城南，有御河亦曰如渾水，自長城北而南流，經縣城東而南來會。又東南流注桑乾河。桑乾河更東北流約百餘里，入河北陽原縣境。

(二)滹沱河——恆山之谷，既盤亘於渾源及阜平之間，其西支出之峻岡曰五台山。繞五台之週遭而流者，即滹沱河之上源。迫瀉入河北省境。其流域乃彌大，幾舉燕南大半而全屬之。蓋滹沱河有最大支流滏陽河，實攜全趙之水北注之。其流域之範圍，自恆山西走管涔，東南走雲中山脈，下昔陽縣，截太行山脈之大半，更沿燕晉界，而接於磁縣西南之滏口陘。凡此脈以東之平原，皆爲滹沱河之流域。滹沱河源出五台山東北，即繁峙縣極東境之泰戲山，有三泉，如品字，竝導西南流三里。與玉斗泉合，又西流三里，復有三泉注之。河遂東流，繞五台山之北麓及西麓，經繁時及代縣城南，折而南，經崞縣東，有南橋河自城之南門外東流來會，又南有陽武河，自城西南太子崖發源來會，西南流復折東南，出忻口，忻口者，兩山夾滹沱水，古稱晉陽門戶，前明用石?岩堡，復經定襄縣之北，有雲中河自西南來注之，又東有牧馬河，自西南來注之。滹沱河復東流，經五台縣之南境而東，有清水河自北來注之，又東南經盂縣東北境，有秀水河西南來注之。滹沱河又東北，下太行縱谷，入長城黑山關，自發源至此，由東而西而南而東而東南。迴環九百里，東流入河北平山縣境。

(三)南運河——運河自杭逾津至北通，稱運河，在津北者稱北運河，在津南者稱南運河。北運河即白河，南運河即衛河，皆利用天然之水，以成之者。故沽河之第五源。即衛河。衛河上流係漳衛二源，皆發源於山西，橫流於河南，至山東館陶縣相會，下臨清，接運河，而北流注津。其在山西南部，太行山之絕頂，隆然高起於沁潦澤潞之間。雖一溪一澗，莫不走底谷而相會，合而東流。此即漳衛二水之所由出。今述先漳後衞：漳水有清濁二源，而清漳又有東西二源；濁漳又有南北二源。清漳東源出昔陽縣西南境。沾嶺之大黽谷，南流經和順縣城西而南，有清河自東來會。清河出和順縣東北黃榆山，西南流，至南安驛南，又西入清漳水，清漳復南流，至遼縣東南。有西源出和順縣西北八賦嶺，東南流來會，兩源既會，東南流入河南境。逕涉縣西南，而東南流至交漳口，會濁漳水。濁漳水一名潞水。南源出長子縣西五十里南發鳩山，（一名鹿谷山）向東北流，經縣城東南，而東北流，至長治縣北，有石子河自南來會。又東北流有絳水自西來會，更北流至襄垣縣城南，與北源會。北源出沁縣西北伏牛山北之琴峪，南流轉東南，至沁縣城南，有銅鞮水，亦曰小漳河，或西漳河，出縣西南五十里鵰窠嶺，東流來會。河更東南流，至襄垣縣城南，與南源會。東北流有榆社水自西北來會，清濁二源至交漳鎮合而東流，入河北磁縣。

衞水源在山西有丹水，亦名莞谷水，一名源水，源出山西高平縣西北之丹朱嶺，東南流經高平晉城二縣之東，而南入河南境，向清化鎮之西，析爲二支，南流者，爲大丹水，注沁水；東流者爲小丹水，注衞水。

黃河水系，源出青海。東流經河套南折山西境。過河曲之西而南流。當保德縣西北二十里，有天橋架乎河上。天橋者，巨石橫空，河出其下。闊僅一丈二尺有奇。春日冰解，洪濤洶湧，挾大塊以相沖激，聲聞數十里外。蓋河中一天然連鎖也。自此以南，至龍門峽，河行於兩梁山間，支派紛注。當天橋峽之北麓，有六澗河自東來注之。又南至保德縣西南，有葫蘆河，自東來注之。又南有嵐漪水及蔚汾水，次第自東來注之，河漸西南轉，復南流，至磧口鎮，有湫水自東北來注之，復南流，有離石水、仙芝河、昕川、清川水、羅峪水等自東來注之。復南流，瀉走孟門山中。兩岸峯巒不斷。稍南爲壺口山。更南遂下龍門峽。蓋孟門卽龍門山之上口，南至龍門山，謂之下口。南北蓋百餘里，懸崖峭壁，夾河竝峙，驚濤駭浪，震動巖谷。河出孟門，兩峯壁立。下有禹門渡山，半在山西河津縣，半在陝西韓城縣，又南有汾水。(另述)，自東岸來注之。又西南流經榮河，臨晉，永濟，三縣之東。有涑水自北來注之。自此以東。出山西境。至河南沁陽。有沁水（另述）來會焉。

（四）汾水——源出管涔山。山當靜樂岢嵐二縣北，甯武五寨二縣南，爲山西諸山之祖。其東走爲雁門山，雲中山，自雲中山脈而東南，接太行山脈，復西南繞出沁源，而接太岳山脈。西走爲呂梁山脈，皆汾河流域之界山也。汾源出靜樂縣北管涔山頂天池之下。又一源出其西之林溪山，合而西南流，經萬華山之西，芝馬嶺之東。又西南經縣城西南，有碾河自東北巾字山流而來會，更南流有嵐水，自西北之嵐縣流而來會。復東南至陽曲縣城西，有掃峪水會洛陰等水，自東來會。復南流，至太原縣東南，有晉水自西來會。又南有澗水，自榆次縣東界山逕縣城北而西來會。又西南流至徐溝西，有洞過水自東北來會。又西南流至交城縣南，有步渾水自城北馬鞍山前馬鞍谷流而來會。又西南流至文水縣南，有沙河自祁縣東南白壁嶺流而來會。又西有文峪水，自西北來會。更西南流，經汾陽孝義二縣東至介休縣西，有中都水自平遙縣東之上殿山發源，西流二十餘里。北岸納平行流來之賀水。又西經平遙縣城北而西來會。又南流經靈石、霍縣、趙城、等縣之西，而至洪洞城西南，有澗水自安澤縣東之安吉嶺發源，西流數十里，會自縣東北滲水崖流來之滲水，又西流經洪洞縣城南，而西注汾水。復西南流至臨汾縣西北，有黑水東至浮山縣之烏嶺發源，西流經縣城北而西，有澮水河之名，又西流來會。汾水於臨汾縣西北，分爲二流，東流南逕襄陵縣東，其西繞襄陵縣城西而南，兩流復合。又南流至新絳縣城東南，有澮水自東來會，汾水既納澮水，折西流經稷山縣城南而西流，至河津縣之西南注黃河。

（五）沁水——源出沁源縣北之綿山車家嶺，俗曰水峪河。東南流，其東源出琴峪者，自東北來會。西南流至沁源縣東北，有五龍河自西北土嶺發源流而來會。復逕縣城東而南，有青龍河自東北滑山流而來會。又南流經湍底鎮西，有三峽山，假月山。又南流至沁水縣東，有梅谷水自東烏嶺東流來會，又南經陽城縣東而南，有澤河自析城山西北岳神山東流而來會，又南入河南境。

按山西諸水，概屬水量缺乏，其原因基乎雨量太少。卽稱中國最大水系之黃河，除伏秋霪霖陡然氾濫外，平時亦非有淵深之水量。而境內之水，更多涓涓細流，不足稱焉。然苟有稍大之河流，其灌漑之利輒鉅。蓋山西省，到處農田，多資河水灌漑，或藉水力供水磨運用，其藉水之裨助者，良屬不薄。

二　面積

山西全省面積，尚未經精密測量，故正確數字，尚付缺如。惟中外輿地學家中，在推算中國全國面積時，山西面積亦在推算之列，其推算結果，自可供參攷。茲將十二種推算之面積，列表如左：

克立綏 Cressy 推算之面積	六六、二六五方哩
亞新地學社地圖說明中所示之面積	五五三、七八〇方華里
楊曾威氏用亞新地圖推算之面積	六六、一三三方哩
楊曾威用內地會中國地圖推算之面積	六二、三七八方哩
清政府公布之面積	八一、九四〇方哩
威廉氏 Williams 推算之面積	五五、二六八方哩
白朗 C. F. Browne 推算之面積	六六、七〇〇方哩
柯格尼洪 Colgne-houn 推算之面積	六六、〇〇〇方哩
蘇彭 Supan 推算之面積	二〇七、三〇〇公方里
瓦格勒 Behm Wagner 推算之面積	一七〇、八三三公方里
唐勃耳 Temple 推算之面積	六五、九五〇方哩
包鮑夫 Popoff 推算之面積	五六、二六八方哩

上表各種推算結果因所用之地圖界線推算方法及單位不同，故略有出入，任何一種推算之準確性，皆頗有問題；近年曾世英氏曾用丁文江翁文灝及曾世英爲申報六十週紀念所編之「新中華民國地圖」並參

攷中外測量機關及私家所製之精圖，算定山西全省面積爲一六一、八四二平方公里，或六二、四八七平方哩，或四八七、八〇五平方華里。曾氏之推算雖較上述各種推算爲可靠，然正確數字，尚有待於精密之測量。參謀本部陸地測量總局曾進行測量山西面積，但其實實測詳圖，尚未製就發表。本誌此項調查所得之面積材料，皆由各縣縣政府所供給計全省面積爲五一五、〇四五方里。玆將各縣面積數目列表如下：

山西各縣面積表

縣名	總面積（方里）
陽曲	一七、四四二
太原	一、九四八
楡次	三、九〇四
太谷	三、一四七
祁縣	二、二七六
徐溝	五八五
清源	一、一七五
交城	八、一一一
文水	一、三〇四
岢嵐	五、二八八
嵐縣	四、四一九
興縣	九、〇一二
汾陽	三、七〇一
平遙	三、四〇八
介休	二、二一〇
孝義	三、五三〇
臨縣	一四、四〇〇
石樓	五、一一六
離石	六、七二五
方山	二、六三二
中陽	五、四〇二
長治	二、九七五
長子	三、二四〇
屯留	四、〇九九
襄垣	三、六八〇
潞城	二、〇七五
黎城	四、二六二
壺關	五、九二八
平順	五、二三五
晉城	六、七〇八
高平	二、九八一
陽城	六、〇九八
陵川	五、三六二
沁水	八、一七六
遼縣	六、三一七
和順	七、六八八
楡社	三、九〇〇
沁縣	四、一五二
沁源	七、五三六

武鄉	五、五九三
平定	七、六一八
昔陽	六、四九五
盂縣	八、二三九
壽陽	六、〇四四
臨汾	三、七五九
襄陵	一、三〇〇
洪洞	二、〇八四
浮山	二、九七二
汾城	一、七二〇
安澤	九、五五五
曲沃	一、九五九
翼城	三、七〇〇
吉縣	五、八三三
鄉寧	六、五八六
永濟	三、九九四
臨晉	一、八六四
虞鄉	二、二〇〇
榮河	一、七五六
萬泉	一、三四三
猗氏	二、〇〇〇
解縣	一、二五九
安邑	二、二六八
夏縣	一、三六五
平陸	三、六三七
芮城	一、八〇〇
新絳	二、六〇〇
河津	二、八〇〇
聞喜	三、九六〇
稷山	二、一五八
絳縣	五、五五〇
垣曲	三、九八七
霍縣	二、二六四
靈石	四、一三六
趙城	一、九五三
汾西	三、三五八
隰縣	七、五七五
大寧	二、五九五
永和	三、八〇〇
蒲縣	四、七六七
大同	一九、二〇〇
渾源	五、五三一
應縣	七、八七五
懷仁	二、六五五
山陰	二、〇九二
靈邱	七、二二五
廣靈	三、九三〇
陽高	九、二五〇
天鎮	四、九〇八
右玉	一一、〇〇〇
朔縣	九、五四五
左雲	四、三七一
平魯	七、七二五
寧武	五、二〇〇
神池	四、〇三〇
偏關	四、〇七一
五寨	三、七六一
忻縣	五、八〇二
定襄	二、一九三
靜樂	一〇、二九八
代縣	五、九三五
五台	八、七一八
繁峙	八、四七九
崞縣	七、四五二
保德	三、〇〇五
河曲	六、二〇一
總計	五一五、〇四五

據上表所示，各縣面積在一萬方里以上者計大同、陽曲、臨縣、右玉、靜樂等五縣；一萬方里以下，五千方里以上者計興縣、石樓、離石、中陽、壺關、平順、晉城、陽城、陵川、沁水、遼縣、和順、沁源、武鄉、平定、昔陽、盂縣、壽陽、安澤、吉縣、鄉寧、絳縣、隰縣、渾源、應縣、靈邱、陽高、朔縣、平魯、寧武、忻縣、代縣、五台、繁峙、崞縣、河曲等三十六縣，餘均在五千方里以下。各縣面積以大同一縣爲最大，徐溝一縣爲最小。

三 氣候

山西因(一)距海已遠；(二)爲大高台地，東部有恆山，太行之脈，南北縱走，足以阻隔東海水氣；(三)近年雖獎勵植樹，但仍缺乏廣大森林；(四)北接蒙古高原，故使氣候缺乏調和之用，而成大陸氣候，然與普通大陸氣候，又未全同，冬季雖嚴寒而夏季則不甚酷熱。太原附近，氣溫最高華氏九十度，最低十度，盛夏之時晝夜寒暑懸殊，自此愈北愈寒，入南漸次溫和，同於他有，雨量頗少，冬季冰雪凝地，河水皆凍。茲列太原溫度及雨量表及大同自民國二十二年七月至二十三年八月雨量、溫度及風向表於後：

（一）太原溫度及雨量表

氣候因素／月份	溫度（攝氏）月平均	歷年平均	較差	最高	最高30度以上之日數	歷年平均所歷之年數	雨量（公釐）月總量	歷年平均	月總量合歷年平均百分數	六七八三個月總量合歷年平均個月總量之百分數	歷年平均所歷之年數
六	二五・六	二三・五	一二・一	三四・〇	一九		三四・六	四一・三	八四		
七	二九・〇	二五・七	一三・三	四〇・〇	二五	五	二七・九	一〇一・九	二七	八一・七	五
八	二四・三	二三・二	一一・一	三四・〇	一一		一四一・五	一〇六・七	一三三		

大同雨量溫度及風向表（民國二十二年七月至民國二十三年八月）

月份	日數	雨雪總量	溫度（攝氏）平均	最高	最低	最多風雨
七	一三	一三六・一		三一・〇	一四・二	東
八	一一	五四・一		三一・〇	八・〇	東北東
九	六	二八・〇		二七・〇	一・〇	東及北東
十	五	一二・一		二二・二	〇・八	東北東
一一	〇	—	〇下二・五	八・八	〇下一四・〇	東北及西
一二	二	三・一	〇下七・三	七・五	〇下二三・五	東北東
一	三	三・九	〇下一五・八	〇下三・〇	〇下二六・三	東北東

二	三	八・六	○下九、○	七・五	○下二四・四	東北東
三	一	二・五	○下三、四	一二・○	○下一八・○	東及西北
四	四	一六・四		二三・○	○下一○・○	東
五	七	二四・二		二九、○	○・○	東北東
六	一二	一一九・三		三二、○	五・○	西及東
七	一三	二○三・○		三三、○	一三・五	東
八	一二	一一六・三		二九、○	七・○	東

四 土壤

山西土壤爲黃土。黃土係第四紀地層中之一特種土質，其化學成分大致爲炭酸鈣百分之十四，炭酸鎂百分之四燐酸千分之二，氧化鐵百分之四，氧化鈉百分一・五，氧化鉀百分之二・五，硫酸千分之二，氧化鉛百分之一一，矽酸百分之六十四，以上鉀鎂燐鈣鐵等皆爲營養植物之資料，此外尙含細砂百分之三十。黃土富有毛細管作用，極易漏水，能使地面雨過卽乾，旱季則能使地下之水吸上一部滋潤植物。惟山西高原，雨量稀少，地連蒙古，沙隨風至，灌漑之利不廣，故農作未易受黃土之益也。茲根據各縣政府之報告，將山西各縣土壤成分之估計製表於後：

山西省各縣土壤性質成分估計表

縣別	壤土%	粘土%	砂土%	其他%
陽曲	四一	三四	二五	
太原	二〇	三〇	五〇	
榆次	五〇	三〇	二〇	
太谷	五〇	三〇	二〇	
祁縣	三〇	三〇	四〇	
徐溝	—	六〇	四〇	
清源	二〇	三五	四五	
交城	五〇	二〇	三〇	
文水	五〇	二〇	三〇	
岢嵐	二〇	一〇	七〇	
嵐縣	五	二	九三	
興縣	—	六〇	四〇	
汾陽	五〇	二〇	二〇	一〇
平遙	一四	一三	六四	礫土九
介休	五〇	四〇	一〇	
孝義	二〇	二〇	六〇	
臨縣	七七	一〇	一三	
石樓	六〇	二〇	二〇	
離石	八〇	五	一五	
方山	九	一一	八〇	
中陽	五〇	三〇	二〇	
長治	二五	一五	六〇	
長子	六〇	三〇	一〇	
屯留	六〇	二五	五	
襄垣	四〇	三〇	三〇	
潞城	—	八〇	二〇	
黎城	三四	三三	三三	
壺關	一五	五	八〇	
平順	四〇	二〇	四〇	
晉城	四〇	五〇	一〇	
高平	六〇	三〇	一〇	
陽城	三〇	一〇	六〇	
陵川	二〇	四〇	四〇	
沁水	三三	四二	二五	
遼縣	三一	五八	一一	
和順	四二	三一	二七	
榆社	三〇	二〇	五〇	
沁縣	二〇	六〇	二〇	
沁源	五〇	三〇	二〇	
武鄉	三五	四〇	二五	
平定	五	五	九〇	
昔陽	二五	三五	四〇	
盂縣	六〇	五	三五	
壽陽	五〇	一五	三五	
臨汾	三〇	五〇	二〇	
襄陵	二〇	七五	五	
洪洞	三〇	四〇	三〇	

浮山	五	二五	七〇	
汾城	七〇	二〇	一〇	
安澤	五〇	一五	三五	
曲沃	七五	一五	一〇	
翼城	四〇	五二	六	城土二
吉縣	七〇	二〇	一〇	
鄉甯	六〇	三〇	一〇	
永濟	六五	二〇	一五	
臨晉	六〇	二〇	二〇	
虞鄉	二〇	五〇	三〇	
榮河	七〇	一〇	二〇	
萬泉	五〇	三〇	二〇	
猗氏	三八	六〇	二	
解縣	四〇	四〇	二	
安邑	七〇	一七	一二	城土一
夏縣	三〇	二六	四四	
平陸	二〇	四〇	四〇	

芮城	三五	三〇	三五	
新絳	三〇	五〇	二〇	
河津	四〇	四〇	二〇	
聞喜	七〇	二〇	一〇	
稷山	四〇	五〇	一〇	
絳縣	五〇	三〇	二〇	
垣曲	七〇	二〇	一〇	
霍縣	三〇	五〇	二〇	
靈石	六〇	一〇	三〇	
趙城	六〇	二〇	二〇	
汾西	四〇	四五	一五	
隰縣	四〇	一〇	五〇	
大甯	三五	二〇	四五	
永和	二〇	五〇	三〇	
蒲縣	二〇	一〇	七〇	
大同	二〇	一〇	七〇	
渾源	五〇	三二	一八	

應縣	四〇	三〇	三〇	
懷仁	五〇	三〇	二〇	
山陰	二五	一三	六二	
靈邱	三〇	一〇	六〇	
廣靈	二五	五〇	二五	
陽高	四四	三	一四	三九
天鎮	二〇	三〇	五〇	
右玉	三〇	二〇	五〇	
朔縣	四〇	三〇	三〇	
左雲	三〇	一〇	六〇	
平魯	二〇	二〇	六〇	
寧武	一三	九	七八	
神池	六〇	五	三五	
偏關	六	九	八五	
五寨	四八	一一	四一	
忻縣	二九	二六	三一	鹼土一四
定襄	一五	二〇	六五	

靜樂	二〇	五	七五
代縣	三〇	三〇	四〇
五台	三〇	二五	四五
繁峙	二〇	一〇	七〇
崞縣	一五	二〇	六五
保德	二〇	一〇	七〇
河曲	一〇	一〇	八〇

據上表所示在一百零五縣中含壤土百分之四十以上者計四十九縣。含粘土百分之四十以上者計二十縣；含砂土百分之四十以上者計四十一縣；其次，含壤土百分之二十至百分之三十九者計四十二縣；含粘土百分之二十至百分之三十九者計四十六縣；含砂土百分之二十至百分之三十九者計三十九縣；含壤土百分之二十以下者計一一縣；含粘土百分之二十以下者計三〇縣：含砂土百分之二十以上者計二十四縣。

第三章 人口

山西人口，在清末卽有調查，據修正民國元年內務部彙造宣統年間民政部調查戶口統計表所載，全省戶數爲二、〇九七、〇八二，口數爲一〇、〇九九、一三五，計男五、八一〇、八五五人，女四、二八八、二八〇人，每戶平均人數爲四・八二，性比例爲一三五・五。據修正民國元年內務部戶口統計總表所載，全省戶數爲二、〇九九、六一八，口數爲一〇、〇八一、八九六，計男五、七四三、一四四人，女四、三三八、七五二人，每戶平均人數爲四・八〇，性比例爲一三二・三。又據郵局人口報告，民國八年山西之人口數爲一一、〇八〇、八二七；九年爲一一、一四四、九五一，十四年爲一二、一五三、一二七。再據內政部民國十七年各省市戶口調查統計報告，山西全省人口數爲一二、二二八、一五五，計男七、〇七〇、四五九人，女五、一五七、六九六人，性比例爲一三七・〇八。山西省政府祕書處曾編民國二十年份戶口統計一冊於二十三年一月刊行，據此冊記載，山西人口在民國元年至民國二十年之二十年中，人口數最少之年爲民國元年一〇、〇八一、八九六人，最多之年爲民國十八年計一二、一三〇、四六九人。民國二十二年太原經濟建設委員會經濟統計處曾調查山西全省人口，總計一一、三〇〇、〇八七人。本誌此次調查係根據各縣政府之報告，合計山西全省人口總數爲一一、三二七、九三一人，男子數爲六、三八〇、〇九六人，女子數爲四、九四七、八三五人，性比例爲一二八・九。玆將山西歷年人口比較，民國十七年內政部之山西省戶數統計，及本誌此次調查所得之人口統計，依次分別列表於下：

山西省人口歷年比較表（民國元年至民國二十年——山西省政府秘書處戶口統計）

年別	男	女	合計
民國元年	五、七四三、一四四	四、三三八、七五二	一〇、〇八一、八九六
民國二年	五、八六九、九一四	四、三七九、九三三	一〇、二四九、八四七
民國三年	五、九七四、六九一	四、四七〇、八五〇	一〇、四四五、五四一
民國四年	五、九四一、六〇二	四、四二〇、三三七	一〇、三六一、九七九
民國五年	六、〇一五、二六四	四、五一四、五五九	一〇、五二九、八二三
民國六年	六、五三八、三〇九	四、八〇〇、六四九	一一、三三八、九五八
民國七年	五、六九五、一九〇	四、四六五、八一九	一〇、一六一、〇〇九
民國八年	六、四〇〇、二九三	四、九八七、四三〇	一一、三八七、七二三
民國九年	六、四二二、九八三	五、〇二四、二七四	一一、四四七、二五七
民國十年	六、五四六、三二八	五、一〇七、九五七	一一、六五四、二八五
民國十一年	六、五九三、二五七	五、一三七、二二九	一一、七三〇、四八六
民國十二年	六、六二五、七四六	五、一七三、三六三	一一、七九九、一〇九
民國十三年	六、七一三、七七〇	五、二二八、八　七	一一、九四二、五七七

民國十四年	六、七五一、五六二	五、二四二、一三六	一一、九九三、六九八
民國十五年	六、七四一、一九二	五、二三八、六三三	一一、九七九、八二五
民國十六年	六、七九二、〇七三	五、一八七、七九七	一一、九七九、八七〇
民國十七年	六、八四〇、四七一	五、一三五、七九六	一一、九七六、二六七
民國十八年	六、九七一、五三五	五、一五八、九三四	一二、一三〇、四六九
民國十九年	六、九二九、九四四	五、一二九、二七一	一二、〇五九、二一五
民國二十年	六、八五二、九八二	五、一一八、四四一	一一、九七一、四二三

山西省各縣男女人口比較表(民國十七年內政部統計報告)

縣別	人口數			男子與女子百分比	男子與全體人口百分比
	男	女	共計		
陽曲	一八八、八五五	九六、五六二	二八五、四一七		
太原	六二、四五九	四一、八一二	一〇四、二七一	一四九·三八	五九·九〇
榆次	九〇、八〇二	五二、八二〇	一四三、六二二	一七一·九一	六三·二二
太谷	七二、七八〇	四七、五〇八	一二〇、二八八	一五三·二〇	六〇·五〇
祁縣	八〇、三四〇	五一、六二一	一三一、九六一	一五五·六三	六〇·八八
徐溝	三〇、八八五	一九、七八二	五〇、六六七	一五六·一三	六〇·九六

清源	五三、〇二四	三三、九二九	八六、九六三	一五六・三一	七〇・九八
交城	六三、六六四	四二、九七七	一〇六、六四一	一四八・一四	五九・七〇
文水	一〇七、三一七	六九、三二一	一七六、六三八	一五四・八一	六〇・七六
岢嵐	二一、六五〇	一五、七一三	三七、三六三	一三七・七八	五七・九四
嵐縣	三九、一八八	三一、三六七	七〇、五五五	一二四・九三	五五・五五
興縣	四六、一八一	三八、七七八	八四、九五九	一一九・〇九	五四・三六
汾陽	九〇、〇六五	六八、七一一	一五八、七七六	一三一・〇八	五六・七二
平遙	一四六、九三七	一〇四、五二〇	二五一、四五七	一四〇・五八	五八・四三
介休	六九、八二九	五六、八二三	一二六、六五二	一二二・九〇	五五・一三
孝義	七六、九四三	五九、七〇六	一三六、六四九	一二八・八七	五六・三一
臨縣	一一五、三四〇	九四、七七七	二一〇、一一七	一二一・七〇	五四・八九
石樓	一七、八三二	一五、二四一	三三、〇七三	一一七・〇〇	五三・九二
離石	八三、六二六	六七、六七一	一五一、二九七	一二三・五八	五五・二七
方山	二〇、五五二	一四、三九五	三四、九四七	一四二・七七	五八・八一
中陽	四〇、〇〇六	三二、五一八	七二、五二四	一二三・〇三	五五・一六
長治	一〇二、二一五	八二、五七九	一八四、七九四	一二三・七八	五五・三一
長子	九一、八九九	七〇、〇五〇	一六一、九四九	一一六・九二	五六・七五

屯留	六七、二六〇	四八、一九五	一一五、四五五	一三九・五六	五八・二六
襄垣	八五、六二五	六三、六四九	一四九、二七四	一三四・五三	五七・三六
潞城	六一、四六九	四八、二九九	一〇九、七六八	一二七・二七	五六・〇〇
黎城	五〇、八七五	三二、九〇四	八三、七七九	一五四・六二	六一・一六
壺關	七二、三七〇	五五、三四六	一二七、七一六	一三〇・七六	五六・六八
平順	五五、五五一	四一、二七一	九六、八二二	一三四・六〇	五七・三七
晉城	一八六、三九〇	一三〇、八三八	三一七、二二八	一四二・四六	五八・七六
高平	一四五、五二四	一一〇、四五七	二五五、九八一	一三一・七五	五六・八五
陽城	一一二、三二八	九一、五三八	二〇三、八六六	一二二・七一	五五・一〇
陵川	七八、六二一	六二、四二九	一四一、〇五〇	一二五・九四	五五・七四
沁水	六六、〇〇〇	五一、七二〇	一一七、七二〇	一二七・六一	五六・〇七
遼縣	四九、〇五九	三五、五七九	八四、六三八	一三七・八九	五七・九六
和順	四一、一八〇	三〇、二〇三	七一、三八三	一三六・三四	五七・六九
榆社	三二、五一二	二五、一六六	五七、六七八	一二九・一九	五六・三七
沁縣	六二、五六二	五二、七一五	一一五、二七七	一一八・六八	五四・二七
沁源	四六、一三五	三四、八二二	八〇、九五七	一三二・四九	五六・九九
武鄉	八二、九八四	六四、〇九七	一四七、〇八一	一二九・四七	五六・四二

平定	一九三、一一三	一三四、五四六	三二七、六五九	一四三・五三	五八・九四
昔陽	一三四、一〇七	五五、八三九	一八九、九四六	二四〇・一七	七〇・六〇
盂縣	一二八、六六一	八六、五七一	二一五、二三二	一四八・六二	五九・七八
壽陽	一一〇、一三九	六八、七五二	一七八、八九一	一六〇・二〇	六一・五七
臨汾	九五、七三三	七二、二五八	一六七、九九一	一三二・四九	五六・九九
襄陵	四二、〇九五	三三、三八二	七五、四七七	一二六・一〇	五五・七七
洪洞	六七、六四八	五一、八三八	一一九、四八六	一三〇・四九	五六・六一
浮山	二八、五八二	二二、九二一	五一、五〇三	一二四・六九	五五・四九
汾城	五〇、六一〇	三九、七三〇	九〇、三四〇	一二七・三八	五六・〇二
安澤	四五、三二五	二九、四六六	七四、七九一	一五三・八二	六〇・六〇
曲沃	五二、六五五	三八、九四九	九一、六〇四	一三五・一九	五七・四八
翼城	六〇、七五一	四六、二〇六	一〇六、九五七	一三一・四八	五六・七九
吉縣	一八、四三九	一二、七三三	三一、一七二	一四四・八一	五九・一四
鄉寧	三七、五二七	二一、三九七	五八、九二四	一七五・三八	六三・六八
永濟	六四、六九一	五四、八八〇	一一九、五七一	一一七・八八	五四・一〇
臨晉	五六、七六三	四四、二二三	一〇〇、九八六	一二八・三六	五八・二〇
虞鄉	三一、〇五二	二五、二五〇	五六、三〇〇	一二二・九七	五五・一五

榮河	四九、一四一	三五、九四七	八五、〇八八	一三六·七〇	五七·七五
萬泉	六三、二五七	四七、六三四	一一〇、八九一	一三二·七九	五七·〇四
猗氏	五二、七二三	四六、六二七	九九、三五〇	一一三·〇七	五三·〇六
解縣	三四、六四五	二七、〇〇七	六一、六五二	一二八·二八	五六·一九
安邑	六一、四一六	四七、七〇四	一〇九、一二〇	一二八·七四	五六·二八
夏縣	六九、四五六	五七、六八七	一二七、一四三	一二〇·四〇	五四·六二
平陸	五四、五五九	四一、四五〇	九六、〇〇九	一三一·六二	五六·八二
芮城	三九、四九四	三三、二八七	七二、七八一	一一八·六四	五四·二六
新絳	五二、九五八	四九、七〇九	一〇二、六六七	一〇六·五三	五一·五八
河津	六三、五九三	四二、九七二	一〇六、五六五	一四七·八九	五九·五七
聞喜	七九、五八七	六一、〇三六	一四〇、六二三	一一二·〇四	五六·六〇
稷山	六〇、一一〇	五二、五九一	一一二、七〇一	一一四·九七	五三·三三
絳縣	三六、三九〇	二九、〇二九	六五、四一九	一二三·三五	五五·六二
垣曲	三七、八四一	二八、一二三	六五、九六四	一三四·五五	五七·三六
霍縣	三七、四九三	二八、一五九	六五、六五二	一三三·一五	五七·一一
靈石	四九、六五一	三五、九九五	八五、六四六	一三七·九三	五七·九七
趙城	四九、二二五	四〇、二三六	八九、四六一	一二二·三四	五五·〇二

汾西	二八、五五二	二二、七〇三	五一、二五五	一二五・七六	五五・七〇
隰縣	三六、一〇九	二六、四三一	六二、五四〇	一三六・六一	五七・七三
大甯	一〇、〇九七	七、六八一	一七、七七八	一三一・四五	五六・七九
永和	一一、六四八	九、二四一	二〇、八八九	一二六・〇五	五九・七六
蒲縣	二七、九七七	一三、七二五	四一、七〇二	二〇三・八四	六七・〇九
大同	一七九、九七八	一四五、三五八	三二五、三三六	一二三・八一	五五・三二
渾源	一〇一、〇五五	八一、五九二	一三二、六四七	一二三・八五	五五・三二
應縣	七〇、二二二	五一、四一一	一二一、六三三	一三六・五八	五七・七三
懷仁	五二、七五二	三三、九〇一	八六、六五三	一五五・六一	六〇・八八
山陰	三五、八三九	二三、八一三	五九、六五二	一五〇・五〇	六〇・〇八
靈邱	六六、六三五	四九、一二〇	一一五、七五五	一三五・六五	五七・五六
廣靈	五五、五三六	四〇、九五五	九六、四九一	一三五・六〇	五七・五五
陽高	七二、四〇八	五九、七四〇	一三二、一四八	一二一・二〇	五四・七九
天鎮	六八、〇七六	五八、八四六	一二六、九二二	一一五・六八	五三・六三
右玉	五二、五六二	三八、二七九	九〇、八四一	一三七・三一	五七・八六
朔縣	一〇四、八五九	七五、六〇八	一八〇、四六七	一三八・六八	五八・一〇
左雲	四二、六三二	三二、八二三	七五、四五四	一二九・八八	五六・五〇

山西省人口數及密度統計表(民國二十四年本誌調查)

平魯	一九、九八〇	一五、三〇八	三五、二八八	一三〇・五二	五六・六二
寧武	四八、〇八四	二九、五九八	七七、六八二	一六二・四五	六一・八九
神池	二九、三五四	二一、五八七	五〇、九四一	一三五・九八	五七・六二
偏關	二二、六六六	一七、五七〇	四〇、二三六	一二九・〇〇	五六・三三
五寨	二九、二二一	二〇、九七八	五〇、一九九	一三九・二九	五八・二一
忻縣	一二九、七一五	一〇二、二九八	二三二、〇一三	一二六・八〇	五五・九〇
定襄	六五、三一四	五一、〇二九	一一六、三四三	一二七・九九	五六・一四
靜樂	六六、五〇四	四四、〇五四	一一〇、五五八	一五〇・九六	六〇・一五
代縣	七八、〇五八	五三、九〇七	一三一、九六五	一四四・八〇	五九・一五
五台	一一六、六一八	八五、六六五	二〇二、二八三	一三六・一三	五七・六五
繁峙	七〇、六七三	四二、六六三	一一三、三三六	一六五・六五	六二・三五
崞縣	一六二、〇五二	一〇二、九二六	二六四、九七八	一五七・四四	六一・一五
保德	二八、九九三	二二、一七七	五一、一七〇	一三〇・七三	五六・六六
河曲	六八、〇一八	四八、二六七	一一六、二八五	一四〇・九二	五八・四九
總計	七、〇七〇、四五九	五、一五七、六九六	一二、二二八、一五五	一三七・〇八	五七・八二

縣別	人口			男數對女數百分比	每方里人口密度
	男	女	總數		
陽曲	一三六、八八八	七〇、七七九	二〇七、六六七	一九三・四	一一・九一
太原	六一、五二一	四三、〇九一	一〇四、六一二	一四二・八	五三・七〇
榆次	八四、六九九	五五、二一四	一三九、九一三	一五三・四	三五・八四
太谷	六五、一六六	四六、五一八	一一一、六八四	一四〇・一	三五・四九
祁縣	七一、八四〇	五〇、二三〇	一二二、〇七〇	一四三・四	五三・六三
徐溝	二五、二三四	一八、〇六〇	四三、二九四	一三九・七	七四・〇一
清源	四五、八九九	三二、五三三	七八、四三二	一四一・一	六六・七五
交城	五五、三九六	三九、〇四五	九四、四四一	一四一・九	一一・六四
文水	九九、六一三	六五、七五四	一六五、三六七	一五一・五	一二六・八一
岢嵐	一六、六八九	一二、九三四	二九、六二三	一二九・〇	五・六〇
嵐縣	四〇、一五八	三二、三九三	七二、五五一	一二四・〇	一六・四二
興縣	四三、七七四	三六、五九七	八〇、三七一	一一九・六	八・九二
汾陽	八二、九四七	六六、一一九	一四九、〇六六	一二五・四	四〇・二八
平遙	一三二、一四九	一〇四、〇一九	二三六、一六八	一二七・〇	六九・三〇
介休	六二、三〇五	四九、五三一	一一一、八三六	一二五・八	五〇・六〇

孝義	七〇、七一九	五七、七〇七	一二八、四二六	一二二・五	三六・三八
臨縣	一一二、七六二	九四、三八四	二〇七、一四六	一一九・五	一四・三八
石樓	一九、二二六	一六、〇七五	一五、三〇一	一一九・六	六・九〇
離石	八六、五一八	六八、〇三四	一五四、五五二	一二七・二	二二・九八
方山	二〇、七六五	一五、二一三	三五、九七八	一三六・五	一三・七六
中陽	三七、五三六	三二、一六二	六九、六九八	一一六・七	一二・九〇
長治	一〇四、八五八	七八、三四四	一八三、二〇二	一三三・八	六一・五八
長子	八四、一七九	六六、三八八	一五〇、五六七	一二六・八	四六・四七
屯留	七〇、一〇〇	五三、四一七	一二三、五一七	一三一・九	三〇・一三
襄垣	七九、二五〇	六二、七四三	一四一、九九三	一二六・三	三八・五八
潞城	五一、九一〇	三八、九三八	九〇、八四八	一三三・三	四三・七八
黎城	四五、三六九	三二、二〇五	七七、五七四	一四〇・九	一八・二〇
壺關	五八、九二一	四七、四七六	一〇六、三九七	一二四・一	一七・九五
平順	五一、五七七	四〇、一八二	九一、七五九	一二八・三	一七・五三
晉城	一六八、三二八	一二九、九七四	二九八、三〇二	一二九・五	四四・四七
高平	一三三、七七六	一一一、〇八二	二四四、八五八	一二〇・四	八二・一四
陽城	一一〇、〇八四	八九、八三六	一九九、九二〇	一二二・五	三二・七八

陵川	七五、二六一	六〇、九七八	一三八、二三九	一二三・四	二五・四〇
沁水	六〇、五二二	四六、三五一	一〇六、八七三	一三〇・六	一三・〇七
遼縣	四〇、四三九	三〇、九五七	七一、三九六	一三〇・六	一一・三〇
和順	四一、三六三	三〇、四二三	七一、七八六	一三五・九	九・三四
榆社	三二、一〇一	三六、六五八	六八、七五九	八七・五	一七・六三
沁縣	六三、一四九	五三、六二九	一一六、七七八	一一七・七	二八・一二
沁源	四四、八九六	三五、四二七	八〇、三二三	一二六・七	一〇・六六
武鄉	七二、四一九	六三、二〇二	一三五、六二一	一一四・六	二四・二五
平定	一八一、三五四	一三四、九四七	三一六、三〇一	一三四・四	四一・五二
昔陽	六八、九七八	五〇、一六五	一一九、一四三	一三七・五	一八・三四
盂縣	一一三、七六五	八二、二一八	一九五、九八三	一三八・四	二三・七九
壽陽	九四、四五〇	六二、三一四	一五六、七六四	一五一・六	二五・九三
臨汾	八一、六一九	七〇、九六八	一五二、五八七	一一五・〇	四〇・五九
襄陵	四三、六八四	三四、四〇二	七八、〇八六	一二六・九	六〇・〇六
洪洞	六一、〇一八	五〇、一一〇	一一一、一二八	一二[illegible]・七	五三・三二
浮山	二八、八二三	二四、六一八	五三、四四一	一一七・一	一七・九八
汾城	四四、〇五二	三八、一七六	八二、二二八	一一五・四	四七・八一

安澤	四三、〇五一	三〇、九八七	七四、〇三八	一三八・九	七・七五
曲沃	四七、八四七	三八、三五三	八六、二〇〇	一二四・七	四四・〇〇
翼城	五四、四〇七	四五、五九二	九九、九九九	一一九・三	二七・〇三
吉縣	一七、三四二	一二、九三九	三〇、二八一	一三四・〇	五・一九
鄉甯	三六、四七三	三一、〇〇一	六七、四七四	一一七・六	一〇・二四
永濟	五七、九〇九	五〇、九五八	一〇八、八六七	一一三・七	二七・二六
臨晉	四二、四一四	三三、五一〇	七五、九二四	一二六・六	四〇・七三
虞鄉	二八、一九九	二四、四二一	五二、六二〇	一一五・五	二三・九二
榮河	四一、二四四	三三、〇二五	七四、二六九	一二四・九	四二・二九
萬泉	四一、七五一	三三、〇八九	七四、八四〇	一二六・二	五五・七二
猗氏	四一、一五八	三六、七七九	七七、九三七	一一一・九	三八・九六
解縣	三一、二四二	二六、八七六	五八、一一八	一一六・二	四六・一六
安邑	五三、九七三	四五、九四六	九九、九一九	一一七・五	四四・〇五
夏縣	五七、九五六	五四、五九七	一一二、五五三	一〇六・一	八二・四五
平陸	四六、八九二	三八、七八七	八五、六七九	一二〇・九	二三・五六
芮城	三四、六九六	三一、三七四	六六、〇七〇	一一〇・六	三六・七〇
新絳	五一、一二四	四七、六九六	九八、八二〇	一〇七・二	三八・〇一

河津	五六、二三二	四一、九七一	九八、二〇三	一三四・〇	三五・〇七
聞喜	七三、八七四	六〇、二一七	一三四、〇九一	一二二・七	三三・八六
稷山	五八、五六八	五二、四一六	一一〇、九八四	一一一・七	五一・四三
絳縣	三二、六二七	二六、九五二	五九、五七九	一二一・〇	一〇・七三
垣曲	三三、八五四	二八、一七六	六二、〇三〇	一二〇・一	一五・五六
霍縣	三四、七九六	二七、五一五	六二、三一一	一二六・五	二七・五二
靈石	四五、〇九一	三六、八五一	八一、九四二	一二二・四	一九・八一
趙城	四七、八五一	三九、一〇二	八六、九五三	一二二・四	四四・五二
汾西	二八、〇九〇	二三、五六八	五一、六五八	一一九・二	一五・三八
隰縣	三五、二〇三	二八、八六八	六四、〇七一	一二一・九	八・四六
大甯	九、二三一	七、九一二	一七、一四三	一一六・七	六・六一
永和	一〇、四一八	八、八二〇	一九、二三八	一一八・一	五・〇六
蒲縣	一八、九五一	一四、九五六	三三、九〇七	一二六・七	七・一一
大同	一六三、三六四	一三三、六六二	二九七、〇二六	一二二・二	一五・四七
渾源	九七、六九三	七八、九一九	一七六、六一二	一二三・八	三一・九三
應縣	六一、六八七	四七、一六〇	一〇八、八四七	一三〇・八	一三・八二
懷仁	四六、一八〇	三三、二九二	七九、四七二	一三八・七	二九・九三

山陰	三五、四二五	二三、八二五	五九、二五〇	一四八·七	二八·三二
靈邱	六六、七七八	四九、八四四	一一六、六二二	一三四·〇	一六·一四
廣靈	四八、〇〇五	三六、八八三	八四、八八八	一三〇·一	二一·六〇
陽高	五六、三九九	四七、五一九	一〇三、九一八	一一八·七	一一·二三
天鎮	四九、二四八	四二、三一〇	九一、五五八	一一六·四	一八·六五
右玉	四六、〇一八	三五、九六九	八一、九八七	一二七·九	七·四五
朔縣	一〇二、四九三	七一、四二八	一七三、九二一	一四三·四	一八·二二
左雲	四二、九七三	三三、六九七	七六、六七〇	一二七·五	一七·五四
平魯	一九、一五三	一四、〇四六	三三、一九九	一三六·三	四·二九
寧武	四一、五六六	二八、六二〇	七〇、一八六	一四五·二	一三·四九
神池	二七、八六一	二一、[illegible]七三	四九、〇三四	一三一·五	一二·一六
偏關	二二、一一一	一六、八七六	三八、九八七	一三一·〇	九·五七
五寨	二六、二八一	二〇、一五九	四六、四四〇	一三〇·四	一二·三五
忻縣	一二九、〇六三	一〇三、五八一	二三二、六四四	一二四·六	四〇·〇九
定襄	六七、八六〇	五三、八二〇	一二一、六八〇	一二六·一	五五·四八
靜樂	五八、二六八	四一、六八六	九九、九五四	一三九·八	九·七一
代縣	六七、九五〇	四四、三六二	一一二、三一二	一五三·二	一八·九二

五台	一一一、三八四	八六、五〇三	一九七、八八七	一二八・八	二二・六九
繁峙	六八、九一四	四二、三五七	一一一、二七一	一六二・七	一三・一二
崞縣	一四一、七九七	九七、〇八三	二三八、八八〇	一四六・〇	三二・〇五
保德	二九、二九四	二四、〇二五	五三、三一九	一二一・九	一七・七四
河曲	六一、八一八	四三、二六二	一〇五、〇八〇	一四二・九	一六・九四
總計	六、三八〇、〇九六	四、九四七、八三五	一一、三二七、九三一	一二八・九	二一・九九

人口分布

山西人口分布，就縣治言，據內政部報告，以平定、大同、晉城三縣爲最多，均在三十萬以上；其次則爲崞縣、高平、西縣，在二十五萬以上；再次爲平遙、忻縣、盂縣、陽城、臨縣五縣，在二十萬以上，更次十五萬以上者爲五台、長治、渾源、陽曲、（太原人口市未在內）臨汾、朔縣、壽陽、文水、離石、汾陽、長子、壺關等十二縣；十萬以上者爲襄垣、武鄉、榆次、陵川、孝義、昔陽、聞喜、祁縣、陽高、夏縣、介休、太谷、屯留、永濟、沁水、應縣、定襄、洪洞、沁縣、代縣、繁峙、天鎭、太原市、潞城、稷山、靈邱、河津、安邑、太原、靜樂、翼城、交城、萬泉，等三十二縣及一市；五萬以上者爲新絳、河曲、曲沃、平陸、臨晉、平順、廣靈、汾城、靈石、右玉、猗氏、趙城、清源、汾源、興縣、懷仁、黎城、遼縣、安澤、榮河、襄陵、寧武、左雲、中陽、和順、嵐縣、絳縣、鄉寧、垣曲、隰縣、芮城、霍縣、解縣、保德、榆社、虞鄉、山陰、浮山、汾西等三十九縣；五萬以下者爲五寨、神池、徐溝、偏關，岢嵐、方山、吉縣、石樓、平魯、蒲縣、永和、大寧等十二縣。據本誌此次調查，人口最多者爲平定，計有三一六、三〇一人；其次在二十五萬以上者爲晉縣、大同、兩縣；在二十萬以上者爲陽曲、平遙、臨縣、高平、忻縣、崞縣等六縣；十五萬以上者爲文水、離石、長治、長子、陽城、盂縣、壽陰、臨汾、渾源、朔縣等十縣；十萬以上者爲太原、太谷、榆次、祈縣、汾陽、介休、孝義、屯留、襄垣、壺關、陵川、沁水、沁縣、武鄉、昔陽、洪洞、永濟、夏縣、稷山、應縣、靈邱、陽高、定襄•代縣、繁峙、河曲等二十七縣；五萬以上者爲清源、交城、嵐縣、興縣、中陽、潞城、黎城、平順、遼縣、和順、榆社、沁源、襄陵、浮山、汾城、安澤、曲沃、翼城、鄉寧、臨晉、虞鄉、滎河、萬泉、猗氏、解縣、安邑、平陸、芮城、新絳、河津、絳縣、垣曲、霍縣、靈石、趙城、汾西、隰縣、懷仁、山陰、廣靈、天鎮、右玉、左雲、寧武、靜樂、五台、保德等四十七縣；五萬以下者爲徐溝，岢嵐，石樓、方山、吉縣、大寧、永和、蒲縣、平魯、神池、偏關、五寨等十二縣，而以大寧一縣之人口爲最少，計一七、一四三人。

人口密度

山西人口密度，就全省言，據內政部民國十七年各省市戶口調查報告：每英方里平均爲六六•一一三三人，每公方里平均一七一•三三二人。據本誌此次調查結果。每華方里爲二一•九九人，較東南各省不如遠甚。就各縣言，據本誌此次調查結果，以文水一縣爲最密，平均每華方里有一二六•八一人，其餘一百零四縣，每華方里在八十人以上者有夏縣、高平兩縣；在七十人以上者，有徐溝一縣；在六十人以上者有清源、平遙、長治、襄陵等四縣；在五十人以上者有太原，祁縣、介休、洪洞、萬泉、稷山、定襄等七縣；在四十人以上者有汾陽、長子、潞城、晉城、平定、臨汾、汾城、曲沃、臨晉、榮河、解縣、安邑、趙城、忻縣等十四縣；在三十人以上者有榆次、太谷、孝義、屯留、襄垣、陽城、猗氏、芮城，新絳、河津、聞喜、崞縣等十二縣；在二十人以上縣有離石、沁縣、武鄉、壽陽、翼城、永濟、虞鄉、平陸、廣靈、五台等十縣；在十人以上者有陽曲、交城、臨縣、方山、中陽、黎城、壺關、平順、沁水、遼縣、榆社、沁源、昔陽；浮山、鄉寧、絳縣、垣曲、靈石、汾西、大同、應縣、靈邱、陽高、天鎮、朔縣、左雲、寧武、神池、五寨、代縣、繁峙、保德、河曲等三十三縣，十人以下者有岢嵐、興縣、石樓、和順、安澤、吉縣、隰縣、大寧、永和、蒲縣、右玉、平魯、偏關、靜樂等十四縣，而以平魯一縣之密度爲最小，計每華方里僅四・二九人。

性別

至於人口之性別比例，在山西男子實比女子爲多。據內政部民國十七年戶口調查報告，男子對女子之比例爲百分之一三七・〇八，據本誌此次調查結果，全省人口男女之比率一二八・九與一〇〇之比。各縣之中榆社一縣外，男子數目，皆較女子爲多。其相差最大者爲陽曲、文水、壽陽、代縣、繁峙四縣，性比例皆在一五〇對一〇〇之比以上，其次性比例在一四〇對一〇〇以上者爲太原、太谷、祁縣、清源、交城、黎城、山陰、朔縣、寧武、崞縣、河曲等十一縣，性比例在一三〇對一〇〇之比以上者爲徐溝、方山、長治、屯留、潞城、沁水、遼縣、和順、平定、昔陽、盂縣、安澤、吉縣、河津、渾源、懷仁、靈邱、廣靈、平魯、神池、偏關、五寨、靜樂等二十三縣。性比例在一二○對一○○以上者爲岢嵐、嵐縣、汾陽、平遙、介休、孝義、離石、長子、襄垣、壺關、平順、晉城、高平、陽城、陵川、沁源、襄陵、洪洞、曲沃、臨晉、滎河、萬泉、平陸、聞喜、絳縣、垣曲、霍縣、趙城、靈石、隰縣、蒲縣、大同、渾源、右玉、左雲、忻縣、定襄、五台、保德等三十九縣；性比例在一一○對一○○之比以上者爲興縣、臨縣、石樓、中陽、沁縣、武鄉、臨汾、浮山、汾城、翼城、鄉寧、永濟、虞鄉、猗氏、解縣、安邑、芮城、稷山、汾西、大寧、永和、陽高、天鎮等二十三縣；性比例在一一○對一○○之比以下者爲榆社、夏縣、新絳三縣，而以榆社之男對女性比例爲最低，僅八七・五對一○○之比。

第二編 山西經濟之鳥瞰

第一章 農業經濟

一 農田概況

甲 農田畝數

山西地廣人稀，自昔爲我國西北之主要農業區域。據主計處統計局調查，我國全國農田面積總畝數爲一、二四八、七八一、〇〇〇畝，山西一省約六〇、五六〇、〇〇〇畝，占全國總畝數百分之四・八，其中水田畝數全國計三〇二、三〇九、〇〇〇畝，山西一省計三、六二九、〇〇〇畝，占水田總畝數百分之一・二。旱地畝數全國計九四六、四七二、〇〇〇畝，山西一省計五六、九三一、〇〇〇畝，占全國旱地總畝數百分之六。由以山西一省而論，計總畝數中，水田約占百分之六，旱地則占百分之九四。

據本部此次調查，山西全省農田面積共計五七、一四二、八九一、八六畝，其中水地計一、六一〇、一六六、七七畝，占農田總面積百分之二・八二、平地計二二、四四五、一四六、〇九畝，占百分之三九・二八，山坡地計二七、七二二、二二七•〇八畝，占百分之四八•五一，河灘地計二、四三八、三〇五•九五畝，占百分之四•二七，鹹地計二、四三七、一一八•五三畝，占百分之四•二六，荒地計四八九、九二七，四四畝，占百分之〇•八六。

就各縣農田分布而論，總畝數方面，在一百萬畝上者有大同、陽曲、臨縣、遼縣、右玉、及朔縣等六縣，在五十萬至一百萬畝之間者有楡次，太谷、文水，嵐縣、興縣、汾陽、平遙、介休、孝義、離石、中陽、長治、屯留、襄垣、晉城、高平、平定、盂縣、壽陽、臨汾、洪洞、汾城、曲沃、翼城、永濟、臨晉、安邑、夏縣、新絳、聞喜、稷山、隰縣、應縣、懷仁、山陰、靈邱、右云、平魯、神池、五寨、忻縣、靜樂、繁峙、崞縣等四十四縣。在五十萬畝以下者有太原、祁縣、徐溝、清源、交城、岢嵐、石樓、方山、長子、潞城、黎城、壺關、平順、陽城、陵川、沁水、和順、楡社、沁縣、沁源、武鄉、昔陽、襄陵、浮山、安澤、吉縣、鄉寧、虞鄉、榮河、萬泉、猗氏、解縣、平陸、芮城、河津、絳縣、垣曲、霍縣、靈石、趙城、汾西、大寧、永和、蒲縣、渾源、廣靈、陽高、天鎮、寧武、偏關、定襄、代縣、五台、保德、河曲等五十五縣。茲將山西各縣農田畝數列表於下：

山西省各縣農田畝數統計表

縣名	水地	平地	河灘地	山坡地	鹹地	荒地	總計
陽曲	六、七〇五•五三	三二〇、四三七•六六	一〇六、九六六•七九	七七九、一七七•〇九	三〇八、三六三•〇七	一二三、四一七•二六	一、六四五、二六四•三九

太原	三一、五六五・〇〇	二六一、三一七・〇〇	八九、一五五・〇〇	二八、五一二・〇〇	九、四四一・〇〇	—	四二〇、〇〇〇・〇〇
榆次	九、四三一・〇〇	二九二、六〇九・二四	八六、五八三・五九	四七六、六一八・七六	四一、九七一・三三	—	九〇七、二一三・九二
太谷	五二、一五八・〇〇	二三三、九七九・〇〇	五六、二三九・〇〇	二〇三、九一〇・〇〇	一二〇、九九八・〇〇	—	六六六、二七八・〇〇
祁縣	五六、〇二九・〇〇	二四八、七七五・〇〇	一八、九五七・〇〇	一〇九、四一八・〇〇	二六、一五九・〇〇	一、六一四・〇〇	四六〇、九五二・〇〇
徐溝	六、〇九九・七九	九九、〇〇三・七五	四六、四五九・二九	四一、三四四・六七	二五、五八三・四〇	一、七九七・〇〇	二二〇、二八七・九〇
清源	七、四〇六・〇〇	一七〇、〇九三・〇〇	六六、五〇八・〇〇	五、九〇三・〇〇	四〇、〇九〇・〇〇	—	三一〇、〇〇〇・〇〇
交城	一七、九七六・〇〇	九八、二四五・〇〇	一六、六八九・〇〇	一五八、〇二〇・〇〇	五六、九五五・〇〇	—	三四七、八八五・〇〇
文水	四〇、〇九一・〇〇	四〇三、二六七・〇〇	—	三九、三九二・〇〇	九四、六五三・〇〇	—	五七七、四〇三・〇〇
嵐苛	六一二・〇〇	三三、九五八・〇〇	二、三四二・〇〇	二四一、四九九・〇〇	四八・〇〇	一四、〇七四・〇〇	二九二、五三三・〇〇
嵐縣	二五六・〇〇	一五八、八一八・二〇	二三、七二五・八六	三八四、〇〇四・六二	五、三七四・〇〇	一四、七五三・七〇	五八六、九三二・三八
興縣	三八、一八四・〇〇	七七、四八五・〇〇	—	七三〇、八五〇・〇〇	三、一九一・〇〇	—	八六九、七一〇・〇〇
汾陽	九、八三四・〇〇	四四五、三一九・〇〇	三二、五六六・〇〇	二三二、五四七・〇〇	五三、三七二・〇〇	—	七六三、四三八・〇〇
平遙	一四、五〇九・〇〇	五七四、五三四・〇〇	一〇四、八三五・〇〇	一四五、一八七・〇〇	八八、一二五・〇〇	—	九二七、一九〇・〇〇
介休	三、八七六・三一	二〇三、三三七・三九	四〇、〇〇四・四六	二一三、八四八・〇七	四九、三二〇・二四	五八七・七〇	五一九、九六六・〇八
孝義	一六、一三三・四六	二五二、九三二・三七	一四、二八二・九五	二七七、八七二・七三	二四、八九八・〇九	—	五八六、一〇九・六〇
臨縣	五、八一九・〇〇	三九、一二三・〇〇	二四、四八九・〇〇	九二三、四四六・〇〇	二五、四九二・〇〇	—	一、〇〇七、三六九・〇〇
石樓	五六三・〇〇	一三、五〇二・〇〇	—	三七〇、一二〇・〇〇	—	—	三八三、一八五・〇〇

離石	六、六四九・三九	四五、七五六・四七	一四、二九八・七三	四二六、九二二・七九	六、六五〇・八〇	—	五〇〇、二六六・一八
方山	六、一五三・〇〇	一九、三三一・〇〇	四、八八五・〇〇	三三四、四八八・〇〇	四、六九七・〇〇	—	三六九、四四四・〇〇
中陽	二九、〇二五・〇〇	二七、〇二三・七七	一三、六二六・五三	五五五、〇九三・〇五	六、三九二・七〇	一八五四九・二八	六四九、六九九・三三
長治	三、六三七・二七	二七二、一〇七・三四	一三、二九三・九〇	二六六、七九五・一一	一六、四〇八・二〇	—	五八一、二四一・八二
長子	一、六八八・〇〇	一九二、七四四・〇〇	三、四三三・〇〇	二三〇、三〇四・〇〇	—	—	三二七、一五八・〇〇
屯留	二、三九九・〇〇	三一〇、八三三・〇〇	二、二九一・〇〇	一九四、二六三・〇〇	一七、三八五・〇〇	—	五二七、一七〇・〇〇
襄垣	二、二八三・六三	二三七、五七一・八九	九、八〇九・四七	三三〇、一八二・七九	八六・〇〇	—	五六九、九三三・七八
潞城	一、一九七・〇〇	二〇〇、一三四・〇〇	四、四七六・〇〇	一七六、五九八・〇〇	五、四六四・〇〇	三一・〇〇	三八七、九〇〇・〇〇
黎城	一、七八一・四〇	九八、〇〇四・一五	九、九二八・一〇	一〇六、七〇五・七三	一八〇・七〇	七五二・〇〇	二一七、三五二・〇八
壺關	五一・六六	九五、二七五・六五	一五、二六一・一六	一三七、五七五・二八	—	—	二四八、一六三・七五
平順	一〇三・〇〇	五二、八四七・三九	一五、七五八・四六	六一、八五五・七九	—	—	一三〇、五六四・六四
晉城	三、三二一・〇〇	一六五、一〇九・〇〇	六四六・〇〇	七二一、七三二・〇〇	—	—	八八〇、六九七・〇〇
高平	一、三八二・〇〇	三四七、四六〇・〇〇	一三、〇九八・〇〇	二〇九、一〇〇・〇〇	—	—	五七一、〇四〇・〇〇
陽城	一、三三三・一〇	三八、九六四・六五	七、九五四・三〇	二九九、八八五・四四	—	八七七・〇〇	三四九、〇〇四・四九
陵川	—	六六、八六九・五二	二〇、五六五・一〇	一七一、一〇二・〇一	—	—	二五八、五三六・六三
沁水	四五三・〇〇	七九、二九六・〇〇	一一、七三〇・〇〇	二四八、五三一・〇〇	—	—	三四〇、〇〇〇・〇〇
遼縣	一、一八三・〇〇	一八〇、九四一・〇〇	一三一、三四四・〇〇	一、〇七五、三三九・〇〇	二五五、五六六・〇〇	—	一、六四四、二七三・〇〇

和順	四、〇二八·〇〇	一二七、三一七·〇〇	—	一六六、六六五·〇〇	—	—	二八八、〇〇〇·〇〇
榆社	—	七八、四八八·〇〇	—	一六一、八八三·〇〇	—	—	二四〇、三七一·〇〇
沁縣	二七八·〇〇	九九、二四九·〇〇	一四、五四〇·〇〇	一九一、八六六·八〇	六、五九六·〇〇	—	三一二、五二九·八〇
沁源	一三八·〇〇	一一三、五六七·〇〇	八四四·〇〇	一七〇、三三三·〇〇	—	—	二八三、八八一·〇〇
武鄉	二、八三一·八〇	四一、一六七·八二	七九、四〇七·六五	二五九、六七一·三五	—	二六、九五一·五〇	四一〇、〇三〇·一二
平定	一、六三〇·九二	五四、三八〇·二七	一八、六四〇·五〇	四七三、〇九二·七九	三、三三九·八五	—	五五〇、〇七四·三四
昔陽	二、三八六·〇三	六四、一三六·三三	二三、九九九·八三	二五一、〇六八·〇〇	一、一九八·三〇	—	三四二、七七六·三七
盂縣	三三、一〇八·〇〇	二八三、三一九·〇〇	—	四四一、五四〇·〇〇	三、二八四·〇〇	—	七六〇、二五一·〇〇
壽陽	九五九·四〇	二三七、七〇七·一四	三三、一三七·四二	五三〇、三九九·四六	一〇、八〇一·〇〇	—	八一三、〇〇四·四二
臨汾	二八、〇六九·六四	四〇四、三三一·四〇	八〇、二五九·四七	一九三、五五七·九三	一五、四〇七·四七	—	七二一、五一五·九一
襄陵	三四、三七一·〇〇	三〇〇、六二〇·〇〇	一二、五三四·〇〇	四一、一三五·〇〇	八四〇·〇〇	—	三八九、五〇〇·〇〇
洪洞	五四、二〇三·四五	三三三、三一九·五八	二三、九二三·一七	一一五、五二八·八五	八、〇二一·一四	—	五三四、九八六·一九
浮山	一、〇六一·〇〇	一〇五、九〇四·〇〇	八〇二·〇〇	二六二、三一五·〇〇	—	—	三七〇、〇八二·〇〇
汾城	三三、六七四·〇〇	三三三、五八七·〇〇	六、六五〇·〇〇	一八二、〇〇五·〇〇	三、四六八·〇〇	二、六一六·〇〇	五四二、〇〇〇·〇〇
安澤	二、五五五·〇〇	七九、八八〇·〇〇	三、四七三·〇〇	三〇三、四三三·〇〇	—	一一、〇六〇·〇〇	四〇〇、三六〇·〇〇
曲沃	一四、四〇四·二九	二五三、五八五·五三	一七、五三三·五一	一九三、七一八·九一	九、六〇九·七六	—	四八八、八三一·〇一
翼城	九、二八三·〇〇	二五三、五七八·〇〇	四九六·〇〇	三二一、八七七·〇〇	二三八·〇〇	—	五八五、四七二·〇〇

吉縣	二、二六二・〇〇	一三四、七九八・〇〇	一、三九〇・〇〇	三一九、八四六・〇〇	一四一・〇〇	—	四五八、四三七・〇〇
鄉甯	九四・〇〇	一八、八四九・〇〇	四、一七三・〇〇	二五〇、七三五・〇〇	—	—	二六三、八五一・〇〇
永濟	一三、九八〇・〇〇	四五五、四九二・〇〇	三、〇三三・〇〇	一四〇、八六九・〇〇	二三、五六五・〇〇	—	六四四、九三七・〇〇
臨晉	五六五・〇〇	四七五、五一九・三九	四、〇七三・〇〇	七三、七九七・三一	三、五五三・七〇	—	五五七、五〇七・四〇
虞鄉	三〇、一六三・〇〇	二九〇、七一七・〇〇	—	二、二〇九・〇〇	五八、三一一・〇〇	—	三八一、四〇〇・〇〇
榮河	四三九・〇〇	二九〇、三四一・〇〇	一六、〇三六・〇〇	八三、〇一八・〇〇	—	—	三八八、八三四・〇〇
萬泉	六二・〇〇	一七三、九七三・四六	—	二〇四、七三四・四一	七三二・〇〇	二、二九六・五〇	三八〇、七八六・三七
猗氏	八、四五三・〇〇	二七六、四三六・〇〇	—	二〇五、一一一・〇〇	—	—	四九〇、〇〇〇・〇〇
解縣	一四、六〇七・〇〇	一九八、〇〇〇・〇〇	—	三五、二九七・〇〇	六四、二一九・〇〇	—	三一二、一二三・〇〇
安邑	一三、四五九・五四	四六一、一一三・五九	七、二五三・五四	六六、四九七・二九	三、九〇〇・六三	—	五五一、二二三・五九
夏縣	三八、五六一・一二	一八一、九五四・四〇	—	三三六、四二五・三九	一五、六五八・九四	—	五七一、五九九・八四
平陸	一、六〇八・〇〇	一五二、九六九・〇〇	八、六九二・〇〇	二〇一、五三六・〇〇	—	—	三六四、八〇五・〇〇
芮城	四、七三五・一〇	一四五、五九〇・八八	一〇、二八四・六九	一五九、五一三・二五	五、八三七・五〇	—	三二五、九六一・四二
新絳	三三、一〇〇・〇〇	三一〇、〇〇〇・〇〇	一九、〇〇〇・〇〇	一六六、〇〇〇・〇〇	二、九〇〇・〇〇	—	五一〇、〇〇〇・〇〇
河津	一〇、二五三・〇〇	二九二、八九〇・〇〇	四六、七九二・〇〇	六七、二五八・〇〇	六六、六五四・〇〇	—	四八三、八四六・〇〇
聞喜	一〇、一〇〇・〇〇	三三三、一四〇・〇〇	—	四五五、五三七・〇〇	一〇、〇〇〇・〇〇	—	八〇九、四七七・〇〇
稷山	三九、四三八・〇〇	五五一、二六七・〇〇	二六、〇五〇・〇〇	五七、四八七・〇〇	八、四九二・〇〇	—	六八二、七三四・〇〇

絳縣	七、一三一・〇〇	三〇七、〇〇五・〇〇	二、〇三六・〇〇	七三、九〇〇・〇〇	一〇〇・〇〇	—	三九〇、一七三・〇〇
垣曲	五、五六〇・〇〇	六五、二五六・〇〇	—	一七七、〇四四・〇〇	—	—	二四七、八六〇・〇〇
霍縣	二三、九四六・五三	一四七、七二〇・四九	九、四四五・七三	一四八、一三三・五四	二、八四八・三三	一七八・〇〇	三三二、三六二・六一
靈石	一一、九三一・〇〇	五七、六八六・〇〇	九、六五四・〇〇	三四〇、一七九・〇〇	九七三・〇〇	五一七・〇〇	四二〇、九四〇・〇〇
趙城	四〇、九七八・六三	三〇、二六・六七	—	一三八、五七一・一九	一五、六二三・九〇	—	二二五、四四一〇三八
汾西	一、六〇三・〇〇	一〇一、七三二・〇〇	五、七六三・〇〇	二四四、二三九・〇〇	二、〇三〇・〇〇	四八〇・〇〇	三五五、八四三・〇〇
隰縣	二、四五七・〇〇	八五、四一七・〇〇	五二、三六一・〇〇	四四五、五三二・〇〇	—	—	五八五、七六七・〇〇
大寧	五、七一八・〇〇	四四、七六五・〇〇	—	二二六、六七五・〇〇	—	—	二七七、一五八・〇〇
永和	一、五二〇・〇〇	三五、一七三・〇〇	—	三一四、三八三・〇〇	—	—	三五一、〇七六・〇〇
蒲縣	一、三四三・〇〇	六一、六八三・〇〇	八、三三三・〇〇	三六二、八一三・〇〇	五三六・〇〇	—	四三四、六九六・〇〇
大同	二三一、七九〇・〇〇	一、五〇七、〇五〇・〇〇	一六八、四二〇・〇〇	一八九、六〇〇・〇〇	二〇六、五四〇・〇〇	—	二、三〇三、四〇〇・〇〇
源渾	三一、三九九・〇〇	二七六、六八四・〇〇	二九、八〇〇・〇〇	八八、五五六・〇〇	三一、一四三・〇〇	—	四四八、九八二・〇〇
應縣	四五、四六七・〇〇	三八七、五〇四・〇〇	五、一六八・〇〇	三、六三六・〇〇	一二八、四一四・〇〇	—	五七〇、一八九・〇〇
懷仁	二、九五四・〇〇	三八二、二〇九・〇〇	一六、七九四・〇〇	六八、九四三・〇〇	一四、七三九・〇〇	一〇九、三二六・〇〇	六〇四、八六五・〇〇
山陰	九二、〇五〇・五〇	三二七、四九二・四〇	一三、八九七・〇〇	七三、五八〇・〇〇	五四、五二五・八〇	六一、九一五・〇〇	六二一、四六〇・七〇
靈邱	三三、一九九・五〇	二四八、五六三・一〇	二、〇一七・八〇	六〇三、〇五二・三〇	二、一九八・〇〇	—	八八九、〇三〇・七〇
廣靈	一九、四三二・〇〇	二三〇、三〇七・〇〇	二一、九三一・〇〇	一八六、〇八九・〇〇	四、六九二・〇〇	—	三五二、四五一・〇〇

陽高	三〇、二四七・〇〇	一六九、九〇〇・〇〇	六〇、〇八四・〇〇	一六八、八一八・〇〇	二八、七五三・〇〇	一〇、〇三〇・〇〇	四六七、九二一・〇〇
天鎮	四七一・八〇	一七三、一六六・六八	二〇、七七五・五〇	三三四、三三三・四七	四〇、三四〇・六〇	—	四五八、九七八・〇五
右玉	七三・〇〇	一六九、九二七・〇〇	一三、一三六・〇〇	六九二、五三六・〇〇	—	—	一、〇八五、三〇一・〇〇
朔縣	一六、三八九・〇〇	七〇〇、二二五・四一	二一、二四四・〇〇	五五九、九四九・八九	二八、一七一・六〇	—	一、三三五、九七九・九〇
左雲	三九〇・〇〇	三三五、八四九・〇〇	二六、三九五・〇〇	二三九、八二三・〇〇	二九、六七四・〇〇	—	六三一、一三〇・〇〇
平魯	七三・〇〇	九一、〇一八・五〇	三、九一七・〇〇	三九四、八二七・九〇	—	六六、八〇九・〇〇	五五六、六四五・四〇
寧武	三六九・〇〇	一四、〇四五・〇〇	五、一二四・〇〇	二〇〇、四〇八・〇〇	一九四・〇〇	—	二三〇、一四〇・〇〇
神池		一八三、九三四・〇〇	三六、八二三・〇〇	五〇三、二九一・〇〇	六〇・〇〇	—	七二四、一〇八・〇〇
偏關	二一・〇〇	八三、二〇三・〇〇	二、七三八・〇〇	二四〇、八七二・三〇	—	三一、四〇五・五〇	三五八、二三九・八〇
五寨	—	一九九、二四〇・〇〇	一〇、六二九・〇〇	四三五、四九七・〇〇	六九、九六八・〇〇	—	七一五、三三四・〇〇
忻縣	二、二三八・〇〇	三〇六、四九五・〇〇	五八、二七一・〇〇	三三三、五二五・〇〇	八、九一四・〇〇	—	六九九、四四三・〇〇
定襄	九二、九五九・〇〇	八六、七五四・〇〇	四六、四〇一・〇〇	一二七、四九二・〇〇	四六、六九四・〇〇	—	四〇〇、三〇〇・〇〇
靜樂	七一九・五〇	一八二、六八九・七〇	二二五・〇〇	七五三、四八六・〇〇	五、三七九・八〇	—	九四二、五〇〇・〇〇
代縣	一〇、三七一・〇〇	一三六、七一三・〇〇	二四、七六八・〇〇	一〇八、六五六・〇〇	四九、四九二・〇〇	—	三三〇、〇〇〇・〇〇
五台	五九七・六〇	六八、二八〇・三〇	一八、一三四・四五	三三四、〇〇八・三三	五、三六八・六七	—	四二六、三八九・〇八
崞縣	四二、〇三三・〇〇	六七〇、七一四・〇〇	九八、一一一・〇〇	一八、八七四・〇〇	三九、六九〇・〇〇	—	八六九、四二三・〇〇
繁峙	八、〇二九・〇〇	一三八、四四八・〇〇	二五、三三五・〇〇	三五九、六六一・〇〇	一五、八八〇・〇〇	—	五三七、三四三・〇〇

保德	一、二六八・〇〇	一六、九六〇・〇〇	一、三〇一・〇〇	一八九、二六二・五〇	六五五・〇〇	——	二〇九、四六七・五〇
河曲	五、三五一・〇〇	六一、一六八・〇〇	八、三三〇・〇〇	三四一、〇九三・〇〇	七五三・〇〇	——	四一六、七一五・〇〇
總計	一、六二〇、一六六・七七	三、四四五、一四六・〇九	二、四三八、三〇五・九五	二七、七三三、三三七・〇八	二、四三七、一一八・五三	四八九、九二七・四四	三七、一四三、八九一・八六

乙　農田分配

山西全省農戶數，據民國二十一年主計處統計局所發表爲一，八七四、一〇〇戶，平均每農戶所有耕地爲三一・二畝。據本部民國二十四年調查。共計一、八二九、八三六戶，平均每農戶所有耕地爲三二畝。在各縣之中。每農戶所有耕地以遼縣爲最高，計一四二・八畝。最低爲平順，計八三畝，計全省一〇五縣中，每農戶所有耕地在一〇畝以下者計四縣，在一一畝至二〇畝之間者計十九縣，二一畝至三〇畝之間者計二十七縣，三一畝至四〇畝者計二十七縣，四一畝至五十畝者計十縣，五一畝至六〇畝者計三縣，六一畝至七〇畝者計四縣，七一畝至八〇畝者計六縣，八一畝至九〇畝者計二縣，九一畝至一〇〇畝者計一縣，一百畝以上者計四縣。由此可見山西全省各縣每農戶所占耕地大部份均在五十畝以下，約占百分之八十左右。茲將山西各縣農田分配情形列表於后：(畝以下小數按四捨五入法計算)

每農戶平均畝數	縣數
一〇、畝以下者	四
一一——二〇畝者	一七
二一——三〇畝者	二七

三一——四〇畝者	二七
四一——五〇畝者	一〇
五一——六〇畝者	三
六一——七〇畝者	四
七一——八〇畝者	六
八一——九〇畝者	二
九一——一〇〇畝者	一
一〇一以上者	四
共計	一〇五

山西省各縣每家農戶平均所佔畝數表

縣別	本部調查			根據主計處統計局調查		
	農田畝數(單位畝)	農戶數(單位一戶)	平均每家農戶所佔畝數(單位畝)	田地畝數(單位千數)	農戶數(單位百戶)	平均每家農戶所佔畝數(單位畝)
陽曲	一、六三五、二六三	三五、一八〇	四六・四	一、五八〇	三六四	四三・六
太原	四二〇、〇〇〇	一五、四七九	三七・一	三九三	一五五	二五・四
榆次	九〇七、二一四	二七、七四六	三二・七	八七一	一七六	四九・五
太谷	六六六、二七八	一九、〇一四	三五・〇	六四一	二五四	三六・四
祁縣	四六〇、九五二	二三、六七五	一九・五	二七二	二一二	一二・八
徐溝	二二〇、二八八	四、四三四	四九・七	三〇四	七六	四〇・〇
清源	三一〇、〇〇〇	一〇、九五三	二八・三	二九六	一四二	二〇・八

交城	三四七、八八五	一四、〇六二	二四・七	三五六	一六二	二二・〇
文水	五七七、四〇三	二六、八八九	二一・五	六六一	二五五	二五・九
岢嵐	二九二、五三三	八、〇六〇	三六・三	五七二	七八	七三・三
嵐縣	五八六、九三二	一一、九九四	四八・九	九四四	一一四	八二・八
興縣	八六九、七一〇	九、五四三	九一・一	八〇五	一三四	六〇・一
汾陽	七六三、四三八	一八、四四四	四一・九	一、〇三二	二四八	三六・三
平遙	九二七、一九〇	三一、二七五	二九・六	一、〇三二	三六〇	二八・七
介休	五一九、九六六	一六、〇〇〇	三二・五	五八六	二六六	二二・四
孝義	五八六、一一〇	一五、四〇六	三八・〇	一、二八一	二三五	五四・五
臨縣	一、〇〇七、三六九	三四、二九八	二九・四	一、四九四	三六二	四一・三
石樓	三八三、一八五	六、九二六	五五・三	四三九	五九	七四・四
離石	五〇〇、二七八	二〇、七四三	二四・一	二三八	二三三	一〇・二
方山	三六九、四四四	五、三〇七	六九・六	二九六	七五	三九・五
中陽	六四九、六九九	五、二〇〇	一二四・九	五二七	一二三	四二・八
長治	五八一、二四二	三四、二九八	一六・九	六五一	三一四	二〇・七
長子	三二七、一五八	二九、二三〇	一七・二	五八三	三〇〇	一九・四
屯留	五二七、一七〇	一八、九八〇	二七・八	五五九	一六二	三四・五

襄垣	五六九、九三四	二八、四二七	二〇・一	六五九	二七三	二四・三
潞城	三八七、九〇〇	二四、一一二	一六・一	五六四	二一九	二五・八
黎城	二一七、三五二	一四、九八三	一四・五	三六〇	一五六	二三・一
壺關	二三八、一六四	二二、七九四	一〇・五	四二六	一八六	二二・九
平順	一三〇、五六五	一五、七八〇	八・三	一二五	一八五	六・八
晉城	八八〇、六九七	四八、三〇〇	一八・二	七八八	四五四	一七・四
高平	五七一、〇四〇	四〇、二〇四	一四・二	七一八	三二八	一一・九
陽城	三四九、〇〇四	三六、五七九	九・五	四八五	三〇六	一五・八
陵川	二五八、五三七	二五、三六七	一〇・二	四一二	二一四	一九・三
沁水	三四〇、〇〇〇	二一、九六四	一五・五	二八七	一八六	一五・四
遼陽	一、六四四、二七二	一一、五一六	一四二・八	七六八	一四〇	五四・九
和順	二八八、〇〇〇	一〇、九二九	二六・四	二七八	一一〇	二五・三
楡社	二四〇、三七一	一一、六四六	二〇・六	三三一	六四	五一・七
沁縣	三一二、五二九	二三、二三〇	一三・五	六〇二	二〇一	三〇・〇
沁源	二八三、八八一	八、九六八	三一・七	一五五	一〇八	一四・四
武鄉	四一〇、〇三〇	二六、八九六	一五・二	三七六	一八八	二〇・〇
平定	五五〇、〇七四	一八、七〇〇	二九・四	六七六	四三六	一五・五

昔陽	三四二、七七八	一七、四八二	一九・六	一七五	二五一	六・九
盂縣	七六〇、二五一	三三、四一〇	二二・八	四七七	三五四	一二・七
壽陽	八一三、〇〇四	一九、六四九	四一・四	四六九	二五六	一八・三
臨汾	七二一、五一六	二八、〇九六	二五・七	五三三	二二三	二三・九
襄陵	三八九、五〇〇	一〇、二三八	三八・〇	三五九	一一三	三一・七
洪洞	五三四、九八六	一八、七五七	二八・五	五八七	二二六	二六
浮山	三七〇、〇八二	七、九四〇	四六・六	三八〇	八三	四五・七八
汾城	五四二、〇〇〇	一七、三〇〇	三一・三	五六五	一四一	四〇
安澤	四〇〇、三六〇	一九、六七四	二〇・四	二四五	一五三	一六
曲沃	五八八、八三一	一七、八四三	三三・〇	九八六	一三三	四四
翼城	五八五、四七二	一二、七二六	四六・〇	五三五	一六五	三二・四
吉縣	四五八、四三七	六、一三二	七四・八	一五二	四七	三一
鄉寧	二八三、八五一	一〇、二四二	二七・七	一三九	一〇七	一三
永濟	六四四、九二七	一八、四二二	三四・〇	五四三	二二五	二四・一
臨晉	五五七、五〇七	一三、二四一	四二・一	七二七	一五四	四七・二
虞鄉	三八一、四〇〇	一〇、一一〇	三七・七	三九八	八二	四八・五
榮河	三八八、八三四	一三、六一四	二八・六	三五六	一一五	三〇・九

萬泉	三八〇、七六八	一三、九六九	二七・三	三五七	一六五	二一・六
猗氏	四九〇、〇〇〇	一二、八〇七	三八・三	六五一	一五〇	四三・四
解縣	三一二、一二三	九、〇八八	三四・三	三七四	一一二	三三・三
安邑	五五一、二二四	一五、七一四	三五・一	二三〇	一九〇	一二・一
夏縣	五七一、六〇〇	二〇、一一八	二八・四	六二九	二一二	二七・六
平陸	三六四、八〇五	一二、三五〇	二九・五	二九一	七二	四〇・四
芮城	三二五、九六一	九、九三〇	三二・八	四八五	一二二	三九・七
新絳	五一〇、〇〇〇	二〇、二二一	二五・二	六八二	一八二	三七・四
河津	四八三、八四六	一四、七九七	三二・六	三九二	一四八	二六・五
聞喜	八〇九、四七七	二一、〇七二	三八・四	八九二	二四三	三六・七
稷山	六八二、七三四	一九、八〇二	三四・四	七〇九	一六三	四三・五
絳縣	三九〇、一七二	九、八六七	三九・五	三九九	一一三	三五・三
垣曲	二四七、八六〇	八、四〇〇	二九・五	二五三	七五	三三・七
霍縣	三三二、二六三	一二、〇五四	二七・五	三八二	七一	五三・八
靈石	四二〇、九四〇	一二、四六三	三三・七	四〇〇	一三四	三〇
趙城	二二五、四四一	一三、二三七	一七・〇	三一三	一三六	二三
汾西	三五五、八四三	八、八二一	四〇・三	一三〇	八四	一五・四

隰縣	五八五、七六七	一〇、三三七	五六・六	六八〇	一二二	五五・七
大寧	二七七、一五八	三、四一五	八一・一	六一	二六	二三・四
永和	三五一、〇七六	四、四一四	七九・五	四三九	三九	一一二・五
蒲縣	四三四、六九六	六、四四〇	六七・四	二二二	六三	三五・二
大同	二、三〇三、四〇〇	五七、四一九	四〇・一	二、〇五四	四九一	四一・八
渾源	四四八、五八二	四六、六七五	九・六	五〇九	二四七	二〇・六
應縣	五七〇、一八九	一四、四三一	三九・五	一、〇四九	一九四	五四
懷仁	六〇四、八六五	一二、三一六	四九・一	七二一	一〇五	六八・六
山陰	六二一、四六一	九、八五二	六三・一	四一三	一二〇	三四・四
靈邱	八八九、〇三一	一九、〇〇〇	四六・七	三〇六	一三九	二二
廣靈	三五二、四五一	一一、四〇〇	三〇・九	三五三	一五四	二二・九
陽高	四六七、九二一	一四、八六九	三一・四	四一四	一六〇	二五・九
天鎭	四五八、九七八	六、二六三	七三・二	四八五	一一二	四三・三
右玉	一、〇八五、三〇一	一四、八四二	七三・一	二、〇九三	一四六	一四三・三
朔縣	一、三二五、九七〇	二三、八八一	五五・五	一、四九七	三二六	四五・九
左雲	六二二、一三〇	七、七七二	八〇・〇	四二七	一三一	三二・六
平魯	五五六、六四五	五、四七九	一〇一・五	六〇五	四九	一二三・四

寧武	二三〇、一四〇	一〇、一四一	二二・六	二九三	一一〇	二六・六
神池	七二四、一〇八	八、二六四	八七・六	六一八	九八	六三
偏關	三五八、二四〇	五、七二七	六二・五	四八六	七三	六六・五
五寨	七一五、三三四	六、四八四	一一〇・三	八六七	八一	一〇・七
忻縣	六九九、四四三	二五、四二二	二七・五	一、四一三	三三八	四一・八
定襄	四〇〇、三〇〇	二一、五〇〇	一八・六	四六七	一五五	三〇・一
靜樂	九四二、五〇〇	四二、二〇九	二二・三	九六五	一九一	五〇・五
代縣	三三〇、〇〇〇	一二、五一〇	二六・三	二七一	二〇〇	一三・五
五台	四二六、三八九	一七、九六七	二三・七	一、一四〇	二三二	四九・一
繁峙	八六七、四二二	一一、四二二	七五・九	五二五	一七一	三〇・七
崞縣	五三七、三四三	三八、八二八	一三・七	八一八	三三八	二四・二
保德	二〇九、四六八	六、八三〇	三〇・六	三九九	六五	六一・四
河曲	四一六、七一五	一三、六一〇	三〇・六	七五三	一九九	三七・八
總計	五七、一四〇、八七三	一、八二九、八三六	三一・二	六〇、五六〇	一八、七四一	三二

丙　農田價格

山西農田價格，與各處情形大致相同，各種田地之中，以水田價格爲最高，旱地次之，山地最少。

據本部民國二十四年調查，山西全省水田每畝平均價格上等田五三、一八元，中等田三六、〇六元，下等田二二、五六元，旱田每畝平均價格上者田一七、八九元，中等田一〇、九八元，下等田五、九九元，山地每畝平均價格上等地七、八七元，中等地四、八四元，下等地二、四七元，茲將晉省各縣每畝田價列表於次：

山西省各縣每畝田價統計表（單位元）

縣別	水田			旱地			山地		
	上	中	下	上	中	下	上	中	下
陽曲	二五	二〇	一〇	一五	一〇	五·五	六·五	四·五	三·五
太原	八〇	六〇	四〇	一八	一二	八	九	八	六
榆次	四〇	二〇	一〇	一三	九	五	六	四	二·五
太谷	三〇	二〇	一〇	一〇	七	五	七	五	三
祁縣	一〇〇	六〇	三〇	三〇	二〇	一〇	一〇	七	三
徐溝	一五	一〇	五	五	三	〇·五			
清源	五〇	三〇	二〇	一五	八	五	八	四	二
交城	六〇	四〇	三〇	三〇	二〇	一〇	二〇	一〇	五
文水	五〇	三五	二〇	二〇	一二	八	一五	一〇	四

嵐岢	七〇	四〇	一五	六	三	二	四	二	一
嵐縣				一〇	五	〇·五	二	一	〇·三
興縣	五〇	四〇	三〇	五	四	三	三	二	一
汾陽	五〇	三〇	一〇	一〇	七	四	三	二	〇·二
平遙	六〇	二〇	一二	二五	一五	八	一五	一〇	三
介休	六〇	三〇	二〇	一〇	五	三	一〇	五	三
孝義	三〇	二〇	一四	一五	一二	八	一〇	七	五
臨縣	三五	二五	一五	八	五	四	六	四	二
石樓	二〇	一五	一三	九	五	〇·九	三	一	〇·一
離石	一〇	五〇	二〇	二〇	一五	八	二〇	一〇	二
方山	一〇	七	四	七	五	二·四	一·八	一·二	〇·七
中陽	二五	二〇	一五	一五	一〇	七	四	三	二
長治	四五	三〇	二〇	三〇	二〇	一〇	二〇	一〇	五
長子	二五	二一	一八	八	六	四	四	三	二
屯留				一二	七	三	三	二	一
襄垣				一〇	六	二	八	四	一
潞城	一七·五	一二·五	七·五	一〇	八·五	二·五	三·五	二·五	一·五

黎城	四〇	三〇	二〇	一三	八	五	一三	八	五
壺關				一五	一〇	一五	六	四	二
平順	二五	二〇	一五	一五	一〇	八	八	六	四
晉城	四〇	二五	一五	三〇	二〇	一五	二〇	一〇	八
高平	五八	三五	二七	二〇	一五	八	八	四	〇・四
陽城	五〇	三〇	二五	二〇	一二	八	一〇	五	二
陵川				三〇	二〇	一〇	二〇	一〇	五
沁水	一九	一七	一三	一三	九	六	七	五	三
遼縣	二五	一五	一〇	一五	一〇	八	一〇	八	六
和順				四〇	二五	一五	七	五	三
榆社				八	四	二	三	二	一
沁縣				一〇	八	五	四	二	一
沁源				六〇	四〇	二〇	三〇	一五	一〇
武鄉	一八	一五	一二	一〇	八	五	三	二	一
平定	一〇〇	七〇	四〇	二〇	一四	八	一〇	六	三
昔陽	五〇	四〇	三〇	三〇	二〇	一〇	一五	一〇	五
盂縣	一〇〇	八〇	四〇	五〇	三〇	一八	一〇	六	三

壽陽	四〇	三〇	二〇	二〇	一〇	五	一〇	六	三
臨汾	一二〇	八〇	五〇	三〇	一五	八	一〇	七	三
襄陵	一〇〇	六〇	三〇	一〇	六	三	六	四	二
洪洞	一〇〇	八〇	五〇	一五	一〇	八	七	四	三
浮山	八〇	六五	四〇	一八	一三	八	一〇	六	二
汾城				二五	一〇	五・五			
安澤	一〇〇	八〇	六〇	三〇	二〇	一〇	五	三	一
曲沃	一〇〇	七〇	四五	三〇	二〇	一〇	一五	一〇	六
翼城				二〇	一五	一〇	一〇	八	五
吉縣	一〇〇	七〇	三〇	二三	一五	四・五	四	二	一
鄉寧	四〇	二〇	一〇	一〇	五	一	三	一	〇・二
永濟	八〇	三〇	一〇	三〇	一五	六	三	二	一
臨晉	六〇	四〇	二〇	三〇	一五	五			
虞鄉	五〇	四〇	二〇	二〇	一〇	二	五	二	一
榮河				五〇	二〇	八			
萬泉	六〇	五〇	四〇	三〇	一五	五	一五	一〇	三
猗氏				三五	一五	八	二〇	一二	五

解縣	九〇	七〇	五〇	二〇	一五	一〇	九	六	三
安邑	八〇	六〇	二〇	一〇	八	四			
夏縣	一二〇	七五	四〇	三〇	一五	六	一〇	六	二
平陸	八〇	五〇	三〇	三〇	一五	八	八	五	二
芮城	八〇	五〇	三〇	三〇	一五	八	八	五	二
新絳	四〇	三二	二八	一六	一二	三	一二	八	一
河津	四五	四〇	三五	二五	二〇	一五	七	五	三
聞喜	八〇	六〇	四〇	二〇	一五	一〇	一五	一〇	五
稷山	四〇	三〇	二〇	一三	八	三	八	四	二
絳縣	三五	三一	二八	二〇	一六	一二	一〇	八	六
垣曲	六〇	五〇	四〇	二〇	一五	一〇	八	五	三
霍縣	八〇	五〇	三〇	二〇	一五	一〇	六	四	二
靈石	六〇	四〇	二五	一五	一〇	七	八	五	二
趙城	八〇	五〇	三〇	一六	一〇	七	一〇	八	四
汾西	三六	三〇	二八	二〇	一二	三	六	四	一
隰縣				五	三	二	三	二	一
大寧	六〇	三〇	一〇	五	二	一	二	一	〇・五

永和	六〇	四〇	三〇	五	三	二	二	一	〇·五
蒲縣	五〇	四五	四〇	一二	九	七	二	一·五	一
大同	三〇	一〇	一〇	八	五	二	三	一	〇·五
渾源	五〇	四五	四〇	三〇	二五	二〇	二〇	一五	一〇
應縣	二〇	一二	二	一〇	五	〇·四	二	一	〇·二
懷仁	四〇	三〇	二〇	二〇	一五	八	二	一·五	一
山陰	一五	七	三	五	二	一			
靈邱	六〇	四〇	二〇	二〇	一五	八	三	一·五	〇·三
廣靈	五〇	三〇	二〇	一五	八	二	二	一	〇·二
陽高	七〇	三〇	二〇	一五	一〇	五	一〇	五	三
天鎮	三二	二〇	一五	二五	一五	五	一五	八	三
右玉	二五	一七	一〇	五	三·二	五	一·八	〇·七	〇·一
朔縣	八	六	五	五	四	三	三	二	一
右雲	一二	五	三	六	三	一	二	一	〇·一
平魯				三	二	一	二	一·五	一
寧武	四〇	二〇	一〇	一〇	五	二	八	四	一
神池				八	七	六	五	四	三

偏關	六〇	四〇	三〇	三	二	一	二·五	二	〇·五
五寨	一五	一二	一〇	三	二·五	一·五	一	〇·八	〇·二
忻縣	三四	一九	八	一〇	七	四	四	二	一
定襄	三〇	二五	二〇	一五	一二	一〇	八	五	二
靜樂	一〇	七	五	六	四	三	四	三	一
代縣	七〇	五〇	四〇	五	三	二	三	一·五	一
五台	一五〇	一〇〇	四〇	三〇	二〇	八	一五	一〇	五
繁峙	二四	一九	一二	八	五	二	二	一	一
崞縣	五〇	三〇	二〇	二〇	一〇	二	一〇	五	一
保德	三〇	二五	二〇	四	三	二	二	一·八	一·二
河曲	三〇	二〇	一〇	一二	七	四	六	四	二
平均	五三·一八	三六·〇六	二二·五六	一七·八九	一〇·九八	五·九九	七·八七	四·八四	二·四七

近年以來，我國以農村經濟破產，農產物價下落之故，各省農田價格，作普通下落之勢，晉省田價自民國十九年以來，亦趨下落，據民國二十四年本部調查，晉省各縣田價，除無增減者四縣，未詳者八縣，增張者十縣外，餘俱有減無增，減退率最高者，達百分之八〇，茲將晉省各縣近五年來田價增減成數，列表於后：

最近五年來山西各縣田價增減成數表

縣別	上	中	下
陽曲	減三〇%	減三〇%	減三〇%
太原	減三〇%	減四〇%	減五〇%
榆次	減二〇%	減四〇%	減二〇%
太谷	減二〇%	減四〇%	減五〇%
祁縣	減七〇%	減七〇%	減七〇%
徐溝	減五〇%	減五〇%	減五〇%
清源	減四〇%	減四〇%	減四〇%
交城	減四〇%	減三〇%	減四〇%
文水	減四〇%	減四〇%	減五〇%
岢嵐	減四〇%	減七〇%	減八〇%
嵐縣	減一〇%	減四〇%	無增減
興縣	減一〇%	減二〇%	減三〇%
汾陽	減二五%	減二五%	減三五%
平遙	減五〇%	減五〇%	減五〇%
介休	減五〇%	減五〇%	減五〇%
孝義	減三〇%	減三〇%	減四〇%
臨縣	減三〇%	減三〇%	減三〇%
石樓	減五〇%	減五〇%	減六〇%
離石	減三五%	減三五%	減四〇%
方山	減五〇%	減五〇%	減五〇%
中陽	減二%	減五%	減五%
長治	減五〇%	減五〇%	減[illegible]〇%
長子	減四〇%	減四〇%	減四〇%
屯留	無增減	無增減	無增減
襄垣	減五〇%	減五〇%	減五〇%
潞城	減二〇%	減二〇%	減二〇%
黎城	未詳	未詳	未詳
壺關	減五〇%	減五〇%	減五〇%
平順	未詳	未詳	未詳
晉城	減三〇%	減二〇%	減二〇%
高平	減八%	減七%	減九%
陽城	減一〇%	減一〇%	減一〇%

隰川	無增減	無增減	無增減
沁小	減三五%	減三○%	減四○%
遼縣	減五○%	減五○%	減五○%
和順	減五○%	減六○%	減三○%
榆社	減四○%	減二○%	減四○%
沁縣	減五○%	減五○%	減五○%
沁源	減一五%	減一五%	減一五%
武鄉	減五○%	減五○%	減五○%
平定	減二○%	減二○%	減二○%
昔陽	減四○%	減四○%	減四○%
盂縣	減三○%	減三○%	減三○%
壽陽	減五○%	減五○%	減五○%
臨汾	減三○%	減三五%	減四○%
襄陵	減二○%	減二○%	減二○%
洪洞	無增減	無增減	無增減
浮山	減五○%	減五○%	減五○%
汾城	未詳	未詳	未詳

安澤	減三○%	減四○%	減五○%
曲沃	增二○%	未詳	減五○%
翼城	減二○%	減二○%	減二○%
吉縣	無增減	增一○%	增三○%
鄉寧	減一○%	減一○%	減一○%
永濟	增五五%	增六○%	增四五%
臨晉	減四○%	減五○%	減五○%
虞鄉	減三○%	減二五%	減三○%
榮河	減四○%	減四○%	減四○%
萬泉	減一○%	減一○%	減一○%
猗氏	減一五%	減八%	減三%
解縣	未詳	未詳	未詳
安邑	水地增一五% 旱地減一二%	水地增六% 旱地減二○%	水地增三% 旱地減三○%
夏縣	未詳	未詳	未詳
平陸	增二○%	增二○%	增二○%
芮城	減一五%	減二○%	減三○%
新絳	減一五%	減一○%	減三%

河津	未詳	未詳	未詳
聞喜	增三%	增二%	增一%
稷山	減二〇%	減二五%	減三〇%
絳縣	增四〇%	增三〇%	增二〇%
垣曲	增一〇%	無增減	減一〇%
霍縣	減五%	減五%	減五%
靈石	未詳	未詳	未詳
趙城	減二〇%	減二〇%	減三〇%
汾西	減二〇%	減二二%	減二五%
隰縣	增五%	增六%	增六%
大寧	增一五%	增一〇%	增五%
永和	減四〇%	減三〇%	減三〇%
蒲縣	無增減	無增減	無增減
大同	減四〇%	減四〇%	減四〇%
渾源	減五〇%	減五〇%	減五〇%
應縣	減五〇%	減五〇%	減五〇%
懷仁	減四〇%	減四〇%	減三〇%

山陰	減五〇%	減四〇%	減四五%
靈邱	減三〇%	減四〇%	減五〇%
廣靈	減二〇%	減四〇%	減二〇%
陽高	減四%	減四%	減四%
天鎮	未詳	未詳	未詳
右玉	減二五%	減二五%	減二五%
朔縣	無增減	減二〇%	減一〇%
左雲	減四〇%	減五〇%	減七〇%
平魯	減五%	減五%	減五%
寧武	減五%	減一〇%	減二〇%
神池	旱地減四〇% 山地減六〇%	旱地減三八% 山地減六〇%	旱地減五一% 山地減五七%
偏關	減七〇%	減六〇%	減四五%
五寨	減六〇%	減六七%	減七〇%
忻縣	減五〇%	減五四%	減四八%
定襄	減四〇%	減三五%	減三〇%
靜樂	減五〇%	減四〇%	減三〇%
代縣	減四四%	減四三%	減二七%

五台	減四〇%	減五〇%	減五〇%
繁峙	減六〇%	減六〇%	減六〇%
崞縣	減一二%	減一一%	減二二%

保德	減二〇%	減二〇%	減二〇%
河曲	減三〇%	減四〇%	減六〇%

二 農佃制度

租佃制度

山西之租佃制度，可分爲二種，一爲定租制，一爲活租制。二者分別在納租方法之規定。凡每年納租有固定數量者爲定租制，其納租俟收穫後，按成數分配者，爲活租制。大抵採定租制者多納現錢。納糧則定租與活租均適用之。在以前山西採用定租制者本較多，現在則已較減少，因採定租制納租須用現錢，値此糧價低落之時，農田每畝收穫之糧食，其售價或不足一畝租金之用，佃戶既以納租金爲不可能，於是多改用活租制，地主雖明知活租制之收糧租，不若定租制之收錢租爲可靠，但在糧價低落之時，地主亦不能不稍加牽就。

租田手續

晉省租田手續大抵與各省相似。亦分「訂租約」與「口頭約」二種。口頭約無須田主與佃戶之間訂立書面契約，只憑中人作保，雙方口頭約定卽可。「訂租約」則須有書面契約。在晉省各縣，何以採訂租約者爲多。據本部調查晉省一百〇五縣之中，採訂租約者有六十二縣，採口頭約者計二十二縣，口頭及契約俱有者計七縣，以口頭約居多者計六縣，以租約居多者計七縣，未名者計一縣。

至於租約形式，各地大同小異，將榆次縣租約形式抄錄於后，以見一斑：

「立租地約人〇〇〇今願租到〇〇堂名下〇〇地若干畝同中說合每畝與地主淨出租課穀子〇斗所有地內一切攤派花費由種地之負担，至應納糧銀由地主負担恐口無憑立此爲證

民國〇〇年〇月〇日〇〇〇立押中證人〇〇〇

押租

山西各縣佃戶種地，須繳押租者爲例甚鮮。在全省一百〇五縣中，如孝義、方山、永濟、猗氏、趙城、隰縣、大寧、河曲各縣。押租數目按地之多寡而定。俟租地期滿，佃戶交地，地主卽將押租交還佃戶，如租價未清，卽以押租抵交。

租佃期限及轉佃

晉省農田租佃期限，各處不同，均於事前說定。有訂一年三年五年者，有訂十年二十年者，亦間有無期限者。在年限內，佃戶當無毀壞土地及拖欠租金等情事，田主不得任意更換佃戶。至於轉佃：山西各縣中，採行較少，但亦有行轉佃者，卽佃戶向地主立約承種以後，不願自種者，可轉佃第三者，惟對於田主之佃金，仍由承種人負担。田主不向第三者取租，承種人幷可向第三者除租額以外，另征取小租。

納租

晉省佃戶納租方法，計有三種：（一）訂定每畝每年征收現銀若干元，卽所謂納錢租，（二）訂定每畝每年征租幾斗，不論收租之豐歉（三）訂定每年照收穫總量按成分配，例如三七分，卽田主得三成，佃戶得七成。五五分，卽田主及佃戶各半。又有田主除出地以外，幷出肥料牲畜，佃戶僅出人工者。行此種辦法者，其收穫量之分配多爲倒四六分配，卽田主得六成，佃戶得四成。亦有除去田主所墊出之肥料牲

畜各費，而行對分者。

除正當租穀或租金以外，晉省亦不乏其他苛例，例如五台縣之所謂租公鷄，租蔴裝，租掃帚，等等要皆田主對佃戶之需索而已。

至於納租期限，則通常納錢租者為一年一次，納糧租者為一年二次，分春秋兩季繳納。

山西省租佃制度概況表

縣名	租約形式（契約寫法或口頭約）	押租	租佃期限及轉佃（即佃戶將所租田轉租他人）	納租方法（錢租、物租、分租）及手續	租額	每年繳租次數	其他業佃雙方之權利義務
陽曲	用白蔴紙一張上書今將自己某地若干畝出租某人等字樣	無	有一年者有三年五年十年者轉佃手續與原租者同惟短期租佃無轉佃情事	錢租物租在按地前或收割後交納者均有惟分租不得在收割後交納	旱地每畝年納一二元水地每畝年納三四元不等	一次	地主收受租價以後須盡完糧之義務佃戶接受地畝以後須盡村中攤款之義務
太原	立租稻白地約人某今租到某先生名下某地幾畝同中言定每畝納租○斗夏秋收後交納倘有天災水災薄收等情以照四鄰行事如有租米交納不到墊租人某情願如數墊還恐口無憑立租約為證 墊租人○○○○押 中證人○○○○押 民國○年○月○日立實	無	租佃期限一年期滿後地主得自由招佃無轉佃情事	有納錢租者有納物租者收穫後由佃戶送交地主	糧食六斗	收夏收秋後各交一次	無

榆次	太谷	祁縣
立租地約人某某今情願租到某某堂名下某地某某若干畝同中說合每畝興地主淨出租課穀子△斗所有地內一切攤派花費由種地人負担至應納糧銀由地主負担恐口難憑立此為證	概係口頭契約佃須憑中說合	無
	無	無
	最長五年最短一年期滿後即將田地歸還地主無轉佃情事	無
錢租分春秋兩季交納課租秋收後交納	租農或納錢租或納糧租佃農則概納糧租均由保人轉交地主	每畝租糧四五斗不等亦有現交地租洋每畝三元或二元
錢租四五元課租四五斗不等	租農糧租分夏禾秋禾兩種每畝最高額年納小麥六斗小米四斗最低額納小麥四斗小米二斗錢租最高額年納大洋六元最低額納大洋二角佃農糧租分上中下佃上則佃每畝最高額年納一石最低額年納六斗中則個最高額年納六斗最低額年納四斗下則個最高額年納三升最低額年一升	
錢租二次課租一次	錢租每年一次糧租每年分夏秋兩次	除現交租洋者外每年秋收後交糧租一次
		無

徐溝	清源	
立租田地人某因之地耕種憑中說合租到某人田地幾畝每畝租額幾元幾角共合幾元幾角其洋當下交清除爐銀由地主完納外所有村中一切攤派歸租者頁担與地主無涉言定幾年為期此係兩願各無異書恐後無憑立此租約存照民國○年○月○日立租田某某押中證某某押代筆押某某押	概係口頭約	立租地約△△△今租人到某村某人某地若干畝同中說合言明每年
	無	
一年為期者佔三分之一三年為期者佔三分之二為佃時原租人必須將原租約據交給轉租人並與地主口頭聲明不能租佃原因嗣後地主卽與轉租人直接發生關係與原租人無涉	租佃期限一年並無轉佃情事	
納租以錢為準於雙方說妥後卽行書約有當下交清者有數月交付者	井水地泉水地納錢租或糧租河地及平地概納錢租崗地概納糧租	
每畝租額七八角或一元不等	井水地每畝年納租洋四元或麥子二大斗穀子二大斗於九十兩月分交泉水地每畝年納租洋五元或麥子二大斗穀子二大斗於六十兩月分交河地每畝年納租洋一元五角平地每畝年納租洋一元崗地每畝年納穀一大斗均一次交	水地年收兩次者納租金三元或穀子一石年收一次者納租金二元或
一次交清為通例亦有分兩次交清者但屬少數	井水地泉水地二次河地平地崗地一次	

交城	文水	岢嵐
每畝出租穀金若干此項租課於秋收一月內照約繳交倘有拖欠違抗由保人負責所有糧銀攤款均歸地主交租如遇荒歉按成減納恐口無憑立約爲證同人○○○保人○○○租地人○○○各書名蓋章	立租地約人○○○今租到某姓名下某地幾畝同中人說合以三年爲限每年繳納穀洋幾石元分三年完納所有短租情形有保是問恐口無憑立租約爲證中人保人租地人各書名蓋章	立租約人○○○今租到某人名下某處田地一堰或幾畝同中言明每年每畝租粟幾升秋收完交納不致短欠恐後無憑立租約爲證中華民國○年○月○日立租約人○○○押同中人○○○證
無	無	無
租佃期限短則三年長則五年並無轉佃情事	租佃期限普通一年或三年無轉佃情事	普通以一年爲限如因短欠租粟或他故不能租佃即由地主轉租他人
不論錢租物租於秋收後概由地主按約自行討收	錢租一次繳納物租分夏秋二季繳納夏繳麥秋繳米	概納物租例由佃戶將所收糧粟照契約規定租額送交地主
穀子七斗旱地年收兩次者納租金二元或穀子七斗年收一次者納租金一元或穀子三斗此外山地下沙地平坡地更名地均係年收一次概納物租上等地納穀五六斗中等地三四斗下等地一二斗	水地每畝租洋三元或糧六斗旱地每畝租洋二元或糧四斗平坡地每畝租洋一元或糧二斗	每畝納租七升
夏秋收穫後一次交淸	錢租一次物租二次	秋收後一次完納
佃戶得向地主借用一切農具地主得向佃戶索取各種蔬菜等副作物		村中攤款歸佃戶負担完糧納稅歸地主負担

嵐縣	興縣	汾陽	平遙	介休	孝義
口頭約	契約或口頭約	立租地約人○○○今租到○○○堂○○村某處某地若千畝同中說定全年出租價大洋若千元分夏秋兩季交清不欠如租洋不到有保租人負完全責任恐口難憑立租地約為證同中說合人○○○押保證人○○○押民國○年○月○日立租地約人○○○押	租佃制度多係口頭約按四六或三七分糧者為傭佃各半分糧者為半種按畝納租者為租佃	立租地文約人○○○今租到○○○名下○地○○畝言明每年每畝租糧○○分夏秋兩季交清此據	口頭約居多
無	無	無	無	無	預交租金幾成
租佃期限五年至十年不等	無	租佃期限三年至五年不等並無轉佃情事	不	無	租佃期限或一年半年如佃戶中途因故必須轉佃其手續與原租時同
糧租居多	概係糧租於秋收後完納	錢租或糧租大半分夏秋兩季交納	錢租物租分租皆有	錢租糧租	或納錢租或納糧租均須在訂約時
普通每畝納租二升	一斗	水地每畝租額三元五角或米麥各四平斗旱地每畝租額八角或米麥各一平斗	視地之肥瘠而定	錢額一元至五元糧額二斗至七斗	租額多寡因地而異約自一元
一次	一次	二次	一次	二次	夏秋兩季居多
無		業主供給佃戶農具及牲畜者按業六佃四成數分糧如不供給則平均分配	無	無	

		至期清完	但除係三方商妥者外對業主方面仍由原佃戶負責	說定	至二元		
臨縣	概須寫立租約	無	有一二年者有二三年者普通以一年爲多	錢租物租分租均有雙方親自授受無其他手續	租額多寡視地之肥瘠而定普通水地每畝年納租洋七八元旱地每畝年納租洋二元	一次	
石樓	口頭約居多亦有寫立租約者	無	有一年者有數年者亦有數十年者如佃戶無力耕種或因故不能耕種時即轉租與別人耕種	不論錢租物租均由佃戶按時送交地主佃租時立有字據者則照約交租	上等地每畝年納租三角中等地二角下等地七分	夏秋兩季各一次	
離石	契據及口頭約均有	無	租佃期限一年居多無轉佃情事	水田多納錢於上年冬季訂租時交付現款旱田多於秋收後以粟物交租	錢租普通值收成百分之二十物租普通佔收或百分之三十	有二次者有一次者	除田賦由地主負担外其餘一切花費概歸佃戶負担
方山	契約及口頭約均有	租地播種普通糧食無押租之例惟點種西瓜始須押租押租多寡視人之信用而定	租佃期限普通一年亦有二三年或三四年者	糧租居多亦間有納分租者或由佃戶送交地主或由地主向佃討收	水平地每畝納糧五官斗旱平地每畝納糧三官斗粱地每畝納糧二官斗塲地每畝納糧三官斗荒地每畝納糧一官斗	有二次者有一次者	
中陽	概係口頭約	無	租佃期限一年無轉佃情事	糧租居多亦間有納錢租者皆係秋夏收後交納	錢租每畝二元糧租每畝四斗	一次	無

長治	概係口頭約	無	租佃期限一年轉佃者聽	物租說定數量分租業佃分攤	每畝約五斗	一次	無
長子	立租地文字人〇〇〇令租到某某名下田地幾畝向中言明每畝租穀〇斗秋收後按數清交不准拖欠恐口不憑立租地字據爲證民國〇年〇月〇日立租地文字人〇〇〇押同中人〇〇〇押代筆〇〇〇押	無	租佃期限一年無轉佃情事	納租概係雜糧秋收後由佃戶送交地主	每畝四斗	一次	無
屯留	契約居多亦間有用口頭約者	無	租佃期限一年無轉佃情事	概納物租秋收後由佃戶送交地主	每畝約四斗	一次	無
襄垣	立租地文字人〇〇〇令租到〇〇〇名下座落〇〇村〇〇處〇地若干畝每年出納租穀幾石幾斗每年秋收後將租穀如數交清管過風車所有地內糧銀由原地主完納至於一切攤款由承租人負責出納雙方均不得推諉恐口無憑立此爲據民國〇年〇月〇日立租地文字人〇〇〇押同中證人〇〇〇仝證（寫立租約者居多亦間有口頭約）	無	租佃期限一年如無欠租情事雙方同意仍繼續租佃無轉佃之例	物租居多亦間有納錢租或分租者但須少數並經中證人說合雙方同意後依約完納	三斗强	秋收後一次交清	錢糧歸地主完納及村中一切攤款臨時僱人工食等費悉由佃戶負担

潞城	口頭約居多間有寫立租約者	無	租佃期限一年無轉佃情事	物租居多亦間有納錢租者	物租小米二斗上下錢租一元左右	秋收後一次交清	糧社由地主交納捐款歸佃戶負担
黎城	立租地文約人〇〇〇今租到〇〇〇地若干畝議定每畝納錢或粟若干同中言明如本年不交納租〇業主翌年將地奪回另租立約爲證	無	租佃期限一年至三年無轉佃情事	錢租或物租均照約交納	每畝八官斗至一石	一次	
壺關	立租約文字人〇〇〇令租到〇〇〇名下某處某地若干畝同中言明每年每畝出穀子三斗秋場交足不許短欠恐口無憑立租約爲證民國〇年〇月〇日立租約人〇〇〇押	無	租佃期限三年以內者居多無轉佃情事	物租居多錢租較少分租間亦有之每屆秋收後由佃戶照數送交地主	每畝租額穀子三斗每斗重九斤上下每斤十六兩	秋收後一次交清	納糧隨社概歸佃戶負担
平順	立租契某某今租到某某名下川地幾畝同中保三面說合每畝租米三斗秋後同中交租倘有交不到者保人等情願負責墊還恐口無憑故立租契爲證立租人〇〇〇中保人〇〇〇	無	租佃期限普通爲一年期滿後如願續租再行約定無轉佃情事	物租居多秋收後同中將租交清同時將約據收回	三斗	一次	

晉城	憑中寫立租狀每年秋後交租不得拖欠如遇歉收下年補交	無	租佃期限普通爲一年間有二三年者但屬少數期滿後如欲繼續須另立租狀無轉佃情事	分租最多錢租物租較少	水田租額三元七角或穀子一石二斗旱地租額三元或穀子一石山地租額一元或穀子五斗	夏秋二次繳納	賦稅攤款概歸業主負担
高平	立租約文字某某今租到某某名下耕地若干畝間中言明每畝出租米若干斗秋後收交不許短少恐口不憑立字爲據民國○年○月○日立租約字據文字人○○○中證人○○○各書名蓋章	無	三年	錢租物租均有	每畝納租米官斗六斗	秋後九月下旬一次交淸	無
陽城	租地時經中人說合寫立契約租佃期限及租額均在租約內一一載明			錢租分租均有	平均每畝錢租一元五角分租四六攤算	錢租一次分租二次	牲畜農具業主供給人工肥料佃戶負担
陵川	寫立租約者居多口頭約極少	無	租佃期限一年滿期後兩家情願繼續業佃關係者須另立租約無轉佃情事	物租居多分租極少秋收後由佃戶送交地主	每畝自二三斗至六七斗	一次	
沁水	由佃戶出具租約承種約內載明雙方姓名租佃期限及彼此權利義務並立約日期	無	佃期一年無轉佃情事	物租分租均有於秋收後照約付租	每畝官斗六斗	一次	地畔樹株收益概歸佃戶村中攤款亦由佃戶負担

遼縣	和順
立佃種地文約人○○○○今種到○○○名下平地○○畝言明秋後按收穫成數按二股均分恐口無憑立約爲證仝說合人○○○中華民國○年○月○日立立典租文約人○○○今典到○○○名下本租大洋○○○元言明每年秋後出租米○○石年成豐歉不許短欠恐租不實將自已○○地押在租內如租不到地許洋主經管恐口難憑立約爲證仝中人○○○書人○○○中華民國年○月○日立	立租種地約人○○○今租到○○○名下某地方某種地若干畝同中言定每畝出米租若干斗共若干斗至某時期交租一次交清不許短欠如有拖欠由保人負責賠墊空口無憑立此租約爲證後此如到期不能交米時應按所交穫類價格以米價
	無
佃期一年無轉佃情事	佃期並不預先約定每年收穫後雙方面議如繼續租佃則租約仍歸地主收執繼續有效否則佃戶將租約
錢租物租分租均有	租約內載明每畝米租若干斗如收穫後佃戶不能以米交納時仍按所交糧食種類市價以米之市價折成
平地每畝五斗山地每畝二斗	每畝租約佔收成百分之二十至三十
一次	收穫後一次淸交間有雙方議定分兩次交納者則爲例外
無	糧課地丁歸地主完納付中一切攤款由佃戶負担

	榆社	沁縣	沁源
折合計算中華民國○年○月○日立押保租人○○○押代字人○○押	有契約及口頭約均	立租田地字據人○○○今租到○○田地幾畝每畝租金若干（或粟若干斗）於某時交付一年為限如有不給租情事保人願負全責所具租約係實立押田地字據人○○○押保人○○○押中華民國○年○月○日	立租約某某今租得某某名下某處某種地幾畝同中言定全年租穀（或租金）若干秋後清交立租約為據（寫立租約居多亦間有用口頭約者）
	無	無	
收回註銷無轉佃情事	租佃無一定期限如不欠租即可繼續耕種轉佃者極少	租佃期限一年極少轉佃情事	佃期一年
斗數一次清納不得短欠交租時期多在秋收以後	物租按埫段地畝之大小規定納粟之多寡分租分租或四六或三七或各半攤算每年秋收後或由佃戶送交地主或由地主向佃戶討收	錢租物租較多分租極少	錢租物租分租均有或由地主向佃戶討收或由中人跟同均分
	每畝納粟三四斗不等	上地每畝年納租金二元或米麥三斗中地每畝年納租金一元或米麥二斗下地每畝年納租金八角或米麥一斗	
	有一次交清者有分期者	有一次交者有二次交者	秋後一次清交
	無	無	糧歸業主完納村中攤派由佃戶負担

武鄉	立租約田地契約人某某今租到某某人某處田地幾塊共若干畝同中人言明每年出租米幾石幾斗或麥幾石幾斗（或租金洋幾元幾角）卽限於某月之底如數交清決不短少恐口無憑立約爲證同中人某甲某乙押中華民國○年○月○日立租約人某某押	無	租佃期限向無定例祇須雙方同意儘可繼續租佃轉佃情事極少	錢租物租分租均有或由地主向佃戶討收或由佃戶送交地主均須在承租時一一說明	錢租每畝約國幣五六角物租平均每畝納米或麥一斗五升每斗計三十斤每斤十六兩分租或四六攤或各半均分	錢租有春日未下種時一次交納者有夏秋二收穫後一次或二次交納者物租分米麥兩種租夏收交納麥租秋收交納米	田賦歸地主完納
平定	立租約人某某今租到某某地若干畝言明每年每畝出租米二斗恐口無憑立字爲證		佃期一年無轉佃情事	每年冬季由佃戶送交地主	普通小米二斗	一次	無
昔陽	佃戶與地主說妥租額卽寫立租約言明每年每畝出租米若干秋後按年豐歉納租	無	無	或係物租或係分租	上地每畝米租三四斗中下地二三斗	一次	無
盂縣	立租約人某某今租到某名下某地若干言明每畝每年出租米二斗糧歸地主完納一切攤派各款歸租戶承辦恐口無憑立租約爲證	無	無		二斗左右	一次	
壽陽			佃期一年無轉佃情事				

臨汾	口頭約			或係錢租或係分租	水地每畝租金五元至十元或粟八斗至一石旱地每畝租金一元至二元或粟二斗至三斗	二次	
襄陽	佃戶向地主租地須立租約交地主收執約上佃戶中人均須署名畫押言明租地若干出租洋或租麥玉糧若干限春秋兩季交清字樣	無	租佃期限一年至五年無轉佃情事	或係錢租或係物租麥後交一半秋後交一半	錢租水地每畝五元至十元物租上等水地每畝麥及玉蜀黍各七斗上等水地各四斗	分麥後秋後二次	糧銀歸地主完納村中攤派款項由佃戶負担
洪洞	概須爲立契據	無	租期無定但非俟秋季收割後不能解約佃戶亦不得轉租他人	錢租多係成立契約時即須繳租物租每年夏秋兩季收由地主向佃戶收分租按收量多寡攤分		每年繳租分夏秋兩次	糧歸地主完納村中攤款由佃戶負担
浮山	立租約人○○○今同中租到○○○名下某處地○段（或○段計○畝）每年出○○及○○各○石○斗於夏秋收穫後一月內如數清納除國課由地主繳納外其餘一切攤款零星均歸租地人負担恐口難憑立字存照 中人○押 中華民國○年○月○日 立租約人○○○押		租佃期限無定如雙方同意得退租或轉租	普通均係物租夏秋兩季收穫後由地主自便牲口馱栽錢租分租極少	錢租每畝二三元物租糧食二三斗分租如佃戶自帶牲口則多按各半或業六佃四分配否則或三七或二八分配	二次	無

汾城	寫約居多	無	租佃期限有一年者有數年者無轉佃情事	或納錢租或納糧由業主向佃戶討收	錢租每畝一元至三元糧租每畝一斗至二斗	有一次交清者有一年按兩季或四季交納者	
安澤	立租田地人○○今將自己置到○○莊子一處座落某○地東西南北四至○以內情願租與○○名下管業耕○種每年穀麥租若干石至秋交清租期限若干年期滿業歸本主恐後無憑立租約爲證民國○年○月○日立租約人○○○押		租佃期滿業歸本主不得轉佃	錢租分租兼有	普通每畝約納穀二斗	二次	糧錢歸業主完納
曲沃	口頭約	無	租佃期限普通一年無轉佃情事	概係錢租租地時交租一半收穫後交清	水田每畝納租十元旱田每畝納租四元山田每畝納租一元	二次	
翼城	寫約居多	無	一年爲期	錢租糧租	錢租每畝二元糧租每畝四斗	夏秋兩次	無
吉縣	口頭約	無	租佃期限一年至二三年無轉佃情事	水地錢租旱地糧租	錢租每畝六元上下糧每畝一斗至三斗	錢租一次糧租二次	
	立租田據文約人某甲今緣乏田耕囑央中說明情願到某乙名下村南井地一段計地一畝五分其地東西畛東至張西至李南至王北至趙四						

鄉寧	至分明出入依舊同中言訂每年每畝租價洋四元正按兩季交納決不拖欠一租三年爲滿當日兩家各出心願恐口難憑立此憑據爲證說合人某丁押民國○某年陰曆○月○日立租田據人甲押	無	租佃期限有三年者有八年十年者無轉佃情事	不論錢租物租分租均由說合人從中過付	山坡地居多每畝租額二三升不等	每年夏秋兩季繳租收夏一半收秋全清	
永濟	立寫地文人某某今租到某某名下某某地某畛地一段計地幾畝同中言明每年每畝出租洋幾元一租幾年約定每年某月租價如數交清恐口無憑立約存據中管人某某在民國○年○月○日立	以自有房地產立押	租佃均在清明節如佃戶因人力不及亦有轉佃他人者	錢租居多亦間有分租者錢租於成立契約時即須交清分租於收穫後交納	每畝每年約納租價洋三元之譜	一次	無
臨晉	契據	無	租田期限自一年至五年不等均在租約內規定亦有中途轉佃者（本地俗名倒租）其手續與原佃同	錢租最多物租及分租較少繳租手續或由地主向佃戶討收或由佃戶送交視業佃間平日感情如何	錢租每畝平均二元五角物租每畝平均四斗分租或四六或各半攤派	普通夏秋收穫後二次交納	
虞鄉	無	無	租佃期限一年	錢租於承租時即須交清分租按收成攤配其手續由中人說合約定之	二元上下	一次	無

榮河	立寫出租契約人某某今因耕種不便將自己村東或村西平地若干畝係東西畛或南北畛東至〇西至〇南至〇北至〇四至分明情願出租於某人名下耕種每年租價洋若干元當日交清無欠倘有他人攔阻由地主一面承當恐口無憑立租約為證		租佃期限一年無轉佃情事	概係錢租佃戶收受租契後即將租價交清	每畝租額最高者四元其次三元其次二元	一次
萬泉	由中人說合口頭約定	無	租佃期限每年三至九月無轉佃情事	錢租物租分租均有收穫後交清	錢租每畝年納四元物租每畝年納麥子三斗多分租視收成豐寡各半均分	一次
猗氏	契據及口頭約均有	有租地時先交地租三分之一或半數者	如租佃期限未滿佃戶因故不能耕種將地退還業主業主不允解約時得轉佃與人	或係錢租或係物租納租時同中照約繳付	每畝三元左右	一次或二次
解縣	概係口頭約	無	租佃期限一年無轉佃情事	或係錢租或係物租錢租先交後種物租收穫後交付	錢租每畝年納大洋二元物租每畝年納小麥四斗	一次
	立租地契人張甲今租到王乙名下平地若干畝其地南北畛東至李姓西至孫姓南至阡道北至車道四至					

安邑	分明仝中言明每畝出租三斗錢糧隨地封納不管一切隨糧攤派款項三年爲期麥後付麥不准拖欠恐口無憑立爲證中人李丙王丁租地人張甲押民國〇年〇月〇日	無	無	錢租物租分租均有收穫後交租	錢租每畝納大洋二元五角物租每畝納小麥三斗分租以收穫物三成給業主	水地（井水澆水）夏秋兩次旱地夏季一次
夏縣	立租地人某某今租到某某田地幾畝同中某人言明每年出租幾石秋夏各半按期送到不得拖欠恐口難憑立租帖爲證中人某某知民國〇年〇月〇日		租佃期限向無定例如不欠租卽可繼續租佃轉佃情事極少	錢租極少物租及分租居多均於收穫後交納	物租每畝八斗或四斗分租按三七或四六分配亦有各半均分者	分秋夏兩季交租
平陸	概係口頭約		租佃期限一年	概係錢租	每畝租額約四元	一次
芮城	立租地文字人某某因身閒無事今租到某某名下村東水旱地幾段計畝計分同人言明每年納租洋〇〇元〇角麥〇石〇斗幾月交清不許拖欠恐口無憑立租爲證民國〇年〇月〇日同人〇〇〇十	無	租佃期限一年兩造如無異意卽繼續租種無轉佃情事	錢租物租分租均有於收穫後交清	錢租水地每畝每年納租金六元旱地一元五角物租水地每畝年納糧食八斗旱地二斗分租業六佃四或各半均分	旱地每年繳租一次水地分夏秋兩季各半繳納

新絳	用白蘇紙上寫租戶及中人姓名並將每年每畝所納租類及納租期限分別載明	無	租佃期限一年無轉佃情事	錢租物租兼有	水地每畝約納租洋七八元或糧食七八斗旱地每畝約納租洋一元餘或糧食三四斗	多半分夏秋兩季繳納	佃戶退租或地主欲收回管業權至少須待秋後不得隨時解約
河津	概係口頭約	無	租佃期限一年無轉佃情事	概係錢租	每畝二三元不等	一次或二次	無
聞喜	立租地人某某今租到某姓名下水地或旱地幾畝每年每畝租洋若干元一租價年同中言明於每年夏秋兩季交納租資不得短欠恐後無憑立字爲證民國○年○月○日中人某某	無	租佃期限一二三年不等並無轉佃情事	錢租分夏秋兩季各半交納糧租夏六秋四交納	錢租每畝約納八元糧租每畝夏季納麥子六斗秋季納穀于四斗	二次	無
稷山	立寫租約人○○○今租到○○名下地○畝同中言明每畝年租錢大洋○元○角租資分麥後秋後兩期交清不得拖欠到期不付中人是問租期以一年爲限恐口無憑立租約爲證		佃戶祇得將地退還業主不得自由轉佃	錢租物租兼有或由佃戶送交業主或由業主向佃戶討收	錢租每畝自一二元至四五元不等	二次	無
絳縣	該縣租佃習慣均係以期訂立多不寫立契據	無	租佃並不規定年限全視佃戶之人品及信用而定	物租分租兼有	物租每畝納租麥一斗秋糧二斗分租按三七攤派	二次	
垣曲	契據及口頭約均有	無	租佃期限向無定例亦無轉佃情事	物租較多其次分租其次錢租概由地主向佃戶討收	普通水地八斗旱地二斗山地一斗	或夏秋兩季各交一次或只交夏秋季一次	無

霍縣	口頭約	無	租佃期限一年如第二年交租不到即由地主另行招佃無轉佃情事	錢租物租均有分夏秋兩季交納由地主向佃戶討收	錢租每畝二元物租每畝夏季交小麥四斗秋季交玉蜀黍二斗	二次	錢糧歸地主完納村社攤款由佃戶負担
靈石	立租約人某今租到某名下某處某地若干畝言定每年每畝租金或租糧若干分幾季交清以幾年爲限恐口無憑立寫租約爲證中證人某某等立約租人某某書名畫押下開年日月	無	租佃期限有三年者有五年者如佃戶欠租地主得隨時解約另行招佃無轉佃情事	物租較多其次分租錢租極少納租手續多係由地主向佃戶討收惟亦有由佃戶送納者	水地每畝約納糧五六斗旱地二斗四五升山地多不過一斗少者四五升惟近城鎮圜地租額較高平均每畝納錢租七八元分租佃六業四或各半均分	通常夏交麥租一半秋交米租一半錢租亦分二期交納	業主供給農囊肥佃農與業主挑水服役
趙城	立租約人某今租到某名下水地（或旱地）幾畝同人說明每畝租洋（或租麥）多少租種一年爲滿租錢分夏秋兩季付清不得拖欠如有拖欠有保租人負責承墊恐後無憑立約爲證	或立租約時先交押租洋若干以防欠租	在租佃期內佃戶得將地轉租他人惟租價必須交清	錢租物租分租均係夏秋後交納惟分租有打場之下即行分配	水地每畝錢租六元麥租官斗一石五斗旱地每畝錢租一元麥租三斗	夏秋二次交清	
汾西	立租約人某今租到某人名下某地幾畝言明每畝出租粟若干限收穫後照數交清恐後無憑立租約爲證	無	租佃期限一年期滿續講並無轉佃情事	概係物租於收穫後交清	每畝租粟二斗	一次	糧歸業主完納

隰縣	大寧	永和	蒲縣
立租約人某人今因自有田幾畝座落某地東至某西至某南至某北至某係某畛無暇自耕情願出租於某人名下耕種同人受過租洋幾元（或○糧斗）限幾年或幾季收穫完畢還地空口難憑立租約為證民國○年○月○日立租約文字人某人押同中人某人押	多係口頭但須有中證人	立租地文約人某某今租到某某人名下平地幾畝同人說合每年租價若干言定租價按夏秋兩季交納此係兩願各不失言恐口難憑立租約爲證許合人○○租地人○○民國○年○月○日	口頭約
佃戶無力交租時卽以相當器物抵押與業戶俟收穫交租後再行抽回	押租約三五元	無	無
轉佃期限不得超過原租期	租佃期限三年轉佃期限不得超過原租期	租佃期限三年不得轉佃	租佃期限三年或五年不等
錢租物租分租均有	多係錢租租由中人轉交	概係糧租於夏收秋收後分交	物租居多
錢租每畝五角物租二升分租按業四佃六分配	水地二元至四元旱地一元至二元山地五角至一元	水地每畝約納米麥各五斗旱地米麥各一斗山地米麥各五升	普通每畝納糧二斗
一次	夏秋二次	二次	分夏秋兩季交納
		地內如有菓樹所結菓實佃戶得分食一半如地內有坍場工程地主僱人修築時佃戶須義務幫工	無

大同	立租地約人某某今租到某名下旱地或水地或園地某地名地若干畝同人言明每畝粟租若干斗秋收交租恐口無憑立租地約爲證○年○月○日立	無	佃期普通一年爲限二年三年者較少無轉佃情事	物租居多秋收後或由地主向佃戶討收或由佃戶送納	上地每畝納租二斗中地斗半下地一斗	一次
渾源	立租佃地約人李乙今租佃到趙甲口水地七畝同人言明全年租佃洋二十一元不出本年十月底交清恐口無憑立租佃約爲證		無	水地多錢租旱地多穀租	水地每畝地納三元旱地每畝納租一元或穀四斗	一次
應縣	立租地約人某今租到某某人某地名幾段共幾畝言明每畝租資大洋若干（或粟若干斗）到秋上交租兩清不欠恐口無憑立租約爲據		租佃期限不一有二年者有三四年者有零租者係個人租有總租者由一人包租數段地畝轉佃他人佃期長短以約據定之	錢租物租分租兼有概由佃戶送納	錢租每畝自五角至一元五角物租每畝納粟一斗至七斗五分租各半攤算	秋上收穫後一次交租
懷仁	立租地約人某姓名今租到某姓名某某地一段計地十畝言明共作租金穀子二石所有租穀本年秋後交納租期以本本爲限恐口無憑立租約存證		租佃期限一年二年不等	物租居多分租較少	平均每畝納租二斗	秋後一次交納
山陰	口頭約	無	佃期普通一年無轉佃情事	物租居多	每畝租額二斗至五斗	秋收後一次

靈邱	立租地約人某某今租到某某名下某地幾畝某同人言明每畝納米租幾斗秋後一次繳清不許短欠恐口無憑立租地約爲證公同人某某某某中華民國（年○月○日	無	佃租期限一年至三年不等亦無轉畝情事	概係物租	平均每畝納米租二斗許	一次	無
廣靈	立租地約人某某今租到某某名下某處地（）畝同人言明每畝租價○元或穀租麥○斗○升到秋收交租不許短少恐口無憑立租地約爲證公同人○○年月日	無	租佃期限一年至三年無轉佃情事	錢租或物租由地主向佃戶討收	錢租每畝自五角至四元物租每畝納糧一斗至八斗	一次	無
陽高	立租佃約人某某今租到某某○處地幾畝言明每年出租資洋幾元恐口無憑立租畝爲證中見人○○○	無	租佃期限一年居多轉租者極少	無論錢租物租分租多由佃戶送納收租者甚少	每畝租額自二角至五元不等	一次居多	無
天鎮	立租地文約人某某人今租到某某先生某某地若干畝言明共作米穀○石○斗上秋交還不許拖欠恐口無憑立租約爲證民國○年○月○日同人某某	有先交後轉者納押租者甚少	租佃期限自一年至三年	粟租多於秋收後送納錢租多於年終交付交訖即將原立租約抽回	水地每畝約納租洋二元或穀三斗旱地每畝納租洋八角或穀一斗二升	一次	

右玉	朔縣	左雲	平魯
口頭約居多說契約者極少	口頭約居多	立租地約人某某今將自己祖遺座落或自己置到某地名茬茂地幾段計地若于畝係東西畛或南北畛東至西至南至北至四至分明情願出租與某某名下言明每年租穀若干或價若干至租之後差事糧項仍由出租人交納於佃戶無涉以幾年為期各無反悔恐口無憑立茂茬地租約為憑	立租種地畝約人○○○今租到○○○糧地若干頃另開地名單附註空茬各地言明每年租糧若干石上秋交清並不拖欠言明幾年為滿雙方不得中止所有借給籽種食用亦到秋季歸還並不出利隨帶肥料若干退地時照歸袋
無	無	無	
無	無	租佃期限普通一年亦有三年或五年者至多不過十年如租佃將地轉佃他人地主仍向原佃戶取租與轉佃人不涉	租佃期限三年或五年無轉佃情事
分租居多錢租極少	糧租分租兼有	物租居多亦間有納錢租者	或納錢租或納糧租概由地主向佃戶討收
業主四佃六或業三佃七反是則謂倒四六或倒三七	每畝納糧一斗	物租上等水地每畝納穀四斗中等地三斗下等地二斗上等旱地每畝納穀一斗中等地七升下等地二升上等山地每畝納穀八升中等地五升錢租按市價折交	錢租每畝二角四分糧租莜麥莞豆各一斗
一次居多二次者甚少	一次	夏秋二次較多亦有秋後一次交租者	秋季一次交租
無	稅歸佃戶完納地主並得隨時將地畝收回		村社攤款由佃戶負担

	花地照單交過各無反異恐口難憑立租約爲證知見人○○○所立之約據由地主保存中華民國○年○月○日立約						
寧武	立寫租地文字人李三今租到張四名下平地二畝同中言明每年出莜麥五斗言[illegible]租三年爲滿許丟不許奪恐口無憑立租約爲證民國○年○月○日立字人親筆十同中人○○○	無		物租居多錢租較少秋後由佃戶送納	每畝納租二斗	秋收後交租一次	
神池	契約居多口頭約較少	無	租佃期限二年至三年轉佃者甚少	物租分租兼有秋後由佃戶送納	物租每畝納租二斗分租土名伴種由地主供給牲畜農具肥料種籽佃戶祗出勞力收穫後除還種籽外三七分配	一次居多亦有二次者	
偏關	立承租地約人○○○○今租到○○○名下坐落某處某地若干畝言明每畝每年應出租粟一斗到秋送門交租不許施欠恐口無憑專立租地約爲證同中人○○○押	無	無	概係物租	每畝納租米一斗	一次	無

五寨	立租地約人某某今租到某某名下開野地○塄○坰東至○○西至○○南至○○北至○○言明一年每坰租籽○○石或大洋○○元恐口無憑立此租約爲證同中人某某押民國○年○月○日	無	租佃期限普通一年無轉佃情事	或錢租或糧租或分租概係同中過付	水地每畝租額大洋一元或莜麥五斗旱地每畝租額大洋三角或莜麥一斗五升分租土名牛種種籽由業佃夥出其餘工苦均由佃戶担承收成各半分配	一次	
忻縣	概係口頭約佃須憑中說合	無	租佃期限通常爲一年轉佃者甚少	分租最多其次錢租其次物租	錢租每畝普通二三元多至五元物租每畝普通納租二三斗分租業佃各半分配	錢租物租分春秋二季交納分租於收穫後一次交清	
定襄	概係口頭約	無	佃期一年無轉佃情事	概係錢租春秋兩季分交	上地每畝納租四元中地每畝二元下地每畝五角	二次	
靜樂	立租約人○○○今租到○○○名下田若干畝每年納租若干立此據爲憑立租約人○○○中保人○○○	無	轉佃須得地主同意轉佃後地主即直接向第二佃戶收租	概係物租	每畝納租二斗至三斗	一次	無
代縣	概係口頭約	無	租佃期限普通一年轉佃者甚少	概係錢租夏秋兩季收穫後由畝戶送納	水地每畝納租二元旱地五六角不等	二次	無

五台	概須寫立租約		租佃期限普通一年無轉佃情事	錢租物租分租均有收穫後由佃戶送納	錢租每畝一元物租每畝四斗分租地主得三分之二佃戶得三分之一	一次	納錢租或物租地主祇盡完納之義務分租者牲畜種籽肥料及村社攤款概由地主負担佃戶只出人工
繁峙	立租約人某人今租到某人旱地若干畝言明每畝租糧若干斗（或租洋若干元）於本年十月底如數送到恐口無憑立約為證民國○年○月○日中見人○○十○	無	租佃期限一年至三年無轉佃情事	錢租物租分租均有錢租物租由佃戶送納分租由地主向佃戶討收	每畝納租一斗至二斗	一次	佃戶於春耕時得向地主免息借糧農暇時所畜驢騾供地主使用
崞縣	契約及口頭約均有	無	租佃期限一年無轉佃情事	錢租物租分租均有	錢租每畝一元五角物租每畝納糧四斗分租各半均攤	一次	田賦雜捐概歸地主完納
保德	立租地約據人○○租今租到某人名下某村某地○垧當同中人言明每年每垧應出租米若干斗秋後如數清交如有短欠情事准由地主將地轉租他人恐口無憑立此租約為證中華民國○年○月○日立租約人○○押同中人○○○○證	無	租佃期限三年限滿後或繼續立約或另租他人	概係物租	平均每畝納租米三升許	秋後一次繳清	田賦歸地主完納村社攤款由佃戶負担

河曲	概須寫立租約	地主與佃戶將租價商妥後亦有預借押租者其數目按地之多寡而定俟租地期滿時佃戶交地地主即將押租交還佃戶如租價未清以押租抵交	租佃期限並無一定亦間有轉佃情事	概係錢租如無現款亦得以糧粟折交	平均每畝納租一元	夏秋兩次

三 農民經濟

甲 農戶分配狀況

農戶依其土地之有無，分為四種：(一)完全耕種自己之田地者為自耕農，(二)耕種己有之田地並租種他人之田地者為半自耕農，(三)完全租種他人之田地者為佃農，(四)僅幫傭他人之田事者為雇農。

我國農戶之分配，民國十九年主計處統計局之統計數字為：

地域	自耕農佔%	半自耕農佔%	佃農佔%
長江流域及南方各省	三二	二八	四〇
黃河流域各省	六九	一八	一三
全國農戶分配之平均數字	五〇	二五	二五

據本部民國二十四年之調查，山西農戶之分配，與統計局黃河流域農戶分配之數字，略有出入。山西全省一、八二九、八三六戶中，自耕農佔百分之五七・六七、計一、〇五五、一八六戶，半自耕農佔百分之二一・六四、計三九六、〇三四戶，佃農佔百分之一一・三六、計二〇七、八一四戶，雇農佔百分之九・三三、計一七〇、八〇二戶。至於全省各縣之比較，自耕農百分率最高者為長子潞城，佔百分之九八・一七及百分之九七・四七。最低為介休佔百分之一〇及平定佔百分之一八・七二，計在百分之六〇以上者共為四十七縣。半自耕農百分率最高者為介休，佔百分之六二・五，最低為夏縣（長子、潞城、汾城、新絳、汾西、蒲縣除外）佔百分之二。九八・計在百分之三〇以上者共有二十二縣。佃農以太谷為最高，佔百分之四〇，徐溝為最低（祁縣屯留除外）僅佔百分之〇・七七。雇農之達最高率佔百分之三四・二四者，僅永濟一縣，其他各縣，大率在百分之一〇左右。茲將山西各縣農戶分配表列后：

山西省各縣農戶分配表

縣別	自耕農		半自耕農		佃農		僱農		總計	
	戶數	%	戶數	%	戶數	%	戶數	%	戶數	%
陽曲	一七、七三〇	五〇・四〇	八、〇五二	二二・八九	三、六四〇	一〇・三四	五、七五八	一六・三七	三五、一八〇	一〇〇・〇〇

太原	六、四五〇	四一・六七	三、〇〇九	一九・四四	三、〇一〇	一九・四四	三、〇一〇	一九・四五	一五、四七九	一〇〇・〇〇
榆次	一一、〇九七	三九・九九	八、三二三	三〇・〇〇	五、五四九	二〇・〇〇	二、七七七	一〇・〇一	二七、七四六	一〇〇・〇〇
太谷	五、七〇四	三〇・〇〇	三、八〇三	二〇・〇〇	七、六〇六	四〇・〇〇	一、九〇一	一〇・〇〇	一九、〇一四	一〇〇・〇〇
祁縣	一〇、〇五四	四二・四七	一三、六二一	五七・五三	—	—	—	—	二三、六七五	一〇〇・〇〇
徐溝	二、〇〇〇	四五・一一	一、二〇〇	二七・〇六	三四	〇・七七	一、二〇〇	二七・〇六	四、四三四	一〇〇・〇〇
清源	八、五八〇	七八・三四	一、〇五八	九・六六	五四八	五・〇〇	七六七	七・〇〇	一〇、九五三	一〇〇・〇〇
交城	六、九一三	四九・二五	四、三八〇	三一・一五	一、三八〇	九・八一	一、三九〇	九・八九	一四、〇六三	一〇〇・〇〇
文水	一七、二八七	六四・二九	六、〇三七	二二・四五	二、三四七	八・七三	一、二一八	四・五三	二六、八八九	一〇〇・〇〇
岢嵐	四、八三六	六〇・〇〇	八〇六	一〇・〇〇	一、六一二	二〇・〇〇	八〇六	一〇・〇〇	八、〇六〇	一〇〇・〇〇
嵐縣	五、二〇〇	四三・三六	三、三四五	二七・八九	一、七七六	一四・九七	一、六五三	一三・七八	一一、九九四	一〇〇・〇〇
興縣	四、七二三	四九・四九	二、三〇〇	二四・一〇	一、三二〇	一三・八三	一、二〇〇	一二・五八	九、五四三	一〇〇・〇〇
汾陽	五、〇〇〇	二七・一一	四、〇〇〇	二一・六九	六、〇〇〇	三二・五三	三、四四四	一八・六七	一八、四四四	一〇〇・〇〇
平遙	一一、二九三	三六・一二	九、〇六五	二八・九八	四、三〇八	一三・七七	六、六一〇	二一・一三	三一、二七五	一〇〇・〇〇
介休	一、六〇〇	一〇・〇〇	一〇、〇〇〇	六二・五〇	三、〇〇〇	一八・七五	一、四〇〇	八・七五	一六、〇〇〇	一〇〇・〇〇
孝義	九、六四四	六二・六〇	二、二七六	一四・七七	二、四五〇	一五・九〇	一、〇三六	六・七三	一五、四〇六	一〇〇・〇〇
臨縣	二〇、一八一	五八・八四	三、五四三	一〇・三三	六、八七六	二〇・〇五	四、六九七	一〇・七八	三四、二九八	一〇〇・〇〇
石樓	四、三三六	六二・四六	一、二〇〇	一七・三三	一、一八〇	一七・〇四	二二〇	三・一七	六、九三六	一〇〇・〇〇

離石	一一、九〇三	五七・三八	六、三五一	三〇・六二	一、〇三七	五・〇〇	一、四五二	七・〇〇	二〇、七四三	一〇〇・〇〇
方山	四、二四六	八〇・〇二	三一八	五・九九	三七一	六・九九	三七二	七・〇一	五、三〇七	一〇〇・〇〇
中陽	一、五〇〇	二八・八五	一、七〇〇	三二・六九	九〇〇	一七・三一	一、一〇〇	二一・一五	五、二〇〇	一〇〇・〇〇
長治	二一、一七八	六一・七五	七、〇五九	二〇・五八	二、五二九	七・三七	三、五三二	一〇・三〇	三四、二九八	一〇〇・〇〇
長子	二八、六九四	九八・一七	—	—	五三六	一・八三	—	—	二九、二三〇	一〇〇・〇〇
屯留	一三、六三〇	七一・八一	三、五九六	一八・九五	—	—	一、七五四	九・二四	一八、九八〇	一〇〇・〇〇
襄垣	二二、四二七	七八・八九	三、〇〇〇	一〇・五五	二〇〇	〇・七一	二、八〇〇	九・八五	二八、四二七	一〇〇・〇〇
潞城	二三、五〇二	九七・四七	—	—	六一〇	二・五三	—	—	二四、一一二	一〇〇・〇〇
黎城	一二、三〇五	八二・一三	七三〇	四・八七	一、六九八	一一・三三	二五〇	一・六七	一四、九八三	一〇〇・〇〇
壺關	二〇、〇五二	八七・九七	二、〇五二	九・〇〇	二三〇	一・〇一	四六〇	二・〇二	二二、七九四	一〇〇・〇〇
平順	一四、〇〇〇	八八・七二	一、一八〇	七・四八	五一〇	三・二三	九〇	〇・五七	一五、七八〇	一〇〇・〇〇
晉城	二四、〇〇〇	四九・六九	一五、〇〇〇	三一・〇五	六、五〇〇	一三・四六	二、八〇〇	五・八〇	四八、三〇〇	一〇〇・〇〇
高平	一〇、〇五一	二五・〇〇	一八、二〇〇	四五・二七	八三三	二・〇七	一一、一二〇	二七・六六	四〇、二〇四	一〇〇・〇〇
陽城	二九、四九〇	八〇・六二	五、四九四	一五・〇二	一、二四五	三・四〇	三五〇	〇・九六	三六、五七九	一〇〇・〇〇
陵川	二一、〇〇〇	八二・七六	二、五〇〇	九・八六	四〇	〇・一六	一、八二七	七・二〇	二五、三六七	一〇〇・〇〇
沁水	一〇、五五六	四八・〇六	七、八二〇	三五・六〇	四九三	二・二五	三、〇九五	一四・〇九	二一、九六四	一〇〇・〇〇
遼縣	七、五三〇	六五・三〇	二、三四一	二〇・三三	二四八	二・一五	一、四〇七	一二・二二	一一、五二六	一〇〇・〇〇

和順	五、四六八	五〇・〇三	一、八九四	一七・三三	八三三	七・六二	二、七三四	二五・〇二	一〇、九二九	一〇〇・〇〇
榆社	六、五五七	五六・三〇	二、三六七	二〇・三三	一、二九二	一一・〇九	一、四三〇	一二・二八	一一、六四六	一〇〇・〇〇
沁縣	一四、四六四	六二・二六	五、五五八	二三・九三	二、一五八	九・二九	一、〇五〇	四・五二	二三、二三〇	一〇〇・〇〇
沁源	五、四八五	六一・一六	三、二〇〇	三五・六八	一二五	一・四〇	一五八	一・七六	八、九六八	一〇〇・〇〇
武鄉	一二、三七二	四六・〇〇	八、八七五	三三・〇〇	一、三四六	五・〇〇	四、三〇三	一六・〇〇	二六、八九六	一〇〇・〇〇
平定	三、五〇〇	一八・七二	八、〇〇〇	四二・七八	四、二〇〇	二二・四六	三、〇〇〇	一六・〇四	一八、七〇〇	一〇〇・〇〇
昔陽	六、四五五	三六・九二	五、二二二	二九・八二	四、三八八	二五・一〇	一、四二七	八・一六	一七、四八二	一〇〇・〇〇
盂縣	九、二〇〇	二七・五四	一六、五〇〇	四九・三八	六、三六〇	一九・〇四	一、三五〇	四・〇四	三三、四一〇	一〇〇・〇〇
壽陽	一七、五〇〇	八九・〇六	一、〇三八	五・二八	五五〇	二・八〇	五六一	二・八六	一九、六四九	一〇〇・〇〇
臨汾	一四、〇四八	五〇・〇〇	七、〇二五	二五・〇〇	五、八二三	二〇・六九	一、二一一	四・三一	二八、〇九六	一〇〇・〇〇
襄陵	八、一二三	七九・四四	一、一〇二	一〇・七六	七九六	七・七七	二〇八	二・〇三	一〇、二三八	一〇〇・〇〇
洪洞	一五、三七九	八一・九九	一、三〇〇	六・九三	一、四九六	七・九八	五八二	三・一〇	一八、七五七	一〇〇・〇〇
浮山	五、四五〇	六八・六四	一、〇四三	一三・一四	四〇四	五・〇九	一、〇四三	一三・一四	七、九四〇	一〇〇・〇〇
汾城	八、〇〇〇	四六・二四	—	—	七、三〇〇	四二・二〇	二、〇〇〇	一一・五六	一七、三〇〇	一〇〇・〇〇
安澤	八、二八七	四二・一二	三、二一〇	一六・三二	七、一二二	三六・二〇	一、〇五五	五・三六	一九、六七四	一〇〇・〇〇
曲沃	一三、〇〇七	七二・九〇	三、四六三	一九・四一	一、二九七	七・二六	七六	〇・四三	一七、八四三	一〇〇・〇〇
翼城	六、七八五	五三・三一	二、四六二	一九・三五	二、五三三	一九・九〇	九四七	七・四四	一二、七二六	一〇〇・〇〇

吉縣	三、一三三	五一·〇八	一、一〇〇	一七·九四	一、五〇〇	二四·四六	四〇〇	六·五二	六、一三三	一〇〇·〇〇
鄉寧	六、一五八	六〇·一二	一、〇一三	九·八八	二、〇四八	二〇·〇〇	一、〇二四	一〇·〇〇	一〇、二四三	一〇〇·〇〇
永濟	五、七〇〇	三〇·九四	五、一〇〇	二七·六八	一、三二五	七·一四	六、三〇七	三四·二四	一八、四三二	一〇〇·〇〇
臨晉	八、〇〇〇	六〇·四一	三、〇〇〇	二二·六六	一、五〇〇	一一·三三	七四一	五·六〇	一三、二四一	一〇〇·〇〇
虞鄉	七、一二三	七〇·四六	二、三七七	二三·五一	三五〇	三·四六	二六〇	二·五七	一〇、一一〇	一〇〇·〇〇
榮河	八、一〇〇	五九·五〇	五、四〇〇	三九·六六	四六	〇·三四	六八	〇·五〇	一三、六一四	一〇〇·〇〇
萬泉	一二、二〇九	八七·四〇	一、〇一〇	七·二三	五〇〇	三·五八	二五〇	一·七九	一三、九六九	一〇〇·〇〇
猗氏	九、五〇〇	七四·一八	二、一〇〇	一六·四〇	五一〇	三·九八	六九七	五·四四	一二、八〇七	一〇〇·〇〇
解縣	八、五二〇	九三·七五	四二一	四·六三	五二	〇·五七	九五	一·〇五	九、〇八八	一〇〇·〇〇
安邑	八、四九四	五四·〇五	四、二四七	二七·〇三	一、二一三	七·七二	一、七六〇	一一·二〇	一五、七一四	一〇〇·〇〇
夏縣	一七、三七八	八六·三八	六〇〇	二·九八	一、〇四〇	五·一七	一、一〇〇	五·四七	二〇、一一八	一〇〇·〇〇
平陸	六、五〇〇	五二·六三	三、七〇〇	二九·九六	八五〇	六·八八	一、三〇〇	一〇·五三	一二、三五〇	一〇〇·〇〇
芮城	四、五五〇	四五·八二	三、二五〇	三二·七三	一、二〇〇	一二·〇八	九三〇	九·三七	九、九三〇	一〇〇·〇〇
新絳	一六、七四四	八二·八一	—		三、四七七	一七·一九	—	—	二〇、二二一	一〇〇·〇〇
河津	一〇、五二〇	七一·一〇	一、二三四	八·三四	一、三六三	九·二二	一、六八〇	一一·三五	一四、七九七	一〇〇·〇〇
聞喜	一六、一五三	七六·六五	三、五二〇	一六·七〇	三二四	一·五四	一、〇七六	五·一一	二一、〇七三	一〇〇·〇〇
稷山	一四、五四六	七三·四六	一、〇六六	五·三八	七五	〇·三八	四、一一五	二〇·七八	一九、八〇二	一〇〇·〇〇

絳縣	六、七三一	六八・一二	一、三〇三	一三・二〇	九二四	九・三六	九二〇	九・三二	九、八六七	一〇〇・〇〇
垣曲	五、一二〇	六〇・九五	一、七〇〇	二〇・二四	一、一〇〇	一三・一〇	四八〇	五・七一	八、四〇〇	一〇〇・〇〇
霍縣	六、〇〇〇	四九・七八	五、〇〇〇	四一・四八	九〇〇	七・四七	一五四	一・二七	一二、〇五四	一〇〇・〇〇
靈石	七、四七七	六〇・〇〇	一、八七一	一五・〇一	一、二四六	一〇・〇〇	一、八六九	一四・九九	一二、四六三	一〇〇・〇〇
趙城	八、二七〇	六二・四七	一、四二三	一〇・七五	二、九九八	二二・六五	五四六	四・一三	一三、二三七	一〇〇・〇〇
汾西	八、一三七	九二・二五	—	—	六八四	七・七五	—	—	八、八二一	一〇〇・〇〇
隰縣	一〇、〇〇〇	九六・七四	五〇	〇四・八	二四七	二・三九	四〇	〇・三九	一〇、三三七	一〇〇・〇〇
大寧	二四〇	五七・八三	七三	一七・三五	六一	一四・七〇	四二	一〇・一二	四一五	一〇〇・〇〇
永和	二、五七三	五八・二九	一一六	二・六三	一、〇六二	二四・〇六	六六三	一五・〇二	四、四一四	一〇〇・〇〇
蒲縣	四、二三〇	六五・六八	—	—	二、二一〇	三四・三二	—	—	六、四四〇	一〇〇・〇〇
大同	三四、四五一	六〇・〇〇	一一、四八四	二〇・〇〇	五、七四二	一〇・〇〇	五、七四二	一〇・〇〇	五七、四一九	一〇〇・〇〇
渾源	二八、一二〇	六〇・二五	七、四六〇	一五・九八	九、七六二	二〇・九一	一、三三三	二・八六	四六、六七五	一〇〇・〇〇
應縣	七、一二五	五〇・〇〇	三、三六四	二三・三一	二、四四三	一六・九三	一、四〇九	九・七六	一四、四三一	一〇〇・〇〇
懷仁	五、九八六	四八・六〇	二、〇一三	一六・三四	三、〇二四	二四・五五	一、二九四	一〇・五一	一二、三一六	一〇〇・〇〇
山陰	七、二四五	七三・五四	一、六二一	一六・四五	五三四	五・四二	四五三	四・五九	九、八五三	一〇〇・〇〇
繁邱	七、六〇〇	四〇・〇〇	五、七〇〇	三〇・〇〇	一、九〇〇	一〇・〇〇	三、八〇〇	二〇・〇〇	一九、〇〇〇	一〇〇・〇〇
廣靈	四、七〇〇	四一・二三	三、二〇〇	二八・〇七	二、五五〇	二二・三七	九五〇	八・三三	一一、四〇〇	一〇〇・〇〇

陽高	九、三四一	六二・八二	三、四一一	二二・九四	一、一三一	七・六一	九八六	六・六三	一四、八六九	一〇〇・〇〇
天鎮	三、五二一	五六・二三	二、〇四九	三二・七一	四四一	七・〇四	二五三	四・〇三	六、二六三	一〇〇・〇〇
右玉	七、九五六	五三・六〇	三、七二六	二五・一一	一、八四〇	一二・四〇	一、三二〇	八・八九	一四、八四二	一〇〇・〇〇
朔縣	一二、〇〇〇	五〇・二五	七、二〇〇	三〇・一五	三、五〇〇	一四・六六	一、一八一	四・九四	二三、八八一	一〇〇・〇〇
左雲	三、九五〇	五〇・八二	一、五八〇	二〇・三三	一、五二五	一九・六二	七一七	九・二三	七、七七二	一〇〇・〇〇
平魯	一、四二〇	二五・九二	一、七一七	三一・三三	六〇一	一〇・九七	一、七四一	三一・七八	五、四七九	一〇〇・〇〇
寧武	六、三五四	六二・六六	一、六三二	一六・〇九	一、七二一	一六・九七	四三四	四・二八	一〇、一二一	一〇〇・〇〇
神池	四、五四六	五五・〇一	二、〇六六	二五・〇〇	四一三	五・〇〇	一、二三九	一四・九九	八、二六四	一〇〇・〇〇
偏關	二、二八五	三九・九〇	二、一四三	三七・四二	八五八	一四・九八	四四一	七・七〇	五、七二七	一〇〇・〇〇
五寨	三、五三七	五四・五五	一、七六八	二七・二七	五八九	九・〇八	五九〇	九・一〇	六、四八四	一〇〇・〇〇
忻縣	八、四九一	三三・四〇	七、五三二	二九・五九	六、三一〇	二四・八二	三、一〇〇	一二・一九	二五、四三三	一〇〇・〇〇
定襄	一〇、〇〇〇	四六・五一	五、〇〇〇	二三・二六	三、〇〇〇	一三・九五	三、五〇〇	一六・二八	二一、五〇〇	一〇〇・〇〇
靜樂	二三、〇五二	五三・二五	一〇、二二〇	二三・九八	二五	〇・〇六	一〇、〇一二	二三・一三	四三、三〇九	一〇〇・〇〇
代縣	六、三〇〇	五〇・三六	三、一〇〇	二四・七八	一一〇	〇・八八	三、〇〇〇	二三・九八	一二、五一〇	一〇〇・〇〇
五台	八、五三九	四七・五三	四、七二二	二六・二八	三、三四五	一八・六二	一、三七一	七・六三	一七、九六七	一〇〇・〇〇
繁峙	五、一五三	四五・一一	三、四三四	三〇・〇七	一、六三〇	一四・二七	一、二〇五	一〇・五五	一一、四二三	一〇〇・〇〇
崞縣	二一、八七一	五六・三三	一〇、九三六	二八・一六	三、五八六	九・二四	二、四三五	六・二七	三八、八二八	一〇〇・〇〇

保德	四、二〇〇	六一・四九	一、五〇〇	二一・九六	五九〇	八・六四	五四〇	七・九一	六、八三〇	一〇〇・〇〇
河曲	七、五〇〇	五五・一一	一、三〇〇	九・五五	三、二〇〇	二三・五一	一、六一〇	一一・八三	一三、六一〇	一〇〇・〇〇
總計	一、〇五七、一八六	五七・六七	三九六、〇三四	二一・六四	二〇七、八一四	一一・三六	一七〇、八〇三	九・三三	一、八三一、八三七	一〇〇・〇〇

乙　農民工資

山西農民中之自耕農半自耕農及佃農，或自有田地以供耕種，或向田主租佃農地以供耕種，其工作之代價，爲農產物，自無所謂工費，惟雇農受雇於人，純以工資爲其勞力之代價，晉省男女雇農，均有所謂日工月工及年工三種，全省平均男工日工爲一角七分，月工爲四元〇三分，年工爲三十八元二角。女工日工爲一角一分，月工爲二元五角四分，年工爲二十三元。各縣之中，男工日工最高工資爲五角，最低工資爲六分。月工最高工資爲七元，最低工資爲一元五角。年工最高工資爲八十元，最低工資爲十七元。女工日工工資最高爲三角，最低爲三分。月工工資最高爲五元，最低爲一元。年工工資最高爲五十元。最低爲六元。茲將山西全省男女雇農工資列表於次：

山西省各縣男女雇農工資表

縣別	男工			女工			男工佔幾成%	女工佔幾成%
	日工	月工	年工	日工	月工	年工	男工	女工

陽曲	一角	三元	三十六元	九分	二元七角	三十二元	八〇	二〇
太原	一角二分	三元	三十五元	一角	二元五角	二十五元	八〇	二〇
榆次	二角	六元	三十元	一角	二元五角	十五元	八〇	二〇
太谷	二角	五元	四十元	—	—	—	一〇〇	—
祁縣	二角五分	六元	七十二元	一角	三元	三十六元	七五	二五
徐溝	二角	五元	三十六元	—	—	—	一〇〇	—
清源	二角	五元	五十元	—	—	—	一〇〇	—
交城	二角	五元	五十元	一角二分	三元	二十元	九〇	一〇
文水	二角	六元	五十元	一角	三元	二十五元	九五	五
岢嵐	一角五分	四元	三十二元	—	—	—	一〇〇	—
嵐縣	八分	二元	二十四元	—	—	—	一〇〇	—
興縣	二角	五元	四十元	—	—	—	一〇〇	—
汾陽	二角	四元	四十元	—	—	—	一〇〇	—
平遙	三角	六元	八十元	二角	四元	五十元	八二	一八
介休	三角	六元	四十元	—	—	—	一〇〇	—
孝義	二角	五元	五十元	一角	三元五角	三十五元	七〇	三〇
臨縣	一角五分	三元五角	三十元	一角	三元六角	二十元	九五	五

石樓	一角五分	四元	三十元	一角二分	三元	二十二元	九〇	一〇
離石	一角	二元	二十元	八分	—	—	九八	二
方山	一角	三元五角	二十二元	—	—	—	一〇〇	—
中陽	一角	三元	三十元	—	—	—	一〇〇	—
長治	一角五分	三元	三十元	—	—	—	一〇〇	—
長子	一角	二元	二十四元	—	—	—	一〇〇	—
屯留	一角五分	四元	三十元	—	—	—	一〇〇	—
襄垣	一角	三元	三十五元	五分	—	—	九〇	一〇
潞城	四分	一元五角	十七元	三分	一元	十元	八九	一一
黎城	一角	二元五角	二十五元	—	—	十二元	九〇	一〇
壺關	六分	一元八角	十九元	四分	一元五角	十二元	九五	五
平順	八分	二元	二十元	—	—	—	一〇〇	—
晉城	二角、	四元五角	三十元	一角五分	三元二角	二十七元	九〇	一〇
高平	一角	三元	三十六元	四分	一元二角	十四元四角	七〇	三〇
陽城	一角	三元	三十二元	—	二元	二十元	八〇	二〇
陵川	六分	一元五角	二十元	—	—	—	一〇〇	—
沁水	一角	二元	二十元	—	—	—	一〇〇	—

遼縣	一角	三元	三十六元	五分	一元五角	十八元	七〇	三〇
和順	八分	一元八角	十九元	三分	五角	六元	八〇	二〇
榆社	二角	三元	四十元	一角五分	二元	二十五元	八〇	二〇
沁縣	一角	三元	三十元	五分	一元五角	十二元	八九	一一
沁源	二角五分	七元	三十五元	二角	六元	二十元	七五	二五
武鄉	一角二分	二元八角	三十元	—	—	—	一〇〇	—
平定	二角	五元	四十元	—	—	—	一〇〇	—
昔陽	一角	二元六角	二十四元	六分	一元五角	十六元	七〇	三〇
盂縣	二角	三元	三十元	—	—	—	一〇〇	—
壽陽	一角	三元	三十六元	一角	三元	三十六元	八〇	二〇
臨汾	二角五分	五元	五十元	—	—	—	一〇〇	—
襄陵	三角	六元	七十元	二角	五元	五十元	九五	五
洪洞	二角五分	七元	四十元	—	—	—	一〇〇	—
浮山	二角	三元	二十八元	一角五分	二元	二十元	九八	二
汾城	一角五分	三元	三十元	—	—	—	一〇〇	—
安澤	二角	五元	五十元	一角	二元五角	二十五元	八〇	二〇
曲沃	一角五分	三元	四十元	—	—	—	一〇〇	—

翼城	二角	三元	四十元	二角	二元	二十四元	九五	五
吉縣	二角	六元五角	七十二元	一角二分	三元三角	三十六元	八〇	二〇
鄉寧	二角	三元	三十元	一角	一元五角	十五元	七〇	三〇
永濟	五角	七元	七十元	二角	三元	三十元	七〇	三〇
臨晉	三角	五元	五十元	二角	三元	二十元	九五	五
虞鄉	二角	四元	三十五元	—	—	—	一〇〇	—
榮河	一角五分	三元	三十元	—	—	—	一〇〇	—
萬泉	二角	五元	四十元	一角	三元	二十五元	八〇	二〇
猗氏	三角	六元	四十元	一角五分	二元	十八元	九五	五
解縣	三角	六元	四十元	三角	五元	三十元	九〇	一〇
安邑	一角五分	三元	三十六元	—	—	—	一〇〇	—
夏縣	三角	七元	六十五元	—	—	—	一〇〇	—
平陸	三角	五元	四十元	—	—	—	一〇〇	—
芮城	二角五分	五元	五十元	一角五分	三元	三十元	九五	五
新絳	二角	三元	三十六元	一角	二元五角	二十四元	九〇	一〇
河津	一角	四元五角	五十元	—	—	—	一〇〇	—
聞喜	三角	七元	六十元	二角	五元	四十元	九〇	一〇

稷山	二角	四元	五十元	—	—	—	一〇〇	—
絳縣	二角	三元	三十六元	一角五分	二元	二十四元	七〇	三〇
垣曲	三角	六元	四十元	二角	三元	二十元	九〇	一〇
霍縣	一角五分	三元	四十五元	—	—	—	一〇〇	—
靈石	二角	四元	四十元	—	—	—	一〇〇	—
趙城	二角	五元	四十五元	—	—	—	一〇〇	—
汾西	一角五分	三元	三十六元	—	—	—	一〇〇	—
隰縣	二角	二元五角	二十五元	二角	—	—	九〇	一〇
大寧	二角	六元	四十五元	一角	三元	二十元	九〇	一〇
永和	一角	二元五角	三十元	一角	二元	—	九八	二
蒲縣	二角	三元五角	三十五元	—	—	—	一〇〇	—
大同	一角二分	三元	三十元	八分	—	—	九八	二
渾源	二角	六元	六十元	—	—	—	一〇〇	—
應縣	一角五分	四元	三十六元	六分	一元	十元	八〇	二〇
懷仁	一角	三元	三十六元	—	—	—	一〇〇	—
山陰	一角五分	四元	四十元	—	—	—	一〇〇	—
靈邱	二角五分	五元五角	五十元	一角	二元	二十元	九五	五

廣靈	二角	五元	四十元	一角五分	—	—	九五	五
陽高	一角五分	四元	三十五元	一角	二元五角	二十元	七〇	三〇
天鎮	二角五分	六元	四十五元	一角七分	三元	二十四元	八五	一五
右玉	一角五分	四元	三十元	一角	三元	二十八元	八〇	二〇
朔縣	二角	四元	三十元	—	—	—	一〇〇	—
左雲	一角五分	四元	三十元	四分	一元	十二元	九〇	一〇
平魯	一角五分	四元	二十六元	一角	二元	—	八〇	二〇
寧武	一角五分	四元	四十元	—	—	—	一〇〇	—
神池	二角	四元五角	四十元	一角	二元五角	—	九五	五
偏關	一角五分	四元	四十元	八分	二元	二十元	八五	一五
五寨	一角	二元八角	三十二元	五分	一元二角	十一元	八〇	二〇
忻縣	一角二分	一元八角	二十元	五分	一元	十一元	六五	三五
定襄	一角五分	三元	三十元	一角	—	—	九〇	一〇
靜樂	一角	二元五角	三十元	五分	二元	二十元	七〇	三〇
代縣	一角五分	四元五角	四十五元	五分	一元五角	十八元	八五	一五
五台	二角	六元	五十元	一角	—	—	九五	五
繁峙	一角二分	三元	二十八元	—	—	—	一〇〇	—

崞縣	二角	六元	六十元	一角五分	四元五角	四十元	九五	五
保德	二角	六元	七十元	一角	三元	三十元	九〇	一〇
河曲	一角三分	二元七角	二十六元	一角二分	二元四角	二十元	八〇	二〇
平均	一七六強	四・三	三八・二二	・一一三	二・五四	三三・〇三	—	—

丙　農民金融

借款方式

山西農民借款方式，約可分爲三種：

（一）借錢　通常均須由借主及借款農民訂立契約，將借款本金利息及償還期限，書於借約，至期不償以利作本，別立借契，訂期納息。至於抵押品，以前以田地最受歡迎，自近年地價大落以後，農民以地抵押，頓成困難，除田地以外，亦有僅憑信用借款者。

（二）借糧　俗稱舉糧食。農民因糧食不足向地主或商人舉借糧食，每借糧一斗，每年須納息穀三升至五升，近年又通行先付穀利，至秋收後再還所借之本糧。

（三）借牲畜　晉省民間常通行一種借耕牛耕田或借牲口運貨者。皆按日給資。租借時期之草料，亦歸借主供給，至工資之多少，隨農忙農閒而有異大抵借騾馬日須一元牛驢日需六角。

借款來源

晉省農民借貸來源，有銀行錢莊合作社典當商店私人合會及公團各種。據中央農業實驗所調查，晉省農民借款來源，以私人爲最多，約占百分之五〇•四，其次爲典當占百分之一八•九，再次爲錢莊，占百分之一三•一，更次爲商店，占分之一一•四，至於利用銀行者，不過占百分之四•九，利用合作社者不過占百分之一•三而已。茲列表於下：

	%
銀行	四•九
合作社	一•三
典當	一八•九
錢莊	一三•一
商店	一一•四
私人	一四•四
地主	一四•四
富農	一三•四
商人	二二•六

借款時間

山西農民借款時期，據中央農業實驗所調查，均集中於一年以內。計六月至一年者占百分之五一•二，六月以下者占百分之三九•四，一年以內者共占百分之九〇•六。茲列表於下。

	%
六月以下	三九•四
六月至一年	五一•二
一年至二年	三•一
二年至三年	三•七
三年以上	—
不定期	二•六

借款利率

晉省農民借貸利率，據中央農業實驗所調查，以三分至四分爲最普遍，合百分之四〇．六。其次爲四分至五分，與百分之二七．六。再次爲二分至三分，占百分之一七．〇。再次爲五分以上，與百分之一二．二，至於二分以下者，不過占百分之二．六，據本部此次調查，山西農民借款利率因借款來源而不同，私人借貸平均月利爲二分三，年利爲二分，當鋪利率月利普通爲二分五，年利爲二分四。合會月利普通爲一分九，年利爲一分八，商店利率月利普通爲一分四釐年利爲一分五釐七，合作社月利率普通爲一分二釐六，年利爲一分三釐三。公團利率月利普通爲一分六釐八。玆列表於下：

山西省各縣之利率

類別	利		陽曲	太原	榆次	太谷	祁縣
私人借貸	月利	最高	四分	三分	三分	三分	二分五釐
		普通	二分	二分五釐	二分	二分五釐	三分
	年利	最高	三分	二分五釐	一分五釐	二分五釐	
		普通	二分	三分	二分	二分	
當鋪	月利	最高	二分	三分		五分	三分
		普通	一分五釐	三分	三分	三分	
	年利	最高	二分	四分			
		普通	一分六釐	三分	三分		
合會	月利	最高	二分	二分		一分	一分五釐
		普通	一分五釐	一分五釐		一分	
	年利	最高	二分	一分五釐			
		普通	一分五釐	一分			
商店	月利	最高	二分	一分五釐	三分	二分五釐	七釐
		普通	一分五釐	一分	二分	二分	
	年利	最高	二分	一分	一分	二分	
		普通	一分五釐	五釐	一分五釐	一分五釐	
合作社	月利	最高	二分	一分	一分五釐		
		普通	一分六釐	八釐	一分		
	年利	最高	二分	八釐	一分		
		普通	一分五釐	五釐	一分		
公團	月利	最高	二分	一分			
		普通	一分五釐	八釐			
	年利	最高	二分	八釐			
		普通	一分五釐	五釐			

徐溝	三分	二分			六分	三分							三分	三分			一分	一分		
清源	五分	三分	三分	二分	四分	三分							二分	一分	一分五厘	一分				
交城	四分	三分	三分	一分七厘	三分	二分	三分	一分					三分	二分	二分	一分七厘				
文水	三分	二分五厘	二分五厘	二分	三分	三分	二分	三分					三分	二分五厘	二分五厘	二分	一分五厘	一分	一分	一分
岢嵐	二分五厘	二分	二分	一分五厘									二分	一分八厘	一分五厘	一分				
嵐縣	一角	三分	八分	三分																
興縣	三分	二分	三分	一分	三分															
汾陽	四分	二分五厘	三分五厘	二分二厘	四分	三分							三分	二分	二分五厘	一分五厘				
平遙	四分	二分	五分	三分	三分	三分							五分	二分	五分	二分	一分	一分	一分	一分
介休	三分	二分五厘	三分	三分																
孝義	七分	三分	五分	二分七厘	三分	三分	二分	三分					三分	二分	三分	二分				
臨縣	五分	三分																		
石樓	六分	四分	四分	三分																
離石	五分	三分	四分	二分									四分	二分	三分	一分五厘				
方山	七分	四分	五分	三分									五分	三分						
中陽	三分	二分	三分	一分																
長治	三分	二分五厘			三分	二分五厘							二分五厘	二分						

長子	屯留	襄垣	潞城	黎城	壺關	平順	晉城	高平	陽城	陵川	沁水	遼縣	和順	榆社	沁縣	沁源
三分	四分	四分	三分		三分	四分	三分	二分	三分	三分	三分	三分	三分	四分	五分	五分
二分五厘	三分	二分	二分	三分	二分五厘	三分	二分五厘	二分五厘	二分五厘	二分	二分五厘	二分	二分五厘	三分	二分	二分五厘
三分	三分八厘	三分			三分	三分	二分五厘	三分	二分五厘		三分	二分五厘	二分五厘	三分	三分	二分
二分五厘	二分五厘	一分七厘		三分六厘	二分五厘	二分五厘	二分	二分	二分	一分	三分	二分	二分	二分	一分五厘	二分
三分			三分		三分	三分	三分	二分	二分五厘		二分五厘	三分	三分		三分	
三分	三分	三分	三分	三分	三分		三分			一分	二分五厘	二分五厘	三分		三分	二分五厘
三分						三分	三分					三分				
三分		三分					三分			三分五厘		二分五厘				
					四分			二分五厘						—		二分
					三分			二分								一分
					四分			二分五厘								二分
					三分六厘			二分								一分
二分	三分五厘		五分		一分一厘		三分	二分					三分		二分七厘	
一分五厘	二分五厘		二分		八厘		二分五厘	一分五厘					二分五厘		一分四厘	
三分	三分						二分	二分								
二分	二分						二分	一分								
															一分	
															一分五厘	
											一分五厘					
											一分五厘					
													二分			
													二分			

武鄉	五分	三分	五分	三分	三分	三分	三分六厘	三分六厘																		
平定	三分	二分五厘			三分																					
昔陽	四分	二分五厘	三分	二分	三分	三分	三分	三分	五分	三分	五分	三分	三分	二分五厘	三分	二分										
盂縣	二分五厘	一分五厘			三分								二分	一分			一分二厘	一分								
壽陽	三分	二分	二分	一分	二分	二分							一分五厘	一分	一分	五厘										
臨汾	四分	一分				三分																				
襄陵	六分	三分	五分	三分	三分	三分	三分六厘	三分六厘					五分	三分	五分	三分							三分	二分五厘	二分五厘	三分
洪洞	四分	三分			三分	二分							三分	二分									三分	二分		
浮山	八分	五分				三分			三分	二分																
汾城	三分	二分五厘			二分五厘	二分五厘							二分五厘	二分												
安澤	四分	二分	二分五厘	二分									二分	一分五厘	一分五厘	一分										
曲沃	二分	一分八厘	二分五厘	一分八厘		二分五厘		三分					二分	一分五厘	三分	一分四厘										
翼城	四分	三分	二分	一分五厘	三分	三分							四分	三分									四分	三分		
吉縣	三分												二分二厘	二分	二分	一分五厘										
鄉寧	三分五厘	一分八厘	二分	二分									三分	二分	二分五厘	一分八厘										
永濟	三分	二分	三分	二分	二分五厘	一分五厘							二分	一分五厘	二分	一分五厘										
臨晉	六分	二分	三分	二分	四分	三分	三分	二分	五分	三分	三分	二分	五分	三分	三分	二分										

虞鄉	二分五釐	二分	三分	二分	二分五釐	二分			二分	一分五釐	二分	一分五釐	二分五釐	二分	二分	一分五釐	二分	一分五釐	二分	一分五釐	二分	一分	二分	一分
榮河	三分	二分	三分	二分	二分六釐	一分八釐	二分五釐	一分八釐	三分	二分	三分	二分	二分	一分二釐	二分	一分二釐								
萬泉	二分	一分五釐	二分四釐	二分	二分六釐	一分	三分	二分半釐					一分五釐	一分二釐	一分八釐	一分五釐								
猗氏	三分	二分	二分五釐	一分六釐		一分二釐							二分五釐	二分	二分	一分八釐								
解縣	二分五釐	二分	二分六釐	二分					一分五釐	一分二釐			一分二釐	一分			一分二釐	一分						
安邑	一角	三分	五分	三分	二分五釐	二分六釐	二分六釐	二分六釐	五分	三分	二分	二分												
夏縣	二分	一分八釐	二分	一分八釐	二分六釐				二分	一分八釐	二分	一分八釐	一分二釐	一分二釐	一分六釐	一分								
平陸	三分	二分	一分六釐	一分五釐									三分	二分	一分六釐	一分					三分	二分	二分五釐	二分
芮城	二分五釐	一分五釐	二分	二分	二分六釐	二分							三分	二分五釐										
新絳	三分	二分	二分	二分	二分六釐	一分五釐							一分五釐	一分										
河津	二分	一分五釐	二分	一分五釐	一分五釐	一分六釐							一分五釐	一分										
聞喜	三分	二分六釐	三分	二分六釐	二分五釐	二分五釐	二分六釐	二分四釐	二分	一分	二分	一分	二分六釐	二分	二分五釐	二分								
稷山	三分	二分	二分六釐	一分五釐	二分六釐	一分六釐	二分五釐	二分六釐					三分	二分	二分六釐	一分六釐								
絳縣	四分	三分	三分	二分	二分五釐	二分六釐																		
垣曲	二分六釐	二分	二分四釐	二分									二分	一分五釐	二分	一分五釐								
霍縣	三分	二分	二分五釐	二分	三分	二分	三分	二分	三分	二分	二分五釐	二分	三分	二分	二分五釐	二分					三分	二分	二分五釐	二分
靈石	五分	二分	三分	二分	三分	三分							三分	二分										

趙城	五分	三分	五分	三分	三分	一分五厘	三分	一分五厘									六分	二分五厘	三分	二分五厘
汾西	四分	二分			三分	三分							三分	一分八厘						
隰縣	三分	二分	一分	一分									二分五厘	一分五厘	一分	八厘				
大寧	三分	二分	三分	一分									二分	一分五厘	二分	一分				
永和	八分	五分	五分	三分																
蒲縣	三分	一分																		
大同	一分五厘	一分六厘	二分	一分二厘	三分	三分	三分	三分					一分四厘	八厘	一分二厘	八厘				
渾源	三分	二分	二分	一分七厘	二分	一分五厘	一分七厘	一分二厘												
應縣	二分	二分	二分	一分五厘																
懷仁	三分	一分七厘	一分五厘	二分	二分	二分	二分四厘	二分四厘												
山陰	五分	三分	三分	一分	二分	二分														
靈邱	二分五厘	二分	二分	一分六厘																
廣靈	二分	一分七厘	二分	一分五厘																
陽高	二分五厘	二分	三分	二分	一分七厘	一分五厘	三分	三分					二分	一分七厘	二分四厘	一分八厘				
天鎮	二分	一分七厘	二分	一分六厘									二分	一分八厘	一分一厘	一分七厘				
右玉	四分	二分五厘			三分	三分	三分	三分												
朔縣	三分	一分五厘	二分五厘	二分	三分	三分	三分	三分												

左雲	平魯	寧武	神池	偏關	五寨	忻縣	定襄	靜樂	代縣	五台	繁峙	崞縣	保德	河曲	總計
四分	三分	三分	四分	三分	三分	四分	三分	五分	三分	三分	一分六釐	三分	三分	四分	一角
二分五釐	二分五釐	一分五釐	三分	二分	三分	二分六釐	一分五釐	三分	二分五釐	二分	一分三釐	三分	二分五釐	二分	九　二分三釐
三分	三分	二分		三分	三分六釐	四分	三分六釐	四分	三分六釐	三分	一分	二分六釐		二分六釐	八分
二分	二分五釐	八釐		二分	三分二釐	三分	一分八釐	三分	三分	二分	八釐	二分		一分五釐	二分〇五
三分	三分	三分	三分	二分五釐		三分		二分五釐	三分		三分	三分	一分五釐	二分五釐	五分
三分	三分	二分	三分	二分五釐				二分		二分六釐	三分	二分	一分六釐		八　三分五釐
三分		二分		三分				四分	三分六釐		二分八釐	三分			三分六釐
三分		二分		三分				二分			二分五釐	二分			二分四
			四分					三分			一分二釐				五分
			二分五釐					二分			一分二釐				一分九
								三分			一分二釐				五分
								二分			一分二釐				四　一分八釐
			三分五釐		二分五釐	三分		四分	三分	二分五釐	一分二釐	二分	二分五釐		四分
			三分		二分	一分五釐		三分	二分	二分	八釐	一分五釐	二分		四　一分八釐
					三分	二分		三分	三分六釐	三分	八釐	一分二釐			五分
					二分六釐	一分八釐		二分	二分四釐	二分	七釐	一分			七　一分五釐
						一分	二分			二分		一分八釐			四分
						一分	一五六釐			一分六釐		一分			六　一分二釐
						一分				一分六釐		一分			三分
						一分				一分		八釐			三　一分四釐
					二分五釐		一分					一分五釐			四分
					二分		七釐					一分二釐			八　一分六釐
					三分							一分二釐			二分五
					二分五釐							一分			

四　農家副業

甲　副業種類

晉省農家副業，種類甚多。大別言之，亦可分為六類：(一)紡織及針織類，以舊式方法紡織紗線布疋及針織品。(二)編製類，用手工編製竹柳蒲草等物品，(三)飼養類。為農家飼養之一切動物。(四)製造類，為農家從事製造而成之物品。(五)採集類，為自然物之採集。(六)其他。茲統據上述各類，將山西各縣農家副業種類分述於次：

(一)紡織及針線類　紡織、粗布、織絨毡、毛手套、頭網、紡花、

(二)編製類　編蓆、編柳器、笤帚、籮頭、ct籃、木條筐物、草帽鞭、蒲扇、蒲蓆、草帽。

(三)飼養類　養鷄、鴨、猪、羊、牛、驢、騾、馬、蜂、蠶。

(四)製造類　紙張、瓦缸、鞋帽、粉條、棉油、糖、豆油、芝蔴油、釀酒、製鐵器。

(五)採集類　採煤、採鐵。

(六)其他　木炭。

乙　副業分佈

山西各縣，農家副業，以飼養家畜爲最普遍，在晉北養牲畜甚多，晉南則織土布及採煤頗爲發達。

茲將各業副業分佈列表於下：

山西省各縣農民副業表

陽曲	養鷄、養鴨、養猪、
太原	養雞、養羊、養猪、養鴨、養蜂、編席、草紙
榆次	養猪、養羊、養鷄、
太谷	養鷄、養猪、養羊、編柳器、
祁縣	編柳條器、苕帚、纏頭、勃籃、餵猪羊、養鷄
徐溝	養鷄、養鴨、、養猪
清源	養羊、養鷄、
交城	葦蓆、柳器、土製毛手套、小孩毛褲、粗布、木炭、
文水	粗布、養猪、養羊、養鷄、
岢嵐	養牛羊、鷄、猪、驢、騾、木條物筐、
嵐縣	養牛、養羊、養猪、養驢、養騾、養馬、養鴨、
興縣	養猪、養牛、養羊、
汾陽	編製蓆子、製木扠杈朳、製鞋帽刷子、編製栲栳、製造苕箒、

平遙	織布、製造草辮、編製柳器、製造苕箒、
介休	製編柳器、養鷄、養猪、
孝義	編蓬蓆、做瓦缸、
臨縣	養羊、養猪、養鴨、編柳器、
石樓	養猪、養鴨、養羊、
離石	葦蓆、柳器、
方山	養羊、養鷄、養猪、
中陽	織布、養猪、養鷄、養羊、
長治	養猪、養鷄、織蓆、編筐、
長子	養鷄、養猪、養羊、土布、
屯留	養猪、養鷄、養羊、
襄垣	養猪、
潞城	草帽辮、
黎城	草帽辮、
壺關	養鷄、養猪、養羊、織頭網、
平順	養猪、養羊、養鷄、草帽辮、頭網、養蠶、木條編物
晉城	採煤炭、挖鉗石、挖鐵鑛、抽鐵絲、燒黑礬、做粉條粉皮粉麵、養羊、養牛、養猪、草帽辮、織土布造桑紙桑紙、

高平	養蠶、養蜂、養羊、養鷄、
陽城	編蓆、草帽辮、荊簍、
陵川	養猪、養羊、養蠶、養鷄、
沁水	養蠶、織布、養蜂、
遼縣	編簍馱、編勃籃、
和順	折蘸、
榆社	養鷄、養猪、養羊、
沁縣	紡織、養鷄、
沁源	養猪、養鷄、
武鄉	紡織、養鷄、養猪、養蜂、養羊、
平定	黃瓜乾、
昔陽	條器、槅子、
盂縣	籠馱、條籃、香、養猪、養鷄、
壽陽	織布、養猪、喂鷄、
臨汾	編蒲蓆、蒲扇、編草帽、
襄陵	養鷄、養鴨、養猪、養羊、種果樹、紡線織布、
洪洞	葦蓆、

浮山	織布、養猪、養蜂、養鷄、養羊、
汾城	織布、養鷄、養猪、
安澤	養牲畜、竈𪉩、林木、
曲沃	養鷄、養猪、
翼城	棉油、織毛毡、製草紙、織土布、粉絲、葦蓆、
吉縣	養鷄、羊、牛、豬、編籠、籠馱、
鄉寧	養鷄、羊、牛、猪、編籠、籠馱、
永濟	飼養牲畜、
臨晉	製綳蓆、筐、養蠶、養猪、養蜂、養鷄、
虞鄉	織布、養蠶、
榮河	製木籃、蘆蓆、
萬泉	養猪、養鷄、織布、
猗氏	紡花、織布、編柳罐、做豆腐、扎花、彈花、榨油、
解縣	榨油、紡織、
安邑	織土布、製柳籃、笸箕、榨油、餳糖、製麵、
夏縣	製水斗、柳籃、楮稍笠、
芮城	養羊、編蓆、編籃、製豆腐、

新絳	織絨毡帽、掘煤、榨油、
河津	粉坊、糖坊、編草帽、
聞喜	編葦席、蝦柳籃、簸箕、葦箔、糖粉、
稷山	織土布、
絳縣	織布、養蠶、編席、培植葡萄、石榴、
垣曲	養牛、猪、雞、編荊筐、榨油、
霍縣	紡花、織布、養雞、猪、羊、
靈石	養牛猪雞、編葦席、製條籠、條筐、
趙城	養蠶、
汾西	養猪、羊、雞、蜂、
隰縣	榨豆油、棉油、芝麻油、釀麥酒、燒酒、養猪、雞、
大寧	牧羊、牧牛、
永和	養猪、羊、雞、織布、
大同	養羊、雞、猪、製粉條、豆腐、編席、
渾源	養雞、羊、猪、蜜、編柳器、扶帚掃、編笸籮、
崞縣	養猪、雞、編席子、製勃籮、
懷仁	養羊剪羊毛、養雞子、

靈邱	養羊、猪、鷄、
廣靈	養羊、鷄、猪、栽培杏、桃、李、棗、葡萄、
陽高	養猪、鷄、
天鎮	編製水斗、釀陳醋、
朔縣	釀馬鈴薯澱粉、
左雲	養羊、猪、鷄、
平魯	磨麵、製豆腐、
寧武	織口袋、編籮頭、養鷄、猪、
神池	養猪、羊、鷄、
偏關	養猪、羊、鷄、
五寨	織口袋、毛毯、養鷄、
忻縣	養鷄、猪、羊、蜂、紡線、編蘆蓆、
定襄	養猪、羊、編笸籃、簸箕、
靜樂	養鷄、養豬、
代縣	養羊、猪、鷄、
五台	養羊、鷄、猪、編蓆、編簍、
繁峙	養羊、猪、鷄、

崞縣	養猪、羊、蜂、編蓆、養鷄、
保德	養羊、猪、鷄、牛、騾、驢、
河曲	編葦蓆、養羊、猪、

第二章　工業經濟

一　工業分類

晉省工業，頗不發達。大都係小規模之手工作坊，新式工廠爲數甚鮮。工業種類大可別爲七種。即飲食品工業，紡織工業，化學工業，日用品工業，五金機器工業，建築工業，及其他工業。飲食品工業中，包括榨油業麵粉業釀酒業製蛋業捲烟業刨烟業粉坊業汽水業醬園業製醋業醬業菜業及澱粉業等十二種。紡織工業中包括棉紡業棉織業毛織業針織業絲織業製毡業地毯業毛巾業絲線業及刺繡業等十一種。化學工業中包括洗染業化粧品業肥皂業製燭業火柴業玻璃業陶器業瓷器業酒精製酸業皮革業造紙業及硝皮業等十二種。日用品工業中包括銀樓首飾業木器業靴鞋業製帽業製針業製蓆業度量衡製造業煤膏業梳篦業毛筆業皮膠業籐竹器業皮箱業製傘業及油漆業等十五種。五金機器工業中包括機製翻砂業，煉鐵業鍋鼎鐵貨及銅器業四種。建築工業中包括洋灰業製石業石灰業磚瓦業四種。其他工業中包括軋花業印刷業爆竹業打包業電氣業游民習藝工廠毛口袋業及製繩業等八種。共計爲七類六十六種：

山西全省各種工業家數，據本部此次調查，共計爲六、八九九家。其中以飲食品工業爲數最多，計二、八五六家，占百分之四一・三九。其次爲化學工業，計一、四八六家，占百分之二一・五四。再次爲日用品工業，計六九六家，占百分之一〇・〇九。再次爲紡織工業，計六七九家，占百分之九・八四。再次爲建築工業，計五二七家，占百分之七・六四。再次爲其他工業，計三八七家，占百分之五・六二。最少爲五金機器工業，計二六八家，占百分之三・八八。玆將山西全省各種工業家數分配列表於下：

山西省各種工業家數表

業別	家數	百分比
飲食品工業	二、八五六	四一・三九
紡織工業	六七九	九・八四
化學工業	一、四八六	二一・五四
日用品工業	六九六	一〇・〇九
五金機器工業	二六八	三・八八
建築工業	五二七	七・六四
其他工業	三八七	五・六二
總計	六、八九九	一〇〇・〇〇

二　職工分配

晉省各種工業，雇用職工人數據本部此次調查，共計七二、二五七人。以全省廠坊六、八九九家計算，平均每一廠坊職工人數計一〇、四人，在各種工業之中，職工總數最多者爲紡織工業，計一九、三四六人，占山西省各職工總數百分之二六・七七，其中又以棉織業工人最多，計達九、二五九人，爲山西各種工業中職工人數最多者。其次爲棉紡業，職工人數亦達五、四三八人。次於紡織工業者，爲飲食品工業，共計爲一八、六九八人，占全省職工人數百分之二五・八八。其中又以麵粉釀酒及榨油三業工人最多，各在三千餘人以上。次於飲食品工業者，爲化學工業，計一一、○八九名，占全省職工總數百分之一五・三四，再次爲其他工業，計七、九二五名，占全省職工總數百分之一○・九七，再次爲五金機器工業，計七、二一○名，占全省職工人數百分之九・九七，更次爲日用品工業計四、二八九名，占全省職工總數百分之五・九四，最少爲建築工業，計三、七○○名，占全省職工總數百分之五・一三，

就每家平均職工人數而論，亦以紡織工業爲較多，約計二八、四八，其次爲五金機器工業約計二六、六九人，再次爲其他工業約計二○名，此外依次爲化學工業計七、四人，建築工業計七、○八人，飲食品工業計六、五人，日用品工業計六、一人，各種工業平均計一○・四人，茲列表於下：

山西省各種工業職工分配表

業別	家數	職工人數	百分比	每家平均工人數
飲食品工業	二、八五六	一八、六九八	二五・八八	六・五
紡織工業	六七九	一九、三四六	二六・七七	二八・四
化學工業	一、四八六	一一、○八九	一五・三四	七・四
日用品工業	六九六	四、二八九	五・九四	六・一
五金機器工業	二六八	七、二一○	九・九七	二六・九
建築工業	五二七	三、七○○	五・一三	七・○

其他工業	三八七	七、九二五	一〇・九七	二〇・〇
總計	六、八九九	七二、二五七	一〇〇・〇〇	一〇・四

三　資本分配

資本分配

山西全省各種工業，資本總額合計爲三六、三八九、五一〇元，其中以紡織工業爲額最多，計一六、一八三、六八二元，獨占山西各種工業資本總額百分之四四・四八。在紡織工業之中，又幾集中於棉織業與棉紡業二項，二業資本額各在七百萬元以上，合占紡織工業資本總額百分之九四，占全省各種工業資本總額百分之四二，由此可見晉省工業，實以棉紡業爲鉅擘，次於紡織工業爲飲食品工業，計六、三六七、四九一元，占全省工業資本總額百分之一七・四九，再次爲五金機器工業，計五、六七七、三四四元，占全省工業資本總額百分之一五・六〇，更次爲其他工業計三、六七九、三五六元，占百分之一〇・一一，化學工業爲三、三〇六、七四七元，占百分之九・〇九，此外建築工業計七〇二・三九元，占百分之一・九四日用品工業計四七二、〇五一元，占百分之一・二九，

就各種工業每家平均資本數而言，亦以紡織工業爲最多計二三、八三五元，其中棉紡業一項平均資本額爲一、八六五、八七五元，爲山西各種工業中資本額最鉅者，次於紡織工業者爲五金機器工業，計二一、一八四元，再次爲其他工業，計九、五〇七元，此外爲飲食品工業，計二、二二九元，化學工業爲二

二二五元，建築工業爲一、三三四元，日用品工業爲六七八元，各種工業平均資本額爲五、二七四元，茲列表於次：

山西省各種工業資本分配表

業別	家數	資本金額（元）	百分比	每家平均資本數（元）
飲食品工業	二、八五六	六、三六七、四九一	一七・四九	六、二二九
紡織工業	六七九	一六、一八三、六八二	四四・四八	二三、八三五
化學工業	一、四八六	三、三〇六、七四七	九・〇九	二、二二五
日用品工業	六九六	四七二、〇五一	一・二九	六七八
五金機器工業	二六八	五、六七七、三四四	一五・六〇	二一、一八四
建築工業	五二七	七〇二、八三九	一・九四	一、三三四
其他工業	三八七	三、六七九、三五六	一〇・一一	九、五〇七
總計	六、八九九	三六、三八九、五一〇	一〇〇・〇〇	五、二七四

四　生產價值

山西全省各種工業價值，據本部此次調查爲四三、〇二五・七二〇元。就各種工業而論，以紡織工業爲最多，計一九、四六五、九一四元，占生產價值總額百分之四五・二四。其中棉紡業一項，獨占一二、九

四六、九〇四元，占山西全省生產總值百分之三〇，次於紡織工業者，爲飲食品工業，計一二、七二九、〇三三元，占生產總值百分之二九・五七。再次爲化學工業，計三、九〇一、〇六三元，占百分之九・〇六，此外依次爲五金機器工業計二、七二七、二〇〇元，占百分之六・三四。建築工業爲一、四五六、四二三元，占百分之三・三八。日用品工業爲一、四二六、一二七元，占百分之三・三二。其他工業爲一、三一九、九六一元，占百分之三・〇七。

就各種工業每家平均生產價值而言，以紡織工業爲較多，計二八、六六八元，其中棉紡業一項，平均每家產值爲三、二三六、七二六元，次於紡織工業者爲五金機器工業，計一〇、一七六元，再次爲飲食品工業，計四、四五七元，此外依次爲其他工業計三、四一一元，建築工業爲二、七六三元，化學工業爲二、六二五元，日用品工業爲二、〇四九元，總計全省各種工業平均每家產值爲六、二三六元，茲列表於次：

山西省各種工業生產總值分配表

業別	家數	生產總值（元）	百分比	每年平均生產值（元）
飲食品工業	二、八五六	一二、七二九、〇三三	二九、五九	四、四五七
紡織工業	六七九	一九、四六五、九一四	四五、二四	二八、六六八
化學工業	一、四八六	三、九〇一、〇六三	九、〇六	二、六二五
日用品工業	六九六	一、四二六、一二七	三、三二	二、〇四九

五金機器工業	二六八	二、七二七、二〇〇	六、三四	一〇、一七六
建築工業	五二七	一、四五六、三二二	三、三八	二、七六三
其他工業	三八七	一、三一九、九六一	三、〇七	三、四一一
總計	六、八九九	四三、〇二五、七二〇	一〇〇、〇〇	六、二三六

第三章　商業經濟

一　商業分佈

山西之重要商業中心，有太原（陽曲）榆次、大同、新絳、運城（安邑），晉城各處。太原爲山西之省會，東有正太鐵路以連平漢，中有同蒲鐵路縱貫全省，北聯平綏，南接隴海，白晉汽車路，經長治晉城以通河南博愛縣，與道清鐵路連接；南北及東西汽車路線均總滙於太原，爲全省交通之中樞，故在經濟上，亦占重要之地位。商務以對平津、滬漢、石家莊、鄭州、及陝西、甘肅重要處爲盛。榆次鄰接太原，西南由郝村出境爲通陝甘要道，及貨物出口之咽喉。凡平津、陝甘、綏蒙等處往返貨物，均經榆次。大同位於山西之西北部，居晉綏冀察四省之要衝，扼平綏路之中樞。西達包頭，可通寧夏蒙古，東北至平津而通平滬，南有晉北汽車路，直達太原，爲晉北各地進出口貨物轉運之中心，商務以對平、津、滬、甘、綏、察等地爲盛。新絳爲晉南唯一之工商業集中地，陸路有侯河汽車路横貫於中，東至侯馬鎮與同蒲鐵路銜接，西至禹門鎭與黃河水運相連；又有汾河與黃河相接，凡晉南各縣洋貨之輸入與土貨之輸出，均以此爲樞紐，商務以對陝、甘，豫、津、滬等處爲盛。運城屬安邑縣，爲河東鹽池所在地，亦即鹽商輻輳之區。有晉南汽車路及同蒲路横貫其間，亦爲晉南經濟集中之地。輸出貨物以鹽爲大宗，晉城毗連豫北，南出豫之沁陽與博愛兩縣接道清鐵路，北有白晉汽車路直達省會，在晉交通未發達之時，舉凡冀、陝甘、寧、青新及東三省等處貨物，悉以此為入豫要衝。自隴海及平漢二路告成，各處商貨多改經火車運送，商務亦較遜於往昔，然仍不失為晉省東南部之商業中心，商務以對河南為最盛。

至於各縣市鎮及商店數，據此次調查約於下表：

山西省各縣商業市鎮及商店統記

縣別	市鎮數	商店數
陽曲	一〇	二二六
榆次	五	七九
太谷	五	一七七
祁縣	二	七〇
徐溝	二	八八
清源	二	二八
交城	三	二一
文水	三	
岢嵐	一	三五
嵐縣	四	五七
興縣	六	三三
汾陽	五	一七八
平遙	一六	五〇五
介休	三	二一六
孝義	三	三七〇
臨縣	四	三〇三
石樓	二	一二
離石	七	七二〇
方山	四	一四
中陽	五	六六
長治	八	一八二

長子	八	二八三
屯留	六	八二
襄垣	四	三六〇
潞城	七	二六〇
黎城	六	三〇七
壺關	一五	五九
平順	五	一二
晉城	一一	一〇九二
高平	一一	一七九
陽城	三	三三六
陵川	四	二八五
沁水	五	三七
遼縣	六	一〇二
和順	四	二二一
榆社	三	二八
沁縣	三	一二一
沁源	三	五四

武鄉	一三	一五
平定	六	一三四
昔陽	四	一五六
盂縣	四	四二一
壽陽	五	八四
臨汾	九	七四四
襄陵	三	一〇七
洪洞	三	二一一
浮山	二	一一四
汾城	七	二八三
安澤	六	一九〇
曲沃	四	六二四
翼城	三	一六
吉縣	二	一〇
鄉寧	一	六二
永濟	一一	一七九
臨晉	七	

虞鄉	五	九五
榮河	六	一八九
萬泉	四	四八
猗氏	五	六〇
解縣	三	二一
安邑	六	六〇
夏縣	五	一二四
平陸	三	一一〇
芮城	五	一一八
新絳	四	一七六
河津	二	四二
聞喜	三	一三四
稷山	六	一六一
絳縣	四	一七一
垣曲	五	一八二
霍縣	二	二二〇
靈石	五	一四四

趙城	三	七七
汾西	三	二一
隰縣	八	二一一
大寧	二	六三〇
永和	二	四八
蒲縣	五	三七
大同	一	二〇三
渾源	一	二三
應縣	一	七〇
懷仁	三	六四
山陰	二	一二二
靈邱	五	四三
廣靈	二	二七
陽高	一	四八
天鎮	一	二五
右玉	一	四八
朔縣	一	一一〇

左雲	三	一五
平魯	三	四五
寧武	一	二
神池	四	一一六
偏關	三	六一
五寨	一	八
忻縣	五	
定襄	五	一三六
靜樂	一	八
代縣	五	二四一
五台	三	一三九
繁峙	三	一六五
崞縣	一	
保德	三	三八
河曲	二	二四
總計	四五二	一五、五〇七

二　商業習慣

山西各縣商業放款情形，大同小異以放賬方法而分，約有三種：一為信用放款，此種方法限於素有往來及信用之顧客行之。大批先由放賬者派員隨時向用款較多素有信用之商號接洽，言明用款數目，還款期限及利率確數後，或立憑摺，或寫借票，亦有摺票均無，而以雙方註賬為憑者，要視各人之信用如何而為定。二為抵押放款，即借款人須繳納抵押品之放款，此種方法多對素無往來或信用不佳之顧客行之抵押品不動產（如田地房屋）及動產均可。三為介紹放款，或担保放款，即由借款人覓具妥保以為担保，如借款人不能如期還款，保人代負償還之責。

晉省商業中結賬時間，各縣不同，有以年底結賬者，又每年分三期結賬者，有分爲四期者，亦有分爲六期者。但最多不過分爲六期或稱六標，卽對月、春標、夏標、秋標、冬標、及年標六種。

至於收賬方法，則有往收及送交二種。往收者係由放賬人派人前往收取，大抵外縣放出之賬，屆期乃赴外縣催收，送交者卽由借主送還，大抵本縣放出之賬，屆期多由借主送還，但亦有由放賬人往收者。

茲將山西各縣，商業習慣列表於次：

山西各縣商業習慣表

縣別	各地商業交易情形
陽曲	(一)放賬方法本縣商業交易向例多係憑摺來往(二)結賬每年廢歷五月八月年終各結一次
太原	(一)放賬方法如無現款暫時記賬取貨陸續收款(二)結賬以陰歷年終爲標準(三)付款按標期限付
榆次	(一)放賬方法放賬者派交際員隨時向用款較多素有信用之商號接洽兜攬言明用款數目還款期限及利率確數後或立憑摺或寫借票亦有摺票俱無而以雙方註賬爲憑者(二)結賬結賬期限分對月春標夏標秋標冬標年標六種用款商號於原定之還款期限必須如期履行否則信用掃地不能營業矣但於期前徵得放賬者之同意另議利率卽可轉入下標(三)付款分往收送交兩種往收者外縣放出之賬屆期仍赴外縣催收送交者在本縣放出之賬屆期由借主送還
太谷	(一)放賬方法縣屬各銀行錢莊出放款項約分三種如下(一)長年利擬定利率大小以一年爲限(二)滿加利(三)標期利利率大小均以地方金融鬆緊爲標準均以一標爲期但滿加利期長短不一(二)結賬每逢春夏秋冬四標期各債務商號攜款紛向各債權商號交款結賬(三)付款有付現款者亦有由甲號轉至乙號彼此轉遞交接者
祁縣	(一)放賬方法對殷實可靠者可暫給其貨物按本縣習慣年分四標期爲商家放賬之收賬限期(二)結賬除標期收款外所餘尾數以年終爲結賬期(三)付款概以過帳收付

徐溝	放賬方法顧主購貨記賬（年終或標期結賬）（行內交易係分四標或兌月付款）
淸源	（一）放賬方法有兌月有標期有年期（二）結賬隨歷年終結算（三）付款行中交易到期付款商號與客人交易陸續付款年終結賬
交城	（一）放賬方法有信用放賬抵押放賬有介紹放賬有訂期放賬近年營業虧累放賬減少（二）結賬每屆年終爲商家結賬之期（三）付款標期及兌月期不等
文水	民國十九年以前金融穩定一切商業交易均以放賬爲主放賬方法分春夏秋冬四標期及年期兩種自晉鈔毛荒後地方凋弊放出之賬難於收回悉改現款交易
岢嵐	（一）放賬方法有憑信用者有憑中保者（二）結賬每至舊歷年底結賬一次近因農村破產多不能如期付款有延至翌年者
嵐縣	（一）放賬方法按市價登入賬簿（二）結賬年終一次（三）付款收秋後以食糧交商店折價頂款
興縣	（一）放賬方法春季放賬冬季收賬（二）結賬四七十月絡續收賬年終結賬
汾陽	（一）放賬方法全憑信用（二）結賬年終及四標結淸
平遙	（一）放賬方法全憑信用（二）結賬春夏秋冬四標付款尾數年終結淸
介休	（一）放賬方法憑摺取貨（二）結賬春夏秋冬四標付款尾數年終結淸
孝義	（一）放賬方法以不動產抵押（二）結賬付款時有字據者須將字據抽回無字據者將賬註銷
臨縣	放賬方法貸款分春夏秋三標淸付過期不淸酌加利息
石樓	（一）放賬方法除冬季外隨時放出（二）結賬夏季付一半年終結淸
離石	（一）放賬方法隨時或定期取貨（二）結賬年終爲期

方山	(一)放賬方法鄉戶向雜貨鋪購貨多按信用記賬每月約加息二分二一月間放出七八月間收賬所以貨物爲雜糧布匹油鹽等類日用物(二)結賬以年終爲期惟還賬均在七八月間因七八月間蔴及雜糧均告取成(三)付款還賬多付麥小米黑豆蔴等農產物按市價還賬還現款者係少數
長治	(一)放賬方法以連環舖保者爲最多(二)結賬每年終一次(三)付款亦無定期
長子	(一)賬方法購貨者將所購之貨商妥算就如數記欠賬上其中並不經第三者之手(二)結賬每年陰歷年底爲各商號結賬時期常日絕無結賬習慣(三)付款因本縣商業交易約分二種一現款交易即購貨者於取貨時付款一賒賬交易即將貨款記欠賬上於年終結賬時付款
屯留	(一)放賬方法農人向商號賒欠貨物當時均不言價目至結賬時以取貨時與結賬時何時市價最高即以何時市價計算(二)結賬每年分三期以五月節八月節舊歷年底爲結賬時期由商號開具通知籤敘明欠賬數目(三)付款有農人見通知籤自動付款者有由商人前往索討者
襄垣	(一)放賬方法本縣無銀行錢莊事業所有小宗放款有抵押放款(即將不動產立契抵押)有保證放款(即覓殷實舖保負責墊繳)(二)結賬大多數以年底爲期間或亦有以三節結賬者(三)付款表面上有標期及年終付款二種惟各商號貨物交易期限無一定均臨時協商
潞城	(一)放賬方法客戶賒取貨物均憑信用(二)結賬每於年終清結(三)付款有交現款者有短欠於年終結清付款者
黎城	(一)放賬方法所有小宗放款保證放款及抵押放款者(二)結賬於年終爲期(三)付款無一定期限均係臨時協商
壺關	(一)放賬方法憑摺放賬(二)年終結賬(三)付款取據
平順	(一)放賬方法不詳(二)結賬於每年或每月終結算一次商號於年終結賬後便派人向賒欠戶討賬如本年討不清仍將尾數移入下年賬內
晉城	(一)放賬方法多在門口零售現錢交易具有少數放賬者亦皆在門口零售迄至歲底始行索討(二)昔年結賬均在廢歷歲終有一年者有二年者今則間亦有改用陽歷年終結賬別無任何手續(三)付款隨時售貨收款其有賒取者亦多在年節收賬
陽城	(一)放賬方法期限多者多年少者二月三月立寫存洋條一紙批明月息若干(二)結賬以廢歷年終爲期(三)付款時期多在六月及十二月

高平	（一）放賬方法本縣商家放賬立有匯摺文券有經手人承還人書名畫章並隨帶田地房屋契據作質（三）付款以銀元交易者付給銀元以銅元交易者付給銅元有付現攤賬情形不等
陵川	（一）放賬方法零取貨物（二）年終結賬（三）付款於年終結清後
沁水	（一）放賬方法憑摺隨時賒取（二）結賬以每年夏曆六月及十二月爲期（三）結賬後即照數付款
遼縣	（一）放賬方法以交易習慣率以現洋交易放賬事項甚少間有少數放賬其利率較現款交易增加一分至二分爲例（二）結賬於每年終一次（三）付款每屆結賬之期必須清付款項間有實在不能清付者即拖延時日亦無其他手續
和順	（一）放賬方法熟慣顧主係有接取貨並言定付款日期面生者並須討保（二）結賬每屆年終一次（三）付款在取貨時言定付款時期者至期付款否則均以年終清付
榆社	（一）放賬方法向係現款交易並無放賬者
沁縣	（一）放賬方法均以抵押田房立契者多（二）結賬每屆年終清算一次（三）付款除現款交易者外每年年終清付一次
沁源	（一）放賬方法商號放賬多與農家如與相識知其家況只記一筆賬即可賒與貨物否則須覓妥實保人（二）結賬均在每年陰歷臘月（三）付款亦在每年陰歷臘月有顧客自行送到者有商號派人討要者
武鄉	（一）放賬方法售貨者或賬款者與購貨人等素日熟悉深知購貨者之家資有餘方與其交易至年終結賬易於付清者爲佳（二）結賬每年於十二月一日爲結賬日期雙方當面結算清楚（三）付款每年於十二月三十日以前爲付款日期將結算之數完全付清
平定	（一）放賬方法有抵押品爲普通（二）結賬通常在夏曆年終（三）付款通常以當面付現者爲多
昔陽	（一）放賬方法人民購貨多先取貨而當時不付錢者商店載記於賒賬內俟年終再爲清算此爲慣例（三）付款顧主接到商店之清單後將一年之欠款交與商店以清單交易之手續而取用於信也
壽陽	（一）放賬方法按價約加十分之一（二）結賬年終清算必須付清（三）付款均以現款
臨汾	（一）放賬方法取立借券中保承還至物貨賒欠以信用爲標準（二）定期償款到期清結如數付賬（三）付款還款抵償據賒欠之款還錢消賬

襄陵	(一)放賬方法除雜貨京貨放賬略有習例外餘無一定成例(甲)雜貨行給買主立有取貨摺年底清算(乙)京貨行無取貨憑摺當面取貨登賬年底亦有半年結算者(二)結賬(甲)年底結賬以九扣計算(乙)現款按時價計算(三)付款(甲)年底按算定價僅七扣付款(乙)現款當面言價按當時實價付款不折不扣
洪洞	(一)放賬方法由承借之商號憑信用借券按期清還(二)結賬各商號仍沿用廢歷年關為期(三)付款在係信用借貸由承借人持款交還抽約若係賒欠由欠款人將款親交商號收賬抽繳或由商人出外收討面交本號收賬
浮山	(一)放賬方法見顧主之人品可靠者即提高貨價賒賬出賣係在賬上註明某人欠某貨洋若干存查(二)結賬分夏後收秋後及廢歷年底三期結算至時將某顧主一切欠洋總結一起向其催索(三)付款向顧主將所欠價貨交給商店多不索取收據再交價時常有截零取整少給貨價之積習
汾城	(一)放賬方法以信用為宗旨(二)結賬年終為期(三)付款於夏秋二季
安澤	(一)放賬方法各商除現買外多放賒賬買價較昂近年來因經濟困難用戶亦自動取不賒主義(二)結賬所有放出賒賬每屆秋夏之季以麥穀抵償不足之數賒歷年關掃數清結
曲沃	(一)放賬方法分長期短期利率大小不等因視貸借之人而定(二)結賬分年半年終及月半月終(三)付款有撥存他號或付現款等情形
翼城	(一)放賬方法會貨物於城鄉熟識之人將貨名及數目價錢各若干記於賬簿(二)結賬以年半及終為期(三)付款現洋亦有以棉粟照市價作抵
吉縣	(一)放賬方法該縣商業之交易十分之九係人民向各商賒欠(二)結賬每年夏秋農產物收穫後為結賬之期(三)付款係以農產物作價償還付現款者甚少
鄉甯	(一)放賬方法本縣商家對於買賣因歷年感農村經濟窮困影響多係現賣間有賒賣者於放賬手續分為臨時長期臨時者則買主於月內或十餘日內則將貨賬歸還長期者或於年底歸還或按節歸還(二)結賬商號對於臨時賒賣則於約定短期內歸還長期者則按年或分節令以歸還(三)付款方法有言定糧粟歸還者則於夏秋收穫以後按原定之粟歸還言定以錢款歸還者則按期以貨幣歸還之
永濟	(一)放賬方法均以信用放賬給予憑摺支取貨物(二)結賬以每年終一次(三)付款普通以九成核算
臨晉	(一)放賬方法對於信用可靠之買主於付貨物後登記簿至結賬期持簿收款又或訂立取貨摺買主持摺取貨時由商號司帳員分別記賬摺及簿至年終雙方核對清付現款(三)結賬本縣商業習慣向係每屆廢歷年終結賬一次故商人至廢歷臘月初間即將各顧主賬項分別結算清楚派人催收現款至臘月月底清結之(三)付款均係各顧主於清算賬目後直接當面交付收款人並叮嚀收賬勾清並無其他手續

虞鄉	(一)放賬方法貨物付與顧主現不給款名爲賒欠(三)結賬均在年終(三)付款連續取貨陸續交款至結賬時期付清
榮河	(一)放賬方法並無抵押以信用爲担保記賬爲憑(二)結賬每年多以廢曆年底清結(三)付款每年多在五月收麥八月收花後
萬泉	(一)放賬方法除顧客購物時欠款記賬外無其他放賬情形(三)年終結賬(三)付款臨時催收或年終清付
猗氏	(一)放賬方法本縣商業放賬因無銀行及錢莊故放賬者很少間有放賬者即由該舖々常來往之鄉友給他介紹放出活期放款很少多係按季或按年放款憑介紹人雙方立一字據書明利息及償還期間將字據保於債權商號即算手續備妥(二)商號結賬每年一次在陰歷年底(三)商號交易付款有商定期間者即按商定期間付款無商定期者即按債權人討要時付款
解縣	(一)放賬方法在民國念年前凡批發生意在縣購貨多係三個月爲期念年以後多改爲現款交易即放臨縣貨賬分月半月底兩期交款(二)結賬當面論價按月結算無扣頭少付習慣(三)付款由客識帶現款在櫃交付或由錢莊代爲過付
安邑	(一)放賬方法憑摺取貨於結賬清算並無一定担保全以各人素常信用爲準(二)結賬商家與商家來往每月一結賬商家與戶民每年之終結賬一次(三)付款無定期但須於結賬後即付清
夏縣	(一)放賬方法不詳(二)年終時派人帶賬分往收討(三)結賬於顧主付款或一塊或數次付清後
平陸	(一)放賬方法廢歷正月取貨延至十二月始行收賬(二)結賬廢歷六月結賬一次十二月結賬一次(三)付款每年分兩次
芮城	(一)放賬方法將貨物賒時賒賣於城鄉各顧主將其量數價值登記賬簿俟忙後或年終將全年收支数項按賬一總結存(三)付款各顧主交付各商號貨物款時或係親送到號面交或係商人到顧主門首提取款付賬即勾銷別無若何手續
新絳	(一)放賬方法訂明每季每月各按市價生息若干核算清付(三)結賬按季結算者居多數亦有年終結算者(三)付款由債務人至期將本息備齊交款抽回原立票據
河津	(一)放賬方法彼此數目言定欠講利息並說明何期歸還然後會同保人照言寫約以作證據(二)結賬期滿結賬爲世通例惟按本縣風俗結賬之時本銀交足利息須讓少須俗云足有九十九未有一百一此之謂也(三)凡付款項數目當面點清成色看準然後有約付約無約開一收據
聞喜	(一)放賬方法係按信用放款(二)結賬按月及臘月底結算(三)付款臘月底以現款六月底以糧折價歸還賬項者爲多

稷山	(一)放賬方法商號交易大都現賒參半但放賬時必須熟識其人知其家道豐歉人品端正方與成交如不識買主而買主能覓取切實舖保者亦可賒欠此習慣上放賬之方法也(三)結賬商號除定時日須按時結賬外普通均以陰曆年底爲期
絳縣	(一)放賬方法如各村民人現洋取貨尚屬便利者係賒賬取貨必須多算一二釐貨行利(二)結賬每於夏收六月及年終十二月按賬花名淸賬但商號往來必須淸結若人民係交易僅能結算十分之六七(三)付款有付現洋者有以糧食按市價折合現洋者
垣曲	(一)放賬方法無專營放賬商業一般人辦貨所使之賬均係富戶所放概由中人介紹立約按期付利還本信用著者可免抵押否則須有所押方能使到(三)付款通常定有約期期滿即照額淸付但亦有期滿續放或將利作本情事
霍縣	(一)放賬方法各業放賬有月淸者有半年淸者多全年淸者少
靈石	(一)放賬方法以三個月六個月長年爲度(二)結賬每年終結算一次(三)付款以春夏秋冬四標期者最多
趙城	(一)放賬方法立約抵押地契(二)半年結賬一次(三)付款以三個月爲期
汾西	(一)放賬方法按所購物件雙方訂定價格登記賬簿(三)付款每屆結賬有親到交付者有派人催收者
隰縣	(一)放賬方法貨物賒賣後即由該商號將物品名稱暨物品價目登錄賬簿以作討賬時之憑證(二)結賬時期均在廢曆十二月底(三)付款或由購戶自行淸交或由商號派夥收賬付款後即由該商號自行登賬並不出給收據
大寧	(一)放賬方法商業上係貨款記賬(二)結賬係陰曆年終(三)付款除貨到即付外又分年中及年終兩季分付
永和	(一)放賬方法須視其顧主之信用與否臨時酌定(二)結賬整年習慣於每月終結小賬一次於廢曆六及十二月結大賬一次(三)付款在習慣上有顧主隨時淸付者有月終淸付者亦有於六及十二月結大賬後始行淸付者
蒲縣	(一)放賬方法普通放賬先同保人說明限期並利息若干屆時履行(三)結賬普通夏曆十二月底各商號沿用舊日習慣一齊結賬(三)付款時同保人掣取約據由保人過付款項
大同	(一)放賬方法三年分三限四八釐每四個月結賬一次年終付款俱淸
渾源	(一)放賬方法借款人親向放賬商號議商按月或按年起息面定期限書立字據(二)結賬按書立之約據到期結賬(三)付款按書立之約據依期付之

應縣	（一）放賬方法記賬或立摺（二）結賬每年臘月一次結算（三）付款隨時付給但至遲不得過年終
懷仁	（一）放賬方法農民向商號自行賒取貨物秋收之後爲還期（二）結賬以陰曆年底爲期（三）付款以大洋粟糧爲標準
山陰	（一）放賬方法每於春收秋收時期（二）結賬每年冬令結賬一次遠不過陰曆年終（三）付款銀幣牲畜粟米作價付還必以國幣爲單位
靈邱	（一）放賬方法本縣商業因資本太少不能放賬（二）結賬每年舊曆年終一次（三）付款各商因資本不多交易概係現款於交貨後即付款
廣靈	（一）放賬方法不詳（二）結賬均以夏曆年終爲期（三）付款於交易成功後隨即付款即銀貨兩交
陽高	（一）放賬方法須得放賬商號之同意後即行取貨記賬（二）付無零星付款者有之到年終一次付清者亦有之
天鎭	（一）放賬方法分三期第一期陰四月二十日第二期八月二十日第三期十二月二十日（二）結賬商店往來除以現款交易外多至月底結賬（三）付款舊日多以現金近有省鈔及縣銀號鈔申交中及天聚當鈔等
右玉	（一）放賬方法約定期限逾期加利（二）結賬每年陰曆年終爲期（三）付款按四季標期
朔縣	（一）放賬方法有熟人互相招引記賬有時可託人担保並無抵押（二）結賬每在秋冬農夫收穫已竣清算結賬（三）付款有時以農產物按市價作算清付者亦有以現款交付者
石雲	（一）放賬方法本縣商人因資本薄弱有力放賬者祇少數商號所有放賬方法亦係取貨記賬或憑摺取貨（二）結賬除隨時討要外慣例每年陰曆年底結算一次（三）付款以取貨付款一次清理者爲普通但亦有貨到由某處撥款者
平魯	（一）放賬方法每到春夏之間各商號擇選鄉民之好壞賒給貨物記賬秋冬期派人出村討要（二）結賬每到秋冬期間各商號將放出之賬自行規定由舖夥通知討索各欠債人如有疑義時得到鋪當面再爲結算（三）付款各鄉民賒取貨物之款秋冬期內以粟色銀錢歸還至於陰曆年期必須還清
寧武	（一）放賬方法買主自行到櫃取貨商家將買主姓名及所取貨之花名記載於賬內於結算時分別算訖類總收討之（二）結賬自年始至年終所放出之貨賬均於每年陰十二月結算（三）付款有自行交付者亦有商家取討者買主有付清者亦有拖欠者

神池	(一)放賬方法每屆春季人民向商賒取花布雜貨有約價者有不約價者貨價之低昂與否全視利息大小及賒取者之好歹爲定(二)結賬到冬季將全年賒取之貨物不言價者雙方酌量妥協括而統計合總一數(三)付款有秋冬兩季以粟歸商作價抵欵
偏關	(一)放賬方法以較現欵交易利率稍豐放出(二)結賬之期分兩期鄉帳在秋收後鎮帳在舊曆年前(三)付款鄉賬在九十月城賬在十一十二兩月
五寨	(一)放賬方法本縣商業放賬多係賣貨欠賬記簿爲標準(二)結賬以舊曆年終爲期(三)付款日期以舊曆十二月二十三日爲標準日期
忻縣	(一)放賬方法近年因市面窮苦無貪做放賬之法(二)結賬以陰曆年終結算(三)付款以現款交易不賒不欠
定襄	(一)放賬方法信用抵押定期標期四種(二)結賬仍以舊曆年底者爲多(三)付款商號貨行收賬亦以年終爲多間亦有按四季收款者
靜樂	(一)放賬方法以信用放賬(二)結賬逢中秋午節年底三季或收穫時期(三)付款或付現銀或以五穀作時價歸還
代縣	(一)放賬方法人民放賬少數有招人名或商號爲負責證人款多者或指契約爲抵押品期限並利息多寡臨時定規(二)結賬普通每月終結賬一次亦有每日結賬亦有到年終詳細結賬清查內外債務大商號定爲總結賬期限三年爲度結賬後一切總結看贏餘虧欠此限期結賬之法也(三)付款多以現錢爲多數亦有商號存款者亦可商號對商號撥兌過賬之法
五台	(一)放賬方法放賬交易時訂期清付當卽註賬(二)結賬總期以陰曆年底爲準(三)付款辦法依雙方訂期由貸款人如數付交收款人始得將賬銷除
繁峙	(一)放賬方法放賬如係商號與商號之間均爲信用放款人民與人民均爲抵押借款(二)結賬之習除少數按舊曆八月十五日五月初五日結賬外均以年終結賬(三)付款來往有以秋後收穫時付款者但多數仍在舊曆年終結算
崞縣	(一)放賬方法向分信用及抵押兩種以屬於信用者僅將取用之貨物及價値登記於賬以爲信用然此種放賬多行於商業場中(二)屬於抵押者放賬時將動產不動產抵押書立券據以爲憑證此種放賬多見之於人民交易(二)結賬每於舊曆年底結算一次(三)付款約分兩種一付款後登記賬簿爲憑一以付款後歸還券據爲憑
保德	(一)放賬方法率係由顧主自行購買商號記賬如遇人不熟識則當請其覓保欠賬(二)結賬普通均係每舊年底結算一次(三)付款多係結賬陸續付繳

河曲	（一）放賬方法例如農民與商人往來交易於春天將貨物賒去到秋後五穀收割完竣即行付價此外零星放賬並無一定辦法（二）結賬商人在一年內所放之賬於舊曆年終即爲結賬之期均加以清結一次（三）付款每年於結賬後即行付款不得延至下年

三　進出口貿易

晉省無通商口岸，對外洋出入口貿易，須經天津上海各地爲之轉運。對外省貿易，統計資料亦至爲不易，據當局調查，山西全省近年每年輸入貿易，共計約爲三千餘萬元，其中各種商品之分配爲：（1）棉布類：一六、九七三、〇〇元（2）食用類：二、三四七、二七〇元（3）皮毛類：三、七九九、一〇〇元（4）五金類：七六四、四〇〇元（5）木材類：五四、六六〇元（6）牲畜類：一、九〇六、一六〇元（7）乾鮮貨類：四三〇、〇〇〇元（8）磁料類：二九五、二〇〇元（9）顏料類：一、二八九、〇〇〇元（10）洋貨類：一、一〇四、〇〇〇元（11）紙張類：七一五、九〇〇元（12）藥材類：七三九、一〇〇元（13）烟捲類：四、七〇〇八、〇〇〇元（14）燃料：一、三八六、〇〇〇元（15）米糧類：二五一、〇〇〇元（16）服用類：二三〇、〇〇〇元（17）海業類：三九〇、五〇〇元（18）皮貨類：四九、八〇〇元（19）雜貨類：九三九、〇〇〇元。

至於山西出口貿易，除自外省輸入在山西省內加工製造者如皮毛等不計外，山西出產中之出口大宗有煤、糧食、棉花、鹽、棉紗、菸葉、酒油、毛絨皮張、核桃、鐵器、藥材等。其中最稱重要者有：（1）煤年約輸出七八十萬噸，除軍費捐稅以外，約計回款總值二百餘萬元（2）糧年約輸出二三百萬石約計回款總值五六百萬元（3）棉花年約輸出二千萬斤約計回款總值七八百萬元（4）鹽年約輸出五六千萬斤約計回款總值二三百萬元（5）棉紗年約輸出一萬餘包約計同款二三百萬元連同其他出口商品全年出口貨當在三千餘萬元之譜。

至於山西各縣商品之出入包括對省外之出入與各縣間之出入在內，全省一百〇五縣，共計入口為五七、五九三、七三五元，出口為四八、四七〇、五五三元，出入口合計一〇六、〇六四、二八八元，由此可以表示晉省商品之流通量。在各縣中，入口價值在一百萬元以上者，有榆次太原太谷祁縣平遙長治晉城平定臨汾曲沃解縣新絳大同應縣五台崞縣等縣。在五十萬元以上者有陽曲交城文水汾陽沁水盂縣洪洞汾城翼城稷山忻縣等縣其餘則均在五十萬元以內。在出口方面晉省各縣中價值最多者為榆次縣，計五百餘萬元。此外在一百萬元以上者有大同新絳晉城陽曲平遙臨汾曲沃平定等縣，價值在五十萬元以上者，有太原交城汾陽長治長子盂縣襄陵翼城臨晉稷山絳縣趙城等縣，其餘則均在五十萬元以內：

至於各縣輸出入商品，輸入方面多以花布洋雜貨日用品煤油等為多，各縣大同小異，出口方面則可分別如下：

（一）棉花大宗輸出縣份　臨縣、臨汾、汾城、翼城、永濟、虞鄉、榮河、萬泉、猗氏、解縣、夏縣、平陸、芮城、河澤、聞喜、絳縣、趙城、霍縣、大寧、

（二）糧食大宗輸出縣份　文水、孝義、離石、長子、晉陽、盂縣、襄陵、浮山、安邑、夏縣、聞喜

、隰縣、大同、陽高、天鎮、

（三）食鹽大宗輸出縣份　大同、安邑、懷仁、山陰、渾源、應縣、陽高、朔縣、忻縣、代縣、文水、清源、天鎮、

（四）菸草大宗輸出縣份　曲沃、翼城、永濟、靈石、

（五）紗布大宗輸出縣份　榆次、新絳、榮河、

（六）煤大宗輸出縣份　大同、平定、武鄉、鄉寧、

（七）鐵大宗輸出縣份　長治、晉城、高平、

（八）皮毛大宗輸出縣份　交城、大同、新絳、絳縣、運城、廣陵、趙城、

茲將山西各縣進出口貿易情形列表於次：

縣別	入口價值（元）	出口價值（元）	總值（元）	出（十）入（一）超	入口主要商品	出口主要商品
陽曲	八二〇、九六二	一、八一六、一三九	二、六三七、一〇一	（十）九九五、一七七		
太原	三、三一四、六二〇	八二五、八四九	四、一四〇、四六九	（一）二、四八八、七七一		
榆次	四、八四二、〇〇〇	五、六四二、〇〇〇	一〇、四八四、〇〇〇	（十）八〇〇、〇〇〇	花布、日用品、紙張、米糧、	花布、食用品、紙張、海菜、
太谷	一、〇五七、〇八〇	四〇九、七七〇	一、四六六、八五〇	（一）六四七、三一〇	花布、燃料、捲烟、鐵類、洋貨、	花布、米糧、線織、藥物、皮貨、
祁縣	一、六七九、〇〇〇	八、四〇〇	一、六八七、四〇〇	（一）一、六七〇、六〇〇		

徐溝	一五一、四八七	三三五、九五一	四八七、四三八	(－)	三五、五三六	布疋、什貨、菸油、	糧食、伏麵、
清源	四三三、四〇〇	三五七、四一〇	七九〇、八一〇	(－)	七五、九九〇	花布、	米糧、葡萄干、
交城	八六五、六三八	七七六、四七二	一、六四二、一一〇	(－)	八九、一六六	皮毛、花布、	皮貨、皮毛、
文水	七六九、二八三	四一三、一四五	一、一八二、四二八	(－)	三五六、一三八	牲畜、日用品、	花布、皮毛
岢嵐	一三二、四〇九	三五〇、五四〇	四八二、九四九	(＋)	二一八、一三一	土布、食鹽、煤炭、烟、	羊、莜麵、菸油、菸蔴、
嵐縣	二五、二三九	四、三三六	二九、五七五	(－)	二〇、九〇三		
興縣	一五九、三八二	二六〇、八〇〇	四二〇、一八二	(＋)	一〇一、四一八	紅鹽、水菸、布疋、	牲畜皮毛、棉花、
汾陽	九八六、七五〇	六七七、二〇〇	一、六六三、九五〇	(－)	三〇九、五五〇	花布、燃料、菸捲、	汾酒、果品
平遙	一、七七〇、五二八	一、二〇五、三九七	二、九七五、九二五	(－)	五六五、一三一	花布、洋什貨、燃料、	花布、服用品、什貨、
介休	二五、七三二	一四、二〇〇	三九、九三二	(＋)	一一、五三二		小櫃香、
孝義	一九三、三九六	三二〇、五九一	五一三、九八七	(＋)	一二七、一九五	蔴油、紙張、棉花、	小麥、胡桃、
臨縣	八二、三一五	二一〇、二二四	二九二、五三九	(＋)	一二七 九〇九	鹽、布、日用品、	棉花、麵粉、蔴、
石樓	一四、九七〇	一八、五九〇	三三、五六〇	(＋)	三、六二〇	布疋、什貨、	皮毛、什糧、
離石	四六九、七九四	一七六、七〇六	六四六、五〇〇	(－)	二九三、〇八八	布、鹽、什貨、	麥、乾粉、
方山	二一一、〇〇〇	一六二、〇〇〇	三七三、〇〇〇	(－)	四九、〇〇〇	服用品、燃料、	蔴米糧牲畜、
中陽	三五、八八〇	四三、九一〇	七九、七九〇	(＋)	八、〇三〇	食鹽、疋頭、	穀米、
長治	一、〇九四、五三八	七五三、二五〇	一、八四七、七八八	(－)	三四一、二八八	食糧、花布、食鹽、	鐵器、蔴類、皮衣、蛋黃白、

長子	四〇五、六三四	六四一、六〇〇	一、〇四七、二三四	（＋）	二三五、九六六	棉花、	小米、什糧、豆、
屯留	一九四、六六一	二六一、七四一	四五六、四〇二	（＋）	六七、〇八〇	布疋、日用品、	小米、什糧、
襄垣	二〇〇、一八一	六九、六〇〇	二六九、七八一	（－）	一三〇、五八一	食鹽、棉花、	黃米、白酒、
潞城	三四七、八四四	二四六、九六二	五九四、八〇六	（－）	一〇〇、八八二	食用品、布疋、鷄、蛋、草帽、漂料、	蛋青黃、黃酒、草帽、
黎城	二六五、九七三	四八二、二六四	七四八、二三七	（＋）	二一六、二九一	牲畜、煤炭、花布、	米糧、五果、
壺關	三二六、四三七	二六二、四〇五	五八八、八四二	（－）	六四、〇三二	食用、服用洋貨、	食用、米糧、
平順	一六九、三二〇	七六、五〇〇	二四五、八二〇	（－）	九二、八二〇		
晉城	二、三五九、九五〇	一、六一九、四〇〇	三、九七九、三五〇	（－）	七四〇、五五〇	食鹽、煤油、疋頭、	鐵貨、蛋青黃、煤炭、
高平	一二八、五〇〇	一四〇、〇〇〇	二六八、五〇〇	（＋）	一一、五〇〇	疋頭、	鐵貨、絲、
陽城	一八五、七〇〇	一七八、九九七	三九四、六九七	（＋）	三、二九七	花布、	黃絲、鐵貨、陶器、
陵川	二四一、八八四	一九五、六四一	四三七、五二五	（－）	四六、二四三	食鹽、布疋、煤油、	白酒、小米、玉籽、
沁水	五三七、五八七	一八六、七八〇	七二四、三六七	（－）	三五〇、八〇七	布疋、食鹽、煤炭、	蠶絲、小米、花生、豬、
遼縣	四五九、三五〇	二八四、七五三	七四四、一〇三	（－）	一七四、五九七	麵粉、布疋、	米糧、核桃、麻、牲畜、
和順	四七、一二二	六二、五六五	一〇九、六八七	（＋）	一五、四四三	布疋、日用品、	羊、牲畜、蔴皮、
榆社	一七七、九六六	一一四、九〇三	二九二、八六九	（－）	六三、〇六三	燃料、棉花、	米糧、
沁縣	一五七、一三〇	二六、六九五	一八三、八二五	（－）	一三〇、四三五		
沁源	七四、三八〇	九、四五〇	八三、八三〇	（－）	六四、九三〇		

武鄉	二七二、八五三	八六、七八三	三五九、六三六	(一)	一八六、〇七〇	棉花、布疋、顏料、	豆麥穀、牲畜類、
平定	一、七六〇、九九九	二、四六九、〇五五	四、二三〇、〇五四	(十)	七〇八、〇五六	食用衣布、菸捲、什貨、	煤鐵、
昔陽	二〇五、五七八	一三〇、一五〇	三三五、七二八	(一)	七五、四二八	食鹽、布疋、	玉茭、什糧、蔴皮、
盂縣	七九九、〇五〇	六一七、〇〇〇	一、四一六、〇五〇	(一)	一八二、〇五〇		
壽陽	三二五、二五八	二八五、七〇〇	六一〇、九五八	(一)	三九、五五八	紙烟、	小米、
臨汾	一、四二三、五三二	一、五三一、八二八	二、九五五、三六〇	(十)	一〇八、二九六	米糧、什貨、	棉花、米糧、紙張、
襄陽	四八五、九九五	五三〇、一〇七	一、〇一六、一〇二	(十)	四四、一一二	米糧、	花布、米糧、
洪洞	六二四、九五五	一六三、二六五	七八八、二二〇	(一)	四六一、六九〇	布疋、食鹽、烟、	糧、蔴油、
浮山	一八七、一〇〇	一六一、八〇〇	三四八、九〇〇	(一)	二五、三〇〇	食用品、花布、洋什貨、	米糧、牲畜、
汾城	七四八、八三〇	二二七、三二二	九七六、一五二	(一)	五二一、五〇八	食用、米糧、日用品、	棉花、糧食、
安澤	一五二、七九五	一一五、五八〇	二六八、三七五	(一)	三七、二一五	食鹽、疋頭、	木料、棉花、布、
曲沃	一、〇五二、九〇〇	一、三八六、〇〇〇	二、四三八、九〇〇	(十)	三三三、一〇〇	米糧、顏料、牲畜、	旱烟、棉花、
翼城	七五二、七九〇	七四六、八〇〇	一、四九九、五九〇	(一)	五、九九〇	牲畜、什貨鹽瀉鹽、	棉花、菸葉、麥、
吉縣	一五〇、三二一	一六九、九七〇	三二〇、二八一	(十)	一九、六三九	食用、花布、雜貨、	皮毛、牲畜、米糧、
鄉寧	一四八、二三三	八五、六二一	二三三、八四三	(一)	六二、六二一	布疋、鹽、什貨、	煤炭、粟、
永濟	三四八、一二三	三〇〇、七七五	六四八、八九七	(一)	四七、三四七	米糧、花布、藥物、	花布、米糧、
臨晉	二七三、二八六	六二三、三一〇	八九六、五九六	(十)	三五〇、〇二四	煤炭、煤油、米糧、	米糧、棉花、

虞鄉	六六、三〇〇	一二四、五〇〇	一八〇、八〇〇	（十）	四八、二〇〇	花布、	米糧、花布、什貨、
榮河	三一六、七四一	三六二、〇一三	六七八、七五四	（一）	五四、七二八	米糧、燃料、食用、牲畜、什貨、	花布、
萬泉	四一、八二四	一三六、一七九	一七八、〇〇三	（十）	九四、三五五	日用品、	棉花、麥子、
猗氏	二八一、三七八	三三八、五〇〇	六一九、八七八	（十）	五七、一二二	鐵炭、	棉花、
解縣	一、〇六九、九六〇	二七八、一〇〇	一、三四八、〇六〇	（一）	七九一、八六〇	布疋、糧食、糖、煤油、	棉花、皮毛、
安邑	一〇〇、三九〇	二六五、〇六〇	三六五、四五〇	（十）	一六四、六七〇		食鹽、小麥、
夏縣	二三四、四七六	二一六、八七三	四四一、三四八	（一）	七、六〇四		
平陸	一八五、二二六	三六〇、二六〇	五四五、四八六	（十）	一七五、〇三四	洋布、石鹽、煤油、	棉花、石膏、
芮城	六七、二七九	四六五、九三三	五三三、二一二	（十）	三九八、六五四		棉花、小麥、
新絳	二、四九五、五〇〇	三、五五三、八〇〇	六、〇四九、三〇〇	（十）	一、〇五八、三〇〇	棉花、煤、羊皮、日用品、	棉紗、布疋、皮裘、
河津	八九、〇〇〇	四三〇、〇〇〇	五一九、〇〇〇	（十）	三四一、〇〇〇	布疋、煤油、	棉花、
聞喜	二〇二、五五〇	四六六、五九二	六六九、一四二	（十）	二六四、〇四二	食鹽、布疋、日用品	小麥、棉花、
稷山	六一〇、七四三	五三六、一二六	一、一四六、八六九	（一）	七四、六二七	食鹽、煤炭、	棉花、
絳縣	二五八、三六八	六二〇、三三七	八八一、七〇五	（十）	三六四、九六九		棉花、
垣曲	三二、七四〇	六六、九〇五	八九、六四五	（十）	四四、一六五		小麥、棉花、
霍縣	八六、六八〇	二四八、〇〇〇	三三四、六八〇	（十）	一六一、三二〇		棉花、雜糧、
靈石	九一、四八〇	八一、九〇〇	一七三、三八〇	（一）	九、五八〇		小麥、什糧、

趙城	三六、三九〇	七三〇、七四二	三六七、一三三	(十)	六九四、三五二	紙、糧、布、	棉花、江米、
汾西	五一、六五〇	九六、八二一	一四八、四七一	(十)	四五、一七一	烟、鹽、	煤、食鹽、
隰縣	一〇七、八三六	一七一、〇九四	二七八、九三〇	(十)	六三、二五八	棉織品、蒜鹽、	小麥、棉花、什糧、鐵、
大甯	三五、七六四	一八〇、三一七	二一四、〇八一	(十)	一四六、五五三		棉花、羊皮、羊毛、
永和	三七、二〇五	三、三〇〇	四〇、五〇五	(一)	三三、九〇五		什糧、
蒲縣	二五二、八八九	一六九、九三一	四二二、八二〇	(一)	八二、九五八	花布、洋貨、牲畜、	米糧、牲畜、
大同	二、三三九、四〇〇	四、四四四、三三六	六、七七二、七二六	(十)	二、一一三、九三六	菸捲、布、煤油、棉紗、火柴、	石炭、蛋青黃、絨毛、皮類、
渾源	三五六、三一九	二九六、四二七	六五二、七四六	(一)	五九、八九二	布疋、皮毛、捲烟、	皮毛、藥物、紙、
應縣	四、二六五、三六〇	二九四、〇三〇	四、五五九、二九〇	(一)	三、九七一、二三〇	燃料、花布、	鹽類、堿類、米糧、藥物、
懷仁	一二〇、七三五	五〇、六三〇	一七一、三五五	(一)	七〇、一一五	布疋棉花、旱烟、	煤炭、穀子、
山陰	二七八、六九九	二二六、四〇〇	五〇五、〇九九	(一)	五二、二九九	石炭、布疋、棉花、	食鹽、
靈邱	三三三、七二八	九一、八四四	四二五、五六二	(一)	二三一、八九四	布疋、	小米、
廣靈	三〇一、六九九	三〇一、六八五	六〇三、三八四	(一)	一四	布疋、棉花、食鹽、水旱烟、	米糧、蔴類、
陽高	二七七、四八二	九七、〇二五	二七四、五〇八	(一)	一八〇、四五八	布疋、棉花、鹽、	什糧、
天鎮	三三六、六〇〇	九五、六〇〇	三三二、二〇〇	(一)	一四一、〇〇〇	花布、燃料、洋貨、油類、	米糧、牲畜、皮毛、
右玉	六六、八〇〇	六四、七二〇	一三一、五二〇	(一)	二、〇九〇		
朔縣	二三四、七七六	一五〇、四二三	三八五、二〇一	(一)	八四、三五五	花布、菸類、煤油、	蔴油、牲畜、燒酒、皮毛、

左雲	一八七、一三七	一六五、五八三	三五二、七二〇	（一）	二一、五五四	花布、	米粮、食用、
平魯	八九、七八九	七四、八八六	一六四、六七五	（一）	一四、九〇三	燃料、花布、	米粮、食用、
寧武	一三六、〇〇〇	三一、七〇〇	二五七、七〇〇	（一）	一四、三〇〇	布、烟、日用、	木料、小麥、
神池	一八八、二〇〇	二九二、五二〇	四八〇、七二〇	（十）	一〇四、三二〇	花布、鹽、	小麥、牲畜、葫油、
偏關	九七、四〇三	三二、七五九	一三〇、一六二	（一）	六四、六四四	土布、食鹽、	葫油、羢毛、鷄蛋、
五寨	八〇、九三三	七三、九八六	一五四、九一九	（一）	六、九四七	花布、什貨、	木料、米粮、煤、
忻縣	九七六、一二〇	四一七、四二八	一、三九三、五四八	（一）	五五八、六九二	花布、	花布、
定襄	四三一、五五九	二〇〇、九〇〇	六三二、四五九	（一）	二三〇、六五九	棉炭、土布、	紙張、五金、棉花、
靜樂	二七三、五〇〇	一九六、一八〇	四六九、六八〇	（一）	七七、三二〇	花布、米粮、	食用品、牲畜、
代縣	四七〇、〇一九	六三、〇四五	五三三、〇六四	（一）	四〇七、九七四		菸物、
五台	一、三五七、一三六	八〇一、九六〇	二、一五九、〇九六	（一）	五五五、一七六	布疋、食鹽、什貨、	藍炭、石炭、
繁峙	一二五、二一七	四二一、一五三	五四六、二七〇	（十）	二七六、〇二六		
崞縣	一、五五八、一〇〇	四一四、二〇〇	一、九七二、三〇〇	（一）	一、一四三、九〇〇	花布、牲畜、什貨、木料、菸、	食用品、皮毛、
保德	四〇七、一九四	三一、〇〇〇	四三八、一九四	（一）	三七六、一九四	紅鹽、小麥、布疋、	煤、穀米、糜米、
河曲	三七二、九九〇	九六、七二〇	四六九、六八〇	（一）	二七六、二三〇	土布、食鹽、釉籽、	菜油、石炭、果丹皮、
總計	五七・五九三、七三五	四八、四七〇、五三三	一〇六、〇六四、二八八	（一）	九、一三五、一八二		

四　各縣貨幣情形

遜清以前，晉省通用貨幣，以制錢爲單位。據晉政輯要卷十三所載，凡鼓鑄錢文，於省城設局，名曰寶晉。安設鑪座，增減無定。遵照部頒祖母樣錢鑄造：一面鑄年號，用漢文；一面鑄局名用清文。以紅銅五成四分，白鉛四成二分七厘五毫，黑鉛三分二厘五毫，三色配鑄。每日鑄銅鉛百斤，每百斤除折耗九折，淨鑄銅鉛九十一斤。每文鑄重一錢，計鑄錢一十四串五百六十文；每三十日爲一卯，每卯鑄錢四百三十六串八百文。當時所用紅銅，由曲沃縣商人往江蘇漢鎮漢中等處採買，每案採辦正銅八十萬斤，餘銅八萬斤。分作二十運，每年二運，十年辦竣。每正銅百斤，銷價銀一十四兩，貼價銀一十八兩，共銀三十二兩；每餘銅百斤，補價銀一十四兩，貼價銀一十八兩，共銀三十二兩；每運共銀一萬四千另八十兩，二十運共銀二十八萬一千六百兩。採辦白黑鉛斤，由陽曲縣招募商人承辦，或赴漢鎮官局採買，或由各省零星收買，聽其自便。每案採辦白鉛六十三萬三千三百三十三斤五兩二錢另，黑鉛四萬八千一百四十八斤二兩三錢另，分作四運，十年辦竣。每白鉛百斤，銷價銀四兩二錢三毫三絲九忽八塵，脚價銀一兩七錢五分三厘，共銀五兩九錢五分三厘三毫三絲九忽八塵，幫費銀二兩八錢；每黑鉛百斤，銷價銀三兩七錢九分另，脚價銀一兩七錢五分三厘。共銀五兩五錢四分三釐另，幫費銀二兩八錢。每運共銀一萬四千八百六十三兩另，每十年四運共銀五萬九千四百五十四兩另。咸豐年間，平定寶泉分局及太原實晉局曾試鑄鐵錢，但因窒礙難行，旋卽停鑄。

當時硬幣除制錢外，紙幣又有制錢憑帖一種，係由票號錢莊發行，作爲兌換制錢之代價費。自遜清末年，外國輸入銀元後，政府仿造推行，銀兩之制，實際已廢，制錢亦流爲輔幣。清末民初，晉省又有銀角之通行。但以成色不佳，旋卽廢止。民八山西省銀行成立，省會撤銷私幣，易以省幣，憑帖於是絕跡。民十後又收買制錢，改鑄銅元，而制錢亦廢。嗣後角票發行，銀角遂不能通用。自二十四年十一月四日中央頒布新貨幣政策。不特銀元收爲國有，限制市面通用，卽晉省官商發行紙幣，亦一律停止。故現時晉省使用者，僅爲中央發行紙幣，晉省官商發行未收回紙幣，及銅元三種而已。

法幣

所謂法幣者，卽中央、中國、交通三銀行發行之紙幣。二十四年十一月四日以前，晉省僅能流通天津中國銀行發行之紙幣，且多限於省會附近，正太沿線，及大同一帶，流通額約計一百萬元，自白銀收歸國有後，法幣流通量突增至五百餘萬元。

法幣以外之紙幣

法幣以外，以省銀行發行之紙幣爲最多，官立鐵路，鹽業，墾業三銀號之紙幣亦不少。錢莊，信用合作社等亦有紙幣之發行。共計銀行發行二、九三二、〇七四元，銀號發行二、五六一、一三一・九元，票號發行三、八〇〇元，錢莊發行二一一、二一三、四元，當舖發行一、三四六、二四七元，信用合作社發行約一、〇〇〇、〇〇〇元。合計八、〇五四、四六六・三元。其中之票有拾元，五元，一元三種，角票有五角，二角，一角三種。

銅元

現時山西通行之銅元，以當十文及二十文兩種爲限，兌價每元常在五千文上下，隨行市而有漲落。流通額約合國幣四百萬元。

第三編　都會商埠及重要市鎮

第一章　太原（陽曲）

一　概述

一　沿革

命名由來

太原爲山西省會，其名稱遠起禹貢，歷朝有冀州、幷州、太原國、太原郡、太原府、河東道；冀寧道等名，境界之伸縮，與位置之變遷，均未以今之太原爲限。今之太原，原屬陽曲縣，陽曲在戰國爲狼孟邑；秦屬狼孟縣；漢屬晉陽、汾陽、狼孟三縣地；後漢末置陽曲；隋改陽直，尋改爲汾陽；唐復陽曲舊名；宋移幷州治于其地，後設太原府；明清因之；民國元年廢府，以陽曲縣爲省會，設山西省會警察廳，管轄省城及附廓區域。民國九年曾設太原市政公所，十六年市制確定，中國國民黨設有太原市黨部，山西省會警察廳亦曾改稱太原市公安局。惟現下行政，歸山西省會公安局管轄，其所轄區域，卽以前山西省會警察廳及市政公所所劃定之區域爲範圍，分爲五區，詳如地圖。

經濟變遷

太原歷代之經濟情形，以清季最為富裕，蓋有清一代，山西人民以善營商業著聞於世，而太汾兩府之民，在各省所開設之票莊及當店，獲利甚鉅，太原扼晉省中樞，其經濟之富裕，乃勢所必然，實非宋元明各代所可望及。民元以後，各地銀行林立，晉省商民率多墨守舊法，不能適應時代潮流，以致向在各省開設之票莊，當店等，均相繼歇業。近數年來，更因東三省內外蒙古及新疆熱河等處原設商號，均紛紛倒閉，雖在陝西及河北兩省之商務，尚能苟延殘喘，惟以大部份均遭損失，以致本省國民經濟，均呈破產之勢，省會為全省金融匯聚之所，遂亦隨之而大遜於往昔。

二　地理

位置

太原之位置，在全省之中，當東經一百一十二度三十一分，北緯三十七度五十四分，高出海面約三千尺。石嶺關罕山崛山諸山環峙，汾水陽曲諸川環流，河山表裏，形勢雄壯，李唐曾由此發跡，歷朝視為重鎮。近年交通日見發達，東有正太鐵路以連平漢，中有同蒲鐵路，縱貫全省，北聯平綏，南銜隴海，而白晉汽車路經長治晉城以通河南，博愛縣與道清鐵路接連；南北東西汽車路，復均以太原為總匯；指顧八方，有東策西應之便，政治經濟軍事皆屬重心，可謂深得地理之宜。

境界

太原之境界，東起城東門外之西人義地，西迄汾河邊，南界大營盤，北至飛機場。東西寬二十餘里，南北長三十餘里。城之直徑南起首義門，北迄小北門，計長五里十七丈；東起大東門，西迄水西門，計寬四里一百五十五丈；截長補短，平均約二十四方里二百五十二畝二十四方丈五方尺。城池堅固，俗稱鐵牛城，東西南北各有城門二，大東門曰宜春門，小東門曰迎暉門，新南門曰首義門，大南門曰迎澤門，水西門曰鎮遠門，小北門曰拱極門；城樓凡十二，城門及四角各具其一。

氣候大陸性，冬令嚴寒而夏不酷熱。氣溫最低爲攝氏零下二十四度（一月），最高爲三十八度（七月），特熱之時，氣溫曾高至四十度。其平常氣壓最高爲六九六・二公厘（一月），最低爲六八八・一公厘（七八月）。風向冬季多爲西北，夏季恆爲東南，二、三、四、五、十一、五月較多。結冰期爲十一月廿八日，融解期爲三月廿二日。降雨量最少爲一月，最多八月，計二一八・七公厘。每年自十月至次年四月，雨量最少，爲乾燥時間；由五月至九月，則雨量頗多，可稱潤濕時期，宜於植物之生長，梅雨期爲七月十八日至八月十八時（即伏天）。茲錄林業試驗場氣象表如後：

山西省林業試驗場氣象觀測年報表（二十二年）

月份	氣壓（公厘）			氣溫（攝氏）			溫度百分率	水蒸氣張力（公厘）	地下溫度（攝氏）			雲量	平均風向	每日平均風速 粁／時	蒸發量（公厘）	日照時數（眞太陽時）	降水量（公厘）
	最高	最低	平均	最高	最低	平均			〇・五公尺	一・〇公尺	二・〇公尺	〇—一〇					
一月	六九五・八	六九六・五	六九六・二	－一七・三	一・五	－七・三	一九・五	一・七	－一・三	一・六	六・二	〇・七	北45°20'西	四・八		一七六・四	
二月	六九三・七	六九四・五	六九四・一	－一三・七	七・七	－二・〇	五二・九	二・四〇	－一・三	〇・三	四・〇	一・七	北24°27'西	五・二		一六三・九	〇・二
三月	六九四・七	六九五・五	六九五・一	－七・二	二一・六	二・五	六五・九	三・八二	－〇・七	〇・四	三・二	二・五	北15°27'西	四・四	一〇・九	一九八・八	一四・五

四月	六九四·一	六九三·八	六九三·五	一·五	二〇·二	一二·二	六〇·八	八·〇四	六·五	四·八	五·八	二·七	北33°24'西	六·二	一八·〇	二二八·七	二四·一
五月	六九二·五	六九三·六	六九三·一	六·七	二七·四	一九·七	五八·三	一〇·六三	一六·三	三·七	八·〇	一·四	南38° 2'西	五·二	三二·八	二六五·三	三五·四
六月	六八七·八	六八八·七	六八八·二	三·九	二六·五	二一·六	七九·九	一五·四九	一八·七	一六·二	二一·九	三·五	南33°24'東	三·六	一五·九	三二一·八	一三九·二
七月	六九〇·一	六九〇·九	六九〇·五	一八·八	二九·一	二五·〇	八四·七	二〇·二五	二三·三	一九·六	一四·八	四·三	北46° 5'東	三·一	四·八	一九四·七	一四七·[illegible]
八月	六九〇·〇	六九〇·六	六九〇·三	一五·七	二八·九	二三·三	八二·八	一七·五三	二一·八	二〇·六	一七·二	二·九	北66°14'東	二·九	一五·四	二五二·六	二八·七
九月	六八七·七	六八八·二	六八八·一	一〇·四	二五·七	二一·八	七五·五	一四·九九	一九·七	一八·八	一七·六	二·六	北50°42'東	三·四	九·九	二二八·九	九〇·〇
十月	六九〇·四	六九一·九	六九一·三	−二·八	一六·六	一三·三	七五·三	九·一五	一三·九	一五·一	一五·九	三·一	南60°37'東	三·九	五·二	一九〇·八	一〇·九
十一月	六八九·八	六九一·七	六九〇·九	−四·二	一一·六	七·二	五九·五	四·八五	六·四	九·五	三·五	一·〇	北63° 4'西	六·七	三·一	一八七·四	〇·一
十二月	六九二·六	六九三·五	六九三·二	−一〇·〇	五·七	一·二	六二·六	三·三九	二·一	四·九	九·三	二·四	北19°16'西	四·八		一六六、五	二·六

原註：本年最高氣溫爲攝氏三十八度（七月十五日），最低氣溫爲負二十四度（一月十三日）；結冰期在十一月廿八日，融解期在三月廿二日；本年總降水量六百八十二又十分之八公厘，梅雨期自七月十八日至八月十八日（卽伏天）；氣壓係用空盒氣壓計所測，未加海面更正。

太原純屬工商業區域，雖間有操作農業者，然爲數甚少，故對氣候之寒熱及雨量之多寡，似與人民經濟尙少直接關係，惟遇附近各縣，因氣候失調，或雨量欠缺，以致太原應需各項農作物及其他原料品，價値漲落不定時，太原各項工商業，當亦隨之感受間接之經濟影響。

三　人口

太原人口、以近數年而論，有增加之趨勢，據省會公安局民國十七年以後之統計，七八年之間增加幾及一倍，良以太原各項建設，正方興未艾，省內人口咸向省會流動，故年有增加。玆錄統計如後：（民國二十四年係七月份數字，餘係十二月份數字）。

太原歷年人口增加數

年份	戶數	男子數	女子數	總數
民國十七年	一六、五八七	五六、五二八	二一、三七一	七七、八九九
民國十八年	一六、五一五	五四、七四九	二一、七二三	七六、四七二
民國十九年	一七、六九七	六〇、八九九	二三、六七四	八四、五七三
民國二十年	一七、六八六	六三、五六三	二五、一一二	八八、六七五
民國廿一年	二〇、九〇一	八二、二〇四	三〇、一三四	一一二、三三八
民國廿二年	二一、七六八	八六、一二七	三五、六五二	一二一、七七九
民國廿三年	二四、三七二	九八、〇〇九	四〇、七九六	一三八、八〇五
民國廿四年	二四、七二三	一〇二、五七二	四一、〇五三	一四三、六二五

人口移動

近年省內社會經濟凋敝，生活艱難，謀職業者，咸往來於省會，每月移出入之人口，約在七八千上下，但移入人數往往超過移出人數，民國二十三年一年間移入之人口，即超過移出人口八千五百九十二人。

民國二十三年太原人口之移動狀態

月份	移出 男	移出 女	移出 總數	移入 男	移入 女	移入 總數
一月	四、一〇七	一、九〇八	六、〇一七	四、三七四	二、一一五	六、四八九
二月	二、五九八	一、〇七三	三、六七一	二、〇六四	一、一三二	三、一九六
三月	五、二三三	二、〇四九	七、二七九	六、五五六	二、六七七	九、二三三
四月	四、二六四	一、九八五	六、二四九	五、四二四	二、六八七	八、一一一
五月	四、一四七	二、〇一四	六、一六一	四、八三六	二、三一九	七、一五五
六月	三、五一三	一、七一六	五、二二九	三、九三三	二、〇〇三	五、九三六
七月	五、二〇七	二、五七一	七、七七八	二、九九二	二、一五七	五一、四九
八月	四、二四一	二、四四三	六、六八三	五、五四九	二、五七八	八、一二七
九月	四、八三二	二、五九三	七、四二五	五、四九二	三、一七九	八、六七一
十月	四、三七三	一、九七〇	六、三四三	四、七二八	二、四〇四	七、一三二
十一月	五、〇四八	二、六四六	七、六九四	五、三五六	二、八五四	八、二一〇
十二月	四、八七九	二、七四二	七、六二一	六、一三六	三、一九八	九、三三四
總計	五二・四四四	二五、七〇七	七八、一五一	五七、四四〇	二九、三〇三	八六、七四三

出生死亡

至由出生數超過死亡數而增加之人口數量，歷年爲數不多，每年不過二三百人，足見太原人口之增加，大部由於移入，下表指明自民國十九年至二十三年五年間人口之出生數與死亡數。

太原近五年來人口之生產數及死亡數

年份	出生數 男數	出生數 女數	死亡數 男數	死亡數 女數	增加數
民國十九年份	五八九	五六〇	四九六	四四一	二一二
民國二十年份	六五三	六〇八	四五六	五〇二	三〇三
民國廿一年份	七五一	六五八	六三八	五四七	二二四
民國廿二年份	八八〇	七四五	七七九	七〇六	一四〇
民國廿三年份	九五三	七九四	七一〇	六四九	三八八

太原外省人口不多，僅佔全體百分之二六·四八，計本省各縣人口一〇五、五九三人，外省僅三八〇三二人，本省男口七五、五六七人，女口三〇、〇二六人；外省男口二六、八〇〇人，女口一一、二三二人。由此可以推測太原由移入而增加之人口，亦多爲本省人。

至境內人口，按省會公安局所劃分之行政區域而分，以第一區爲最多，第四區爲次，第二區又次之，第五區更次之，第三區爲最少；人口密度計每方里五、八六九人。

區域分佈

太原人口之地域分圖（二十四年七月）

區別	戶數	男子數	女子數	總數
第一區	六、二五三	二四、三三六	一〇、〇一六	三四、三五二
第二區	五、三二三	二一、〇四一	七、八八二	二八、九二三
第三區	四、七九八	一六、五九〇	六、一二五	二二、七一五
第四區	五、一九八	二一、三八七	九、九七五	三一、三六二
第五區	三、一五一	一九、二一八	七、〇五五	二六、二七三
總計	二四、七二三	一〇二、五七二	四一、〇五三	一四三、六二五

職業人口

職業人口佔全人口六成有零，計六三・一二%。職業以工商為最多，佔全體職業人口四〇・四二%；與工商有關之交通運輸業佔二一・六七%；業農礦者佔八・二九%；黨政軍警公務人員佔一五・六七%；自由職業佔六・九七%；人事服務佔一三・四六%；其他職業為一二・五二%。

太原職業人口之職業分配（民國二十四年七月）

業別	男子數	女子數	總計
農業	六、〇四九	一、〇八二	七、一三一
礦業	三八八		三八八

工業	一五、九九四	四、一九四	二〇、一八八
商業	一六、一五四	二九七	一六、四五一
交通運輸業	二、四一〇	一五	二、四二五
黨務	二、一一〇	七	二、一一七
政務	四、四四五	七二	四、五一七
軍務	六、六八八		六、六八八
警務	八九一		八九一
自由職業	四、五九〇	一、七二八	六、三一八
人事服務	五、六三六	六、五六八	一二、二〇四
其他職業	八、六二六	二、七一九	一一、三四五
總計	七三、八八一	一六、六八二	九〇、六六三

二 交通

一 路線

太原扼全省之中樞，爲山西省會，亦山西工商業之重要區域，交通極爲便利，惟僅有陸路交通而無水路交通，與南方各省之有水路航運者不同。其由陸路貫通各地之路線可分鉄路及汽車路二種，茲分述之。

鉄路

1.路鉄：　鉄路有正太及同蒲二線，正太鉄路於光緒三十三年正式通車，爲中法所合辦，定期二十五年，至民國二十一年收爲國有。其路線自河北正定之石家莊起，經井陘、娘子關、陽泉、壽陽、楡次而至太原。計長二百四十三公里，(合華里四百五十九里)。近復由太原築支路通至太谷，計長三十六公里。同蒲路爲同成鉄路之一段，自民國二十二年五月起，分段修築，由太原而南，至楓林渡，與隴海路銜接，北至大同與平綏鉄路銜接，係由太原綏靖公署兵工修築，工程極速，民國二十三年七月一日開始分段通車，預計二十四年年底完工。

汽車路

2.汽車路：　汽車路之建築，國內以山西爲最早，與其事者爲山西省政府及賑務會及紅十字會等慈善團體，自民國八年十一月計劃，十二月開始測量，九年四月開工，十一年開始通車，現有晉北、晉南、晉西及白晉四路。由太原北向至大同，爲晉北汽路，中間經過凡二十站，全長六百二十華里；由太原南向至風陵渡，爲晉南汽路，中間經過凡二十一站，全長一千一百八十華里；由太原西行經汾陽至離石之軍渡，爲晉西汽路，中間經過凡六站，全長五百一十華里；由太原至晉城爲白晉汽路，中間經過凡二十六站，全長七百五十華里。

二　運輸

火車 運輸以火車及汽車二種為主要，正太鐵路由太原開往石家莊之客車每日三次，由石莊開太原者每日二次；由太原至榆次之區間車每日對開一次；由太原至太谷之區間車每日對開三次；至貨車則視貨運之多寡，隨時增減。同蒲鐵路客車，每日南北兩終點對開一次，並由太原出發向南向北之區間車，每日各對開一次，並有貨車每日來往各段。

汽車 汽車運輸，原由公家辦理，民國十九年公家汽車分配各軍部使用，乃由商車行駛營業。民國二十一年成立山西全省汽車路臨時管理委員會，隸屬省政府，由汽車專商承包路捐，並代征各項路捐，全年共洋二十八萬元。二十二年改組山西全省汽路管理局，隸屬綏靖公署，同年十月又改屬建設廳，至二十三年四月仍由專商承辦路捐，按營業百分之一五抽收，代征各項車捐。共有汽車公司七家，客貨汽車共二百九十輛，開駛晉南、晉北、晉西及白晉各路，惟現下同蒲鐵路南段通車，且靈石至趙城一段，佔用汽車路。故晉南業已停駛。

太原汽車公司一覽表

公司名稱	設立年月	組織性質	總站地點	分站數	行駛路線	客貨車輛數	每日駛行次數
太風公司	二十年五月	股份有限公司	太原首義門	四六	晉南汽路	五六	早車一次
太濟公司	二十年六月	股份有限公司	太原首義門	四六	晉南汽路	三三	早車一次
太安公司	二十年六月	股份有限公司	榆次北關	四六	晉南汽路	七一	早車一次

太同公司	二十年六月	股份有限公司	太原小北門外	二二	晉北汽路	六二	早車一次
太寧公司	二十年六月	股份有限公司	太原首義門	二二	晉西汽路	一五	早午車二次
交通公司	二十年六月	股份有限公司	太原首義門	二二	晉西汽路	一九	早午車二次
太晉公司	二十年六月	股份有限公司	太原首義門	二八	白晉汽路	三四	早車一次

上述七家汽車公司，僅太風汽車公司一家組織最爲健全，交通部立案，實業部註冊，亦惟太風一家資本最大計五十萬元，其餘各家公司，資本均不出數萬元。

其他

至火車汽車以外之交通工具，尙有人力車、大車、手推車、轎車、轎子，及脚騾數種。人力車有通行省城境內者，亦有行駛汽車路長途者，計共有車廠一百三十九家，車輛一千四百六十四輛，此種人力車，可以載貨，可以乘客。大車用騾馬拉，有單套雙套及三套四套之分，省會運輸糧食及重量物類，向多用之，其雇用手續，係向大車店依照使用時間，物品重量及距離遠近面議車價，手推車係以人力推動之單輪車，運輸頗較輕便，除屬各行商人自用者不計外。其專以手推車謀生者，係爲省會商住各戶輸送磚瓦煤炭等料，或其他應用物品，其僱用手續，係向各車夫按輸送材料重量及距離遠近面議工資。轎車近年日見減少，惟婚喪喜慶或不通汽車之處亦用之，其僱用係向各大車店面議車價僱用。轎子有四人抬及八人抬之分，二十年前多有之，近年則殆已絕跡，僱用時向各棚舖面議工資僱定之。脚騾向騾店僱用，騾戶來往多住騾店中，客商有需馱運貨物至汽路、鐵路不通之地，往往僱用脚騾。

轉運

自正太路通車後，鉄路轉運業卽因之出現，向鉄路租定棧房，代客轉運貨物，幷接住貨客，帶有過載行性質，與純粹之轉運公司不同。現業此者三家，總號均在石家莊，沿路均有分棧。惟自鉄路負責運輸開始後，此種行棧營業銳減，幾無存在之餘地矣。

三 郵電

郵政

太原郵局共有三處，按司街爲管理局，首義門爲第一支局，上肖墻爲第二支局，最近郵電合併後，前所街電報局，亦有郵局之設備，辦法與各支局等。每日上午七時至下午九時爲普通辦公時間；上午九時至十二時，下午二時至五時，收發特種郵件，辦理保險儲金匯兌事宜。

有綫電

山西全省電線，以太原爲中心，南至永濟縣之韓陽鎭，北至陽高縣，東至河北石家莊，西至磧口，四大幹線皆匯合於太原，此外倘有支線通達省內重要地點。計直接通報地點，有北平、石家莊、陽泉、壽陽、平定、忻縣、原平、代縣、大同、楡次、太谷、清源、交城、文水、汾陽、祁縣、平遙、洪洞、臨汾、侯馬、新絳等地。山西電政管理局設在前所街，另有收發分處三，一在首義門郵政第一支局內，距正太車站不遠；一在按司街郵政總局內；一在上肖墻第二郵政支局內。

無線電

無線電在太原之歷史較短，民十六因軍事關係，創設無線電學校於新民北正街，後又建電台於總部之後，繼分設無線電信隊於小東門街及無線電台四處，並分駐全省各重要區域，惟僅限於軍用。

長途電話

長途電話有二：一為交通部電報局兼辦之長途電話，借用報線兼通長途電話，開始於民國二十年十二月，通話地點，有榆次、太谷、清源、交城、文水、汾陽、離石、磧口、壽陽、陽泉、平定、祁縣、平遙、介林、霍縣、洪洞、臨汾、忻縣、原平、崞縣、代縣、大同等地。又有軍用電信局，係長途電話性質，始創於民國七八年間，全省各縣及重要地點，均有分局，以話機傳遞電報，除軍用外，並為省政府迅速傳達命令之機關，商民亦可用以通話。

市內電話

交通部陽曲電話局，成立於前清光緒三十二年十月，裝有磁石式百號交換機四部，另有交換所一處，於民國十九年一月成立，裝設百號小交換機一部。境內話線共長一千二百一十四公里，用戶四百四十三戶，全年營業收入在三萬五千元以上。

三　工業

太原本非工業區，近年因省方努力建設。故機製工廠逐漸加多。以境內全體工業計算，作坊工業家數雖較機製工廠工業為多，但在資本、職工、產值方面比較，後者佔極對優勢。此種新興工廠，大部份皆係公營，私營者實佔少數，茲為分析如下：

太原工業之分析

家數	%	資本數（元）	%	職工數	%	年產值（元）	%

機製工業	三七	一〇・一	一二、七五九、八〇〇	九六・一	八、一七〇	六六・四	一〇、七三五、七七五	八七・六
作坊工業	三二九	八九・九	五二二、九一四	三・九	四、一三四	三三・六	一、五二二、四五六	一二・四
公營工業	二二	六・〇	一〇、〇八四、五六〇	七五・九	六、七六五	五五・〇	七、四〇八、一九五	六〇・四
私營工業	三四四	九四・〇	三、一九八、一五四	二四・一	五、五三九	四五・〇	四、八五〇、〇三六	三九・四
總計	三六六	一〇〇・〇	一三、二八二、七一四	一〇〇・〇	一二、三〇四	一〇〇・〇	一二、二五八、二三一	一〇〇・〇

一　工廠工業

太原機製工廠，共三十七廠，可分紡織、麪粉、捲煙、化學、陶瓷、造紙、火柴、製革、電氣、印刷、機器、修理、鑄造、水壓機、洋灰、窰、及農工器具製造等十七種。其中大部份係由公家經營，廠數佔五九・六%，資本佔七九・〇%，職工佔八二・八%，年產值佔六九・〇%；私營事業所佔之成份甚少。公營事業中，尤以西北實業公司所經辦之廠爲多，省公營者則僅一二廠而已。其分業之統計如下：

太原機製工業分類統計表

業別	廠數	資本數(元)	職工數	年產值(元)
1. 紡織工業	五	一、四六〇、三八〇	一、九〇二	二、一六八、三〇一
棉紡織廠	二	九〇三、五〇〇	一、〇二四	一、五〇二、五六四

毛紡織廠	三	五五六、八八〇	八七八	六六五、七三七
2. 飲食品業工業	三	一、五〇〇、〇〇〇	六四五	三、五五三、九〇三
麵粉廠	二	一、〇〇〇、〇〇〇	七四	一、三一二、八五八
捲煙廠	一	五〇〇、〇〇〇	五七一	二、二四一、〇四五
3. 化學工業	七	一、二七三、八八〇	九七一	一、〇七一、八九六
化學工廠	一	一四四、三八〇	七三	一六七、八四六
陶瓷廠	一	五〇、〇〇〇	一〇七	二六、九〇〇
造紙廠	二	六一九、五〇〇	一二二	一九一、三五〇
火柴廠	一	二五〇、〇〇〇	五四五	四八六、〇〇〇
製革廠	二	二一〇、〇〇〇	一二四	一九九、八〇〇
4. 鐵工製造及修理	一四	四、八七四、七四〇	三、二〇一	一、八八四、五一九
機器廠	四	三、〇一五、〇〇〇	二、〇五四	一、一二七、三〇〇
修理廠	七	二八一、四四〇	四〇五	一六四、三五〇
鑄造廠	一	四一八、〇〇〇	四三〇	三〇三、六六九
水壓機廠	一	四七六、三〇〇	一二一	一一九、四〇〇
農工器具製造廠	一	六八四、〇〇〇	一九一	一六九、八〇〇
5. 建築工業	二	六三〇、〇〇〇	八一五	一、四二八、〇〇〇

洋灰廠	一	五〇〇、〇〇〇	一三三	七二〇、〇〇〇
窰廠	一	一三、〇〇〇	五八二	七〇八、〇〇〇
6. 刷印工業	四	三六五、〇〇〇	三九五	二〇三、〇〇〇
7. 動力工廠(電廠)	二	一、六五五、八〇〇	一四一	四二六、一五六
總計	三七	一二、七五九、八〇〇	八、一七〇	一〇、七三五、七七五

*一家係電廠兼營，資本及職工歸入電廠。

**一家尚未出貨，僅廠已成立，故產量未加入。

西北實業公司各廠之資本，尤以前太原兵工廠改組之各廠為大，計化學、電汽、機械、鐵工、機車鑄造、水壓機、及農工器具製造等八廠，其塡報之資本為六、四九〇、六八〇元，佔公司現有十六廠資本七〇•二%，佔全體公營工廠資本六四•四%。如就廠比較，則西北電汽廠之資本為最大，計二百萬元，次為西北機車廠，及西北鉄工廠。以全體各廠分為紡織、飲食品、化學、鐵工、建築、印刷、及動力七類，則資本以鉄工製造及修理為最大，廠數職工亦最多，惟年產值則不如飲食品工業及紡織工業也。

1棉紡織廠：　棉紡織廠共有二廠，一為晉生紡織廠，一為山西女子職業工廠織染部，前者成立於民國十八年，安置布機二百五十二台，十九年二月開工；嗣因向外購紗，殊不經濟，乃於二十年添置紗錠六千枚，廿一年三月開工。自紡棉紗，專供本廠織布之用。後者則原為民國七年成立之蠶業工廠，民國二十一年因蠶業工廠營業欠佳，乃改成今廠。設有人力足踏機八十台，提花機二十台，除織布外，兼織晉綢，但以棉織為主。兩廠性質略有不同，晉生係私營，其營業及技術，與榆次晉華及祁縣晉華分廠（舊為益晉），互取聯絡，工作分紡紗織布兩部，出十三磅，十六磅。十八磅粗布，及十二磅半細布與斜紋布。職業工廠則係官辦，工作分織布染色兩部，出品有斜紋布，粗布，市布及晉綢四種，除少數銷售市上外，大部份供製作軍服之用。

毛紡

2毛紡織廠：毛織廠共有三廠，均係自紡毛紗。就中以西北毛織廠為最大，次為消費合作社製絨廠，復次為平民工廠毛織部。西北毛織廠成立於民國二十三年九月，屬西北實業公司，係由公家經營。造產救國社消費合作社製絨廠，原為華北製絨廠，設立於民國十七年，由私人經營，民國二十三年因產品滯銷，乃租讓於合作社。平民工廠原成立於民國二年，嗣後叠經改組，乃有今廠，三廠出品，略有不同，西北廠所出有嗶嘰、毛呢、毛毯、毛衣四種；合作社廠所出有俄式毛毯，毛衣褲及毛絨三種；平民工廠出品則除毛衣，毛布等毛織品外，又出市布、格布提花毯等棉織品。

麵粉

3麪粉廠：麪粉廠計有二廠，一為晉豐麪粉公司，創辦於民國十年，至民國十七年改組為昌記，十八年又改組為公記，係獨資組織，設有鋼磨十二部，全開時日出麪粉可三千四五百袋。次為太原新記電燈公司附設之麪粉廠，試辦於民國十四年，擴充於民國十九年計，設鋼磨七部，其資本及職員均與電廠聯合，規模較公記略小。

捲烟

4捲煙廠：山西之有捲煙廠，實始于民國十七年在河南許昌成立之華北菸廠，十八年遷入山西榆次；十九年太原又有德記菸廠及福民手捲機菸廠；惟規模均不大，尤以福民為簡陋。同年秋季乃由財政廳提倡合併三廠為一廠，改為晉記菸廠，官商合辦。民國二十一年晉記改為晉華，純屬公營，二十二年復加改組乃成立為現在之山西省立晉華捲菸廠，廠址在太原新南門外。所用原料，以前純係河南許昌菸葉，二十三年始參用美國菸葉，所出香烟分雲崗、太行山、五台山、國術、模範、大豐包、正太、三晉、雁門、大子、汽車、鐘、洗心、及再生花等各種牌號。

化學

5化學工廠：　西北化學工廠，原係舊日太原兵工廠之一部，後兵工廠改為壬申製造廠，民國二十三年九月一日，復由壬申化學工廠改成今廠，屬西北實業公司，出品有硝酸、硫酸、酒精、依脫等，用硫磺及硝酸製硫酸，以硫酸及芽硝製硝酸，以生酒蒸溜成酒精，以酒精及硫酸製依脫，皆為工業用品。

陶瓷

6陶瓷工廠：　陶瓷工廠係附屬于山西省立工業專科學校，査其歷史，實創辦於民國六年，當時名為山西工業試驗所窰業部，後於民國二十一年省令停辦，將原廠歸工專保管，改名為山西工業專門學校窰業部，民國二十四年乃改為該校附屬之陶瓷工廠。所出瓷器種類繁多，大致可分為碗、壺、盆、匙、盤、瓶、筒、盒、等。

造紙

7造紙廠：　造紙廠現有兩廠，一為晉恆，一為西北，後者屬西北實業公司，機械業已安置，現尚無出品。前者成立於民國二十年，廠址在太原大南門外，地勢頗低，二十一年及二十二年兩次遭水淹沒，損失甚鉅，廿三年設備完全，生產較為增加，出品有黃毛邊、白毛邊、上連史、粉連史、仿洋宣、書皮紙、信封紙、報紙、火柴紙、貢川料等紙，原料純係山西土貨，銷路亦限於本省，現下太原日報所用之報紙卽該廠出品，惟尙不能造兩面光之報紙。至西北製紙廠之機器，現已安置完畢，計蒸煮鍋二個，長網抄紙機一台，預計每日可出紙六噸。

火柴

8火柴廠：山西共有火柴廠三廠，在太原者爲西北火柴廠，該廠原爲雙蝠火柴公司之舊廠，創立於清光緒二十五年，及民國十四五年因津貨傾銷營業不振，延至廿二年秋無法維持，登報出售，乃由西北實業公司收買，改爲西北火柴廠，總廠太原，於交城設有山廠，專製軸木，備本廠之用。所出火柴爲飛艇牌硫化磷火柴，行銷區域除山西本省外，並銷陝甘一帶，惟現下隴海路直達西安，魯省火柴暢銷，省外市場漸爲所奪。

製革

9製革廠：太原現有製革廠二廠，一爲西北製革廠，一爲裕晉製革廠，前者屬西北實業公司，後者則係孔氏獨資經營，均成立於民國二十二年。裕晉出貨較早，西北則遲至二十四年一月，始正式開工。兩廠所用生皮，大部係本省出產，西北廠幷採用陝西產品。裕晉廠所出有花旗皮、法蘭皮、鹿絨皮、裝俱皮、芝蔴皮、帶皮、及男女童鞋；西北廠所出分底皮、帶皮、面皮、反面皮、多脂皮、脫皮及靴鞋皮件等。

機器

10機器廠：機器廠有四，卽西北機械廠，西北育才煉鋼機器廠，西北鐵工廠及西北機車廠，四廠皆屬西北實業公司，除育才廠外，均係前太原兵工廠之分廠，民國廿一年改稱壬申製造廠，廿三年改稱今名。機械廠製造各種車床、煤汽燈、煤汽爐、燒焊燈、訂書機、抽水機等。育才廠出品有麵粉機、織布機、黑油機、綫呢機、壓磚機、及各種工作機器。鐵工廠出品爲蔴花鑽銼刀、井筒管子、及其他機械工具。機車鐵則製造火車車輛，裝配機車，修理機車，製造工字鋼鉄橋樑及普通機床。

修理

11修理廠： 修理廠有汽車修理廠及普通機械修理之不同，西北汽車修理廠爲西北實業公司之一廠，原廠名汽車修理廠，成立於民國二十一年，專事修理公用汽車，並試造新汽車，二十三年改爲今廠：除修理汽車外，並製汽車零件、柴油機、抽水機、鍋爐及煖汽衛生工程。此外尚有私人經營之機件修理廠六家，規模均甚小。

鑄造

12鑄造廠： 西北鑄造廠原爲太原兵工廠之一部，於民國二十一年改爲壬申製造廠，又於二十三年九月改稱今名，屬西北實業公司。製造磨粉機煤汽爐、空汽錘、吊式水鶴、鉛粉罐、排風機，鉚釘、遠心抽水機、造磚機、壓磚機及各種機械工具，鉄架房屋、橋樑、鍋爐、引擎、蒸汽爐片，各種火爐、鐘鼎等。內部分設機工、木工、鑄工、鐵工、鉚工。

水壓機

13水壓機廠： 西北水壓機廠，前係壬申製造廠水壓機廠，亦前太原兵工廠之一部，於民國二十三年九月改組爲西北水壓機廠，屬西北實業公司，製造機車各種另件，各種電動機、電扇、電鑽、水磊、新式犂、隴土鋤、空心鋤、畜力原動機、改良水磨、改良水車、過水龍等。

農具

14農工器具製造廠： 西北農工器具製造廠，爲西北實業公司之一廠，原爲太原兵工廠之一廠，成立於民國十二年，民國二十三年改爲今廠，專製各種改良犂、播種器、鋤草器；各種打粟機、噴霧機、水車；各種引擎、洗床、抽水器、虎鉗、手搖鑽、及繪圖儀器等品。

洋灰

15洋灰廠：　西北洋灰廠，於民國二十三年六月籌設開始，建築廠房，安裝機器，於廿四年十月間正式開工，亦西北實業公司之一廠，出品爲獅頭牌洋灰，專供建築房屋，興辦水利，修築道路之用。按該廠機器之生產能力，每年可產洋灰十二萬桶。

窰廠

16窰廠：　西北窰廠亦西北實業公司之一廠，民國二十二年九月開始籌備，二十四年開工，利用晉省忻縣等處各種坩土，燒製耐火磚，分矽磚坩磚二種，內設窰房十一座，每年可出矽磚四千八百噸，坩磚九千六百噸。質地精良適用於煉焦、鍊鋼、等高溫建築，現下專製西北煉鋼廠需用之品。

印刷

17印刷廠：　印刷廠之使用馬力者有西北印刷廠，駿興印刷廠，范華印刷廠，及晉新書社四家。其中尤以西北印刷廠規模爲最大，籌備於民國二十二年，開工於民國二十三年，亦屬西北實業公司。內部設備爲膠版機，凸版機，凹版機及油墨機等，其餘各廠，均備鉛印石印等機。

電廠

18電廠：　太原電廠有二，一爲太原新記電燈公司，一爲西北電汽廠，前者創設於光緒三十四年，民國十二年由新記接辦，發電用途以燈爲主，以力爲次。後者原名電汽廠，創辦於民國十年，附設於軍人工藝實習廠內，二十三年九月改屬西北實業公司，日間發電供給西北各廠之動力，晚間則售電供燈用，以供給電力爲主，電燈爲輔。新記廠發電容量爲四千七百五十基羅瓦特，西北廠則爲四千五百八十基羅瓦特。

二 作坊工業

作坊工業全係私營事業，爲歷史較久之工業，全由手工製造，計有絲線、針綫、毛巾、打毡、地毯、榨油、磨麵、釀酒、醬園、腸衣、化粧品、肥皂、玻璃、染坊、硝皮、木廠、印刷、金珠首飾、靴鞋、煤膏、銅錫、蔴繩及其他等二十三種。統計如下：

太原作坊工業分類統計表

業別	家數	資本數(元)	職工數	年產值(元)
1. 紡織工業	三三	一六、九〇〇	二三六	七二、五四二
絲線業	八	二、三五〇	六二	一九、二一六
針織業	三	七、五八〇	三〇	四一、四八〇
毛巾業	八	四七、六〇	八一	一八、六三五
打毡地毯業	一四	二、一一〇	六三	三、二一一
2. 飲食品工業	一三一	一九七、九三五	一、六四五	六四〇、五〇一
香油業	二	六、一三〇	一九七	一四、七八七
磨麵業	七四	五六、八二〇	八六二	五四〇、五八九

釀酒業	一三	一六、一八〇	一六四	三一、三六〇
醬園業	二〇	一一二、四七五	四〇四	四九、四四八
腸衣業	四	六、三三〇	一九	四、三一七
3. 化學品工業	三五	四六、九三五	四五三	九八、四五九
化粧品業	七	八、九三五	八〇	一二、八七五
肥皂業	六	四、八二〇	四〇	八、六二四
玻璃業	二	二一、五〇〇	八〇	二八、三九〇
染坊業	一〇	一九、二〇〇	一六五	一九、九七〇
硝皮業	一〇	二、四八〇	八八	二八、六〇〇
4. 建築工業（木業）	三〇	三三、四九二	四六一	三〇三、〇〇〇
5. 刷印工業	三三	四八、九〇〇	五七一	六四、六〇〇
6. 日用品及他其工業	六七	一七八、七五二	七六八	三四三、三五四
金珠首飾業	一三	一一七、三六〇	二〇八	一八五、三〇〇
靴鞋業	一九	三三、〇〇〇	二七二	九四、四〇〇
煤膏業	一一	一〇、四五〇	六七	一一、三八五
銅錫業	一〇	七、五二〇	五八	一七、八七〇
蔴繩業	六	四、七五〇	七六	二六、八〇〇

其他	八	五、六七二	八七	七、五九九
總計	三二九	五二二、九一四	四、一三四	一、五二二、四五六

上表二十三業，共計三二九家，資本總計爲五二二、九一四元；職工四、一三四人，年產值一、五二二、四五六元。就中家數以磨麵業爲最多，職工及產值，亦以磨麵業居第一位，惟資本數則不如金珠首飾業及醬園業。如以各業分爲紡織、飲食品、化粧品、建築、印刷、及日用品等六大類，則飲食品工業之家數資本及職工，在數量上均佔多數，惟其每年產品之價值則不如紡織工業。

絲線

1 絲線業： 打絲製線，其業之發源已不可攷，就太原現存之八家絲線莊中，其開設最早者在光緒二十六年，民國二年，營業稍形發達，是年又增設一家，民七至民十亦年有增設，民十四至十七數年間營業平常，十八年至二十年三年間，極形旺盛，故以後又有增設，惟現下則極爲清淡，銷路不暢，價格低落，此種手藝工業已衰弱不堪。

針織

2 針線業 針線業以線襪毛線襪及毛線衣褲爲業，係商舖之銷售針線品者兼營，計有大通、新華、及同記三家，前兩家均名毛織廠，後一家則稱織襪工廠，規模均不大，尤以同記爲小。大通開設最早，在民國十六年，新華及同記則開設於民國廿三四年。大通新華以毛織品爲主，出品分毛衣褲、毛襪、毛背心、圍巾等；新華幷出線衣褲及背心；同記出品，全係紗線襪。

毛巾

3毛巾業：最早開設立之毛巾線工廠，在民國十年，嗣後歷年增加，現已有八家，均以人工木機織造毛巾，銷售本省，或門市發賣，或遊行出售。此種工場多開設於開化市及晉府店一帶，大都係獨資開設，資本甚小，最多者不過五百元，少者僅五十元。每一工人每日夜可織大小毛巾均二打左右。

打毡及地毯

4打毡及地毯：製地毯者太原僅有一家，打毡者則較多，共十三家。業此者皆製毯打毡之手藝工人，招收學徒四五人乃至七八人，師徒共同工作，無所謂店東，更無所謂職員。購買羊毛絨製毯打毡，門市出售，製毯幷須用棉線及顏色。打毡則僅以羊毛一種製成並不着毛。晉民臥具多爲暖坑，坑上多舖以毛毡，地毯則有舖於毛毡之上作褥者，但用者甚少，故製毯之家不如打毡爲多。

搾油

5榨油業：以芝蔴榨油，太原稱爲香油，業此者多係油舖，一面榨油，一面發售並兼營其他油類之買賣，故每家店員均比工人爲多，境內共有油舖二十家，設立最早者在光緒九年，大多數則開設於民國年間。其產品，除太原門售外，並銷省內各縣。

麵粉

6磨麵業：麵粉爲北方人民之主要食糧，太原雖有規模宏大之麵粉廠，但境內磨坊尙有七十四家之多。以小石磨磨製麵粉，太原已有數百年之歷史，在民國七八年間，尙有一百五六十家，後以晉豐及新記麵粉公司先後成立，機器麵粉銷路漸廣，以騾馬推磨磨麵之磨坊，乃日漸減少。現在雖有裝置電力轉磨增加生產者，但出品究不能與廠粉相競，故此業之衰落乃意中事耳。

釀酒

7釀酒業：酒坊共十三家，其中有一家，開設於同治八年，一家開設於光緒三十二年，餘則皆成立於民國年間。所出之酒稱爲生酒，係以黃粱穀糠和麵製成，生產以酒缸爲單位，每缸出酒十斤。釀酒亦係商舖附營，除自釀外，幷販買外省出產。

醬園

8醬園業：　醬園業之歷史甚久，太原醬園業，在民國以前，尙不發達，至民國十五六年間，頗形活躍，現下則因農村破產，市面蕭條，營業多不振，家數雖較淸末爲增，但與民十五比，則已形減少。出品有麵醬及醬油二種，醬油俗稱豆油，有白豆油與黑豆油之分，白豆油卽與江浙一帶所產之醬油同，晉人亦稱爲南醬油，至黑豆油，則爲晉人普通之用品，所產亦較白豆油爲多。

腸衣

9腸衣業：　腸衣業僅有四家，均成立於民國二十二年以後。業此者收買境內各屠戶之猪羊腸，刮去腸上所有之肉脂，用水洗淨，並用壓力將水份除去，和以食鹽裝置桶內，運送天津，由洋行收買運銷歐美。其業之盛衰，全視洋行收買之多寡爲斷，價格之上落，亦以洋行收買與否爲轉移。

化粧品

10化粧品業：　化粧品可分生髮油、花露水、雪花膏、及胰粉數種，新式化粧品之製造者，有振工化學社一家，販賣各種花粧品，幷自行製造。舊式化粧品之製造者，計有三家，現下因時代需要，其出品亦經改良。

肥皂

11肥皂業：　肥皂製造，山西稱爲造胰，造胰一業，始於民國十二年，現已有造胰廠六家，均係手工製造，規模不大。資本最大者不過三百元，惟流動資本（卽借貸眼）則有一千七百元者。所出肥皂有普通肥皂及香皂二種，行銷多以本市爲限，最多亦不過銷至省城附近諸縣。

玻璃

12玻璃業：製造玻璃者，山西稱爲料器廠，太原共有二家，一爲明明萬記料器廠，一爲太行料器廠，前者開設於民國十八年四月，至二十二年因虧累甚鉅，以致歇業，廿四年四月間改組重開，始稱今名。後者開設於二十年六月，亦因市面不景氣，廿四年一月重行改組。二廠出品均以燈罩爲主，酒瓶藥瓶爲次，惟太行之出品較多，萬記較少，其資本亦如之。太行出品除銷山西本省外，幷銷陝西，萬記銷路不出省境。

染坊

13染坊業：染坊共有十家，以光緒十六年開設者爲最早，均係舊式染布方法，設染缸踩石，代布莊染布，並不自行染布出售。自色布盛銷市面後，染坊營業日形衰頹，現下存在之染坊，其每家每年所得之染水工價，至多不過三千餘元。

硝皮

14硝皮業，硝皮業始於前淸年間，以硝牛皮製皮繩爲業，其用途爲供騾馬大車皮帶之用，現下共有十家，設立較早者，在光緒年間，類多獨資經營，師徒七八人乃至十餘人，卽成立作坊工作，規模極小，資本不過數百元，每年營業最多不過四千元。自汽車火車人力車盛行後，騾馬大車之用途減少，而此類專製騾馬大車用品之硝皮坊，亦隨之衰退。

木業

15木業：木業可分爲二種，一種製造傢具幷銷木料，一種則爲板店稱爲木廠，專銷木材木板。兩者共計三十家，各佔半數。民國十三年至十五年間，此業最爲發達，計有五十餘家，當時因各機關擴充，人民經濟活動，營造房屋及添置傢具，故營業稱盛。自十六年以後，因經濟拮据，逐年開設者少，歇業者多，以今比昔，家數已減少十分之四。

印刷

16印刷業：　印刷業除規模較大使用動力之工廠外，尚有使用手搖機之印刷所，此種印刷所，或為書局附設，或為刻字舖增設，規模均極簡陋。查太原印刷業，在清道咸年間，尚係木板，至光緒三十年後，始漸有石印及手搖鉛印，至民國十六七年始有使用電力之大鉛印機出現。小規模印刷，現共有三十三家，資本及營業之大小，至為參差，自數十元數百元乃至數千元不等。

金珠首飾

17金珠首飾業：　金銀首飾為舊日婦女之裝飾品，業此者太原稱為金珠業。民國元年至民國十六年家數自八家增至十八家，以民十三至十八之數年間，營業頗為發達，民國十九年後因農村破產，營業不振。廿三年倒閉五家，金珠店除製造金銀首飾出售外，並營金銀之買賣。

靴鞋

18靴鞋業：　靴鞋業共有十九家，以製作帆布鞋、棉鞋、皮鞋、緞鞋、軍鞋為業，業此者均自設鞋店，門市銷售。近年婦女多不自製，故鞋之銷路較旺，而鞋舖亦因之較多。近年則因市面不景氣，營業亦趨清淡。

煤膏

19煤膏業：　以煤土水混合製成煤膏，供家用燃料，在太原稱為煤膏業，與滬上之煤球業同其性質。是業始於民國元二年，以民國十四年至二十年為最盛，當時有二十餘家，民國二十一年後，家數減少，現祇十一家，其原料皆本省出產，大致煤二斤十二兩土二斤十四兩，可製煤膏一斤。

銅錫

20銅錫業：　銅錫業以製造銅錫器皿為業，現下共有十家，均係新近所開設。收買晉省境內廢銅廢錫，溶化成錠，復製成茶盤、酒壺，燈台、茶壺、供器等品銷售本省，或鎔化成錠運銷北平。近年因銅錫器皿銷場欠佳，該業變爲收買舊銅錫鎔成銅錠出售之業。

蔴繩

21蔴繩業：　晉省蔴繩業各地皆有，在太原者共有六家。蔴繩之用途，在供打包及車馬之繩索，銷路全在太原境內。原料取給於本省臨縣及舊潞安府各縣，一面打製蔴繩，一面設舖出售。每家每年銷繩價值，多者五六千元，少亦二三千元。

其他

22其他：　此外，又有石廠五家，採購太原府西山砂石青石製成條石、柱底石、門墩、鼓石，等供建築之用。製傘作一家，以布製傘并製油布雨衣，每年開設日期，大致爲夏間雨季三個月，秋季則歇業改營皮貨，字號每年更換，並不固定，又有由銅器店兼營者，在晉府街約有五家，自製自賣營業不大，近年湖南紙傘入境，由洋貨店出售，而粗陋之布傘銷路乃愈形減少。籐器作一家，以籐製器并購買天津籐貨銷售境內，營業極微。製汽水者一家，爲豊澤汽水廠，因山西天時熱季甚短，故其營業不大。

四　商業

一　一般概况

晉人業商，歷史已久，但多遠客他鄉，如兩江、兩湖、陝甘、滿蒙一帶莫不有晉省商人之足跡，西幫在民國以前頗有相當勢力，但在本省則商業素不重要，近年則因外省各埠失敗，紛紛回省，其營業，進口以布疋煤油、蘆鹽、五金、雜貨為大宗；出口則僅糧食，雜糧，木料醋麴等。太原為晉省省城，交通便利，為全省進出口之中心、亦天津商埠之尾閭。惟各項商業除糧食、煤油、布疋、雜貨等外，大宗買賣極少。其最發達者，厥惟銀錢業，共有銀行二家，銀號錢莊三十六家，每年放款為數頗鉅。故太原一地，與其謂為全省商業之門戶，毋寧謂為全省金融之總樞。總計商業戶數共二、五七二家，其中以門市售貨供本地消費者為多數，以大宗進出口為業之商號，為數甚少。玆據調查所得錄之於后：

太原市工商業家數分類統計表（民國二十二年）

業別	家數
米粟業	五一
油酒業	五六
菸業	五一
麵業	一二六
乾菜業	二〇
牛奶業	六
鮮菜業	四〇
肉業	五二
茶業	一七
糖業	二六
飯館業	一五九
綢緞業	一一
布業	六四
鞋帽業	七八
成衣業	一七八
紡織業	四八
皮毛業	一五
金珠業	九二
洗染業	一〇三
估衣業	二八
燃料業	九
蘆竹業	三〇
書紙印刷業	八八
裱畫業	二九
雕刻業	三三
古玩業	一六
娛樂場業	五
津貨業	八九
磁器業	一六
雜貨業	三五六
銅鐵業	一二五
五金業	三三
眼鏡鐘表業	一六
賃貨業	九
料器業	七
修理業	六二
醫藥業	一〇九
鑲牙業	九
澡塘業	一六

理髮業	五六	廣告業	一	棧業	一五四
錢業	五七	照像業	八	其他	四五
當業	一二	運輸業	二四	總計	二、五七二

二　主要商業

米粟

１米粟業：　太原糧食業稱為米粟業，可分為二種，一種即稱米粟業，亦名糧行，一種稱為小糴米粟業，前者以代客買賣為主，自行買賣為輔；後者則門櫃另售糧食，每早由前種糧行躉購，零散售出，故名小糴。代客買賣之糧行，淸時相傳，散居城內四週，大部開設於三橋街早西門街一帶，迄咸豐年間，因地理關係，已陸續遷居西米市街，小糴米粟行則散設城內各地。計太原現共有米粟業二十二家，資本七〇、一〇〇〇元，每年佣金收入三〇、五〇〇〇元，自行買賣之營業額為一五一、二〇〇〇元。小糴米粟業共十二家，資本一一、三五〇〇元，每年營業額四〇、七〇〇〇元。

米粟業買賣之商品，有大米、小米、麥子、草麥、茭子（即高粱）、蕎荳、黃豆、黑豆、小豆、玉茭子（即玉蜀黍）等十種。大米產於太原晉祠及陽曲柴村，芮城等二十餘村，行銷於太原。陽曲、暨平定太谷等縣。小米產於陽曲及忻州等縣，銷本縣及河北省。麥子為淸源、太原、平遙、孝義等縣所產，銷本縣暨忻縣北平。草麥產於本縣暨太原縣，銷太原及陽曲縣。高粱產於陽曲暨忻州等地，銷本縣及河北省。蓁荳產地與高粱同，銷路爲太原及陽曲縣。黃豆產陽曲縣，除銷本地外，並銷及河北省。此外黑豆產陽曲靜樂等縣，小豆產靜樂等縣，玉蜀黍產太原縣．皆銷太原市境及陽曲四鄉。

民國二十二年太原米粟業銷售糧食統計

名稱	銷量（石）	每石價格（元）	總銷值（元）
蔘子	二〇〇、〇〇〇	四・五〇	九〇〇、〇〇〇
小米	二〇〇、〇〇〇	四・三〇	八六〇、〇〇〇
高粱	一〇〇、〇〇〇	二・二〇	二二〇、〇〇〇
大米	三〇、〇〇〇	九・三〇	二七九、〇〇〇
草蔘	一〇、〇〇〇	一・六〇	一六、〇〇〇
蓁豆	一〇、〇〇〇	四・二〇	四二、〇〇〇
黃豆	二〇、〇〇〇	二・六〇	五二、〇〇〇
黑豆	五〇、〇〇〇	二・五〇	一二五、〇〇〇
小豆	一〇、〇〇〇	二・七〇	二七、〇〇〇
玉蜀黍	三〇、〇〇〇	二・一〇	六三、〇〇〇
總計	六六〇、〇〇〇	—	二、五八四、〇〇〇

2布業：太原本莊有二種，一種爲高陽布販賣莊，一種爲本地布，亦有山東濰縣布。布莊並兼營

棉花。其本地布則皆係晉生紡織廠之出品。市內共有布莊二十七家，資本五三、二七五元，全年銷布值五七七、五〇〇元。其中本省布佔五八、七〇〇元；棉花佔四〇、〇〇〇元；其餘爲高陽布及濰縣布計四七八、八〇〇元

油業

3油業：　油行現下營業較前發達，因太原人口增多，故銷路亦較前爲大。市內共有油行十六家，資本三五、九〇〇元，全年營業二八三、九一〇元。油分葫油生油二種，葫油產晉北各縣，生油來自河北，前者年銷六五三、三六四斤，值八八、二〇四・一四元；後者年銷一八六、三三〇斤，值二六、〇八六・二元，兩者合計爲一一四・二九〇、三四元，其他油類及雜營共值一六九、六一九・六六元。

藥材

4藥材業：　藥材業有中藥及西藥二種，民國以前僅有中藥業，西藥業則始於民國以後。太原共有中藥店二十二家，藥房八家，資本共計八二、六〇〇元，全年營業額二四三、八〇〇元。中藥有本省出產，亦有來自外省者，就中以黃芪銷路爲最大，年銷百萬斤上下，計值一百二十萬元，產於渾源，銷行上海。台大黃及台黨參皆產五台，前者銷天津，年銷二十萬斤，值二萬四千元；後者銷本省，年銷一萬斤，值五千元。猪苓及蓁艽均產苛嵐，年銷各一萬斤，皆銷本省，前者值三千元；後者值一千二百元。

旱菸

5旱菸業：　山西曲沃之煙，向頗著名，行銷外蒙，甚爲發達，自外蒙商業斷絕，曲沃之煙乃不能遠銷，太原菸莊，現尚存有五家，北謙亨・謙德亨・及天盛張三家皆道光及乾隆年間之老店，惟因近年紙煙盛行，本省銷路亦日趨微弱，其全年售煙營業僅四七、六〇〇元。所銷之煙分紅皮煙、蓁靑煙、生煙

、亂雜烟、及香烟數種，皆本省曲沃及孝義二縣所產，而以曲沃烟著聞於世。

茶業

6茶業： 茶非山西本省所產，但晉商向多業茶者、福建、湖北、湖南、多產茶之地，多有晉商足跡，販運產茶，出銷西北各省及俄蒙等地，自蒙俄銷路斷絕後，晉商業茶者大受打擊。太原之茶莊銷茶，類多供本省之消費，年銷總值不過一五四、八〇四．八元，現下十家茶莊資本均不大，總計不過一一、〇〇〇元。其所銷之茶，有福建之西湖春、一團香、花寶珠、建先春、建香片、湖北之花先春、花奇品、及湖南之千兩雨前貢尖，千兩初春貢尖，千兩爭春貢尖等。

金珠

7金珠業： 金珠店除製造金銀首飾之首飾店外，又有買賣金銀爲業者，太原共有七家，資本一九、五〇〇元，每年營業二八二、〇〇〇元，廿三年賣出之金共三、六五〇兩，銀共入一、五〇〇兩。金有向天津購入者，多係空盤，多數則在本省收買舊金，及收買本省代縣金礦所出之金（廿三年出三千兩以上）。至銀則全向本省各縣收買民間錁銀錠。就廿三年論，金銷本省者多，銷外省者少；銀則全銷天津北平。

牛奶

8牛奶業： 太原乳業始自民國元年，當時不過一二居民於冬季利用耕牛榨乳出售，售量甚微，冬季售乳，夏春耕耘。至民國五年始有開設奶廠者，其時家數亦僅一二家。迄民國八年模範牧畜場購入阿爾斯丹種及岳爾夏種牛八九頭，與民間牛配種改良，各奶廠奶牛漸漸繁殖改良種。至民十七八年小奶廠亦有購買阿爾斯丹乳牛者，乳業日見發達，現下除省立模範牧場外，又有私營奶廠九家，資本共一一．

四七〇元，每年出售牛乳，連模範牧場在內共二、三七〇、三九斤，共值三五、〇二六・二元。

三　特種商業

1保險業：　太原有保險公司代理處二家：一屬太平保險公司，一屬中國保險公司；前者設有正式之代理處，後者則附設於中國銀行。太平保險之種類分火險、壽險、行動險三種，中國則僅火險一種，所保之火險，類皆向中國銀行抵押之貨品，期限均甚短。

查山西民風淳樸，以前無保險營業，民初始有永年金星等公司之代理人，專營壽險，因辦理欠妥，不數年相繼停業。嗣有華安公司代理人，亦專營壽險，旋亦取消。迨民國二十三年十一月乃有太平保險公司代理處之設立，同年中國保險公司天津分公司。亦委託山西中國銀行辦事處代辦保險。但風氣未開，又值世界經濟衰落，業務進行，不免受其影響。

太平保險公司之總公司在上海，太原代理處則直屬天津分公司。凡有投保各險者，由代理處接洽議定後，函報公司核准填發火單。代理處每月收回保費除應支額定經費外，餘款悉數匯交天津分公司。總計火險及人壽險之保額爲一九二、三二三元，每年保險費收入一三、五四九元。

中國保險公司之總公司亦在上海，太原方面之中國銀行祇負介紹保險之責，由天津分公司辦理，凡向中國銀行抵押款者皆向該公司保險，其中以榆次工廠爲多，惟皆係臨時性質，僅火險一種，保額約計百萬元，每年保費收入三千五百元。

2 堆棧業：　太原所設堆棧業，皆兼營轉運公司，現存者計有元盛、慶泰裕、興順利三家，皆向正太鐵路租定堆棧、代客轉運並堆存貨物。正太鐵路太原站共有十號貨棧，其中元盛棧租有第一第二第六等三號，慶泰裕租有第三號，興順利租有第八號，其餘則由營記火油公司，祥記公司，義聚公司，晉豐公司，保晉公司分租各一號。堆存之貨，按各棧轉運之貨而不同，元盛棧爲糧食及五金；慶泰裕爲花布、雜貨、雜油、鉄貨、火柴、蘆鹽、花生、糠皮、木料、醋麵、雜糧、硫磺、油粕等；興順利有糧食，及煤二種。糧食、木料、醋麵、雜糧、硫磺、油粕等爲出口貨，餘爲進口貨。

棧租計算方法，係以一月爲單位。入棧一二日亦作一月計算。棧租金額係與上下力合幷計算，稱爲棧用，以一車（二十噸）爲單位，其棧用之多寡按貨物而異，每車自七元至二十四元不等。

1	花布雜貨	每火車二十噸計棧用洋二十四元
2	雜油	每火車二十噸計棧用洋二十元
3	鐵貨	每火車二十噸計棧用洋十七元
4	火柴	每火車二十噸計棧用洋十五元
5	蘆鹽	每火車二十噸計棧用洋十三元
6	花生	每火車二十噸計棧用洋十七元
7	糠皮	每火車二十噸計棧用洋七元

8	木料	每火車二十噸計棧用洋十七元
9	醋麵	每火車二十噸計棧用洋十二元
10	外縣雜糧	每火車二十噸計棧川洋十五元
11	本埠雜糧	每火車二十噸計棧用洋十元
12	硫磺	每火車二十噸計棧用洋二十二元
13	油粕	每火車二十噸計棧用洋二十元

煤油一項以前亦由各棧代運及暫堆，現因營記祥記各自租堆棧，已無堆運。往年又有猪及廢骨之出運，近年已無。零担貨物由石莊運來，不裝正車，卸在車站上，不取下力，除另加由車站運至貨棧之小工扛力外，每百斤棧用洋二角。客貨入棧存放，上列棧用僅以一月為限，如再滿一月，每車每月另加棧租洋三元。貨棧代客臨時墊出稅捐，票款（鐵路運費）等項，至遠須在五日內補還。客貨下車入棧後，如尙須發往外縣，則按脚價（大車運費）每十分內抽棧用一分（向脚夫抽），各路有墊款者，尙須加抽一二分不等。

此種貨棧，並留貨客，凡托棧運貨之住客每人每日房飯金四角；其押車送貨客人，住三日不計房飯費，逾限按日照住客計算。

五　金融及貨幣

有淸一代，我國金融業，全操諸晉商之手，當時西幫票號，國內商業發達之地，莫不有其分號，總號則均存山西祁、太、平三縣，官商款項咸存儲票號，幷以票號為滙兌之總機關，迨淸末銀行出現，票號勢力乃失，然而山西人之營金融業者至今仍非少數。

太原省城，昔年原非金融中心，民國以後，因銀行銀號紛紛成立，至今雖不能謂為全省金融之總樞紐，但其金融勢力，在全省境內，亦頗不弱。據調查，太原現有銀行二家，銀號十七家，錢莊十九家，當舖九家，質舖七家。資力以銀號為最大，佔全部運用資力五三•六%；銀行居其次，佔三一•一%錢莊居其三、佔一三·六%；當質爲最下，僅佔一·七%。全體運用資力爲二五、七八〇、〇八一元，內資本佔三五·一%，公積金佔四六·九%，發行佔一五、三%，公積及儲蓄佔二。七%。若就官家資力與商家資力比較，則官家佔七二·二%，商家佔二七、八%；官家資力，屬省方者九〇·四%，屬中央者九·六%。

太原金融業統計表（民國二十三年）

		家數	資本（元）	公積金（元）	存款（元）	儲蓄（元）	發行（元）	放款（元）	全年匯出（元）	全年匯入（元）
實數	銀行	二	二、五三〇、〇〇〇	四六、二三三	三、〇四五、三五二	一四〇、八二一	二、〇六七、八六七	六、八四八、三七〇	三三、二五八、九五六	一七、八一五、八九五
	銀號	一七	六、〇九二、〇〇〇	二八、〇九一	五、五六三、一三九	二六三、三二七	一、八七六、九七七	一一、三九九、七〇四	一四、六二七、七四七	一四、四六〇、八九二
	錢莊	一九	三六三、三三〇	二〇、六四二	三、二二八、八三三	—	—	三、〇七四、九六三	一二、三八六、八五二	一三、一七二、四五九
	當質	一六	六六、〇〇〇	—	*三五七、六四〇	—	—	三九五、〇一七	—	—
	總計	五四	九、〇四一、三三〇	九四、九六六	一三、〇九四、九三四	六〇四、〇三八	三、九四四、八四四	二一、七一八、〇五四	四九、二七三、五五五	四四、四四九、二四六
百分比	銀行	三·七〇	二七·八七	四八·六八	二五·一八	五六·四二	五二·四二	三一·五三	四五·一七	四〇·〇八
	銀號	三一·四八	六七·三八	二九·五八	四六·〇〇	四三·五八	四七·五八	五二·四九	二九·六九	三二·五三
	錢莊	三五·一九	四·〇二	二一·七四	二五·八七	—	—	一四·一六	二五·一四	二七·三九
	當質	二九·六三	〇·七三	—	二·九五	—	—	一·八二	—	—
	總計	一〇〇·〇〇	一〇〇·〇〇	一〇〇·〇〇	一〇〇·〇〇	一〇〇·〇〇	一〇〇·〇〇	一〇〇·〇〇	一〇〇·〇〇	一〇〇·〇〇

* 當舖借入之流通資本，卽等於銀錢業存款性質相同，故列入以資比較。

一　銀行業

清末時，太原祇有大清銀行一家，民國二年大清改名中國銀行，設分行於太原，民國十二年改爲支行，民國十九年改爲辦事處。中國銀行在分行時代，曾發行鈔票，及改爲支行，即停止發行，歸天津分行，三次改革皆因營業清淡之故。山西省銀行，係民國八年由前官錢局所改組而成，初係官督商辦，資本額定三百萬元，代理省金庫，發行代兌券，十九年收歸官辦，二十一年因晉鈔跌價，省政府命令整頓修訂章程，即於是年七月一日改組，資本由省府分年籌撥。現有分行九、辦事處九、寄莊九、代理店二十九、多在山西境內，在綏遠者一處。

中國銀行資本，由天津分行撥劃隨時可以增減，二十三年年底爲十二萬元，其運用資力除撥本外尚有當地所收之存款一項。省行則除省撥資本外，又有公積金、存款、儲蓄、及發行四種，二行運用資力合計爲八、〇二〇、二四三元。

存款共計三、〇四五，三三二元，定期佔六二•九%，活期佔三七•一%中國以定期爲多，省行以活期爲多。存款來源，省行無從分析，中國銀行則住戶一、三〇〇、〇〇〇元，商家一五〇、〇〇〇元；公團一七〇、〇〇〇元，同業五〇、〇〇〇元、商家及同業之存款，全係活期，住戶存款，定期佔九三•八%活期佔六•二%公團定期佔八八•二%，活期佔一一•八%。

放款共計六、八四八、三七〇元，信用佔七七•七%抵押佔二二•三%中國以抵押爲多，信用爲次，省行則反是。放款去路，省行不詳，中國則工業一、〇〇〇、〇〇〇元；商業六九〇、〇〇〇元；住戶一〇〇、〇〇〇元；其中住戶放款全係抵押，工業則抵押十之九，信用十之一；商業放款，抵押佔七二•五%信用二七•五%

全年匯兌，匯出共二二、二五八、九五六元，匯入共一七、八一五、八九五元，出超四、四四三、〇六一元。以天津最主要通匯地點，良以天津爲北方進出口之總門戶，太原商貨往來，類多出入天津，故以天津爲主，計匯出佔總額三四•七%，匯入佔三〇•七，%。其餘則省行爲綏遠及本省榆次太谷等地，中國銀行爲國內外各埠。

二 銀號及錢莊業

太原現有銀號十七家，錢莊十九家。錢莊始於清末，設立最早者在民國二年，銀號產生較遲，始於民國十年以後。銀號與錢莊，在業務上無多大之差異皆營存放及匯兌，惟組織上略有不同，大致銀號多爲股份公司，合資獨資者少；錢莊則多爲合資或獨資之組織，鮮有股份公司者。在資本上銀號亦較錢莊爲大，銀號多在他處設有分號，或爲他處所分設，錢莊則多在他處設代莊，亦有設分莊者。銀號有官辦者，錢莊則無之，官辦銀號并營儲蓄，有發行權，商辦銀號及錢莊則無之。

銀錢業之運用資力，銀號包括資本，公積金、存款、儲蓄、及發行五種，錢莊則僅資本公積金及存款三種。二者共計運用資力一七、三三六、二一九元，銀號佔七九•七%，錢莊佔二〇•三%。資力之積成，半賴存款，計五〇•二%；資本佔三七•二%；發行佔一〇•八%；儲蓄佔一•五%公積甚少，僅〇•三%。

存款共計八、六九一、九六二元，定期佔五三•一%，往來佔四五•%，特別佔一•二%。其來源商家存入者佔三二•八%，住戶亦三一•二%，公團佔一五•七%，同業佔一六•八%，工業佔三•四%，農民存入者極爲少數不及〇•一%。

放款共計一四、四七四、六六七元，信放居多數佔全數九六•二%押放極爲少數，僅三•%。八以放款去路論工業最多佔五五•九%，商業佔二九•六%，六同業佔七•一%，公團佔五•〇%，農民佔一•五%，住戶佔〇•九%。住戶及農民以押放爲主，其他均以信放爲主，此種現象甚爲正確，蓋太原銀錢業之經營所謂「放土賬」者，類多取農民或地主所有之土地，作爲抵押，但現下因農村破產，土賬多不能收回，例如民國二十年及二十一年兩年間，太原縣水災頻仍，太原銀錢倒去土賬二百萬元以上，故目前對農民地主之放款爲數已甚微。

太原銀號錢莊之存放款分析

		存款				放款		
		定期	往來	特別	合計	信用	抵押	合計
按戶別分	工業	一三·九	八六·一	—	一〇〇·〇	九八·四	一·六	一〇〇·〇
	商業	四七·七	五一·一	一·二	一〇〇·〇	九七·二	二·八	一〇〇·〇
	住戶	八七·五	一一·〇	一·五	一〇〇·〇	四·八	九五·二	一〇〇·〇
	農民	五〇·〇	五〇·〇	—	一〇〇·〇	一八·八	八一·二	一〇〇·〇
	公團	一五·五	八二·三	二·二	一〇〇·〇	九九·三	二·七	一〇〇·〇
	同業	四三·三	五六·七	—	一〇〇·〇	九九·五	〇·五	一〇〇·〇
	總計	五三·一	四五·七	一·二	一〇〇·〇	九六·二	三·八	一〇〇·〇
按方式分	工業	〇·九	六·四	—	三·四	五七·二	二三·〇	五五·九
	商業	二九·五	一六·七	三一·〇	三二·八	二九·九	二二·〇	二九·六
	住戶	五一·三	七·五	三九·九	三一·二	〇·一	二一·五	〇·九
	農民	〇·一	〇·一	—	〇·一	〇·三	三一·六	一·九
	公團	四·六	二八·五	二九·一	一五·七	五·一	〇·九	五·〇
	同業	一三·六	二〇·八	—	一六·八	七·四	一·〇	七·一
	總計	一〇〇·〇	一〇〇·〇	一〇〇·〇	一〇〇·〇	一〇〇·〇	一〇〇·〇	一〇〇·〇

票號

我國匯兌一業創於山西之票號，清時國內匯兌，全操諸票號之手，票號亦稱匯票莊，分佈於國內各地。自民國以後，銀行林立，票號即漸形衰落，而銀號銀莊之營國內匯兌者，卻依然存在，其方法大都沿襲票號舊制，參用銀行新法，大致分信匯電匯票匯三種。太原銀號及錢莊，多營匯兌，三十六家僅三家不營匯兌。全年匯兌總額為五三、六四三、九五〇元；匯出年共二七、〇一四、五九九元，銀號佔五四・一%，錢莊佔四五・九%；匯入年共二六、六二九、三五一元，銀號佔五四・三%錢莊佔四五・七%。茲將全年匯兌分析如下表：

太原銀號及錢莊全年匯兌之分析

通匯地點	匯出（元）				匯入（元）				全年匯兌額（元）	%
	銀號	錢莊	合計	%	銀號	錢莊	合計	%		
天津	二一、三一七、三九七	二、五〇一、九三九	二三、八一九、三三六	八八・一七	一二、〇五八、七一三	一〇、〇四四、〇四二	二二、一〇二、七五五	八三・〇〇	四五、九二二、〇九一	八五・六一
綏遠	一、六一〇、五〇〇	四〇、〇〇〇	一、六五〇、五〇〇	六・一一	一、五〇八、四〇〇	四二、〇〇〇	一、五五〇、四〇〇	五・八二	三、二〇〇、九〇〇	五・九七
石家莊	九五、〇〇〇	一六〇、〇〇〇	二五五、〇〇〇	〇・九四	七八、〇〇〇	一五八、〇〇〇	二三六、〇〇〇	〇・八九	四九一、〇〇〇	〇・九一
北平	九三、九二〇	三三三、〇〇〇	四二六、九二〇	一・五八	四三、〇〇〇	三五〇、〇〇〇	三九三、〇〇〇	一・四八	八一九、九二〇	一・五三
包頭	八七、四〇〇	五〇、〇〇〇	一三七、四〇〇	〇・五一	三九二、五七六	五五、〇〇〇	四四七、五七六	一・六八	五八五、〇七六	一・〇九
上海	八七、〇〇〇	二二、〇〇〇	一〇九、〇〇〇	〇・四〇	三五、〇〇〇	二二、〇〇〇	五七、〇〇〇	〇・二一	一六六、〇〇〇	〇・三一
新絳洪洞	七五、〇〇〇	—	七五、〇〇〇	〇・二八	五〇、〇〇〇	—	五〇、〇〇〇	〇・一九	一二五、〇〇〇	〇・二三
運城	五八、七〇〇	—	五八、七〇〇	〇・二二	六〇、〇〇〇	—	六〇、〇〇〇	〇・二三	一一八、七〇〇	〇・二二
長治	一五、二六三	—	一五、二六三	〇・〇六	—	—	—	—	一五、二六三	〇・〇三

榆次	—	二一、〇〇〇	二一、〇〇〇	〇·〇八	—	二一、〇〇〇	二一、〇〇〇	〇·〇八	四二、〇〇〇	〇·〇八
其他	一八七、四六七	二五八、九一三	四四六、三八〇	一·六五	三三一、一八三	一、四八〇、四三七	一、七一一、六二〇	六·四三	二、一五八、〇〇〇	四·〇三
總計	一四、六二七、七四七	一三、三八六、八五二	二七、〇一四、五九九	一〇〇、〇〇〇	一四、四五六、八九二	一三、一七二、四五九	二六、六二九、三五一	一〇〇、〇〇	五三、六四三、九五〇	一〇〇、〇〇
省外總計	一四、二九一、三一七	一三、一〇六、九三九	二六、三九八、二三六	九七·七三	一四、一二五、七〇九	一〇、六七一、〇二三	二四、七九六、七三二	九三·〇八	五一、一八四、九八七	九五·四二
省內總計	一四八、九六三	二一、〇〇〇	一六九、九六三	〇·六三	一一〇、〇〇〇	二一、〇〇〇	一三一、〇〇〇	〇·四九	三〇〇、九六三	〇·五六
其他	一八七、四六七	二五八、九一三	四四六、三八〇	一·六五	三三一、一八三	一、四八〇、四三七	一、七一一、六二〇	六·四三	二、一五八、〇〇〇	四·〇三

通匯地點，外省爲天津、綏遠、石家莊、北平、包頭、上海等地，省內則爲新絳、洪洞、運城、長治、榆次等地。太原銀號錢莊之匯兌，以外省爲主，佔九五·四二%省內甚少，僅〇·五六%，其他省外省內共佔四·〇二%。太原商貨進出，以天津爲總樞故匯兌以天津爲主，全年匯額佔全體八五·六一%；次爲綏遠佔五·九七%；復次爲北平，佔一·五三%；更次爲包頭，佔一·〇九%；其餘各地均不及百分之一。

三　當質業

據光緒十三年晉政輯要所載，陽曲縣境共有當舖四十三家，迨後至民國十年，山西全省當商聯合會調查，陽曲境內計有當舖二十家，其中城當十二家，鄉當八家。所謂城當，即太原城垣所設立之當舖，現下僅存九家。至質舖則產生於民國二十二年以後，現有七家，往年固無所謂質舖也。

當質之分別，除名稱外，尙有下列二點：(一)當舖在省財政廳註册領帖，質舖則僅在省會公安局備案；(二)當舖之滿當期限爲十八個月，質舖則爲六月；(三)當舖之資本恆較質舖爲大；(四)當舖有全省同業公會之組織，質舖並不加入；(五)質舖受當之物，在名義上爲當舖不受當之物件。然而無論其業務，設立，及營業條件有何種不同，其爲小額抵押放款週轉平民金融之本質則屬一致。

太原當質業之資本：共計六六、〇〇〇元，借入之流通資本，共三五七、六四〇元，兩項合計，其資力爲四二三、六四〇元。資本來源分富戶及商人兩種，富戶所出資本佔五八・三%，商人佔四一・七%。流通資本則由銀行借入者佔九・八%；由錢莊借入者佔二九・七%；由商家借入者佔三五・六%；私人存借款佔一三・八%；股東墊款佔一一・一%；借入之流通資本超，過當質自備之資本金五倍有奇。

當質之營業，爲小額之抵押貸款，每月利率均爲三分，開票卽計利一月，一月以外則「過三不過四」，卽一月三天計一月利，一月四天計利二月。當入之物衣服最多，佔四五成乃至七八成；金銀首飾次之，佔一二成至二三成；其他雜物佔最少，一二成至三四成不等。每年當贖季節，大致春冬爲旺，夏秋爲淡，與農村當舖之春當秋贖者略有不同。茲就各當質賬簿之調査，將近五年營業統計於后，質舖因自民國二十二年後始有創辦者故統計自二十二年始。

太原當質近六年營業統計

		押出票數	押出金額(元)	贖取票數	贖取金額(元)	滿期票數	滿期金額
當舖	十九年	二一三、四九一	七五九、四七○	二二○、五○六	八四○、六五一	一二、五四○	二八、六四七
	二十年	二一二、○二一	七○二、六一○	一九三、一三二	五五一、九九九	一三、○○三	一七、八○五
	廿一年	二三一、六二六	六八二、四四五	一七五、一一一	五七三、九三三	一三、六三○	三四、四二二
	廿二年	二二九、三二○	五四四、四五四	二○六、一四五	五一○、六一一	三一、五三四	九○、三八七
	廿三年	二二五、四一三	四五八、六二八	二○○、○九五	四三八、四四九	二九、九六一	八三、七○六
	廿四年*	一二九、○三○	三五六、二五○	九九、八七七	二五○、○七三	一二、五○○	二五、九二五
質舖	廿二年	五四、五五○	七三、○八○	三一、六八○	四五、四七○	一、一○○	一、五○○
	廿三年	一九二、九○○	二三九、八八八	一七三、三四○	一九三、○三九	七、六五○	一八、一五○
	廿四年*	一六六、四三三	一九三、九一九	一二八、五○○	一五二、一八九	八、四一○	九、二九○

*廿四年至六月底止

據上項營業統計，當舖每票之平均金額，當出爲二•八二元，贖取爲二•八四，而滿期下架者爲二•四八。質舖則當出每票平均一•二二元，贖取一•一七，滿期一•六八。此與質舖收質當舖不受當之當物原則相符，惟當舖贖票之每票平均金額較滿票每票平均金額爲大，質舖則反是，是蓋當舖滿當之期限較質舖長一年，滿貨出售時，當物之折舊損失比質舖爲大，故在受當時對當物之當值估成較質舖爲低，當戶對估値甚低之當物不忍其沒當，多行贖取。質舖對當物之估値，往往比當舖爲高，當價高至與售價相差無幾時，當戶多不贖取。其次，滿當時期質舖僅及半年，當戶之金融不易周轉自如，票額較大無力贖取，且就質物而論，入質之質物自較入當之當物爲粗陋，繩此以推測質物所有者與當物所有者之經濟程度，則贖當之能力，質戶自較當戶爲弱。因之，質舖較大之票滿期者多，贖取者少，而當舖則反是。

四　貨幣

太原市面，普通流行之貨幣，除現銀圓及當十當二十文銅元外，有山西省銀行，綏西墾業銀號，陽曲縣銀號，晉綏地方鐵路銀號及晉北鹽業銀號等所發行之紙幣最多，平津中交兩行所發行之紙幣，爲數很少，上海中央之鈔票並不多見。茲分述之：

銀元

1銀圓：　太原銀幣，以袁頭及總理紀念幣的最多，北洋造及站人次之，大清銀幣又次之；廿二年新發行之銀幣，太原尙未之見。實際上，現銀元在太原市面，並不在流通上爲主要工具，大多數爲紙幣，現洋惟銀行及銀號，錢莊有保存者，或爲代現之準備，或爲運現之預備，蓋太原所流行之多數紙幣，多不能通行於山西境外，一出石家莊即須使用現銀。自十一月四日新貨幣政策頒佈後，發行行號停止兌現，此後更將依法不多銀幣之流通矣。

輔幣

2輔幣：民國十年以前，市上有一角二角之角洋（稱龍洋或小洋），以十二角當一元，袁頭十進輔幣，發行時尚能維持，後逐年減低，至與小洋一律。自十進輔幣失敗，各銀行號乃始發行一二角之鈔票以資代替。

銅元

3銅元：太原市通行之銅元，向以十文二十文兩種爲主，他種銅幣，概不行使。其行市高低，殊不一定，在前二年每銀幣一元，可易四千文左右，近則低至五千文。其式樣有龍幣，民元開國紀念幣，及本省造數種，至其兌換價目高低之標準，每日由銀錢業公會早市決定之。

鈔票

4鈔票：鈔票均十足兌現，市面所流行之鈔票如下：（1）山西省銀行鈔票，分十元、五元、一元、二角、一角、五種；（2）綏西墾業銀號鈔票。分五元一元、二角、一角、四種；（3）晉北鹽業銀號鈔票，亦分五元、一元、二角、一角、四種。（4）晉綏地方鐵路銀號鈔票亦分十元、五元、一元、二角、一角、五種；（5）陽曲縣銀號鈔票，分一元、二角、一角、三種。此外陽曲各村所發行之信用合作角券，在西米市託有數家糧店代兌，亦頗通行；外埠鈔票流行者除平津中交票及少數上海中央票外，餘均需貼水。新貨幣政策通行後，太原極感法幣之缺乏，中國銀行辦事處已向天津分行運入大宗，將來或將見逐漸開始推行矣。省內銀行號所發之鈔票，本可隨時兌現，法幣令頒佈後，即停止兌現矣。

第二章 大同

一 概說

沿革 周大同川地、戰國趙置雲中縣、漢爲平城縣、魏屬新興郡、晉屬雁門郡、後魏屬代郡、北齊改太平、北周改雲中、隋改雲內縣、初屬朔州、後屬馬邑郡、唐貞觀置定襄縣、尋廢開元復置縣曰雲中，爲雲州治、遼析雲州爲大同縣、金元以後、皆無異名、清以前爲府治、至民國改爲大同縣。

位置 大同位於本省之西北部、居晉、冀、察、綏四省之要衝、扼平綏鐵路之中樞、東北至舊都七百二十華里，南有公路通省城凡六百二十華里，自古稱爲要塞，不特爲三晉之屏藩，抑亦中原之保障也。與本省各縣毗連者，東有陽高、天鎮、南有渾源、應縣、西有懷仁、左雲諸縣、東西廣百八十華里，南北袤百六十華里，全縣面積總計三〇、〇〇〇方里。

地勢 西北多山，東南平原，爲糧食出產地，俗有東南富西北瘠之稱，迨後採鑛業日漸發達，西北諸山皆成煤鑛區，其富庶不亞東南矣。

水利 縣境有三大河流，水利夙所重視。一曰桑乾河由縣西入境，橫貫東南部，經過縣境約長百六十華里，二曰十里河，由縣西東流，與玉河相會，經過本縣約長六十華里，三曰玉河，由北而南，會合桑乾河，經過縣境約長百四十里，本縣農田之灌溉實利賴之。

物產

農產以莜麥、高粱、穀米、豆類、馬鈴薯爲大宗。鑛產以煤炭爲特多，鹽礆次之。工業品有皮貨，皮膠，鍋器等類，銷行各處，爲出口貨之大宗。

氣候

大同位居雁門關以北，地高寒冷，雨量稀少，風雪特多，據最近一年之紀載，全年最高溫度平均數，爲攝氏一三・九度，最低溫度平均數，攝氏三度，全年平均溫度爲攝氏八・五度；全年雨量以六、七、八三個月較多，每月雨量都在百公釐以上，其他數月不滿十公釐者居多，十一月份竟有整月不雨者，總計二十三年份，雨量總數五三六公釐，茲將二十三年份各月氣候，雨量紀載列表於次：

大同二十三年份溫度雨量記錄

年月	溫度攝氏 最高溫度	最低溫度	平均溫度	降雨量（每月降雨公釐數）
一月份	攝氏—四・〇	—一四・六	—九・六	三
二月份	・三	—一〇・九	—五・三	一
三月份	八・五	—三・三	二・六	三
四月份	一六・三	二・四	九・四	八
五月份	二〇・	一〇・	一五・	三七
六月份	二六・七	一五・	二〇・九	一一六

七月份	二八·四	一八·八	二三·六	一四七
八月份	二七·二	一七·二	二二·二	一六〇
九月份	二四·二	一二·九	一八·六	四八
十月份	一五·七	三·三	九·五	五
十一月份	六·二	—二·二	二·	〇
十二月份	—二·一	—一三·	—七·六	八
全年平均	一三·九	三·	八·五	五三六

（全年雨量總數）

二 人口

歷年戶口之增減

全縣戶口，自民國十七年起至二十三年止，七年來除十八年份略有增加外，此後呈現減少傾向，茲就七年中大同全縣戶口數之變遷列表於次：

大同縣戶口統計表（民一七——二三）

年份	戶數	男子數	女子數	總數
十七年	六二、四六九	一七六、四三九	一四五、一五〇	三二一、五八九
十八年	六二、四七五	一七六、四五〇	一四五、一五八	三二一、六〇八

十九年	六二、四三一	一七六、四三一	一四五、一五五	三二一、六○三
二十年	六二、四二四	一七六、四四七	一四五、一五四	三二一、六○一
二十一年	五九、一六八	一六六、六○四	一三二、六四○	二九九、二四四
二十二年	五九、二一七	一六六、六二一	一三二、六五六	二九九、二七七
二十三年	五九、一七七	一六六、五六一	一三二、六四六	二九九、二○七

戶口之地域分佈

大同劃分五個行政區，各區戶口多少不等，縣域在第二區，故戶口最爲稠密。

大同縣各區戶口分佈一覽表（民二三）

區別	戶數	男子數	女子數	縣數
第一區	一二、四一○	二八、五四九	二四、六○八	五三、一五七
第二區	一三、六四二	四○、一一二	三二、○七三	七二、一八五
第三區	一二、三八○	三五、八○二	二七、一七二	六二、九七四
第四區	一一、六三九	三二、九○八	二五、八六二	五八、七七○
第五區	九、一○六	二九、一九○	二二、九三一	五二、一二一

人口之職業分配

大同人口之職業分配，概分農、工、商、政、軍、其他，以及失業者七大類，其中以業農者佔最多數，農民數有一六九、二五一人，佔人口總數百分之五六・五七，工人數二四、三五一人，佔人口總數百分之八・一四，商人數一七、〇一五人，佔人口總數百分之五・六九，政界人數一、七二三人佔人口總數百分之〇・五七，軍界人數六、三二七人，佔人口總數百分之二・一一其他職業者七五、九七〇人，佔人口總數百分之二五・三九，失業人數四、五七〇人佔人口總數百分之一・五三，茲將全縣人口職業分配列表於次：

大同縣人口職業分配表

業別	男女總數	百分比
農業	一六九、二五一	五六・五七
工業	二四、三五一	八・一四
商業	一七、〇一五	五・六九
政界	一、七二三	〇・五七
軍界	六、三二七	二・一一
其他職業	七五、九七〇	二五・三九
失業者	四、五七〇	一・五三
總計	二九九、二〇七	一〇〇・〇〇

人口之年齡分配

就全縣人口之年齡統計，以十八歲至三十歲之青年爲最多數，共計一〇〇、六九〇人，佔全縣人口總數百分之三三・六五，其次爲三十一歲至四十五歲之壯年，共計七四、七六九人，佔全縣人口總數百分之二四・九，二歲至十七歲之幼童，共計六七、六五七人，佔全縣人口總數百分之二二・六一，四十六歲至六十歲之老年，共計三四、一八七人，佔全縣人口總數百分之一一・四三，六十一歲至百歲之耆年，共計二一、九〇四人，佔全縣人口總數百分之七・三二，茲將全縣人口年齡之分配列表於次：

大同縣人口年齡分配表

年齡組	男女總數	百分比
二—一七	六七、六五七	二二·六一
一八—三〇	一〇〇、六九〇	三三·六五
三一—四五	七四、九六九	二四·九九
四六—六〇	三四、一八七	一一·四三
六一—一〇〇	二一、九〇四	七·三二
總計	二九九、二〇七	一〇〇·〇〇

人口生產率與死亡率比較

本縣自民國十九年起至二十三年止，五年中人口互有生亡，其出生總數一一、七三二人，死亡總數九、八一六人，生產率大於死亡率，茲就五年來男女出生數與死亡數分別列表於次：

大同最近五年來人口之生產率及死亡率比較表（民一九——二三）

年份	出生數		死亡率	
	男數	女數	男數	女數
十九年	一、〇三八	一、一二三	九六六	九二二
二十年	一、三三九	一、二八六	一、二九五	一、〇八九
二十一年	九九二	八一五	七九〇	八二八
二十二年	一、一七二	一、〇二五	九五二	八〇三
二十三年	一、四三五	一、五〇七	一、〇七一	一、一〇〇
合計	一一、七三二		九、八一六	

三　交通

大同交通便利，不在省垣之下，火車汽車日有開行，終年不斷，茲就各項交通情形分述於后：

鐵路

甲　鐵路　平綏鐵路橫貫縣境東北部，設站於縣城北關外，爲全線之中心站，地位稱爲重要，西抵綏遠包頭，東北經張家口直達北平，每日往返開行六次，東北由天鎭入境，經過本縣四十里舖，周士莊聚樂堡，大同、孤山、堡子灣等站，共長八十公里，於本縣最大之功用，爲出入口貨之運輸，如銷平津之煤炭、糧食以及天津之羊毛，蛋製品全賴此路運輸。

同泉支路

此外有同泉支線一段，共長二十二公里，由大同至口泉鎭，亦屬平綏路所有，專爲運輸口泉煤炭而設，全線由大同起，至口泉止，途中設兩小站，均在大同境內。

公路

乙　公路　大同縣公路之在計劃中，有同左路、同豐路、同渾路、同陽路等，但均未建築汽車路。現在已經通行汽車者，祇有晉北公路，由大同至太原府，全線長六百二十華里，爲省有公路幹線之一。經過大同縣境者，有柳東營，辛寨兩小站，共長四十華里。每日大同太原府南北兩站同時對開貨車客車一次，越雁門關一程可達，沿途過懷仁縣，山陰之岱岳鎭，代縣之陽明堡，崞縣，忻縣諸要鎭，惟路基係砂土築成，每屆夏秋多雨之季，常有中途阻礙行駛等。

同左路：由大同至左雲，原有大車道，全長百二十華里，屬大同境內所有者計六十華里。自雲岡石佛寺開闢遊覽區以後，大同至雲岡段三十華里站車道，亦於民國二十三年建築成功，業經正式通車，此爲同左路一部份告成，至全線通車尙有待焉。

同豐路：由大同至綏遠之豐鎭，全長百二十華里，屬大同境內者六十華里，係原來舊有之砂土道，尙不能通行汽車，交通工具，旅客所乘者有轎車，載運貨物有大車，均用騾馬輓曳，此路主要貨物之運輸，有鷄蛋，小麥，雜糧等類。

同渾路：由大同至渾源縣，全路長百二十華里，屬大同縣境者七十華里，在商販方面，早有汽車路修築之要求，祇因河川山嶺險阻，所需工程浩大，目前尙無法着手，此路貨物運輸，如渾源工業品之白蔴紙、草帘、編爆白酒以及農產物之雜糧，藥材諸品，爲運銷大同必經之道，其重要性可知。

同陽路：由大同至陽高縣，全長百二十華里，屬大同所有七十五華里，路基係砂土建成，目前通行車輛，僅有大車轎車兩種，河北省之土布，及陽高縣一部份雜糧，羊毛均由此路運銷大同。

郵電

丙 郵電 大同郵電行政，屬北平區管轄，城內現設有二等甲級郵局一所，北關外車站設立支局一處，此外平旺村，趙士莊、周士莊、許堡村、西團堡、聚樂堡等村鎭，均設立代辦所或郵櫃，全縣共有五十三郵站，本年又值北平郵務區擴大郵區年，目前正在派員來同調查準備擴充，將來本縣代辦所與郵櫃之數量當不止此也。本縣年來郵局業務，堪稱發達，玆就最近三年中之郵件與郵包收發數，郵政儲金額，以及匯兌數之各項統計，分別列表於次：

(一)大同最近三年郵件郵包收發數統計表(二一—二三)

郵別 年別	接收 郵件數	接收 郵包數	接收 郵包價值(元)	接收 郵包物別	寄發 郵件數	寄發 郵包數	寄發 郵包價值(元)	寄發 郵包物別
民國二十一年	四、五四一、三三〇	六七、八五六	一、九二〇、一四〇	綢緞	四三三、一二三	三四、七五五	七九五、一〇〇	皮貨、毡品製
二十二年	五一六、〇四五	四一、六七四	八三三、四八〇	仝前	四八六、九二一	三一、五七四	五九九、九〇六	仝前
二十三年	五八五、七〇八	三九、六七五	六二五、一〇〇	仝前	五七五、七八四	一六、八七四	二八六、三八〇	仝前

(二)大同最近三年郵政儲金統計(儲金數以元爲單位)

儲戶別 年別	政界 戶數	政界 儲金數	學界 戶數	學界 儲金數	商界 戶數	商界 儲金數	農界 戶數	農界 儲金數	軍界 戶數	軍界 儲金數	公共團體 戶數	公共團體 儲金數	郵局人員 戶數	郵局人員 儲金數	未報職業者 戶數	未報職業者 儲金數	總數 戶數	總數 儲金數
民國二十一年	六	八三六·一五	一六	四一二〇·九六	一三	七二三·五四	一五	一三六一·一三	七六	九、三八一·二六	一三	三二三·〇九	四	一三一·三六	六二	六五、六二八·八五	一九五	二三、三三三·一一
二十二年	八	一〇九六·六二	二四	五一二三·七二	一八	九八九·六六	二三	三一三六·八七	八三	一〇、二九一·三二	四	六六一·五二	七	一八八·九〇	六六	一〇、一九九·六八	二三三	三一、六七五·二六
二十三年	一三	二二六七·三五	二一	六五五四·七五	二五	一八六二·三二	四三	六四八九·九二	八九	一七、三二一·八三	五	八、六五一·〇三	九	二三一·六六	一〇八	一四、一六〇·八五	三一二	四九、七四一·四八

(三)最近三年大同郵政匯兌數統計(單位元)

項別 年別	兌付 兌付總數	兌付 匯來地點	開發 開發總數	開發 匯往地點
民國二十一年	一〇〇、九三四	上海、北平、天津、太原、綏遠、	一九七、二四五	上海、天津、北平、太原、綏遠、
民國二十二年	一〇五、四六二	仝前	二〇七、〇八三	仝前
民國二十三年	一二一、四〇六	仝前	一七三、〇七六	仝前

電報

大同營業電報，僅有交通部設立有線電報一種，創設於民國元年，直接通電地點，有張家口、太原、歸綏三處。尚有軍用之無線電報，屬軍事機關管理，內容不詳，茲就最近三年交通部電報營業情形統計列表於次：

大同最近三年電報收發統計

年別＼項別	收電		發電		轉電	
	字數	次數	字數	次數	字數	次數
民國二十一年	四〇九、八二〇	二、七四六	四一、三三〇	二、二八八	一一五、四三三	二六、九七七
民國二十二年	四三一、七三〇	二、九四五	四四、八〇二	二、八七五	一〇一、五八七	五八、五四三
民國二十三年	四一八、二七〇	二、四九一	四二、六一九	二、七三七	一二八、六六七	六一、二〇〇

電話

大同城市建設，未臻完善，城市電話尚付缺如。現有部辦，軍用，縣有長途電話三種，後兩種電話屬軍政機關所用，並不營業，部辦長途電話，向隸電報局兼辦，創設於民國十六年五月，開辦費五千八百元，內部設備，有西門子交換機六門，磁石式機一部，電線全長共三百六十公里，通話地點，可達太原、代縣、外省可通歸綏，張家口，豐鎮各處，通話取費低廉，計歸綏每次一元，太原每次一元五角，張家口每次九角，豐鎮每次五角，代縣每次八角，自開辦以來，業務並不發達，就最近三年營業統計，民國二十一年全年營業額五百二十八元，二十二年全年營業額五百六十二元七角，二十三年全年營業額五百八十四元二角，其微小可知。

四 工業

甲 機器工業

（1）麵粉公司 大同麵粉有限公司，爲大同機器工業之嚆矢，創辦於民國二年，原名大通麵粉公司，資本十餘萬兩，係股份有限公司性質。內部設備尚稱完善，祇以開支過鉅，連年虧折，加之民國十五六年間迭遭兵燹，前後損失計達十數萬元之鉅，營業範圍漸趨萎縮，及至民國二十年十一月由山西省銀行接收承辦，改名大同麪粉有限公司，法定資本，一二八、四〇〇元，自後金融周轉較爲活動，營業亦漸興隆。該工廠仍設立北關外舊址，佔有廠基八十畝，機房、倉庫、住宅等共有房屋五十餘間，估值共計七萬三千元之譜，機械設備，計有淨麥機二部，打麥機二部，潮麥絞龍機一部，二十四寸及四十九寸四棍複式鋼磨共五部，四分式平羅二只，元羅二只，元麩皮機一部，立式遠心麩皮機一部，吸灰機一部，風扇一架，裝包機一部，縫包機一部，麵粉絞龍機二部，扇麥機一部，漂粉燈一只，漂粉絞龍二部，小風扇一座，合計全廠大小機械二十八件，總值五〇、一九〇元，均係美國腦大克廠出品。

產品有頭等二等麵粉兩種，頭等麵粉用「綠壽星」商標，每袋價格由三元至三元二角，二等麵粉用「紅壽星」商標，每袋價格由二元六角至二元八角不等。該廠自二十一年起產量激增，尤以二十二年產量特多，計一〇六、五三五袋，銷售量一〇五、八五〇袋。二十一年產量八〇、六八五袋，銷售量七九、五七四袋，二十三年產量八六、一七五袋，銷售量八三、五七五袋。銷售地點，以大同城市爲主，其次爲雁門屬之二十餘縣。

酒精廠

(2)酒精廠　酒精廠屬興農化學工業社之一部份，該社創辦者爲晉北實業家白雨生李慕顏諸人，民國二十三年建造廠房，二十四年正式開工製造，原定計劃，組織一大規模之化學工業社，酒精廠不過其中之一部份，現就原料之便利，先從事製造酒精，其全部計劃固不止此也。

該社法定資本一二〇、〇〇〇元，業經十足收齊，內分固定資本八〇、〇〇〇元，流動資金四〇、〇〇〇元，係股份有限公司性質，廠基面積約四十餘畝，建有三層樓機器房一座，其他用房以及辦公室共計八十餘間，估值約計三萬五千元之譜。機械設備，有酒精蒸溜機一部，蒸煮機一部，糖化機二部，管子鍋爐一座，三節立式鍋爐兩座，發電機一部，蒸汽引擎一部，馬力十五匹，共計大小機械九件，共值四萬五千餘元。產品分普通酒精，改性酒精兩種，每日生產能力，可出貨六十桶，若以全年計，可產二萬一千六百桶，現以銷路不旺，平津一帶又受日貨傾銷之打擊，故不能盡量生產，每日產量由六十桶減至五十桶四十桶，將來能否發展，全視銷路如何以爲斷。酒精需用之原料，主要者馬鈴薯，其配合之原料，有高粱、麩皮、玉米等類，均係雁北各縣所產，購買便利，尚有少數購自綏遠之豐鎮，集寧各處。

電燈公司

(3)電燈公司　大同電燈公司有二：(一)大同義記電燈股份有限公司，創設於民國十三年一月，爲大同電燈公司最早之一家，創辦者盧南生，宋發祥兩君，現任經理楊霖，法定資本額六〇、〇〇〇元實收資本數四三、〇〇〇元，全廠不動產價值，計地基五畝三分估值六百元。廠房三十二間，估值一萬二千元，機器估值二萬六千二百元，其他設備估值四千二百元。機械設備，計有蒸汽引擎一部，馬力八十匹，發電機一部，共六十五個基羅瓦特，邦浦兩架，鍋爐一座。受熱面積共計一、二二二平方公尺，線路總長六公里。用戶均係包燈制，據最近統計，包燈一、一三一盞，共計二六七戶，其中家庭用戶五十一戶，商店用戶二百十六戶。全年實售電數，四三、九二〇度，全年收入六、八六〇元。近年來市面蕭條，電燈用戶日趨減少，民國十九年實際售電度數，四八、三〇〇度，收入六、九八〇元，二十年售電四七、二〇〇度，收入六、九四〇元，二十一年售電四五、一〇〇度。全年收入六、九一〇元，二十二年售電四四、五〇〇度，收入六、九〇〇元，廿三年售電四三、九二〇度，全年收入六、八六〇元，照該公司狀況，似已入虧損地步，若不亟謀補救之策，恐不能立足也。(二)大同麪粉公司電燈廠，爲大同麵粉公司之附屬機關，創辦人鄭平甫，鑒於麵粉公司本身營業不利，添設電燈廠，冀以彌補虧損，遂於民國十四年正式設立電燈廠，除新建鍋爐電機房屋以及購買機器外，並不增添資本，廠屋共值一萬元，機器共值一萬元，其他設備共值二萬五千元，計有蒸汽引擎二部，馬力二〇〇匹，發電機二部，共一二〇基羅瓦特，邦浦五架，鍋爐三座，大氣壓十個，發電四四〇伏，輸電高壓四四〇伏，配電二二〇伏，受熱面積四〇八四平方公尺，線路總長十一公里，用戶有包燈及裝表兩種，計售燈一千六百盞，售電總數一六七、〇〇〇度，用戶共計六百〇五戶，其中以商店用戶最多，計三百二十五戶，內有裝表者三十六戶，住戶二百三十戶，機關共五十戶，內有裝表者四戶。年來營業尚可維持，祇以發電能力總容量太小，不能再有進展。計十九年售電一九七、五四三度，全年收二〇、九三九元，二十年售電一八七、六三二度，全收入一九、四四五元，二十一年售電一七二、四五六度，全年收入一六、〇〇一元，二十二年售電一九一、四一一度，全年收入二一、四〇一元，二十三年售電一九七、三四二度，全年收入一九、六九二元。

（4）雞蛋廠　大同雞蛋廠共有兩家，均係由天津分設來此，營業尚稱達，在大同機器工業中佔有重要地位，玆就兩蛋廠現狀分誌於次：

（一）鴻記雞蛋廠：該廠創辦於民國十年，現任經理馬廷臣，係股份有限公司性質，廠址設於城內邱家角，廠基面積八畝，房屋五十間，係臨時租賃，資本數由總公司撥定二〇、〇〇〇元，內分固定資本八、〇〇〇元，流動資本一二、〇〇〇元。廠內設備，除有一般應用器具外，尚有飛黃機一部，蒸汽引擎一部，馬力二十四匹。廠內外全部職員四十名，月薪總數五〇〇元，固定男工十六人，每月工資自八元起至二十元不等，其餘打蛋工人，均係臨時雇用，無固定數額，全視出貨多少以爲斷，通常開工時期，每日雇用男工四十名，女工六十人，工資發給以件計算，男工每日工資平均二角，女工每日工資平均一角二分產品有乾白，乾黃，飛黃三種，二十三年產量，乾白六〇、〇〇〇斤，約值八一、〇〇〇元，乾黃二五、〇〇〇斤，計值九、五〇〇元，飛黃九八、〇〇〇斤，值四四、一〇〇元，共計各種蛋製品總產量一

八三、〇〇〇斤，總值一三四、六〇〇元。蛋製品均運往天津，由總公司經售出口。

（二）志成雞蛋廠：該廠設立於民國二十一年，現任經理溫壽山，係股份有限公司性質，廠址在本城內南街，佔有廠基四畝，房屋六十四間，係臨時租用，資本數由總公司撥定一二、〇〇〇元，其中固定資本五、〇〇〇元，流動資本七、〇〇〇元。機械設備，有鋼精盤五十個，黃車兩個，黃斗十五個，青斗十五個，黃案兩個，打蛋案三個，蒸汽引擎一部，馬力二十匹。廠內外全體職員共三十一人，月薪總數一百五十元，又雇用男長工十名，每月工資由八元起至二十元不等。此外並雇用臨時打蛋男女工，或多或少，無固定數額，祇出貨情形決定之。通常開工日期，每日臨時添用男工二十人，女工四十名，每日工資論件計算，男工每日平均可得工資二角，女工每日可得工資一角二分之譜。蛋製品有乾白，乾黃，粉黃，鹽黃等四種，統用「金鼎」商標，二十三年產量，計乾白三六、〇〇〇斤，約值四八、九六〇元，乾黃二四、〇〇〇斤，約值九、六〇〇元，粉黃四八、〇〇〇斤，約值九、六〇〇元，鹽黃五六、〇〇〇斤，約值一〇、六四〇元，總計全總產量一六四、〇〇〇斤，總值七八、八〇〇，元各蛋製品製成之後，隨即裝箱由平綏路轉運天津，由總公司經售出口。火車運費視貨品之高低而分等級，蛋白列在第三等貨，每噸運費二十四元四角四分二釐，蛋黃列四等貨，每噸運費二十一元九角一分三釐。

毛織廠

（5）卍慈毛織廠　大同機器毛織工廠，只此一家，原名華北第一毛織公司，係李德懋等集股創辦，民國十一年開始購地建造廠房，佔有廠基二十七畝，房屋九十九間，民國十四年工程告竣，七月間開工出貨，十五年受軍事影響而停辦，次年春一度復業，不幸九月間軍事又起，所受損害更鉅，以致不能復業，於是停閉者歷六年之久，迨至民國二十三年，有舊股東倪廷棟倡起改組籌備復業，改名卍慈毛織工廠，推定齊湘藻為經理，仍用原來廠址，因係試辦期中，僅就原有規模加以整理，並不擴充，流動資本暫定五、〇〇〇元，機械設備，計有抖毛機一部，練條機一部，百錠精紡機一部，蒸汽鍋爐一座，馬力十四，壓光機一部，平機五部，估值共計一五、〇〇〇元之譜。全廠現用職員十二人，不支薪俸，每月僅支生活維持費，總數七十元，全廠工徒五十二人，每月工資總數九十元。主要產品有粗毛布，其次有牀毯，地毯，毛線衣，毛線襪之類，所用原料之毛絨線，亦係本廠機器紡成，現因在試辦期中，生產量無有標的，兼之開工未及一年，不能以全年產量作統計單位，茲就該廠本年八月份產品報告於下：計產純毛呢布六十疋，值八百四十元，毛衞生衣一百件，值二百七十元，毛衞生褲七十件，值一百六十八元，純毛背心三十件，共值四十五元，純毛圍巾三十條，共值三十六元，毛手套五打，共值十五元，毛襪五打，值二十一元，牀毯五十方尺，共值六十三元，地毯四十方尺，共值四十八元，綜計是月產值總額為一千五百〇六元又該廠試辦以來，生產收入與消費支出，兩比尚有盈餘，且所需之原料羊毛羊絨，以及燃料煤炭均係當地出產，價格低廉，購辦便利，目前祇感出品銷售困難，倘將來獲有銷路，則前途大有發展可能。

大同機器工業一覽表

廠名	設立年月	資本數（元）	職工總數	產品名稱	全年產量	產品總值（元）	銷售地點
大同麵粉有限公司	民國二年	一二八、四〇〇	三六	頭等二等麵粉	六二、九〇〇袋	一七五、五〇〇	雁北各縣
興隆化學工業社股份有限公司	民國二十三年	一二〇、〇〇〇	五七	酒精	二一、六〇〇桶	一一八、八〇〇	天津、漢口、
大同麵粉公司電燈廠	民國十四年	粉麵公司附設	三〇	電	一九七、三四二度	一九、六九二	大同城市
大同義記電燈股份有限公司	民國十三年	四三、〇〇〇	一二	電	四三、九二〇度	六、八六〇	大同城市
大同志成製蛋廠	民國二十一年	一二、〇〇〇	七六	乾白、乾黃、鹽黃、	一六四、〇〇〇斤	七八、八〇〇	天津出口
大同鴻記製蛋廠	民國十年	二〇、〇〇〇	一五六	乾白、乾黃、飛黃、粉黃、	一八二、〇〇〇斤	一三四、六〇〇	天津出口
大同卍慈毛織工廠	民國二十三年	五、〇〇〇	六四	毛呢布、毛衣、襪、手套毯等、			大同門市銷售

乙　手工業

大同之手工業，概以工場作坊工業，店舖工業，以及家庭手工業爲生產單位，規模均不大，全縣手工業工場，作坊，店舖工業，家庭工業等，按其出品之不同，可別爲十八業，茲依次分述之：

（1）皮貨業　皮貨業歷史最悠久，不但執大同手工業之牛耳，且在全省手工業中亦佔重要之地位。在前清末葉至民國初年，頗爲發達，其時有皮莊八十餘家，每年皮貨總値，約花銀百餘萬兩，其產貨之多，銷售之易，可謂爲黃金時代。至民十以後，出口貨日漸稀少，國內銷路狹隘，兼之外蒙封鎖，生皮來源缺乏，而寧夏，甘肅，陝西儲蓄之皮張，非現金不能採辦，且捐稅奇重，所費成本太大，反增銷路

皮貨業

之障碍，因此種種原因，該業漸趨衰落，家數亦隨之減小，現在全市皮莊只剩十餘家，均處於艱難困苦之境，資本較為雄厚者，僅有天成源一家，資本數二萬七千五百元，其次晉泰昌，萬德昌，萬順和三家，資本都在七八千元之譜，其餘十家資本不大，多則三四千元，少則一二千元不等。產品種類甚多，分灘皮，西寧皮、永昌皮、口皮、榆林皮、本羔皮、括皮諸名稱。裁成皮統，分馬褂，長袍兩種，大同皮莊習慣以馬褂統居多，全年產值約十二萬元，銷路方面，除少數由天津出口外，其餘大多銷售京滬路之常州、無錫、蘇州、上海各大商埠。

榨油業

(2)榨油業　全縣現有大小油坊三十家，在前清時代油產銷路暢旺，油坊業甚為發達，全縣共有大小油坊百餘家，全年油產值約七八十萬元之鉅。現值衰落時期，全年產值不過二十餘萬元，此業以商店附營者居多，專營者甚鮮，資本較大者有四千五百元，但極其少數，普通均在千元至二三千元不等。產品銷路，以本省中南部各縣為大宗　尚有少數銷於省外者。榨油原料，以葫麻籽為主要，間有少數油菜籽大麻籽混雜其中，統稱之葫麻油。原料來源，除本縣所產者外，尚須仰給於豐鎮集寧等處。

碾粉業

(3)碾粉業　碾粉業為碾米磨麪粉兩業之總稱，蓋在習慣上兩業向不分開，屬糧食舖副業之一種，鮮有以此為專業者，近年來因小米外銷不暢，此業因衰落，現在全市碾粉業只剩二十餘家，其中資本均不雄厚，較大者每家不過一二千元，但極佔少數，其餘不滿千元者居多，多則五六百元，少則二三百元不等，產品有小米，黃米、莜麪粉、蕎麪粉、豆粉、白麪粉等，全年產值約值八九萬元，產品銷路，僅小米黃米兩種遠銷平津一帶，其餘麪粉，品質粗黑，只能行銷縣境內。所需之原料，如莜麥、小麥、蕎麥、扁豆、綠豆之類，均係本縣及鄰縣所產。

釀酒業

(4)釀酒業　本縣釀酒業，始自前清末年，向稱發達，全縣酒坊原有三十餘家之多，近五六年來，國稅地方稅，日漸加重，甚至稅率超過酒價，以致酒之價格提高，影響銷路甚大，因而酒坊業日漸衰落，現在全縣尚存酒坊十三家，酒缸七百十三口，大半兼營其他業務，否則不能支持，同業中資本最大者，不過一二千元，少則數百元，產品分白干酒黃酒兩種，全年產量約四千担，約值六萬餘元，僅供縣內銷售尚感不敷，故無外銷。釀酒原料，主要者為高粱，黃米、草麥、莞豆之類，俱購自本縣及鄰近各縣。

皮膠業

(5)皮膠業　熬膠業始於前清道光年間，最先設立者，有廣德盛一家，至光緒年間，又有天慶和膠號繼起，迄今已增至七家，蓋以製膠成本輕微，獲利豐厚銷路既無障碍，故營業能日趨發達。此業以民國十七年至二十年之間，為極盛時代，貨品銷售，供不應求，價格飛漲，每担由二三十元增至五六十元之鉅，開膠業以來之新記錄，此中原因，一則因國內出產缺乏，二則因出口量突增。就現狀論，亦尚不惡，不過價格降低，產品減少，膠業本身營業尚無多大損害。各膠坊資本由一千五百元至三千元不等。熬膠時期，以春秋兩季為最適合，蓋製膠宜於溫和之氣候，過冷過熱皆非所宜。熬膠原料，均係廢棄之皮屑，即製皮貨與製革業所裁剩廢棄之碎皮，因係皮製，故名之曰皮膠，原料來源，購自張家口，宣化，包頭，以及雁北各縣，每担價格約七元。產品分白膠黑膠兩種，白膠質優價高，每担自二十六七元至三十元，黑膠質劣價廉，每担價格自二十三四元至二十六元不等。目前銷售，以批往太原爲主要，其餘悉係零星門市銷售。

針織業

（6）針織業　本縣針織業尚在萌芽時期，首創第一家爲華北工廠，成立於民國十六年，創辦人五秉鈞，資本三百元，二十年又有鉅源泰號繼起，迄今已增至五家，均係商店兼營性質，前開店舖，後設工廠，規模狹小，每家資本最大者不過五百元，普通只有二三百元之譜，每家雇用工徒多則二十餘名，少則七八人不等，產品以織棉線衞衣爲大宗，此外有毛巾襪子之類，每屆冬令，間或織製羊毛線衣、襪、帽、等品，但極其少數，紗線毛線購自太原居多，亦有由天津購買者，各產品銷路，以門市零售爲主，鮮有大宗批發者。

銅器業

（7）銅器業　銅器歷史，已有四十餘年以久，產品以銅鍋稱著，製造精妙，蜚聲華北，已非一日，而此業之組織又異於其他小工業，範圍極其狹小，全係家庭作坊手工業性質，於住宅中設一鍋爐，合家父子兄弟參加工作，每家有二三人不等，至多不過四五人，其生活極爲簡陋，早年銅器銷路暢旺時代，全業有六十餘家之多，每年產值達十萬餘元之鉅，自民國十五年之後，因銷路停滯，此業日漸衰落，銅匠工人因不能維持生活，紛紛停業者甚多，迄今僅有四十家，但資本微薄，每家至多二三十元，產品有銅鍋、銅壺，銅臉盆，以及其他日用品，其中以銅鍋銅壺產量爲最多，銅器銷售，另有專業銅器商號六家，凡作坊製成銅器，均送商號銷售，按重量計價，彼此間之關係至爲密切，並無隔閡或發生其他糾紛之事。

染坊業

（8）染坊業　染坊業以復瑞源，萬隆泉兩家歷史最久，創始於清光緒三十年，嗣後相繼設立者，約十餘家，現在全縣染坊共十三家。其中分藍缸紅缸兩種，營業範圍各有不同，藍缸屬舊有染坊之一種，其營業係專染藍色與青色兩種之粗布疋，紅缸爲新式染業，專染五彩之綢緞衣料，及加染舊衣料之類，但紅缸只三家，總稱染坊業，均係代人漂染性質，無盛衰之可言，各染坊資本均不滿千元，最大者一家，資本八百元，其餘都在五六百不等，每家營業額，多則全年六七千元，少則二三千元之譜，所需原料，以靑靛藍靛爲主，其次爲草黃，品紅，彩色顏料之類，大多係船來品。

印刷業

（9）印刷業　大同印刷業尙在幼稚時代，印刷所雖有十一家之多，規模均不大，以文具商店與書舖兼營者居多，專業者很小，印刷工具，多數係舊時石印，使用鉛印機者只有五家，印刷品僅限於簡單文件及名片等類，各家資本由千元至一千五百元者，只三家，其餘均在一二百元之譜，全年營業額最大者五六千元，最少者四五百元不等。

硝皮業

（10）硝皮業　本縣硝皮業，均係手工土法泡製，並無機器設備，產品粗劣，僅能供當地使用，不能遠行外方，全縣現在硝皮作坊十五家，規模狹小，資本雄厚者，只萬盛明一家，計資本一千五百元，其餘各作坊由一百元至五六百元者不等，營業以福聚永爲最大，全年產値約五六千元左右，其他各家多則二三千元，少則五六百元不等，產品有藍皮、白皮、皮帶以及零件之類，均在本縣城內門市銷售。

毛口袋業

（11）毛口袋業　毛口袋製造，歷史悠久，遠在二百年前，全屬小作坊手工業，並無工廠組織，每家雇用工徒二三人，多至四五人不等，產品專製裝包糧食口袋一種，總計全業五十餘家，工徒總數約百六七十人，其中以茂盛源，天慶和、廣德盛、崇德明、福源榮五家營業較大，並兼製皮膠業，此業就現狀而論，不及往昔之盛，蓋以糧食不能出境，毛口袋無銷售之處，此外受麻袋競爭之影響頗大，蓋麻袋價廉，商人多樂購之。往年興盛時期，全年毛口袋產值，約十萬餘元之鉅，現在不過估其四分之一，其衰落情形可知。所用原料，均係羊毛、牛毛、驢騾毛之類，每百斤價格由十五元至二十元不等，購自察哈爾，綏遠兩省，雁北各縣亦有出產，但不敷用。

皮箱業

（12）皮箱業　皮箱製造，始自淸光緒二十年，初僅積成厚皮箱店一家，不數年間義和厚善和長兩家繼起，始則出品粗劣，嗣經逐漸改良，尙合時用，在民國十五年以前，堪稱發達，自後幾經軍事影響，各家所受損虧甚大，加之近年銷路不暢，日趨衰落。以前此業興盛時，據聞每年產值達三萬餘元。貨品銷路遠至太原及省南各縣。其時同業只四五家，現在同業增至七家，而營業狀況反不及疇昔之盛，各家資本，多至四百元，少則不滿百元，產品分皮箱，皮包兩種，皮箱又分特號，大號，二號數種；皮包分一、二、三、四、五等號，產品銷路，全憑零售，各作坊組織均係前店後場，所用原料，半由硝皮坊購來，半係自製。

地毯業一

（13）地毯業　本縣之有地毯業，年代不久，首創者慶隆毛織工廠一家，設立於民國十六年，繼起者有和順地毯工廠，隆記毛織工廠，林記毛織工廠，共計四家，雖名稱工廠，其實並無工廠規模，不過小工業之工場而已，資本以隆記最大，計有一千元，其餘各二百元至五百元不等。工人分老師傅與學徒兩種，老師傅聘自平津包頭各處，本地尙缺此項專材，待遇每月約十五元，學徒有係老師傅帶來，有係本地招集者。不給工資，僅供食宿，產品有粗細五彩之地毯，其生產方法，又與其他小工業不同，顧客需用某種地毯，須先開尺寸，說明品質花樣，再說合價格，先付定銀，然後製造，定期交貨。其製品待售者爲數不多。生產單位，爲立方尺，價格亦依此計算。毯分粗細兩種：細毯每立方尺售價一元，粗毯每立方尺售價六角。所用原料，有羊毛，羊絨兩種，大概粗毯係羊毛織成，細毯係羊絨織成。

製鞋業

（14）製鞋業　製鞋業有京莊，同莊之別，所謂京莊者，係指平津一帶商幫所開設之鞋莊，專製上等質料之男女鞋；同莊係指當地商幫所開設之鞋舖而言，以製普通本鞋爲主，以適本土需要爲目的，總計全業三十八家，其京莊不過三家，而其營業數額竟佔全業百分之五十以上，每家資本由二千元至四千元不等，全年產值由一萬二千元至一萬五千元不等。至同莊鞋舖，每家資本不滿百元者居多，全年產值多則千元，少則二三百元，不及百元者亦有之。鞋之種類，分禮服呢鞋，綢緞鞋，花色綢假女式鞋，帆布鞋等五種，每雙價格由五角起，至二元止，普通價格爲一元五角。

製皂業

（15）製皂業　製皂業不發達，早年尙有皂廠四五家，因營業不利相繼停閉，現在只剩麗華肥皂工廠，振華實業工廠兩家，麗華規模很小，係一家庭小作坊工業，資本五百元，全年產值約四五千元之譜，產品祇有「三光」牌肥皂一種。振華工廠，稍具規模，設有營業部與工廠兩部份，資本一千元，全年產值約八九千元，產品有肥皂、香皂、藥皂、雪花膏四種，全用「光明」商標，兩家出品銷路，概以雁北各縣爲主，亦有銷至察綏及鄰近各縣者。

打毡業

(17)打毡業　本縣打毡業，本屬羊毛莊行之副業，生產既無固定標準，又無大規模工廠組織，如羊毛銷路暢旺，則以販賣羊毛生意爲主，如外銷滯鈍，則將所收買之羊毛，羊絨，製造毛毡，以及毡帽毡鞋等品，打毡業現有七家，每家雇用工徒六七人，每年產值一二千元不等，製毡時期，均在夏秋兩季，毡帽，毡鞋往年銷往奉天最多，現因東三省爲日人佔領，禁止入境，故本業所受影響確匪淺鮮。

棉毛紡織廠

(16)棉毛紡織廠　大同向無棉毛紡織廠之設立，有之自本年八月間成立之正利棉毛紡織工廠始組織，創辦八谷儀，集資三千六百元，建築廠房十四間，爲大同小工業最有規模組織之一家，內有職員三人，工徒二十餘名，有織布機五架，倘有其他紡車等件，產品有毛布，花色棉布，毛毯，線毯之類，所用原料，有棉紗線，毛線兩種，紗線係購買而來，毛線係本廠自紡之品，因開工未久，該廠各種產品之產量無從統計。

首飾業

(18)首飾業　本縣首飾業，現在已至沒落時期，從前此業有六七家之多，全年營業總額約十餘萬元。現在只存鍾慶樓等三家，不過勉强支持而已。

大同工業一覽表

業別	字數	總資本數（元）	職工總數	產品名稱	全年總產量	產品總值（元）
皮貨業	一四	七五、〇〇〇	二一二	皮馬褂、男女皮袍、	一二、〇〇〇件	一一〇、〇〇〇
榨油業	三〇	八二、四七〇	三一六	葫麻油、枯研、	油一四、三三六担 枯研三五、八四〇担	二三二、九六〇
碾粉業	二〇	二一、三六〇	一七八	莜麵粉、小米、	粉一三、八〇〇 小米七、六〇〇担	八七、〇〇〇
釀酒業	一三	二〇、三〇〇	一二二	黃酒、白酒、	三、四三五担	五四、八六〇
皮膠業	七	一八、〇〇〇	四六	白、黑皮膠、	二二〇、〇〇〇斤	三二、七八〇
針織業	五	一、三〇〇	一一〇	棉毛衫衣、襪、毛巾、		一五、九八八
銅器業	四〇	一、二〇〇	二〇〇	各種日用器皿		四三、〇〇〇
染坊業	一三	六、三五〇	二五五	代客染布		五六、〇〇〇
印刷業	一一	四、七〇〇	九八			二六、五〇〇
硝皮業	一五	五、七〇〇	九九	藍皮、白皮、		二七、一〇〇
毛袋業	五〇	一、五〇〇	一五〇	毛口袋	二五、〇〇〇隻	一九、五〇〇
皮箱業	七	一、三二〇	二六	皮箱、皮包、	二、九五〇只	七、三〇〇
地毯業	四	二、一〇〇	五三	粗細花色地毯	一二、〇〇〇立方尺	八、〇〇〇
製鞋業	三八	九、一六〇	一五〇			六九、七九二

製皂業	二	一、五〇〇	一八	肥皂、香皂、雪花膏、		一二、五〇〇
製毡業	七	三、〇〇〇	四八	毡毯、毡帽、鞋、		一八、〇〇〇
棉毛織紡業	一	三、六〇〇	三〇	毛布、棉花布、	新開辦	
首飾業	三	二二、〇〇〇	一二	金銀首飾		四〇、〇〇〇

五　商業

概說

大同處山西之北陲，扼平綏鉄路之中樞，西抵包頭可通寧夏，蒙古諸省，東北至平津直通京滬各地，爲晉北進出口貨物之總匯，其商業地位之重要，於本省列第二位。全市商舖林立，大小商號共計一千餘家，商業市場，以南北大街，四牌樓，西街等處爲精華薈萃之區。

商業資本

大同商店資本，均以臨時向銀行錢莊挪借爲主，固定資本並不雄厚，根據縣商會報告，全市主要商業十八種，其中以糧店業，雜貨業，綢布業等資本最大，計糧店業十七家，資本總數三〇〇、〇〇〇元，佔總額百分之二八・〇六，雜貨業十七家，資本總數一八〇、〇〇〇元，佔總額百分之二三・三九，綢布業十二家，總資本數一〇〇、〇〇〇元，佔總額百分之九・三五，其餘十五業資本薄弱，均不滿十萬元，每業多則七八萬元，少則二三萬元不等。

商店營業

至各業全年營業額，以糧店業，雜貨業，糧棧運輸業，綢布業等爲最大，計糧店業全年營業總數二、〇〇〇、〇〇〇元，佔總額百分之二七・二三，雜貨業全年營業總數一、八〇〇、〇〇〇元，佔總額百分之二四・五一，糧棧運輸業全年營業總數一、一四二、九一〇元，佔總額百分之一五・五六，綢布業全年營業總數一、〇〇〇、〇〇〇元，佔總額百分之一三・六三，倘有其他十四業，全年營業總數，多則十餘萬元至二十萬元，少則十萬元以下。

大同十八種主要商業統計表

業別	家數	資本總數（元）	全年營業總數（元）
糧店業	一七	三〇〇、〇〇〇	二、〇〇〇、〇〇〇
雜貨業	一七	二五〇、〇〇〇	一、八〇〇、〇〇〇
糧棧運輸業	八	五〇〇、〇〇〇	一、一四二、九一〇
綢布業	一二	一〇〇、〇〇〇	一、〇〇〇、〇〇〇
油餅業	三〇	八二、四七〇	二三二、九六〇
酒業	一三	二〇、三〇〇	五四、九六〇
皮貨業	一四	七五、〇〇〇	一一〇、〇〇〇
碾粉業	二〇	二一、三六〇	八七、〇〇〇
估衣業	八	二九、一〇〇	三三、五五〇
銅器業	六	一一、五〇〇	四三、〇〇〇

毛莊業	五	一五、〇〇〇	二五〇、〇〇〇
染坊業	一三	六、三五〇	五六、〇〇〇
硝皮業	一五	五、七〇〇	二七、一〇〇
皮膠業	七	一、八〇〇	三三、七八〇
鞋莊業	三〇	九、一六〇	六九、七九二
乾菜業	一一	三六、五〇〇	二七一、〇〇〇
木植業	六	一六、四七〇	九一、五〇〇
首飾業	三	二二、〇〇〇	四〇、〇〇〇
共計	二三五	一、〇六八、九一〇	七、三四三、五五二

進口貨

大同進口貨物繁多，主要者以捲菸、煤油、色布、綢緞、糖類、花紗、南北貨、五金、文具書籍、鷄蛋等爲大宗，茲就進口貨物之數量、價值，來源列表於次：

大同進口貨物一覽表

品名	單位	數量	價值(元)	來源
捲菸	箱	一、六二五	三二五、〇〇〇	上海、天津、太原
煤油	桶	五〇、〇〇〇	二三〇、〇〇〇	美、俄、英、德
色粗布	疋	五三、〇〇〇	二〇七、〇〇〇	河北、天津

綢緞	疋	一五、〇〇〇	二二五、〇〇〇	上海、平津
糖類	斤	一、三〇〇、〇〇〇	二四〇、〇〇〇	天津
棉花紗線	件	不詳	一七五、〇〇〇	天津、河北、本省
五金	件	不詳	一〇〇、〇〇〇	天津
南北貨	斤	不詳	一〇〇、〇〇〇	天津
洋廣雜貨	件	不詳	一〇〇、〇〇〇	上海、天津[illegible]
麵粉	袋	三七、〇〇〇	一一一、〇〇〇	天津
鷄蛋	枚	二四、〇〇〇、〇〇〇	一五〇、〇〇〇	雁北各縣
生羊皮	張	九〇、〇〇〇	九〇、〇〇〇	甘肅、寧夏
書紙文具	件	不詳	一五〇、〇〇〇	天津
火柴	箱	九、六〇〇	八六、四〇〇	上海、天津
茶葉	斤	五〇、〇〇〇	五〇、〇〇〇	上海、天津
合計			二、三二九、四〇〇	

出口貨

大同出口貨物，以煤炭爲特多，其次爲雜糧、羊毛、羊絨、蛋製品，皮貨、油餅、毛毡、藥材、皮膠等類，茲就各種出口商品之數量，價值銷路等列表於后：

大同出口貨物一覽表

品名	單位	數量	價值(元)	去路
煤炭	噸	七〇〇、〇〇〇	二、一〇〇、〇〇〇	北平、天津、上海
雜糧	担	五〇〇、〇〇〇	一、五〇〇、〇〇〇	北平、天津
羊毛	斤	七五〇、〇〇〇	一七〇、〇〇〇	由天津出口
羊絨	斤	二〇〇、〇〇〇	八〇、〇〇〇	由天津出口
蛋製品	斤	三六五、〇〇〇	二二六、二六〇	由天津出口
皮貨	件	一二、四五〇	一一一、〇〇〇	漢口、天津、上海、蘇州、常州、無錫
油餅	担	二五、〇〇〇	一四〇、〇〇〇	河北，天津、太原
皮膠	斤	一二〇、〇〇〇	三〇、〇〇〇	太原、及省之南部各縣
金屬	斤	二五〇、〇〇〇	二五、〇〇〇	北平、天津
小茴香	斤	一八〇、〇〇〇	一八、〇〇〇	天津
藥材	斤	一八〇、〇〇〇	一八、〇〇〇	天津
毡製品	件	四〇、〇〇〇	二五、〇〇〇	河北、東三省
合計			四、四四三、二六〇	

貨幣

流通種類

本縣貨幣，往昔概以制錢銀兩爲單位，現在已改用銀元鈔票以及輔幣之角票銅元等類。現時市面上使用之銀元，以袁頭爲最多，其次孫中山像幣及龍洋亦頗流行，鈔票有山西省銀行，綏遠墾業銀行，地方鉄路銀行，中央銀行，天津交通銀行，天津中國銀行，天津農工銀行，北平保商銀行等所發行之一元，五元，十元鈔票，角票則以山西省銀行各縣分行印行之一角二角票爲特多，中央、中國、交通之角票雖可通行，惟爲數極少，銅元以當二十爲最普通，當十數量不多。

流通情形　本地民風閉塞，貨幣使用，習尚現洋，對紙幣信用薄弱，市面上流通者，比較上省鈔尚可通用，至其他中央、中國、交通各行之鈔票，尚不能普遍流通。

流通數量　照目前市面上流通貨幣數量統計，以現洋最多，計約二、〇〇〇、〇〇〇元，山西省鈔一、五〇〇、〇〇〇元，山西省銀行角票，約計三〇〇、〇〇〇元，其他銀行雜票共計約五〇、〇〇〇元，銅元數約計五〇、〇〇〇、〇〇〇枚。

六　金融業

概說　大同在平綏鉄路未通以前，鮮有直接對外發生貿易關係，其時金融業不甚發達，雖有一二金融機關設立，尚在票號時代，自平綏路告成以後，金融業隨市場之興盛而發達者，有銀號，銀莊，銀行，典當等業，有數十家之多，民國十五年以前，各業狀況極爲繁盛，全年營業總額達千萬元之鉅，自後幾經軍事上損失，銀行全部停業，銀號錢莊典當紛紛倒閉者亦多，近一二年來，地方漸趨安定，又以整個世界經濟恐慌之影響，市場日漸萎縮，金融業自不能如願發展，茲將銀行，銀號錢莊，典當營業情形分誌於后：

甲　銀行業　大同之有銀行業，始於民國五年，時有中國銀行大同辦事處之設立，屬太原分行管轄，民國七年交通銀行辦事處相繼成立，歸天津交通銀行節制，民國九年又有山西省銀行分行成立。迨至民國十五年內戰興起，大同當軍事之衝。中國交通先後宣告停業，山西省分行，因代理省金庫關係。未便停頓，但在業務上又無法開展，加之民國十九年晉鈔跌落，省銀行信用喪失，亦無形倒閉。現在各銀行均已先後復業，山西省分行亦於民國二十一年改組：中國銀行於民國二十三年重行籌設寄莊，組織範圍縮小；交通銀行於二十四年仍舊恢復辦事處，組織性質一仍其舊。茲將三行營業情形分述於次：(一)山西省銀行大同分行，省分行營業，除代理省金庫外，兼營放款匯兌等業務，民國二十一年復業始，至二十三年年終止，營業總額為一、六九八、〇〇〇元，其中放款數佔總額百分之六•三六，匯出數佔總額百分之六一•二五，匯入數佔總額百分之三二•三九，匯出匯入地點，以天津為最多，其次北平，包頭，太原各處。(二)中國銀行大同寄莊，該寄莊業務，範圍很廣，原定存款、放款、押款、押匯、匯兌、以及儲蓄等各項業務，惟因去年復業未久，營業尚未充分發展，一年來已經營之業務，有匯兌、存款、放款、以及糧食押款等各項營業，其營業總額，為七三〇、〇〇〇元，其中以匯兌數為最大，計匯出數佔總額百分之二七•四〇，匯入數佔總額百分之四一•一〇，押款數佔總額百分之二〇•五五，信用放款數佔總額百分之七•五三，存款數佔總額百分之三•四二。(三)交通銀行大同辦事處，交通辦事處，今年三月方始復業，營業方面，除經理銀行一般之業務外，兼辦太平保險公司各種保險業務，將來擬趨重糧食押款，自開幕起，至六月底止，三個月中之營業，有匯兌，存款以及儲蓄等業務，營業總額共計四〇二、五〇〇元，其中以匯兌為最多，計匯入數佔總額百分之一八·〇一，匯出數佔總額百分之六一·三七，通匯地點，有上海、天津、北平、張家口、青島、包頭、太原各地，儲蓄數佔總額百分之一七·三九，存款數最小，佔總額百分之三·二三，存戶中分住戶，公團、農民三種，利率有四釐至五釐不等。

錢業

乙　錢業　錢業係銀號，錢莊、錢行之總稱，各家名稱雖不同，而其組織範圍與經理之業務則無異也，大同錢業，昔年頗稱發達，自民十五幾遭兵燹之損失，繼之民國十九年晉鈔跌落之影響，紛紛倒閉者很多，現在全市只存錢業九家，資本總數一一二、六〇〇元，吸收存款總數五一六、八一〇元，合計運用資力六二九、四一〇元

錢業經理業務比較簡單，主要者為經理商業匯兌，其次為存款，放款兩種，其通匯地點，數額最多者，為天津北平兩地，其次有上海，張家口、豐鎮、集寧、綏遠各處。

最近一年來全業營業總額，共計六、八一三、七五〇元，其中以匯兌數為特多，計滙入數佔總額百分之四二·一九强，匯出數佔總額百分之四二·一九强，放款數佔總額百分七·九四，存款數佔總額百分之七·六七，茲將大同最近一年來錢業營業概況列表於次：

大同錢業二十三年份全年營業統計

字號名稱	開設年月	資本數(元)	全一年營業額(元)				
			存款	放款	匯入	匯出	合計
德興永銀號	清光緒七年	一一、四〇〇	一一七、〇一〇	一〇四、六四〇	四五〇、〇〇〇	四五〇、〇〇〇	一、一二一、六五〇
天德永銀號	民國十八年	六、〇〇〇	三七、七〇〇	二八、五〇〇	一九五、〇〇〇	一九五、〇〇〇	四五六、二〇〇
晉同銀號	民國二十三年	二五、〇〇〇	一二五、〇〇〇	一三五、五〇〇	二五〇、〇〇〇	二五〇、〇〇〇	七五〇、五〇〇
福增祥錢莊	民國二十三年	八、〇〇〇	四〇、〇〇〇	五〇、〇〇〇	二二〇、〇〇〇	二二〇、〇〇〇	五三〇、〇〇〇
裕慶成錢莊	民國十九年	一〇、〇〇〇	二六、〇〇〇	三六、〇〇〇	三六〇、〇〇〇	三六〇、〇〇〇	七八二、〇〇〇
福義銀號	民國十八年	一五、〇〇〇	五六、七〇〇	三九、七〇〇	四一九、〇〇〇	四一九、〇〇〇	九三四、四〇〇
宏瑞大銀號	民國二十年	一三、〇〇〇	四二、一〇〇	三九、七〇〇	二九四、〇〇〇	二九四、〇〇〇	六六九、八〇〇
福和義錢行	民國九年	一五、〇〇〇	四八、一〇〇	五六、〇〇〇	二七〇、〇〇〇	二七〇、〇〇〇	六四四、一〇〇
寶源成銀號	民國七年	一〇、二〇〇	四〇、二〇〇	五〇、九〇〇	四一七、〇〇〇	四一七、〇〇〇	九二五、一〇〇
總計		一一三、六〇〇	五三二、八一〇	五四〇、九四〇	二、八七五、〇〇〇	二、八七五、〇〇〇	六、八一三、七六〇

丙　典當業　大同典當業，早年堪稱發達，大小商店達三十餘家之多，自遭民國十五年軍事損失，以及民國十九年晉鈔跌落之影響，當舖紛紛停閉者十之八九，迨至民國二十年、市面漸趨穩定，典當業始有復興之象，及至現在全縣當舖共計十一家，其中資本最大者一萬五千元，普通由四五千元至七八千元不等，十一家典當資本總額，共計八六、七〇〇元，流通資金來源，有向錢莊借入者，有係私人存入者，有向商家借入者，亦有發行兌換券者，殊不一致，其總數共計一一五、〇四二元，合計運用資力二

○一、七四二元

典當業營業範圍較之銀行、錢業更小，其業務僅有典當物件之一種，當舖中全年營業最大者，由一萬五千元至二萬三千元，其次由五六千元至七八千元不等。合計全年營業總額一五一、三八一元。

大同典當業二十三年份全年營業統計

字號	舖址	開設年月	種類	組織性質	資本額（元）	營業額（元）	利息收入（元）
宏盛當	東門街	民國二十年	當	商辦合資	四、五〇〇	一四、二二五	四、四九八
源盛當	南門裏	民國二十年	當	商辦合資	四、八〇〇	一六、二三〇	五、一三四
源瑞成和	西門裏	民國二十二年	當	商辦合資	四、四〇〇	一八、八〇二	五、四八二
福源當	大廟角東	民國二十一年	當	商辦合資	八、〇〇〇	一三、九三三	三、三三二
晉裕當北記	縣北街	民國二十一年	當	商辦獨資	一五、〇〇〇	一六、一一九	四、一〇四
天濟當	北門裏	民國二十年	當	商辦合資	四、〇〇〇	一六、九〇二	四、七三六
晉裕當南記	縣南街	民國二十一年	當	商辦獨資	一五、〇〇〇	一六、五二四	五、三六九
晉裕當西記	縣西街	民國二十一年	當	商辦獨資	一五、〇〇〇	一四、五〇七	四、四八三
齊雲當德記	城外東關	民國二十一年	當	商辦合資	四、五〇〇	八、六三九	三、一二九
德生當	口泉鎮	民國二十一年	當押	商辦合資	六、〇〇〇	七、〇〇〇	一、七〇〇
盛雙和	口泉鎮	民國七年	當	商辦合資	五、五〇〇	八、五〇〇	一、三五〇
總計					八六、七〇〇	一五一、三八一	四三、三一七

第三章　榆次

一　概述

政治演變　(一)沿革　榆次古爲榆罔國，稱榆洲。春秋時屬晉國，稱榆邑。戰國屬趙，始曰榆次。漢置榆次縣，北齊改中都縣，隋復稱榆次，以後歷唐，宋、元、明、清以至民國皆因之。

商業盛衰　榆次在正太鐵路未開之前，生活簡單，商業僅有錢業，當典、花、布、油、酒、米、麵等數十家，散處城鄉。自光緒三十三年正太鐵路通車後，晉南各縣暨陝甘等省往來貨物，均由榆次車站轉運。於是貨棧客棧，應時而起；錢業糧業，逐漸增多。入民國後。煤油業、紡紗業、電氣業、機製麵粉業、銀行業等先後設立。其舊有各業，亦蒸蒸日上。至民國十六七年間，城關商號約近四百家，是爲本縣商業最盛時代。不意民國十九年晉鈔狂跌，市面大受影響，加之農村破產，徭役繁興，商店工廠紛紛停業。截至現在，僅有大小商號一百五十餘家。而客棧貨棧兩業，又受火車聯運影響，亦岌岌不可終日。市面如此衰落，一時實不易復興也。

位　置　(二)地理　縣境西北接省會陽曲、西鄰太原、徐溝兩縣、南毗太谷、東接壽陽、東南與和順接壤，堪稱山西中部之沃壤。

地勢

全縣地勢，除中北兩部爲平原外，三面皆山。旱山在縣北五十里，爲全境主峯，稍南爲陰山，東南爲冀家山。水以洞過河爲大，自壽陽入境。稍西北，下峪河入焉，經東趙村，石家坂河入焉；至北合流村，大小涂水來會，又西南流入徐溝境。

面積

縣境東西相距最大八十五里，南北相距最大一百十五里。據太原經濟建設委員會廿二年調查，全縣面積三、九〇四方里，其中平原一、六八〇、七五方里，佔百分之四十三；山區一、〇〇〇、四六方里，佔百分之二十六，水區七七八、一四方里，佔百分之二〇；道路四四四•六五方里佔百分一一。

氣候

榆次位於山西之中部，地處太行恆山兩山脈之間。寒暑變化，不若南北兩界偏僻縣份之劇烈。其雨雪氣溫情形如下：

榆次縣民國二十三年份氣象表

象氣＼月份	一月	二月	三月	四月	五月	六月	七月	八月	九月	十月	十一月	十二月	全年平均
溫度（攝氏）	（一）〇二	（一）三•三	四•一	一三•四	一八•一	二〇•五	二九•一	二四•九	一八•七	九•七	一•七	（一）三六	一〇•三
雨量（公寸）	—	—	〇•〇八	〇二•〇	一三•四	〇三•九	〇•二	一•一〇	一•三〇	〇•四五	〇•六三	—	〇•四五
雪量（公寸）	〇•〇五	〇•〇六	—	—	—	—	—	—	—	—	—	一•三	•一八

人口

據公安局調查，榆次人口，二十二年至二十三年之間，有逐漸減少之趨勢。

榆次歷年人口增減統計表

年份	戶數	男子數	女子數	人口總數
二十年	二八、三一二	八四、六九九	五五、二一四	一三九、九一三
二十一年	二九、二一五	八三、六七四	五五、二〇八	一三八、八八三
二十二年	二九、六三二	八二、九二四	五五、三九七	一三八、三二一
二十三年	二九、四〇三	八二、四〇二	五四、九八七	一三七、二八九

二　交通

發展沿革　縣北舊設王胡，鳴謙兩驛，爲赴舊京(北平)之通衢。西南由郝村出境，爲陝甘孔道。自來稱爲要衝。凡平津陝甘綏蒙等地，及其他各省往返貨運，經本縣轉運：長途多係駝脚，短途多係騾馬大車。清季正太鐵路成，經縣城北關，由是北關轉運貨棧依次增加，專運東西兩路貨物；而南北各處來貨，仍用駝馬騾驢轉運。自晉南汽車路築成後，南由太谷可達晉城，北由省城可達大同，惜因運費過昂，僅能便利客運。最近正太路榆谷支線及同蒲鐵路皆已通車，於是南北東西貨客兩運，皆稱便捷。

鐵路　正太鐵路幹線，東距石家莊二一七公里，西距省城二六公里，由壽陽經本縣東趙站入境，經縣城北門外，鳴季村出境，境內計長二六公里。每日上行下行，各開快車，慢車，混合車一次。正太路榆谷支線，由縣城西經東陽鎮至孟高莊出境而達太谷。全長三九公里，境內計長二〇公里。每日上下各開二次。同蒲鐵路北距原平四九•二公里，南距風陵渡約四七〇公里。自北由秋村入境，經縣城西關，永康鎮至郝村出境，境內計長三一公里。

公路

晉南汽車路北通省城，南通太谷，更南分為二路，一往西南達風陵渡，一往東南達晉城。北由秋村入境，經鳴李村，郭村，東陽鎮，至孟高莊出境，境內計長三一公里。汽車路線，完全與同蒲路並行，自念四年秋鐵路通車後，公路營業，大見減少，現下汽車公司雖跌價競爭，但終恐難於支持也。

郵政

縣城設有二等甲級郵局一所，懷仁、北田、什貼、長凝、永康、張慶、辛村、六堡、趙村、鳴謙、紫坑、要村、西洛、東陽等十四村鎮，各設代辦所一處，村鎮信櫃十九處，自縣城南至太谷，西至省城，東至石家莊，每日開郵班一次。

電報電話

電報局附設於北街郵局內，於十六年三月成立。直接可與陽曲通報。城內電話局於念三年七月由部設立，裝有一百門磁石式機一部，話線僅長五公里，用戶僅二十九家。長途電話亦為部辦，於十七年九月成立，僅通省城，話線長凡三四公里，每次通話費三角。

三　工業

榆次工業，得按生產工具之不同，分為機製手工兩種。機製工業有紡紗、麵粉、織染、電氣等廠；手工業有硝皮，打毡、釀酒、織布、染色、燒窰、印刷等業。分述於下：

甲　機製工業

(一)紡紗業，有山西晉華紗廠一家，設於北關車站附近。該公司於民國九年籌辦，募集股款一百五十萬元。定購紗機一〇、二八〇錠，十二年廠房落成十三年正式開工。自開工以來，營業頗稱順利，又於十五年添購紗機八〇〇錠，十七年添加紗機二〇、〇〇〇錠，改用電氣發動。十八年又增加股本爲三百萬元。十九年添購紗機八、一四四錠。又因利用廢花織成棉毯，添購織毯機四部，增設織毯廠。二十年添購合股機七五二錠，增加股本爲四百萬元。廿三年添購織布機四八〇台，現正從事安裝。

該廠因固定於置辦機器房屋資本太多，以致流通資本頗感缺乏。現以全廠生財作抵，向中國銀行借款三百萬元以資活動，又因生產過剩，紗銷不旺，前途頗似不易發展，現每年需用棉花一百一十萬担，大都向當地花商批購，或派員赴本省南部各產地如曲沃，洪洞、臨汾、榮河、翼城、文水、汾陽等縣採辦。現有工人一、七八九名，分晝夜兩班工作，每年計產八支至三十二支棉紗三〇、九〇〇包，每包平均以一八〇元計，總值五、五六二、〇〇〇元。二十支至三十二支二股及三股線九〇〇包，每包以二三〇元計，總值二〇七、〇〇〇元。棉花絨毯七二、〇〇〇條，每條價一・六元，總值一一五、二〇〇元。棉紗商標爲彩桐叶，股線商標爲藍桐叶，絨毯商標爲三環。行銷區域，除本省各縣外，以平漢鐵路沿線如河北之石家莊，清苑、獲鹿、及河南之鄭州，許昌爲大宗。交易以批發爲主，本省成交後再行交貨，付款一月期者爲多，在平漢線成交須貨款兩清。運輸由正太平漢聯運者，每車以二十噸計，可裝一〇三包，本省各處由同蒲車，汽車，火車裝運。同蒲車以二十五噸計，可裝七九包，汽車裝十包，大車裝五包。

麵粉業

（二）麵粉業　有魏榆麵粉公司一家，廠址榆次北關，於民國十八年十月剏辦，資本國幣七萬元。現有廠基七畝，房屋八十幢，煤汽引擎一部，馬力一百匹，磨麥機三部，淨麥機二部，平篩機，元篩機，吸塵機各一部。工人二十六名，民國十九年計出農民牌麵粉一二、五六九袋（每袋四十九磅），銷六、一三七袋；二十年產八三、五五三袋，銷三九、二九五袋；二十一年產六八、七二六袋，銷七八、一四三袋；廿二年產一〇四、八〇九袋，銷九五、二四〇袋，廿三年產一五八、五七五袋，銷一七八、九三九袋。時價每袋一•七二元。省外以石家莊銷路最旺，內省銷太原，陽泉等處。該廠去年共用小麥五七、四六〇石，皆由本省各縣供給。

織染業

（三）織染業　有利民染織工廠，廠址在北門外正太車站東。該廠原名利晉，民國二年春，設廠於太原，專製草帽，是年秋間，於榆次城內設立分廠，專染花色布疋，嗣以營業發達，民十六於北門外購地建廠，計面積九•七七畝，房屋一九四幢。並置辦鍋爐，引擎，及力織機等。十九年又添染色機器，適值發生軍事，繼之晉鈔跌價，人民購買力極度減縮，出品無法銷售，虧累不堪，嗣後軍事雖定，亦已無法週轉，不得已於廿三年停辦，本年（廿四年）五月，由宋某等集資三千元，以每月三百元代價，向利晉租得全部廠房機器生財等試辦，改名爲利民織染工廠。該廠現有力織機廿五台，筒子機緯紗機各三台，人力機五十四台，染缸機二對，烘缸機軋光機各一台，蒸汽引擎一部，馬力十五匹。男工一百名，童工六十人，藝徒十人。預計每年需用十六支紗六十包，二十支紗一百十包(以上本地晉華紗廠出品)三十二支紗三十包(天津出品)，四十二支紗一百包(上海出品)。每年可出斜紋布三千疋，每疋九元；市布三五疋，每疋九元二角；條格布一萬疋，每疋二元一角；粗布二千四百疋，每疋五元六角；完全行銷省內。

(四)電氣業　有魏榆電氣廠一家，亦在縣城北關外。民國十三年三月間，集資五萬元，按股份有限公司組織，訂購發電機一座，於民國十四年六月成立輸電。十八年五月又添購發電機一座，二十年三月，續增資本五萬元，共計十萬元。該廠現有工人十五名，地基四畝，廠屋五十一間，蒸汽引擎二部，一爲德國西門子出品，馬力一〇〇匹；一爲德國藹益吉出品，馬力二三五匹。發電機二部，一部四八K，六〇KVA，一部一四八Kw，一八五KVA。此外又有邦浦三架，鍋爐二座，汽壓一二 Kg/cm^2 受熱面積九一・四四平方公尺，二〇〇KVA。昇壓器一具，線路總長一二公里。用戶共計六九〇戶，中工廠三家，住戶一七四家，商家四六七家，其他機關四九家。每年用煤約一、一二〇噸。玆錄其近千年營業狀況如下：

年別	發電度數			營業收入(元)
	實售數	自明數	公用數	
民國十九年	三〇七、五九九	三、九六〇	一四、五〇一	四〇、〇四一

民國二十年	三六四、一六七	三、九六〇	一四、二三四	六一、四四六
民國廿一年	三六四、四七七	五一、一二〇	一三、四五六	四二、三九二
民國廿二年	四四五、二七五	三六、三〇〇	一五、二三五	四六、九九九
民國廿三年	三五一、七四八	一八、〇一二		四〇、五〇三

乙 手工業

硝皮

（一）硝皮業 本業在民十以前，皆用土法，此後始仿造法蘭皮及花旗皮。十六年前後，最爲發達，十八年全縣共有八家，十九年受晉鈔影響，相繼停業者五六家，其餘一二家亦屬苟延殘喘，民國廿二年後，始整理復業，至今亦僅有同益長、同和永、同益泰等三家。共計資本一八、一〇〇元，工人二十六名，年產法蘭皮、鞋皮二、八〇〇張，價值四〇、〇〇〇元。

硝皮所用原料爲生牛皮及騾馬皮，多來自河北之辛集，由皮店買妥，用火車運來。本省貨較少。每年全業約有五千餘張，每張價約十一二元。生牛皮每張重約二十斤，加明礬、石灰、海波硫酸製成，每張約二十二三斤。

打毡

（二）打毡業 毡業來甚古，北地氣候寒冷盛出羊毛，住戶所睡土坑，莫不以毡爲墊。其起源今已不可考，惟城中最老毡局，有設於清光緒中葉者，業此者有二種，一爲舖坊一爲散工，舖坊設有一定局址，懸牌營業，收買羊毛，製毡出售。散工則沿戶爲人打毡，毛料由用戶自備，僅取工資而已。現在毡坊共有六家。資本總數六八〇元，工人十四人，每年出毡八百六十條。六家毡局每年共需羊毛四千三百斤，皆由本縣出產。

釀酒

（三）釀酒業　本業現有四家，所出之酒，有黃白二種。黃酒由小米釀成，皆爲農家自釀。白酒由高粱釀成，卽酒坊出售之高粱燒。總計四家每年需要高粱一、五五三石，每石約三・七元。用麴一二、九五〇塊，每塊價〇、一五元。每高粱一斗，麴九分，可出酒四斤，四家資本總數一二、五〇〇元，工人八人，年產白酒六二、五二六斤，價值九、三七八元。

織布

（四）織布業　楡次於清宣統年間，卽有官立織布工廠，自民五至民十八年間，爲織布業之黃金時代。當時該業共有八家，出品遠銷至陝甘等省。自十九年銀根吃緊後，二十年遂一蹶不振。近二年始稍稍轉機，合利民織染廠計之，近僅有五家而已。該業所用棉紗，三十二支以下皆取給於本地晉華紗廠，三十二支以上細紗則仰給津滬。全年全縣約用紗一千數百包。其他如漿粉顏料等爲數甚微。棉紗以二十小捆爲一小包，二小包爲一大包，每一大包重三二〇斤，可織成長四丈八尺，寬一尺二寸，重二斤之布四疋，或織成長四十碼，寬二尺七寸，重九斤之粗布一疋。除利民外。餘如模範工廠有手機六十台，年出粗布及花格條布共一五、〇〇〇疋，內楡石牌每疋五・五元，有餘牌每疋六・五元，兩共五〇、〇〇〇元。永和工廠有手機十一台，年出十斤布（每疋六元），八斤布（每疋五元），麵袋布（每疋五元）大尺布（每疋一·四元）、二斤布（每疋一·四元）等共計一、七五〇疋，值九、五〇〇元。聶村店家庭工業傳習所有手機十二台，年出八斤布麵袋布（價與上同），色條格布（每疋二元），加寬粗布（每疋八元）等共計一、五〇〇疋，值六、〇〇〇元。此外尚有恆昌工廠，專織男女童襪，計有織襪機四架，年出姜女牌及五福牌線襪共二、四〇〇打，價值一、八〇〇元。以上各廠出品，布銷汾陽、交城、太原、榆次、平遙、清源、徐溝等處。襪銷壽陽、三交、磧口、祁縣、榆次、太原等處。

染色

（五）染色業　榆次染業，以民國十五至十八年間最爲發達，家數由三十四家增至五十六家十九年因受晉鈔影響，農產品價格大跌。農家購買力單弱，用布數量減少，染業營業大爲減色，因此相繼停業。所餘一二家，亦苟延殘喘，至民國二十二年後，始漸恢復。現除利民染織工廠外，共有手工染坊七家，資本總數二、五〇〇元。所用顏料，多來自德，瑞士。德國青每百斤可染十丈市布十五疋。德國煮灰每一斤可染十丈市布八疋。德國染粉每一百十二斤可染十丈布八十四疋。又德國靛一百斤，德國煮藍五十四斤，品青五斤可合染十丈頭藍市布二十疋，十丈毛藍市布二百十七疋。染費灰色布及漂白布每疋爲六角，煮青布每疋一元二角，毛月布每疋一元六角，頭藍布每疋一元八角。染業營業以一月、二月、九月、十月爲最旺，五、六、七、十二各月爲最淡，其餘各月平平。義慶永，源泉湧，同義成三家於本年新設，出品數量尚無法估計。其餘聚慶湧，永泉生，湧億長，晉原等四家，每年共染十丈煮青布七、三九二疋，十丈頭藍布八二五疋，十丈毛月布二、六九〇疋，十丈灰色布八六九疋、十丈漂白布一、〇八一疋。銷路則限於本城及鄰縣。

燒窰

(六)燒窰業　榆次窰業，可分瓷器、陶器、磚瓦、石灰四種。專燒瓷器者有成元磁廠一家。該廠設立於民國六年四月，資本九百元，每年出品痰盂，茶缸，茶壺等共約二十五萬件，價值二萬餘元。專燒陶器者，有來盛磁器窰一家。該廠設立於民國十九年二月，資本三百元。每年出品瓷甕，花盆，瓷罐等共約五萬八千餘件，價值二千一百餘元。專燒磚瓦者有四盛，大盛永兩家。四盛磚窰設於民國廿年一月，資本一千五百元，大盛永磚廠設立於民國十九年五月，資本二千元。兩家每年共出磚一百一十餘萬塊，瓦九千餘萬個，共值一萬四千五百餘元。專燒石灰者有侯喜石灰窰，設立於十九年十月，資本四百元，年產石灰二十五萬斤。

石印

(七)石印業　榆次石印業之範圍極小。類多僅備印石一塊，印機一部。蓋本縣鄰接省會，凡較複雜之印件如鉛印，鋼版，鋅版等件，皆由太原較大之印刷公司承印。故榆次石印業，僅有得恆，文茂齋、生記、通臣、三星等五家，資本總數六三〇元，工人十四人，每年營業額二、八五〇元

三　商業

重要市鎮

(一)重要市鎮　榆次商業，除集中於縣城北關正太車站附近一帶外，四鄉之重要市鎮有四：一為東陽鎮，係正太同蒲兩路車站所在地，南通太谷至隴關。一為北田鎮，東南通榆社，武鄉、沁縣至晉城。

一爲長凝鎮，東通遼縣，和順以至河北順德。一爲什貼鎮，北通壽陽，忻縣以至關外。此種市鎮，每隔二日或三日逢集一次。情形如下：

市鎮名稱	逢集日期	商店家數	人口數
東陽鎮	二、四、六、八、十日	一八	一、七九五
長凝鎮	三、六　九日	一三	一、二七〇
北田鎮	一、三·五、七、九日	二八	一、六二四
什貼鎮	二、五·七、十日	一二	一、八九八

進出貨物

（二）進出貨物　榆次因有正太鉄路關係，故各種貨物進出，皆以石家莊爲出納口，進口貨多爲消費品，而以雜貨佔第一位，布疋佔第二位，再次如糖、煤油、汽油、肥皂、火柴。出口貨多爲機製品及糧食，而晉華紗廠出口之棉紗佔第一位，棉花次之，布疋又次之。小米、高粱數亦不少。出口貨中除棉紗，布疋，白酒全部及雜糧一部份外，餘多爲南路之轉口貨。本縣並無關卡，據商會中人估計，每年重要進出貨物如下：

榆次縣每年進口貨估計

貨名	數量	單位	總值(元)	來源
各種雜貨	三四、六〇〇	件	八六五、〇〇〇	天津
愛國布	一〇三、二〇〇	疋	四九五、三六〇	高陽
小白布	二二九、六〇〇	疋	二二〇、三二〇	石家莊
糖	二、六〇〇	包	六五、〇〇〇	天津
煤油	一四、二〇〇	箱	五六、七〇〇	天津

汽油	三,四〇〇	箱	三二,三〇〇	天津
肥皂	七,〇〇〇	箱	二六,二五〇	天津
火柴	七〇〇	箱	五,六〇〇	天津

榆次每年出口貨估計

貨名	數量	單位	總值(元)	銷路
棉紗	一四,九〇七	包	二,六八三,二五〇	石家莊
棉花	二,九三〇,八四六	斤	八七六,二五〇	天津
布疋	一八七,六五三	疋	六五六,七六二	鄭縣
小米	一四三,二八〇	石	四二九,八四〇	石家莊
高粱	二七,三四〇	石	二三四,六四〇	石家莊
小麥	一七,一三〇	石	六八,五二〇	石家莊
雜糧	三五,二五〇	石	六三,一二五	石家莊
白酒	五四,二三〇	斤	八,一三四	鄭縣

(三)商業概觀　榆次十六種商業,共計九十五家,資本總數一,二〇〇,四七七元,每年營業總數四·三一五·九二五元。操本縣商業之命脈者,自為銀錢業,其次較重要者,有乾菜紙張業,花布業,彩帛業,糕點醬園業,貨棧業等。情形如下:

業別	家數	資本數(元)	全年營業額(元)
銀錢業	一一	一七一,七四〇	一,五〇〇,〇〇〇
當業	一二	七七,八〇〇	二一四,八一六
彩帛業	九	七〇,〇〇〇	四七七,七七一
花布業	六	三四八,〇〇〇	四九六,〇二八
貨棧業		一〇三,〇〇〇	一三〇,三八九
糧業		五五,七五〇	四八,五五〇
乾菜紙張業		一九五,〇〇〇	八五三,四三五

糕點醬園業		四〇、九五〇	一四九、八〇七
酒麯業		一六、四三七	四六、二二四
煤油業		二〇、〇〇〇	七九、八〇二
鐵業		一〇、〇〇〇	五九、〇七八
旱菸業		六四、六〇〇	四二、四八三
碱業		一四、五〇〇	三二、〇一二
蔴油業		七、〇〇〇	二一、一五〇
茶葉業		二〇〇	七、〇〇〇
烟紙業		五、〇〇〇	一五七、三八〇
共計		一、一九九、九七七	四、三一五、九二五

甲　花布業　現有晉通，吉逢、協成裕、義興長、大盛魁、祥泰隆等六家。該業在前清時僅由太谷縣另星販買，以供本縣消費。自正太路通車後，市面漸繁，資力較裕，始能直接向外大宗交易。但近年來市面銷沉，又見衰落。茲將該業營業狀況列表如下：

榆次布業產銷狀況表

品名	產地	銷路	銷量	每單位價格(元)	銷值(元)
棉花	趙州	本縣及鄰縣	一、〇〇〇包	五七·〇	五七、〇〇〇
頂白布	禹州	同前	六、〇〇〇疋	一·九	一一、〇〇〇
任莊布	臨當	同前	三〇、〇〇〇疋	一·四	四二、〇〇〇
毛市布	青島	同前	一五、〇〇〇疋	六·六	九九、〇〇〇
毛市布	石莊	同前	一〇、〇〇〇疋	六·五	六五、〇〇〇

三鹿粗布	石莊	同前	四、〇〇〇疋	八・九	三五、六〇〇
斜紋布	青島	同前	一〇、〇〇〇疋	六・五	六、五〇〇〇
線嗶嘰	上海	同前	一〇、〇〇〇疋	六・七	六七、〇〇〇
直貢呢	上海	同前	五、〇〇〇疋	八・〇	四〇、〇〇〇
直貢緞	上海	同前	五、〇〇〇疋	八・〇	四〇、〇〇〇

乙　粮業　現有吉泰公，吉履亨、德豐恆、晉源永、義逢權、義聚興、聚綿川、晉昌等八家。該業前因交通不便，米粮未能出境，彼時粮業純為代客買賣，資本微弱，僅抽佣金，自正太路通過後，始有起色。河北各縣粮商，不時大宗採買。非自行囤積，難應需求。遂由代客買賣蛻化而為自行買賣，頗有蒸蒸日上之勢。惟因省派斗捐包額奇重，繼以十九年晉鈔之毛荒，廿一廿二兩年粮價日疲，賠累不支，紛報歇業，全市粮商，僅存兩家。至上年正太同蒲兩路同時南下通車，交通大便，始行增設六家。惟資力有限，未能發展耳。

榆次縣粮業每年營業狀況表

品名	產地	銷路	銷量（石）	每單位價格（元）	銷值（元）
小麥	本地	外省	一三、〇〇〇	四・五	五八、五〇〇
玉米	本地	外省	二二、〇〇〇	二・四	五二、八〇〇

小米	本地外省	一一、〇〇〇	四・四	四八、四〇〇
黑豆	本地外省	七、〇〇〇	三・二	二二、四〇〇

丙　彩帛業　現有吉履新、晉豐泰、德生遠、聯成、瑞凝露、廣和蔚、晉裕誠、元生利、恆豐和等九家。該業在前清祗有二三家，民國後漸增至十五家。近因市面蕭瑟，屢年虧本，僅存九家。

榆次縣彩帛業每年營業狀況表

品名	產地	銷路	銷量(疋)	每疋價格(元)	銷值(元)
雙龍球市布	上海青島本省	本縣鄰縣及晉南各縣	一二、〇〇〇	七・〇	八四、〇〇〇
斜文布	同	同	四、〇〇〇	六・五	二六、〇〇〇
直貢緞	同	同	四、五〇〇	七・〇	三一、五〇〇
線嗶嘰	仝	仝	七、〇〇〇		四九、〇〇〇
花丁綢	仝	仝	八、〇〇〇		四八、〇〇〇
粗洋布	仝	仝	一五、〇〇〇		三〇、〇〇〇
人絲綢	上海、高陽、天津、山東、	仝	八、〇〇〇		四八、〇〇〇
絲綢綢	浙杭	仝	一、〇〇〇		一五、〇〇〇
公司緞	浙杭	仝	一、六九	一三・〇	二、一九七
毛呢絨	外國及本省	仝	六五	一八・〇	一、一七〇

丁　乾菜紙張業　現有晉豐厚、公興順、聚興順、廣雲集等四家。該業以經營海味、糖、紙張、乾果、乾菜等爲主。近年營業亦見減少。

榆次縣乾菜紙張業每年營業狀況表

品名	產地	銷路		銷量	每單位價格（元）	銷值（元）
糖類	天津	本縣及晉南各縣		一、七二〇、〇〇〇斤	〇・二二	三七八、四〇〇
海味類	同前	同前		一〇〇、〇〇〇	一・五〇	一五〇、〇〇〇
乾菜類	同前	同前		四〇〇、〇〇〇	〇・二五	一〇〇、〇〇〇
紙張類	同前	同前		三〇四、〇〇〇	〇・五〇	一七〇、〇〇〇
乾菓類	同前	同前		一〇〇、〇〇〇	〇・五〇	五〇、〇〇〇

戊　堆棧業　現有吉泰隆、大豐祥、義勝合、同和公、聚義成、義盛通、萬豐厚等七家。該業自前清光緒三十三年正太鉄路修築到榆後，始行成立。初僅兩三家，漸增至十餘家。當民國十六七年間，隴海，平綏兩路不通，陝甘貨物均經榆次轉運，實爲該業最盛時期。迨十九年晉鈔風潮後，深受打擊，加以各路交通逐漸恢復，營業漸稀。近復實行鉄路聯運，貨不進棧，以致連年倒閉。按堆棧棧租，以包計算，每包約重一百五十斤，月收租洋一角，外加上下力大洋二分。上棧時由客運貨入棧，而同過秤註賬。出棧時一面開具發票，將貨送交貨主指定之商號地點，一面將發貨之件數及日期函知貨主，俟貨主務

明交貨無誤後，即可濟給運費。貨主堆存貨物後，如急于用款時，可代向各銀行以棧單作抵押款，現時堆存者，以棉花爲大宗云。

四　金融

通貨

（一）通貨　榆次從前所行通貨，硬幣有銀兩制錢，紙幣有制錢憑帖。自前清光緒二十六年後，通行銀元銀角，而銀兩遂廢。迨民國八年山西省銀行成立後，省令撤銷私幣，易以省鈔，而憑帖絕跡。民國十年後又收買制錢，改鑄銅元，而制錢亦廢。嗣復角票發行，銀角亦告絕跡。在廿四年十一月四日頒布新貨幣政策，實行通貨管理以前，榆次流通硬幣，據估計袁頭孫頭銀元共二〇〇、〇〇〇元，二十文銅元三〇、〇〇〇元，一十文銅元一〇、〇〇〇元。紙幣方面，據估計外縣發行元票一、〇〇〇、〇〇〇元。本縣發行元票三一〇、〇〇〇元。又外縣發行角票一五〇、〇〇〇元，本縣發行角票一二〇、〇〇〇元，

發行

（二）發行　查從前各商號所發行之制錢憑帖及銅元兌換劵，均於民國八年山西省銀行成立後遵奉省令，限制撤銷。至十九年省鈔狂跌，現洋外溢，爾時鈔現兩缺，週轉困難，旋奉省令，准各當典及各村社領發兌換劵，以資救濟。近又有縣銀號及省立各銀號之兌換劵流行市面。據廿四年九月調查，榆次金融機關之發行如下：

發行者	發行種類	發行總額（元）
山西省銀行分行	十元券	六、〇八〇
	五元券	九、八七五
	一元券	一九六、五二六
	二角券	一二、九四八
	一角券	一八、一四八
榆次縣銀號	一元券	三六、五〇〇
	二角券	七、六〇〇
	一角券	六、八〇〇
村信用合作社	五角券	四、七五〇
	二角券	六、四七四
	一角券	六、二〇二
	五分券	四七一
晉綏地方鐵路銀號	五元券	二〇、〇〇〇
	一元券	三五、〇〇〇
	二角券	一一、〇〇〇
	一角券	三〇、〇〇〇
義聚當	一元券	六、〇〇〇
	五角券	一、〇〇〇
	二角券	二、〇〇〇
	一角券	一、〇〇〇
集義當	一元券	三、〇〇〇
	五角券	二、五〇〇
	二角券	二、〇〇〇
	一角券	二、五〇〇
天裕當	一元券	三、〇〇〇
	五角券	二、〇〇〇
	二角券	三、〇〇〇
	一角券	二、〇〇〇

（三）銀行　榆次現時僅有省立銀行一家，中國銀行太原分行，因與晉華紗廠有抵押放款關係，派有專員駐廠，監視營業，但並不與外界往來。省銀行於民國九年始在榆設分行，發行紙幣，營業日漸發

達。迨十九年因政局關係，省鈔跌價，商業衰落，加之該行基金不足，存款缺如，故放款一項漸次收縮，即於匯兌上亦無形減退不少。雖自二十一年收歸官辦，加添資本，再發紙幣，十足兌現，而誤於前事，信用未復，以致一切收放款，匯兌各業，莫不較前減少。現由總行撥款十一萬元，作爲營業資本。茲將該行近五年營業統計列表於后：

年份	存款（元）	放款（元）	全年匯兌（元）	
			匯出	匯入
十九年	二〇、〇〇〇	四〇〇、〇〇〇	一、〇三〇、〇〇〇	八五〇、〇〇〇
廿年	一〇、〇〇〇	三〇〇、〇〇〇	八七〇、〇〇〇	九六〇、〇〇〇
廿一年	—	二五〇、〇〇〇	六四〇、〇〇〇	八三〇、〇〇〇
廿二年	—	六〇、〇〇〇	七五〇、〇〇〇	九二〇、〇〇〇
廿三年	—	一二〇、〇〇〇	六三〇、〇〇〇	一、〇一〇、〇〇〇

銀號

（四）銀號　有晉綏地方鉄路銀號一家，係省款設立。廿四年秋，又有縣銀號之設立，惟僅有名目，而未開業，雖亦發行紙幣，全請商號代辦，鉄路銀號亦於廿四年七月分設。由太原總號分撥流動金五萬元，截至調查時（廿四年九月）止，其營業僅有放款三四、〇〇〇元，發行九六、〇〇〇元。

錢莊

（五）錢莊　現有萬利恆、慶源湧、吉履謙、鈺源永、正心裕、吉生慶、同和信、晉信、慶和裕、慶豐等十家。資本總額共計一一五、七四〇元。其中除晉信，鈺泉永二家各計一萬元，慶和裕一萬二千元外，餘皆在萬元以下。查與錢業往來者，以花布、彩帛、顏料、五金、油麵、雜糧、海味、貨棧等商號爲主。近來商業蕭條，錢業亦不能獨立繁榮。以言存款，則因地方金融枯竭，逐年減少。以言放款，則因信用低落而逐年緊縮。以言匯兌，則因對天津交易衰落而逐年遞減，觀於下表卽可知其大概。

榆次十家錢業近五年營業統計表

年份	存款（元）	放款（元）	匯兌（元）	
			匯出	匯入
十九年	九七五、九一八	九六三、三一〇	一、九五一、〇〇〇	一、九二六、〇〇〇
二十年	一、一二一、〇〇〇	一、二〇六、七〇一	一、五七三、〇〇〇	一、五九〇、〇〇〇
廿一年	一、一三〇、八八三	一、一二一、五四〇	一、三一三、〇〇〇	一、三〇六、〇〇〇
廿二年	八五二、〇一三	八九六、〇三八	一、一四九、〇〇〇	一、一三九、〇〇〇
廿三年	七六六、九七五	六九九、四九七	一、〇七七、一〇〇	一、〇六九、三〇〇

（六）典業　在前淸咸同間，約有九十餘家，光緒丁丑大祲後人口大減，當舖亦漸減少，但尙餘六十三家。至民國初年，減至三十五家，民國十年間，又減至三十家，十九年因晉鈔毛荒，全數倒閉。爲應市面起見，始有質店發現，近又稍稍恢復，截至調查時止，共有當舖同濟，大成、永吉、天裕、慶豐、公益、義聚、集義、永吉分當等九家，質店隆和，太來、永記等三家。當舖與質店，名義雖不相同，實際僅資本大小之別而已。惟當舖之滿期爲十八個月，當額自一角至一百元。質店之滿期則爲八個月，當額自一角至八元。利息則皆按月三分。

第四章　新絳

一　概說

一　沿革

新絳，唐爲畿內地，有大夏之墟，虞夏仍畿內地，實冀州之域，又爲御龍氏國，商爲豕韋及三嬰國，周職方冀州地，初爲唐國，後改晉，晉又遷絳，三分晉後，地屬魏，曰汾城。秦屬河東郡，北爲臨汾縣，西爲長修縣。漢仍秦舊，晉仍爲臨汾縣屬司州平陽郡，十六國時陷入劉氏，亦名汾城，又曰絳，後魏置東雍州，旋爲正平縣，後復置正平郡，後州改東雍州爲絳州，徙玉壁。隋初罷正平郡，自玉壁始徙今治，置絳州，後改爲絳郡，領縣八，唐初置總管府，管十五州，旋廢總管府，又復絳州爲雄郡，後分天下爲十三道，絳屬河東道，領縣七。梁唐晉漢周屬領如舊。宋爲雄州，仍領七縣，金上州正平爲倚劇，置絳陽軍節度使，旋升爲晉安府總管河東南路兵馬，又置河東南路轉運司，領縣八。元初爲中州，置絳州行元帥府，河解二州諸縣皆隸焉，後能元帥府，仍爲絳州，隸平陽路領縣七。明屬山西布政司，隸平陽府，領稷山垣曲絳三縣，清仍屬山西布政司，隸平陽府，旋改爲直隸州，領稷山河津聞喜絳縣垣曲五縣。民國改元，廢布政司府州，改絳州為新絳縣，屬山西河東道，廢道後，直隸省府。

二　地理

位置　新絳位於山西省之西南部，東界曲沃，西界稷山，南界聞喜，東北界汾城，西北界鄉寧，距省會七百五十里。在北緯三十五度三十八分，偏西五度十三分。

面積　該縣東西廣四十餘里，南北七十餘里，面積約為二、六〇〇方里，內平原約二一〇〇方里，水區約二〇〇方里，道路約三〇〇方里，共有農田五一〇、〇〇〇畝，內平地三一〇、〇〇〇畝，崗地一六六、〇〇〇畝，鹹地二、九〇〇畝，河地一九、〇〇〇畝，井水地一二、一〇〇畝，全縣編分為四區八十九村，第一區為縣境之東部，有城關、義泉、尙書莊、磨頭、王莊、木贊、店頭、張莊、婁莊、周莊、橫橋、南馬、翟家莊、西柳泉等村，第二區為縣之南部，有陽王鎮、禪曲、南北池、劉峪、農社、蘇陽、寨裏、蘭村、東張、趙村、樊村、東西馬、東尉、柏壁、東榆、萬安等村。第三區為縣之西部，有泉掌鎮、南李、周流、南古交、龍泉、南北王馬、席村、東韓、馬首官莊等村，第四區為縣境之北部，有蘇村鎮、橋頭溝、大四磊、南北范莊、澗西、王金、南北杜塢、北董、東西行莊、南張、南北熱汾等村。

氣候　新絳之氣候，以處於晉南關係，故不若北部之寒，雨量亦較晉北為多，全年溫度，最高華氏一〇六度，（六月份）最低〇四度（十二月份），雨量以五、六、七、八月份為最多，一、二、四十月份最少，最多達一〇五公糎（七月份）最少一七公糎（二月份），末次春霜在清明節前，首次秋霜在霜降節後。

土質

全縣土壤，以粘土爲多，占百分之五〇，壤土次之，占百分之三〇，砂土最少，占百分之二〇。

山嶺

全境係山坡平原，南北高而中間低，峨嵋嶺橫亙南境，鼓山在縣北二十五里，山雖不大，而石盤如鼓，人馬踐之有聲，鼓山發源於此，九原山在鼓山北，有土阜九，爲鄉寧山餘脈，北部邊境與鄉寧交界處有馬首山，餘地盡屬平原。

河流水利

新絳之河流及水利，在晉省至爲便利，汾澮等水及鼓堆清濁諸泉，橫貫其間，茲分述如下：

甲　汾河在城南門外，源出岢嵐及靜樂縣北管涔山，東南入幷，經靈石、霍縣、趙城、洪洞、臨汾、襄陵、汾城入縣境，西流入稷山，至河津入黃河，自縣境南梁莊至周村莊入稷山，經過本縣境內凡七十里。

乙　澮水在縣南五里，源出翼城澮高山，西南過絳縣與絳水合，西過虒祁宮，又西南至縣境，自柳泉莊至橫橋莊入汾河，經過本縣境內凡二十里，汾澮兩水共灌田二千餘畝。

丙　縣北有鼓堆清濁二泉，源出九原山，一曰清泉，一曰灰泉，二泉合流而下，漸成大溝，下建木閘，激水灌溝東之地，灌水有規定之時間，三泉莊二晝夜，白村及盧李村三晝二夜，李村及盧家莊一晝二夜，孝陵五晝夜，石村五晝四夜，王莊磨頭各二晝夜，祁郭三晝四夜，北關四晝夜，靈邱縣署各一晝夜，餘水引入文廟泮池，計二十九日，大溝漸闊漸深，俗呼天河，於席村北建石閘以激水，東南灌白村地三頃，西南灌席村李村蒲城地九頃，於西莊北建石閘激水，經莊東梢南鉄鑄分水口，一口灌南北王馬莊三晝夜，龍泉莊三晝夜，蘇村六晝夜，古交莊三晝夜，周劉村六晝夜，一口注天河，至三林北又建石閘，灌三林橋東橋西地，鼓堆西一渠經蔡村灌三泉地。共灌田約二萬畝。

丁　古水合汾，汾水西南經長修縣故城南有修水出縣南，西南流入汾。

戊　馬首山峪中兩水，自稷山三界莊而下，分為二渠，一灌北董北張燕村行莊南北塢，一灌南董李家莊梁莊光馬武平各村，馬璧峪澗水渠，計分三路，東路灌稷山三界莊及本縣北董官莊光馬村。中西路灌稷山范家張家劉家東莊李老大杜廉城等村。

巳　泉掌鎮東有水渠，左泉名大渠，灌辛堡下堡韓梁左邊地，右泉名小渠，灌辛堡下堡韓梁右邊地。縣東北鄉新聞復成渠，係由汾城南五村入口，至新絳南梁入境，流至站莊入汾河，深三四尺，長三十餘里，計灌田一千四百三十餘畝。蘭村西北山半山泉，水細無聲，每日卯午酉水湧出有聲，若潮汐然，俗呼溢水，灌史家莊，曲村、柏壁、瀟溝澗等村。

庚　他如澤掌之龍頭泉黑水泉，橋頭溝吳嶺莊之山溝。支社東王與支北莊間之紅葉溝，西康村之東溝，及薛郭村泉、丁村泉、活潑泉、春口泉、王馬庫泉、蛇泉等，均灌溉相當之農田。

三　人口

歷年增減

據該縣縣政府報告：新絳人口年來呈漸減之勢，民二十三年全縣計有一八、七八九戶，男子五一、一二四人，女子四七、六九六人，由民十七年之一〇二、六一九人減至二十三年之九八、八二〇人，茲將歷年來人口增減數列表於下！

近七年來新絳人口增減統計表

年份	戶數	男子數	女子數	總數
十七年	一九、七四七	五二、九一八	四九、七〇一	一〇二、六一九
十八年	一九、五五三	五一、七九〇	四九、一九二	一〇〇、九八二
十九年	一九、一八八	五二、一七一	四八、〇三四	一〇〇、二〇五
二十年	一九、〇一八	五一、五八九	四八、〇九一	九九、六八〇
二十一年	一八、七八八	五一、〇五八	四七、六二七	九八、六八五
二十二年	一八、七八九	五一、〇五一	四七、六九六	九八、七四七
二十三年	一八、七八九	五一、一二四	四七、六九六	九八、八二〇

城鎮與鄉村人口之比較

復據該縣報告，二十三年城鎮人口，男子爲二、六五八人，女子爲二、三八一人，總計五、〇三九人，鄉村人口，男子爲四八、四六六人，女子爲四五、三一五人，總數九三、七八一人。是城鎮人口約當鄉村人口二十分之一弱，全縣人民，以從事於工業者為多，農事次之，茲據該縣報告，人口職業分配比較表於下：

新絳縣人口職業分配比較表（人口總數等於一〇〇）

業別	佔人口總數百分比
農	三八・六七
工	四七・八九
商	三・八三
交通	〇・〇六
公務	一・〇〇
自由職業	〇・四〇
人事服務	二・〇六
軍	〇・七一
學	四・九八
無業	〇・四〇

四　交通線路

新絳為晉南唯一之工商業集中地，凡晉南洋貨之輸入及土貨之輸出，均以此為樞紐，故交通路線較多，茲就水陸兩路分述之。

（甲）水路

汾河

新絳縣境河流之能通航者，惟汾河，汾河起自清源，至河津入黃河，全長約一千二百里，經過本縣長約七十里，由東北南梁村入境，經縣城南門外，西至周流村出境入稷山界，水漲時，深達一丈五尺，落時僅三尺，普通在五尺之譜，最寬之處達一百十丈，最狹處僅四丈。水流平坦，並無礁石，夏季及秋初通行帆船，晉城陽城所產之磁器及鐵器，向由陸路運至新絳南門後裝船，由汾河入黃河，運銷陝西及鄭州等處。

乙　陸路

汽路　新絳陸路交通爲省道及大道，省道通行汽車，名侯河支路，東自曲沃縣之侯馬鎮起，西至河津縣之禹門鎮止，全長一百三十一里，橫貫本縣中部，自曲沃縣界入境，經狄莊、南關、橋東、橋西、南蘇、南李、周流等村入稷山縣界，長三十六里，路係土築，自狄莊至橋西段，路面平坦，橋西至周流，稍有斜度，全路祇准通行汽車，人力車及脚踏車，該路有按日開行之客貨車，惟以汾水漲落無常，橋樑易壞，且貨物及乘客不多，久已停駛。此路東至同蒲鐵路及晉南汽車路啣接於侯馬，至禹門與黃河水運相接聯。爲該縣主要之交通路線。

大車道　新絳與縣外交通之道路，除侯河支路外多能通行大車轎車，及馱騾或架窩等，其輸出之沙布等物及運入之棉花糧食洋貨等，均利賴之，茲分述如下：

1　由縣城迤東南至曲沃縣城，計長六十里，境內長十里，寬一丈二尺，路線與侯河支路平行，爲交通要道。

2　由縣城迤南至聞喜縣城，計長七十里，境內長二十里，寬一丈二尺，自南關起，經橫橋，符村，宋溫莊而入聞喜境之郝壁。

3　由縣城迤西至稷山縣城，計長五十里，境內長三十里，寬一丈二尺，路線與侯河支路平行，西達禹門，亦為交通要道。

4　由縣城迤東北至汾城縣城，計長五十里，境內長十五里，寬一丈二尺，自北關起，經侯莊，南北平原，倘書莊而入汾城境之師莊。

5　由縣城迤西北，可達鄉寧縣，惟僅縣內北關經泉掌鎮一段，可通大車，長四十里，寬一丈五尺出境後卽為山路，坡度甚大，貨物須騾馬馱運，人客則須乘坐架窩。

五　郵電

郵局　新絳城內油坊門設有二等甲級郵局一所，陽王鎮、劉峪鎮、清河鎮、三泉鎮、蘇村鎮、泉掌鎮設有代辦所、南關、三林鎮、萬安村設省信櫃，北街、中街、南街、西關等處則有郵票代售處，郵路有三：一由新絳至河津，每日一班，一日可到，二由新絳至侯馬鎮，每日一班，半日可到，三由新絳至泉掌鎮，每日一班，亦一日到達，故信件之投遞，倘稱便捷。

電報　城內油坊門設有電報局(有線)，係十九年十一月設立，直接通報地點為陽曲、祁縣、平遙、洪洞、臨汾、侯馬、曲沃、翼城、運城、潼關等處。近年來收發次數，均在四千五百次以上。

電話　電報局內附設有交通部長途電話局新絳營業處，係二十一年二月設立，有西門子話機兩部，四綫互換機一部，電線則借用電報綫，通話地點爲潼關，運城、翼城、曲沃、侯馬、臨汾、洪洞、平遙、祁縣等處。

二 工業

一 機製工業

新絳以手工業作場爲多，使用電力或汽力之機製工業，祗有電廠一家，紗廠二家：

新絳機製工業統計表

業別	家數	資本數（元）	職工數	年產值（元）
電廠	一	二三、〇〇〇	一五	一三、三九三
紗綫廠	二	二、七四〇、〇〇〇	二八一一	五、七六七、〇〇〇
共計	三	二、七六三、〇〇〇	二八二六	五、七八〇、三九七

誠明電燈公司

誠明電燈有限公司創辦於民國二十二年二月，地址在城內馮家巷，資本二三、〇〇〇元，機器設備，僅有變壓器兩座，蓋該公司本身並不發電，係向大益成紡織公司躉購其餘電而零售於用戶，二十三年實售電五三、五七〇度，收入一三、三九三元。

大益成紡織公司

大益成紡織股份有限公司地址在城外三林鎮，佔地一七五畝，廠屋六二〇間，成立於民國十六年六月，彼時僅有資本四七〇、〇〇〇元，紗錠六、〇四八枚。十八年增紗錠四、〇三二枚。二十一年擴大組織，三月改組就緒，增加資本額為二、一四〇、〇〇〇元，改用電機，增加紗錠六、〇〇〇枚，線錠一、〇四〇枚，織布機二六〇台，二十二年復增織布機一四四台。二十三年用棉五、〇三七、五二二斤，產三麟牌十四支，十六支，二十支，三十二支紗一四、九二〇包，彩三麟牌雙股及三股線八一一包，三鳳牌十二磅市布，太公牌三麟字十一磅，十三磅，十六磅，十八磅布一九七、二二六疋，共值洋四、〇七四•七六四元，行銷本省各縣及陝西，甘肅，河南等省。

雍裕紡織公司

雍裕紡織股份有限公司地址在城外南關，佔地一百四十畝，廠屋四八〇間，成立於民國二十年六月資本六〇〇、〇〇〇元，彼時僅有紗錠六、〇〇〇枚，二十二年增紗錠二、四〇〇枚，線綻五二〇枚、二十三年秋，添辦布廠及染廠，購織布機一四一台，及日能漂染五百疋布之漂染機一套，年用棉三、三六四七七九斤，產龍馬牌十支，十四支，十六支，二十支，二十二支紗六、八〇〇包，龍馬牌十二磅，十六磅，十磅，本色布，漂布，染色布六六、四〇〇疋，共值洋一、六九二、二四〇元，行銷本地及陝西河南等省。該廠以原有資本過少，負債甚多，頗有不易支持之勢，今年廿四年已增加資本，並力求改進現已略有起色。

二　作坊工業

新絳之作坊工業，雖每有以廠名者，但全係人力工作，該縣有火柴，織布等工廠四十一種茲分述於次：

新絳縣作坊工業統計表

業別	家數	資本數（元）	職工數	年產值（元）
火柴業	一	七〇、〇〇〇	一二二	一五〇、〇〇〇
織布業	二七	二八、三六〇	五九一	二六一、四七八
毛巾業	四	一、五〇〇	七五	一〇、九二〇
針織業	一	二〇〇	五	一、七〇〇
織羅業	二	五〇〇	五	九〇〇
毛毯業	六	四八〇	二五	九、三五〇
線毯褂業	一九	五、〇〇〇	六七	二八、四〇〇
毡呢業	三	一、五〇〇	一八	五、八一六
染坊業	六	五、一〇〇	八〇	一四、七二〇
絲線業	四	六五〇	三〇	四、〇七〇

刺繡業	六	七〇〇	六五	五、七〇〇
頭盔業	三	三二〇	一二	一、二〇〇
製帽業	四	七八八	四六	一二、〇〇〇
製鞋業	六	一、四七〇	三八	一五、八〇〇
黑皮作業	四	六、一〇〇	二五	一四、一八〇
皮膠業	四	一六、六三八	三一	一九、八〇〇
股皮業	六	六、六七七	四七	一七、四〇〇
牛皮業	三	四、三〇〇	一一	一二、五五〇
皮條絨紡業	一〇	一、九三〇	三八	六、八二〇
羊皮業	七	九、一五〇	四五	五三、七一〇
製燭業	一	一、〇〇〇	三	一、三六七
製皂業	一	二、五〇〇	一二	六、五〇〇
竹器業	二	一、六〇〇	八	六六〇
木器業	一七	一、九二〇	六一	一六、九九〇
油漆嫁粧業	五	一、〇五〇	五二	一一、二〇〇
鉄工業	二	七、二〇〇	一二八	二二、四〇五
銅錫器業	三四	三、〇〇〇	一七八	一五、〇〇〇

首飾業	九	二、九八〇	四九	一一、一〇〇
牛奶業	一	二〇〇	二	一六〇
醬醋業	三	八〇〇	一五	四、四三〇
麵粉業	二三	一〇、二八〇	一三三	七一、六〇〇
製繩業	三	二〇〇	一一	三、二〇〇
磚瓦業	四	五七〇	三四	六、〇七八
爆竹業	一	一五〇	二	一、二〇〇
筆墨印刷業	一四	一一、一三〇	八五	三三、三八〇
製刷業	四	一一〇	一五	一、〇四〇
烟坊業	五	五二〇	一九	一二、八三〇
製傘業	一	五〇	二	三五〇
梳篦業	一	一〇〇	三	五〇〇
製秤業	五	五七	六	四一〇
新民工廠	一	—	三八	二、六〇〇
共計	二六三	二〇六、七八〇	二、二三二	八六三、三〇四

四十一等中家數以銅錫業爲最多，凡三十四家，織布業及麵粉業次之資本以火柴業爲最多，織布業次之，皮膠業、筆墨、印刷、業及麵粉業又次之，職工數以織布業爲最多，銅錫業，鉄工業，麵粉業、

火柴業次之，產值以織布業爲最多，火柴業次之。

火柴廠

新絳原有火柴廠兩家，一爲榮昌，一爲毓華，榮昌公司因營業衰落，于民國二十三年四月移往陝省，毓華公司則於民國二十一年二月改組爲現存之燮和公司，廠址在縣城北關，爲股份有限公司，資本七萬元，機械設備有排機六座，卸軸機四座，順軸機二座，折取機二座，鏇軸機三座，均軸機二座，盒片機三座，年需原料：鹽酸鉀二〇〇桶，硫化燐六、〇〇〇磅，藥膠一〇〇包，松香八、〇〇〇斤，濱油一五、〇〇〇斤，白玉紛二、五〇〇斤，向天津永津、禪臣、美孚等行購進，二十三年計產鷹球牌一八、〇〇〇小件，值一五〇、〇〇〇元，行銷本地及曲沃、臨汾、汾城各處。

織布業

新絳織布機坊，起源於民國十一年，民十六七年間最爲發達，由十餘家增至一百四十餘家，民二十年左右，隴海路通車陝州，外布侵奪市場，省內大盛成及雍裕兩廠，所出布匹，物美價廉，省內外銷路大形減落，二十年減至六十餘家，近僅存三十七家，內中縣立模範織布工廠，倘係二十年四月新成立者，衰退情形，於此可見，各家資本，除模範布廠爲一七、〇〇〇元外，餘均不足千元，雇用職工，亦以該廠爲多，計九十二人，餘則多至三十八人，少至十一人，所用棉紗，均係向本地兩紗廠購進，年約需一二六、六三五包，產布四六、〇四九匹，模範布廠占十分之一，其他各家則在三千疋至一千疋以下，產品行銷本地河東道屬及陝西東部各縣。

毛巾廠

新絳之毛巾工業，始於民國十四年、迄今祇有祥發源，永興隆、永興誠、志昇和等四家，各家資本均甚微少，最多之祥盛源亦僅六〇〇元，四家共有工人七十五人，木機二十四架，年需棉紗三十六包半，出產雪字牌及雙印牌毛巾一八、二〇〇打，值一〇、九二〇元，行銷本地及陝西甘肅。

針織業

新絳之針織業，祇有城內德新工廠一家，民國二十二年成立，獨資經營，資本二〇〇元，有工人五名，襪機三架，衣機一架，所需棉紗，購自上海，年產紫菊牌線襪七〇〇打，線衣一〇〇打，值一七〇〇元，行銷本地。

織羅底業

羅底爲製麵篩之原料，以馬尾織成，該縣計有作坊二家，均在城內，一爲義長慶，一爲安順德，獨資經營，共有資本五〇〇元，工人五名，每工人每年可織成羅底二千張，全年共產羅底一〇、〇〇〇張，值九〇〇元，行銷本縣各鄉鎮。

毛毯業

編織毛毯之作紡六家，集中於府君巷，俱係獨資經營，資本多者不足一〇〇元，共有工人二五名，原料爲毛，年約需三〇、六九〇斤，產品爲馬褥，形似小號地毯，每年可織成六、二〇〇條，值九、三五〇元，行銷本縣境內。

線毯褡業

新絳之線毯褡織造業，起于民十左右，至民十六七年間，因有利可圖，繼起者達二十九家，嗣後因災荒迭見，先後收歇，現祇存十九家，集中於城廂一帶，資本均在三百元上下，共有工人六十七名，原料爲棉紗及麵粉，產自本地，年約需洋紗一八、四〇〇斤，土紗二七、五〇〇斤，麵一五、八四〇斤，產品爲線毯，鈔褡，被套，口袋等，每年產品共值洋二八、四〇〇元，行銷河東道屬各縣，

毡呢業

新絳之打毡業，原有十餘家，民元以還，銷路日減，大半倒閉，現存聚益恆，天興和。協興成等三家，集中於城內大街，資本各約五百元，獨資經營，共有職工十八人，製造毛毡及呢帽。年產毛毡三、八〇〇條，原料為羊毛，年約需七、九〇〇斤。呢帽則另有製造帽坯之家庭工業，毡坊僅加以精製修飾而已，年產呢帽三三〇打，共值洋五、八一六元，銷本地及鄰縣。

染坊

新絳現有染坊六家，共有資本五、一〇〇元，職工八〇人，代客染布，每年共染布一一、三〇〇疋，可得染工一四、七二〇元。

絲線業

新絳之絲線業，由來已久，民十以前，計有七家，現則以營業衰退，減至四家，集中於大街，資本微少，共僅六五〇元，雇有職工三〇人，每年五六月間，在本地收買生繭，以供一年之用，年共需繭四九五〇斤，製線五六五斤，值四、〇七〇元，行銷本地。

刺繡業

新絳現有刺繡業六家，集中於城內府君巷，共有資本七〇〇元，職工六五人，產品為綉衣，戲衣及其他繡貨，但以戲衣為主，每年產品總值約為五、七〇〇元，行銷本省及陝西河南。

頭盔業

頭盔業製品為戲用冠盔及珠冠，新絳現有此種作坊三家，共有資本三二〇元，工人一二人，年產頭盔一、二〇〇頂，值一、二〇〇元，銷河東道屬及鄰近晉邊陝豫各地之戲班。

製帽業

新絳製帽業，以民國八年左右為最盛，多至十餘家，現有四家，共有資本七八八元，職工四六人，本地工人，僅占少數，多來自聞喜，萬泉，及猗氏，年產綾緞布呢等便帽八〇、〇〇〇頂，值一二、〇〇

○元，銷場除本地及鄰縣外，更遠至陝甘等處。

製鞋業　新絳鞋舖，現有六家，集中於城內，共有資本一、四七○元，職工三八人，製造呢布綢等布底及皮底便鞋二○、二○○雙，值一五、八○○元，銷本地。

黑皮作　新絳之黑皮作，在民元前四十年，最爲發達，凡三十餘家，現僅有廣興長，德興合，德盛正，三盛正等四家，工人工作，分拔皮、揭筋、染皮、燻皮等，全年共需黑羊皮三六、四○○張，購自鄰縣及陝省，產品爲皮褲，皮套褲及底板皮，年產皮褲一二、四○○條，皮套褲八○○對，底板皮五、四○○張，共值一四、一八○元，銷路爲本省河東道屬各縣。

皮膠業　新絳之皮膠業，起源甚早，現僅義盛、合盛、復盛，協盛數家，工人分看鍋及犂片兩種，原料爲爛皮渣向本地各皮作購進，年約需二六四、○○○斤，製成皮膠六、○○○斤，值一九、八○○元，銷於本縣及稷山，河津、聞喜、絳縣、垣曲等處之木器作。

股皮業　新絳現時之股皮作坊，係廢清時代製皮烟包作坊所改業，彼時當地着鞋，喜加皮脊，以圖耐久經着，民國肇始，該業大盛，達十六家之多，現祇有股皮作六家，集中於東嶽巷，原料爲騾驢馬皮，來自本省及陝西年約需九、○○○張，出產鞋脊鞭稍共值洋一七、四○○元，銷路除本地外遠至中路之祁縣太谷。

牛皮坊　新絳之牛皮坊，爲民十以後之新工業，現有同義祥，三義公，益駿等三家，工人多河津及河南籍，原料爲生牛皮，產於本地，門市收進，年約需二、七〇〇張，製成底皮（亦曰法藍皮）一七、五五〇斤，値一二、二五〇元，銷於本地及鄰縣。

皮條弦坊

新絳之皮條弦坊，前清時有十五家，名曰弦房，主要產品爲弓弦，改元以後，弓弦銷路斷絕，改製車輛所用之皮條，現計有一〇家，資本微少，職工多爲本地人，間亦有來自陝西及稷山者，所需原料爲本地皮店之零邊驢馬騾牛等皮，年約需三二、一〇〇斤，年產値爲六、八二〇元，多銷本地，間亦銷附近各縣。

羊皮坊

新絳之羊皮坊，遜清光緒年間，多至五六十家，銷路遠至湖北江西等省，民國十六年後，因捐稅過重，外銷斷絕，營業一蹶不振，現祇有三盛郁、新盛魁、元記、福林誠、永豐和、積玉合、和祥長等七家，原料爲陝甘之黑白綿羊皮，年約需八二、八五〇張，製成長袍、馬褂、坎肩、皮褲及底板等羊裘料三九、四〇〇件。共値五三、七一〇元。

製燭業

新絳之製燭業，民十左右共有四家，現僅城內遇順正雜貨號附帶製燭，有職工三人，原料爲羊油、竹杆、白臘、蓋燭紅、棉花等，年約需羊油四、九六〇斤，竹杆一八八斤，白臘三〇斤，蓋燭紅六十四桶，棉花八〇斤，產羊燭五、二五八斤，値一、三六七元，銷於本縣。

製皂業

新絳製皂工廠，僅有福和一家，係民國二十三年設立，年需用牛油二〇、〇〇〇斤，大蔴油五、〇〇〇斤，香料油五〇磅，樟腦油五〇磅，鹹二、五〇〇斤，桔香三〇〇斤，玻璃精三〇磅，除牛油及大蔴油由本地收買外，餘均購自天津，年產華北愛國，和華日光，華昌日光等牌皂二、〇〇〇箱，值六、五〇〇元，銷於本省。

竹器業

新絳有竹器業兩家，均在南月城內，年需青竹四、九〇〇斤，編製竹器大小三、三〇〇件，值洋六六〇〇元，該業兼營青竹之買賣，由清化販運來絳，銷於本地，年約四、〇〇〇元。

木器業

新絳有木器作十七家，多集中於城內，工人多來自河津、臨汾、稷山、猗氏、及河南省，產品為木機，棺木及方圓器具，每年產品總值約為一六、九九〇元，銷於本地。

油漆嫁粧業

新絳之油漆嫁粧業，專製嫁粧；除將木料製成器具後，並加以油漆，現有四家，資本一〇五〇元，職工五二人，年製嫁粧值洋一一、二〇〇元。

鐵工廠

新絳鐵工廠在民國二十二年前原有晉泰、集盛，順泉等三家，後以營業困難，乃於二十三年一月聯合改組為德記晉泰工廠一家，二十三年二月又新設聚興成一家，廠址均在南關，出產榨花機三部，彈花機七二部，軋花機七〇部，織布機二〇部，切麵機六部，水車二〇部，並代客修理機器配裝零件，共值洋二三、四〇五元，銷路除本省外，遠至蘭州陝西等處。

銅錫器業

新絳之銅錫器業，俗稱為老君會，共有三四家，資本微少，年製銅錫器計洋一五〇〇〇元。銷於本地。

首飾業

新絳於民國十六年時，有首飾舖二十餘家，至十九年後，逐漸減少，現有九家，集中於城內大街，年製銀銅首飾六、〇〇〇兩，計值洋一二、一〇〇元，銷於本縣。

牛奶業

仁記牛奶廠爲新絳唯一之牛奶產地，地址在城內程家胡同，獨資二〇〇元，僅畜牛二頭，全年可出牛奶九百餘斤，共值洋一六〇元，除本地零星出售外，並可販運外縣。

醬醋坊

新絳有醬醋坊三家，內德興泉一家爲醋坊，永義誠及德泉興爲醬坊，年約需原料米麥三十六石，麵四五、〇〇〇斤，鹽一〇、五〇〇斤，菜五、一〇〇斤，產醋九〇甕，醬七五、〇〇〇斤，醬菜三、五〇〇斤，值洋四、四三〇元，銷於本地。

磨坊

新絳之麵粉業，多爲舊式之磨坊，共有二十三家，分佈於城廂一帶，工人來自萬泉，猗氏、安義、稷山、聞喜、河津、長子、長治、夏縣及本地等處。年需小麥一七、八四〇石，產麵粉二、三六九、〇〇〇斤，值七一、六〇〇元，銷本縣。

製繩業

新絳有製繩舖三家，共有資本二〇〇元，工人七名，年產蔴繩一八、三六〇斤，需蔴二二、〇〇〇斤，值洋三、二〇〇元，銷於本地。

磚瓦業

新絳有磚瓦窰三家，分佈於鄉間，年產磚七四〇、〇〇〇塊，瓦六三〇、〇〇〇枚，值洋六、〇七八元，銷於本地。

爆竹業

新絳製爆作現僅有私家園梁永發一家，開設於民國四年，工作時期爲每年廢歷八月至次年二月，約產鞭炮六、〇〇〇、〇〇〇響，值一、二〇〇元，供本縣消費。

筆墨印刷業

新絳有筆墨印刷舖十四家，內專製筆者七家，專門印刷者五家，製墨並印刷者二家，分佈於城廂一帶，各家資本多至二、〇〇〇元，少僅三〇，年產毛筆二六六、〇〇〇枝，值七、九八〇元，墨二、七〇〇斤，值一、六二〇元，印刷品二三、七八〇元，共值三三、三八〇元，行銷本地及河津道屬各縣。

製刷業

新絳之製刷作，多小本經營，集中於順城關，製羊毛刷一四八〇〇把，需竹九十二斤，猪鬃八十四斤，計值洋一、〇四〇元，行銷本地及附近各縣。

製烟業

新絳之製煙業，均附設雜貨舖內，並無專業，現在該縣附設製煙之雜貨舖，計有五家，年需煙葉油業等原料一〇三、六〇〇斤，來自本地及臨汾曲沃，產水旱煙一〇三、六〇〇斤，值一二、八三〇元，行銷本省。

製傘業

新絳製傘業，現僅有自立工廠一家，於民國十四年開設，地址在城內大街，年製雨傘三〇〇〇把，值三五〇元，行銷本縣。

梳篦業

新絳現有梳篦梳製造業一家，即南關之德興，民國九年設立，年產大小梳篦一千餘件，值五百餘元，行銷本地。

製秤業

新絳之製秤業共有五家，均係個人經營之手工業，資本微少，年來營業每況愈下，各家產品之銷售鮮有能達百元者。

新民工廠

新絳新民工廠在民國十二年五月間爲煙民善後所，十三年改爲煙民工廠，十九年五月奉省令改稱新民工廠，地址爲縣政府二門東舊西廳，佔地約一畝有餘，並無資本，每年由地方公款項下撥洋七三二元，作爲該廠經費，內有職員三人，看守六人，工人係由縣府將輕罪人犯及事涉嫌疑，證據不足者送廠作工，經過規定之期間開釋，故工人無定數，普通約三四十人。各工犯作工，不計工資，惟食宿等費，由廠開支，設備有石印機一架，石磨三盤，年均出產印刷品二〇〇元，麵粉六〇、〇〇〇斤，共值二、六〇〇元，

三　家庭手工業

新絳民風質樸，好尚勤儉，耕稼之餘，多事副業，主要者：

毡帽

1毡帽　毡帽爲新絳出產之一，前清同光間，銷售甚盛，近雖稍衰，而業此者尚多。西柳泉一帶，從事於此種工作者約二十餘家，工人六十餘名，產品爲毡帽及呢帽，毡帽爲完全成品，直接批售，呢帽則爲帽坯，尙須經帽舖打邊及整理工作，始行出售，年約產二、八〇〇頂，銷路除本省外，遠達陝甘等處。

草帽辮

、草帽辮　新絳農家婦女及兒童於農事之暇從事於編製草帽辮工作者約二百戶，凡千人，所需草桿係自潞城購來，以本縣所產性硬易碎，不適於編製。所編之辮，售於城廂帽舖，粗辮每斤價二角五分，細辮每斤價三角六分，每年統計，約可製草帽五萬餘頂。

榨油

3榨油　棉籽，芝麻，菜子俱爲榨油原料，新絳均有生產，故各鄉間油房極多，鄉農於農事之暇。則從事榨油工作，該縣三四區一帶，有油房三十餘家，都二百人，年產油二二、五〇〇斤。

編蓆

4編蓆　新絳丁村，辛堡，武平等村人民，素以編蓆爲重要副業，生產者約三百餘家，近五百人，年產蓆九三、〇〇〇條，包蓆三三、七〇〇條，蓆銷本縣，包蓆行銷稷山及曲沃，作萎薇煙草之包裝物。

編柳條

5編柳條　新絳劉家莊劉建莊農民，多編製柳器，以補生計之不足，從事此種工作者，計八十餘家，二百餘人，所需柳條，多就當地採取，不足，則自曲沃購進，年產柳罐二、五六〇個，柳藍一、二三〇個，簸箕一、〇〇〇個，全銷本縣。

土布

6土布　新絳爲產棉之地，故鄉村婦女，多自行紡織，遜清中葉，爲極盛時代，近因機坊及布廠大量生產，因之大爲減色，現從事此種工作者，約一萬三千餘家，二萬六千餘人，年產自紡自織之完全土貨九千餘疋，布質堅牢耐久，除供自己服用外，出售者約十分之二三，其大多數由棉販以花換布。

三　商業

一　一般商業

新絳自辛亥革命後，以水路交通較便，貨物製造之增進，購運銷售之繁盛，故各業商號，新增者多而停閉者少，迄民國十一二年間，城廂一帶之工商行號，計達一千四百家，十五六年之交，因水旱頻仍，又受戰事影響，既感運輸不便，銷售尤形遲滯，商業大受影響。近年地方雖稱安謐，但元氣屢傷，農林枯窘，商業因之蕭條，各業商號既感金融週轉之不易，復受貨價漲落之虧賠，多感維持之不易焉。

新絳之主要商業，計有雜貨，京貨、綢緞、估衣、藥材、糧食、府紙、粗磁、油酒、絨毛、皮店、鐵貨、金珠、古玩、煤油、繩頭等十六業，其中以京貨及雜貨兩業勢力最大，家數衆多，資本最雄厚，營業額亦最巨，茲將該縣主要商業十六業，列表於后：

新絳縣主要商業統計表

業別	家數	資本額（元）			自行買賣 代客買賣	全年營業額（元）		
		最高額	最低額	總額		最高	最低	總額
雜貨業	三二	九、二五〇	一〇〇	一六、二〇〇兩 三六、〇七〇	自行買賣	一六〇、〇〇〇	一、〇〇〇	六八六、七〇〇
京貨業	五四	一四、四二〇兩	二〇〇	七五、五二〇兩 八三、四八〇	自行買賣	一六〇、〇〇〇	三、〇〇〇	二、九一〇、〇〇〇
綢緞業	四	五、〇〇〇	四一六	七、九一六	自行買賣	三〇、〇〇〇	一〇、〇〇〇	七〇、〇〇〇
估衣業	一一	八、〇〇〇	五〇〇	二一、三〇〇	自行買賣	二〇、〇〇〇	六、四〇〇	一二七、一〇〇
藥材業	三四	四、〇〇〇	八〇	二四、五六〇	自行買賣	五〇、〇〇〇	二〇〇	二四九、四〇〇
糧食業	六	二〇、〇〇〇	三二、〇〇〇	三三、五〇〇	代客買賣	二〇〇、〇〇〇	一四、〇〇〇	四四四、〇〇〇
府紙業	四	三、〇〇〇	六〇〇	六、四〇〇	自行買賣	一二、〇〇〇	六、〇〇〇	三八、〇〇〇

粗磁業	五	一六〇	八〇	五三〇	自行買賣	一、二〇〇	三六〇	三、五八〇
油酒業	七	四、二〇〇	四〇〇	一三、一〇〇	自行買賣	二二、〇〇〇	五、二〇〇	一〇〇、二〇〇
羢毛業	一			三、〇〇〇	代客買賣			二四、〇〇〇
皮店業	七	三、〇〇〇	四〇〇	七、九〇〇	代客買賣	四五、〇〇〇	三、〇〇〇	二一〇、〇〇〇
鐵貨業	三	三、〇〇〇	一、五〇〇	六、五〇〇	自行買賣	二〇、〇〇〇	一〇、五〇〇	四四、五〇〇
金珠業	三	四、〇〇〇	二、〇〇〇	九、二〇〇	自行買賣	四〇、〇〇〇	二〇、〇〇〇	八〇、〇〇〇
古玩業	五	一、五六〇	三〇〇	三、六八〇	自行買賣	九、〇〇〇	一、〇〇〇	二一、〇〇〇
煤油業	三	一、〇〇〇	一、〇〇〇	三、〇〇〇	代客買賣	四〇、〇〇〇	三五、〇〇〇	一一五、〇〇〇
繩頭業	一二	二、〇八〇	二〇〇	六、〇一〇	自行買賣	一二、〇〇〇	五〇〇	四六、三〇〇

二 金融業

銀行

新絳在民國八年時，有銀行兩家，一爲中國銀行，一爲山西省銀行，至民國十三年，中國銀行停止營業，祇存省銀行一家。該行成立於民國八年，由八年至二十年爲集股商辦性質，二十一年收歸公有，改爲官辦，名稱定爲山西省銀行新絳分行，歸太原總行管轄，業務爲：存款，放款，匯兌及買賣生金銀，但實際營業則爲放款及匯兌，年來該行業務，日趨進步，二十三年放款達二一〇、〇〇〇元，匯兌額達六八〇、〇〇〇元。

該行放款去路以紗廠爲最多。占百分之六一・九，京貨雜業占百分之一四・二，其他各業占百分之四・九，利率月利八厘至二分，年利八釐至一分。主要通匯地點爲天津及太原，計對天津匯出爲二八〇、〇〇〇元，匯入爲一五〇、〇〇〇元，對太原匯出爲一五〇、〇〇〇元，匯入爲一〇〇、〇〇〇元。該行除經營以上業務外，並發行山西省銀行新絳地名之紙幣，計發行一元票三五、七七八元，角票二〇，七九一元六角。

民國十五年左右，新絳有錢莊十五家，後以連年旱災及省鈔低落之故，停閉八家。去年復受棉價跌落之影響，又停歇二家，目前僅存興業，同濟成，德和興，敬信永，天生泰等五家。

五家營業情形，除興業一家稍有進步外，其餘四家，則均每況愈下，二十三年四家之營業數額，僅當民國二十年百分之五七・八六，茲將同濟成，德和興，敬信永，天生泰等四家近四年來營業情形列表於下：

近四年同濟成等四家錢莊營業額及指數表(單位國幣)

年份	存款數	指數	放款數	指數	匯兌額	指數
民國二十年	三一九、〇〇〇	一〇〇・〇〇	三三〇、〇〇〇	一〇〇・〇〇	二、七二〇、〇〇〇	一〇〇・〇〇
民國二十一年	二八六、〇〇〇	八九・六五	二八八、〇〇〇	八七・二七	二、四〇〇、〇〇〇	八八・二四
民國二十二年	二二三、〇〇〇	六九・九一	二四二、〇〇〇	七三・三三	一、九〇〇、〇〇〇	六九・八五
民國二十三年	一八二、〇〇〇	五七・〇五	一九一、〇〇〇	五七・八八	一、六〇〇、〇〇〇	五八・八二

該業放款去路及匯兌，均以商業爲主，年來災害頻仍，農村破產，各業蕭條，錢業亦隨之而衰落。

各家主要通匯地點，各有不同，興業爲天津、太原、運城三處、同濟成爲上海、天津、鄭州、北平、太原、榆次等處；德和興爲天津、太原、北平、上海、陝西、甘肅等處；敬信永爲上海、天津、鄭州三處；天生泰爲上海、天津、鄭州、洛陽、西安、北平等處。

新絳前有當舖五家，嗣以兵燹虧折而停歇，現有之三家，除蘇村鎮之裕德當爲民國十年開設舊舖外，蔚合及德興兩家，則均係民國二十三年所新設。

新絳典當一覽表

名稱	設立時期	組織	股東人數	資本數（元）
蔚合當	民國二十三年	獨資	一	八、〇〇〇
德裕當	民國十年	合資	五	二四、〇〇〇
德興當	民國二十三年	合資	七	九、〇〇〇

三家當舖，共有資金四二、〇〇〇元，押出金額計七二、九一二元，贖取金額計五七、六七〇元，利息收入共爲一二、九五〇元，資本金額共爲四六、六一五元，當物以衣服首飾及銅錫具爲多，當價約估七成，當額最高二〇〇元，最低一角，滿當期限在民國十八九年前爲二年半，現則僅限十八個月爲滿，面議寬限，至多六個月，利率現爲月利二分五釐，但在十八九年前則僅二分。

三　進出口貨

新絳爲晉南唯一之工商業集中地，又爲河東道屬各縣土產輸出及外貨輸入之中樞，故進出口貨，具有相當之數量，運入以棉花爲最多，達百餘萬元，紙烟、煤油、小麥、煤、羊皮次之，各一二十萬元，運出以棉紗布疋爲最多，各達一百五六十萬元，皮裘次之，約三十萬元，運入貨品之來源爲天津、上海、陝西、安徽、山東、福建、青島、及本省。運出貨品之銷路爲陝西、甘肅、河南及本省各縣，估計運出貨物約値三百餘萬元，運入貨物約値二百餘萬元，茲將該縣主要輸運出入貨品之數量及價值列后：

新絳縣輸出輸入主要貨物數量及價值估計表

輸入				輸出			
貨名	數量	價值(元)	來源	貨名	數量	價值(元)	銷路
棉花	三四、〇〇〇担	一、〇二〇、〇〇〇	河東道各縣	棉紗	一二、〇〇〇包	一、六〇〇、〇〇〇	本省、陝、豫
紙烟	七一〇箱	一六三、三〇〇	太原	布疋	二〇〇、〇〇〇疋	一、四〇〇、〇〇〇	本省、陝、豫
煤油	一五、〇〇〇箱	一六五、〇〇〇	天津、上海	火柴	九、〇〇〇箱	七五、〇〇〇	本省、陝西
小麥	二二、〇〇〇石	一一〇、〇〇〇	河東道各縣	油	五一、〇〇〇斤	五、一〇〇	本省
煤	三〇〇、〇〇〇担	二四〇、〇〇〇	湘寧	粉條	二六、〇〇〇斤	四、〇〇〇	本省
羊皮	一一〇、〇〇〇張	二二〇、〇〇〇	本省、陝西	皮裘	二五、〇〇〇件	三〇〇、〇〇〇	本省
麵粉	三六、〇〇〇袋	九〇、〇〇〇	太原、臨汾	皮膠	四五、〇〇〇斤	一三、〇〇〇	本省
鐵貨	三〇〇、〇〇〇斤	六〇、〇〇〇	晉城、陽城	牌	六、三〇〇頁	、六〇〇	臨汾、曲沃
鹽	一〇、四一〇担	七九、〇〇〇	運城	帽	一〇〇、〇〇〇頂	四〇、〇〇〇	本省、陝西、甘肅

藥材	—	四〇、〇〇〇	太原及鄰縣	筆	八、四〇〇包	八、七〇〇	河東道屬各縣
紙張	—	五、〇〇〇	太原、臨汾	墨	六、五〇〇斤	七、二〇〇	河東道各縣
牛皮	五、〇〇〇張	五〇、〇〇〇	本省、陝西	毛毯	一、〇〇〇條	三、〇〇〇	本省
茶葉	一、二〇〇捲	一七、〇〇〇	安徽	線毯褡	六、〇〇〇條	一〇、〇〇〇	河東道各縣
綢緞	六、六〇〇疋	八四、〇〇〇	上海、山東	草帽	一五、〇〇〇頂	九、〇〇〇	
糖	一九五、〇〇〇斤	三八、七〇〇	福建	軋花機	五〇〇架	一二、五〇〇	本省、陝西、甘肅
海味	八、二〇〇斤	一三、五〇〇	天津	彈花機	一五〇架	四、五〇〇	本省、陝西、甘肅
直貢呢	二、五〇〇疋	二〇、〇〇〇	天津、上海	香	六〇、〇〇〇斤	二、〇〇〇	本省、陝西
洋布	四〇〇包	三六、〇〇〇	青島	燭	四、二〇〇斤	一、〇〇〇	本省
線嗶嘰	一、二〇〇疋	一〇、〇〇〇	上海	毛巾	一〇、〇〇〇打	六、〇〇〇	本省、陝西、甘肅
書籍	—	六、〇〇〇	津、滬、太原	繡品	—	四〇〇	本省、陝西、河南
靛青	二四〇桶	二〇、〇〇〇	天津	皮褲	一〇、〇〇〇條	七、〇〇〇	本省
硫化青	一、三〇〇	八、〇〇〇	天津	股皮	六〇〇、〇〇〇付	一八、〇〇〇	本省
				底皮	七、〇〇〇斤	五、〇〇〇	本省
				皮條	一二、〇〇〇斤	四、〇〇〇	本省
				肥皂	一、〇〇〇箱	三、〇〇〇	本省
				土烟	二〇、〇〇〇斤	二、〇〇	本省

第五章 運城

一 沿革

運城原名潞村，因河東鹽池所在，故久爲鹽商輻輳之區，晉南經濟集中之地。當宋元之際，河東鹽無課稅，商人將鹽行銷河北及兩淮，均獲厚利，潞城經濟，驟見發達，斯時河東鹽司，設治解州，運使那海德俊，目覩潞村日漸發達，遂築鳳凰城以資保障，並遷治於此，始更名曰運城。明代鹽法，商人輸粟於邊而中鹽於場，謂之開中，旋雖改爲課錠，但納稅尙微，運城鹽務之繁榮，仍照常進展，其他商業，亦隨此興盛，故明天順二年，運使馬顯，將城改作四門，正德六年，御史胡正，奏請增高城牆，嘉靖三年，加石甃於城果，四年甃其西，十三年甃其北，十五年甃其南，從此以後，運城便成晉南之商務重鎭。前清雍正年間，運鹽徵收岸稅後，居民依鹽務爲生者，如畦丁、池脚、散車、縫袋、搖鹽及辦公員役，幾及二萬餘人，而外縣來此經商者，亦無不獲利，家給戶足，當斯時期，實爲運城之黃金時代。但自民國以來，官制改編，辦公員役，紛紛失業，鹽稅每緡加至九百元，陝豫附稅亦如之，銷路疲滯，運商倒閉者，幾十之八九，更因時局不靖，其他商業，停歇者相繼，故今日運城之商業市面，已甚蕭條，不過本年同蒲鐵路，已告完成，路線經過運城，交通益便，商業或有復興之機會也。

二 地理

運城屬安邑縣，在安邑縣治西十五里。安邑古爲夏都，戰國爲魏都，秦爲河東郡治所，漢魏晉則爲河東首縣，向甚重要，惟商業久已集中於運城，故運城改市，卽以河東市名之，城內地勢平坦，城南卽臨鹽池，中條山乃屏列於鹽池南岸，城北十里，有涑水河，惟水淺狹，不利交通，故運城貨物，全恃陸運，至於運城市區面積，至爲搾小，以城圍爲界，城周圍約九里十三步云。

氣候

運城氣候，因地處晉省南部，與晉北之大同等完全不同，每年最熱時期，乃在七月，最高溫度達華氏一百零八度，平均溫度在九十一度左右，其最寒時期，乃在一月，最低溫度達華氏十二度，平均溫度在二十七度左右。至於雨量，據安邑縣政府及運城鹽務稽核所報告，民國二十三年度，降雨較少。全年三七·七二公厘，二十四年一月至八月，則雨量較多，共計二八八·四公厘，每年降雨最多月份，乃在七八兩月，最少時期，厥爲一二兩月，茲列最近一年氣候紀錄於后。

運城溫度雨量記錄

民國二十三年各月份	華氏 最高溫度	華氏 最低溫度	民國二十四年一月至八月降雨量
一月份	四二	一二	四·五
二月份	五〇	二一	八·五
三月份	七二	三四	五·五
四月份	七七	四二	一二·五
五月份	九二	五九	七·五

六月份	一〇〇一	六五	一二・五
七月份	一〇八	七五	八六・三
八月份	九三	六八	一五一・一
九月份	八七	六二	

十月份	七一	四三
十一月份	六一	三〇
十二月份	五〇	二九

三 人口

運城人口，據運城公安局二十四年八月份調查，共二千六百六十三戶，男子六千七百八十名，女子四千零十八名，共計一萬零七百九十八口，其中本省人占八千一百六十二，河南人占一千一百零二，山東人占九百十七，河北人占四百七十二，山西人一百二十八，其他籍江蘇湖北安徽三省。至於年齡，十歲以下者，一千九百五十五口，十歲至二十歲者，一千五百五十三口，二十歲至三十歲者，二千四百六十二口，三十歲至四十歲者，二千六百八十六口，四十歲至五十歲者，一千一百零三口，五十歲以上者，約一千零三十九口，現運城市分成四區，各區人口分佈列表於下：

運城市區人口分佈表

區別	戶數	男子數	女子數	總數
第一區	七九九	二、一一五	一、一七三	三、二八八

第二區	三九九	一、〇〇二	七二一	一、七二三
第三區	五一二	一、三二一	七八五	二、一〇六
第四區	九五三	二、三四二	一、三三九	三、六八一

更查運城，毗近秦豫，五方雜處，商賈輻輳，機關則有鹽運使公署(西街)，鹽務稽核分所(阜巷)，河東解池場公署(謝家巷)，陸軍六十九師第二百十四旅旅部(城內院門前)，運城警備司令部(城內院門前)，運城公安局(東街)，法院(西街)，安邑第三區公所(柴市巷)等，團體則有河東市商會(東街)，河東潞綱鹽務總會(東街)坐商產鹽公會(西街)，豫岸運商公會(院門前)，陝岸運商公會(西門外)，晉岸運商公會(安邑縣南關)，學校則有運城師範學校(東街)，運城女子師範(姚家巷)，運城職業學校(東門外)，河東中學校(北門外)，明日中學(阜巷)，菁萃中學(姚家巷)，鹽務職業學校(西街運署內)，及模範；四街，第二，運城等小學。入口移動，每月都有，惟以公務人員，學校敎師及商人居多，客籍民戶，視年歲豐歉爲轉移。

職業分配

居民職業，以行商者佔多數，計二千九百九十五名，業針工者次之，計二千零十二名，惟此業均係女性，學界中之學生與敎師則更次之，計一千零二十八名，業農者六百五十八名，服務政界者五百八十九名，業工者三百零八名，在軍界者二百十六名，此外失業者二千九百九十九名。

四　交通

運城交通，全恃陸路，自民國八年以來貨物之轉運，遠至太原、大同，近至安邑、解縣、平陸、猗氏、萬泉、聞喜、夏縣、芮城、臨晉、曲沃、新絳、完全用四套大車承運，用二套轎車爲旅客乘坐，其所走之路，通名大車路，最闊者，計有四條：

一　運城至茅津渡大車路　由運城至夏縣屬之王峪口，繼經安邑縣境之尉村、李莊、湯里、下段等村，然後入平陸境而抵茅津渡，計長九十華里，路身寬約一丈，運城與王峪口中，路頗平坦，惟自王峪口起以至茅津，路出中條山間，屈折極多，起伏無定，大車行駛，比較困難，然潞鹽晉棉輸出豫省，過黃河以達隴海鐵路，此爲要道，故途中車輛，常絡繹不絕，每輛大車運費約八九元云。

二　運城至解縣大車路　由運城至解縣，中經李店舖等，共長四十華里，路身寬一丈六尺，頗平坦，凡京貨雜貨藥材及一切船來品之輸入，及潞鹽晉棉之輸出豫陝，均賴此路轉運，運輸純用大車，每車每次車資，約二元之譜。

三　運城至萬泉大車路　由運城經安邑縣治北進，歷畔南，上郭村、西北莊直赴萬泉，計長一百三十五華里，路身寬約一丈許，全路除邵村北之峨眉嶺一段起伏不平外，餘皆平坦，凡潞鹽之輸出河津稷山榮河猗氏等縣，及河津縣之煤炭並以上各縣之棉花，輸出河南省者，道必出此，轉運貨物，全用大車，運費每輛四元至五元不等。

四　運城至聞喜大車路　由運城經張孝陶村鎭牛坡石碑莊等村後，入夏縣牛家凹，直達聞喜縣，計長一百餘里，路寬一丈，係平坦土路。潞鹽之運往晉省東北各縣，或翼城曲沃聞喜之棉花，向南輸運，經運城以輸出河南者，此乃必由之路，轉運用具，全賴大車，聞喜至運城每輛運費，約四五元之譜。

晉南汽路

自民國八年，省辦太風汽路完成，（又名晉南汽路），與晉北汽路銜接後，自大同南行以達永濟之風陵渡，計長一千八百華里，而適經運城，於民國二十二年七月，太原商辦之晉南汽車公司成立，備車十餘輛，在該路上分設車站，每日行駛三次，以搭載乘客，運城北門，亦爲該公司重要車站，行旅往來，便生一大變化，及本年冬初，同蒲鐵路敷軌工竣，大同至風陵渡，已次第通車，亦設車站於運城北關，此路原爲晉省南北交通重要幹線，運城日後貨物輸運之便捷，當非昔日比矣。

郵局

運城郵局，係二等甲級局，局址在姚家巷，其下設代辦所九處，信櫃六處，代售郵票處一處，代辦所地點，卽曹張鎭，北相鎭，舜帝廟，王范鎭，滎芝驛，三管莊，三路里村，東墕底，張店鎭等。信櫃地點，卽裴介鎭，水頭鎭，寨裏村，羊駝寺，張嵩，趙村等。代售郵票處，則在運城西關。該局所定發信時刻，由運城寄往茅津渡，尉郭鎭，永濟者，係逐日晝夜兼程班，一日可達，寄往新絳，三里村者，係逐日晝班，三日可達，信件往返，則需六日。

電報

運城電報局，係交通部設立，在運城姚家巷，自清宣統元年十一月成立後，其直接通電地點，北至侯馬，南至潼關，未曾改變，至民國二十二年，該局圖營業擴大起見，奉令添設掛線電話，而直接通話地址，亦以侯馬潼關爲主，現備交換機一架，實行代客通話，每次通話，取費四角，統計該局每年電報電話收入，約三千元云。

軍用電話

運城軍用電話局，係省辦電話，專供軍隊靈通消息，在民國十三年六月成立，設局於院前門警備司令部中，直接通話地點，計臨汾侯馬及運城附近之軍事機關等，話線長度約二百十公里，現時局內有西門交換機一架，間亦代客通緊要電話，第爲數不多，每年收入，僅百元左右。

五 工業

運城工業之最重要者，厥爲製鹽，其他工業，頗爲幼稚，尙未脫離手工業時期，且資本微小，家數不多，出產數量，亦欠可觀，茲將各業情形，分述於后。

製鹽

一 製鹽業　河東鹽，又名潞鹽，始自虞舜，歷周秦而規模粗備，及漢唐宋元而出產益盛，明清二朝，河東鹽額，年出三四百萬担，所徵鹽課，遂爲國用主源。民國成立以後，潞鹽雖形萎敗，然行銷之引地，如晉豫陝三半省中，每年稅課，仍達數百萬元，依潞鹽爲生者，尙多至數萬口，河東鹽池，場名解池，位居中條山之陰，運城之南，分中東西三場，各場又分爲鋪，各鋪之內，又分爲畦，跨安邑解縣兩縣境，面積東西約六十餘里，南北約十餘里，週圍一百二十餘里，以牆圍之，謂之禁牆，坐商在其中，領畦曬鹽，是種坐商，俗名庵戶，卽製鹽之商人也。按河東鹽池，爲官有性質，但當初坐商分領鹽畦曬鹽之時，鹽務當局，卽以最初領得曬鹽之商名，以名其畦地，並許以後只能轉移畦地之曬權，不能售賣所有權，故最初三百五十五畦之商名，永久不改，惟解池中東西三場，滷氣鹽層，各有不同，更以每年天時與銷路關係，潞鹽之產額及價格，時時變更，因此坐商之盈虧遂分，而其間曬權之更換，畦地之曬停，亦年年不同矣。現據民國二十四年調查，畦地之開曬者，共四十家。東場鹽質最優，曬鹽作法，以鹽井爲主，人工省而產量豐，故曬鹽者均在東場。中場滷氣雖甚濃厚，但製法以滹沱爲主，人工較費，潞鹽暢銷時，可行曬製。至若西場，則泥土性鬆，不能鑿井，用滹沱又復滷氣不厚，製鹽工費而成本大，在昔鹽價高漲及銷路特暢時，尚有人曬製，今因鹽積不銷。西場業已停曬，鹽畦大半荒蕪，因此近六年中之鹽產量，大見減退，據河東坐商產鹽公會報告，民國十九年出鹽二百十五萬四千五百五十五担，二十年祇產一百十四萬一千零九十五担，二十一年產一百零四萬零五百十一担，二十二年產九十六萬八千一百二十一担，二十三年產一百十二萬九千六百六十五担，民國二十四年產八十五萬七千九百担，以場價每担三角九分四釐計，總值三十三萬八千餘元。製鹽時期，春冬兩季，從事於稍板墊畦，鑿滷水井，及修築水道等，夏秋兩季，專事曬鹽，出鹽多寡，全視斯時天氣，故坐商僱用工人，夏秋多而春冬少。民國二十四年夏季，據坐商四十家之報告，共雇工人三千八百十八名，冬季則減去二千六百五十三名。工人中，每家各有工頭一名，俗名老和尚，此人富有經驗，全家工人之工作，皆屬其指揮管理，故薪水特多，年約二百元左右。其次名老柏，再次爲頭張銑，二張銑，亦任重要工作，年薪各百元左右。此外則爲長工短工庵工等名目，工資每年十餘元至六十元不等，總計四十家工資，年需三十萬元之譜。坐商固定資本，除東場東阡舖之坐商張雲客，劉集成，周宗賢等三家，及東八舖張景瑞一家，滿萬元外，其餘都係數千元，且有全無固定資本者，每屆晒鹽時，即向人借錢晒鹽。借錢多寡，乃依鹽之產量爲轉移，全業固定資本祇十六萬七千二百五十元云。潞鹽運陝引地，分晉豫記三岸，晉岸之晉南四十四縣，係用包商制，各縣均有定額，由商人承包運銷，坐商之售鹽價格，由運署規定，晉北南部十三縣運商，則爲自由販賣性質，陝岸爲陝東三十四縣，豫岸爲豫西二十四縣，運銷商人，除陝岸之潤廟前，吳王參渡，及豫岸之洪陽、東村太陽、萬錦南溝、尖坪、東灘、等七渡，係用包商制，由商承包運銷外，其餘陝岸之下馬口，風陵渡，及豫岸之茅津渡等，均係自由販賣性質，鹽出場後，在安邑卸棧，然後運至兩岸各渡鹽棧，發至引地，是種運商，豫晉陝三岸，各有公會組織，坐商產鹽公會，則在運城西街。

線毯業

二　線毯業　運城織造線毯，全用老式之鐵刀與木馬，布面闊約一尺四寸許，每一線毯，乃合四條以成之，故式樣粗劣，不甚雅觀，惟品質堅牢，本地居民尚喜使用，現時運城城內，有全盛永，豫慶元，三興裕三家，固定資本，各四五十元，職工共十一名，採購新絳棉紗爲原料，年用一百四十小包，所成線毯約四百六十條，總值六百十二元。

毛巾業

三　毛巾業　運城東街鐘樓巷之裕華工廠，南大街之華昌工廠，皆於民國二十二年成立，購木機三四座，織造毛巾，至民國二十三年，二廠各因資本微薄，銷路不旺，祗開木機二座，招工人二名，以應酬市面，目下營業稍旺，年購新絳粗紗共四百八十小包，出毛巾四千八百打，行銷運城及解縣。裕華出品，名重雩牌毛巾，華昌出品，名雙印牌毛巾，每打售價六角，總值二千八百八十元。

製毡業

四　製毡業　運城製毡坊，祇有裕盛永一家，坊址設於北大街，於民國十年成立，資本四十元，現工人共計五名，皆河南籍，工資月共十二元，膳宿由坊主供給；其所用原料，以粗羊毛居多，來自鄰縣之平陸，年需一千餘斤，出毛毡七百條，總值七百餘元，主銷本地。

絲線業

五　絲線業　運城東大街之永興和楨錫永，製造絲線有年，皆獨資開設，固定資本一百四十元，流動資本四百元，每屆新繭或新絲上市，便往沁水縣採辦原料，年約二百元左右，現時二家共用工人九名，月給工資三十五元，以製造各色絲線，行銷本地，本年產額，計重一千八百六十兩，每兩售價八角，總值一千七百二十八元。

油坊

六　油坊業　玉成油坊於清宣統二年開設，資本三百四十元，備舊式榨油工具，代客承榨油類及自行榨取棉油菜油，以運銷安邑解縣，現時坊內僱用職員六名，工人九名，皆供給膳宿，此種工人，多半係本地人，間有自河南來者，職員薪水，每年二十五元至五十五元不等，工人則按月三元至四元不等。所用原料，以芝蔴菜子棉籽三種爲大宗，來自安邑者，約七千二百石，出香油菜油棉油共二千五百担，香油每担價十六元，菜油十四元，棉油十一元，估值一萬九千八百元之譜，而每年代客承榨油工，共計

磨坊

三千五七十元。

七　磨坊業　運城磨坊，計有三家，興盛及耐久興二家，均在路家巷，宏義順設於胡家巷，皆獨資開設，資本各四五十元，坊內設備，祇石磨及絲籮等，現時三家工人共十名，工資約二十九元，膳宿由磨坊供給。每年所用小麥，本縣產者，居十之九，來自夏縣者，居十之一，民國二十四年需用一千五百四十石，出麵粉十六萬八千九百斤，總值六千七百五十六元，主銷運城附近。

肥皂

八　肥皂廠　華美肥皂工廠，廠址在運城胡家巷，係民國十三年成立，開辦之初，資本一萬元，後因生意蕭條，虧賠三千七百七十元，廠內設製鹼鍋二座及雜件，皆使用人力，尚未有機器設備，每年開工時期約一百八十天，冬季及春初，皆停止工作，因此廠內工人，皆按月計薪，職員四名，月薪五十元，工人及藝徒六名，月薪三十五元。原料方面，牛油蔴油，則來自晉南各縣，松香則購自解縣，火鹼泡花鹼，香草油等，則向河南之鄭州購用，而所製出品，都係粗皂，名曰萬美日新肥皂，以丹鳳朝陽爲商標，民國十九年，計出三千二百箱，二十年出三千七百箱，二十一年出二千一百箱。二十二年出一千四百箱，二十三年出一千三百箱，本年份之產量，與二十三年同，以本年每箱五元之平均價計算，總值六千五百元，運銷新絳、解縣、平陸、安邑、潼關等處，以每年三月至六月間銷場最旺。

染坊

九　染坊業　運城染坊，計有三家，忠盛福隆盛永，在運城之西大街，茂盛永在運城之路家巷，皆獨資開設之舊式小染坊，三家資本共二百元，店內一切事務，由店主自理，茂盛永，忠盛福二家，則用工人三名，供其膳宿，月薪每人三元，隆盛永則不僱客工，染布事務，完全由家人任之，三家採用靛青，分洋靛與快靛二種，年用九桶，在太谷縣及運城購辦，染布色彩，以藍布爲主，每年所得染資，共計九百二十元。

油漆業

十　油漆業　運城油漆作坊，有信義長，恆泰興二家，地址在路家巷，均於民國五年以前開設，代客油漆各種木器及匾額等，因近年營業清淡，工人不多，二家祇五人，每年所得油漆工資，約三百元之數。

蔴繩業

十一　蔴繩業　運城東大街之同興永，西大街之集義成協興成等三家，皆採辦新絳白蔴，製造蔴繩，惟其製繩用具，沿用舊式紡蔴車，故出貨遲慢而粗劣，銷運城附近。現時三家資本，共二千一百元，僱用職工二十三名，月給工資六十四元，每年使用白蔴約四千四百五十担，以成二千三百六十担之蔴繩，蔴繩每担價格，各種不同，平均以二十元計算之，則約值四千七百二十元云。

木器業

十二　木器業　晉南居民，崇尙儉樸，家用木器，素欠精緻，椅棹廚箱等物，小康之家，尙付缺如，故運城木舖，營業未見十分暢旺。現全業計有九家，店在東大街者，計有一心合，同心合兩家，在西大街者，計有二合成，二盛合兩家，在北大街者，計有萬順利，義和昌兩家，在路家巷者，計有興盛昌，和記兩家，而福立成一家，乃在南大街，凡此九家，固定資本極少，總計二百七十六元，所僱工人，月薪亦極低微，全業三十九人，月薪共七十七元，木器原料，以楡楊爲主，槐木次之，核桃木更次之是種木材，大都購於夏縣，用以製椅櫈棹擡及零星家具，至於桐木，則產於洛陽，以製各種鏡架，故用量極微，本年出品，棹椅及零星器具共二千四百七十件，鏡架一千一百個，總值洋一千六百八十元。

刻字業

十三　刻字業　運城東西大街，有薰林軒，會文豐，山右齋等刻字店三家，刻字工人七名，每年營業約五百七十元。

銀樓業

十四　銀樓業　運城銀樓，計有三家，東大街之艾興亨及六合公二家，資本較充，各六千之譜，路家巷之榮盛樓，則資本較少，尚不足四百元，以上三家所出首飾，年約二千六百兩，值五千八百九十八元，惟以近時紋銀，價格高貴，加上工資，實少贏利可言，故艾興亨，六合公兩家，兼營金銀原貨交易，以維持其生計。至於職工，全業計二十一名，每年工薪約需一千零二十元云。

製鞋業

十五　製鞋業　運城西街之元隆泰，北街之敬盛福，同泰合三家，資本一千三百八十元，僱用職工二十四名，製造布鞋及皮鞋二種，皮鞋銷路極少，布鞋原料，主用呢絨及底皮，三家呢絨之需要，年約四十二疋、底皮約六百八十斤，所出布鞋約四千二百雙，每雙售價六角五分至七角，共值二千七百七十五元。

印刷業

十六　印刷業　新民書局，條山石印局，益華石印局三家，皆於二三年前設立，資本共一千五百元，有石印機六架，代客承印各種表冊及名片等，每年營業，約三千三百元，惟以各家所用桃膠油墨藥紙等，來自天津上海，因轉運不便，價格奇貴，實鮮利益可圖，因此開張以後，都兼營書籍交易，對於印刷，反不甚講求，現時三家所僱印刷工人，祇有三人而店員反多至二十七名云。

製墨業

十七　製墨業　運城東大街之五福堂，於民國二十年開設，資本二百元，僱河南濟源縣工人二名，專造墨錠，每年所用烟膠二種，皆購於上海，計烟一百五十斤，膠一百八十斤，可製墨五百二十八斤，每斤售價八角，總值四百二十二元四角。

製筆業

十八　製筆業　運城路家巷之積成齋，於民國二十三年成立後，專製毛筆，雖資本微小但僱用工人四名，時時添做夜工，故每年毛筆產量，計二萬五千枝，總值二千五百元。

銅器業

十九　銅器店　王發成銅器店，設於運城北大街，係民國十七年成立，資本極少，店主一人自行工作外，僱用學徒二名，收買舊銅器爲原料，製成銅環馬鈴及零星銅件，年約五百斤。，總值一百二十五元。

洋鐵器件業

二十　洋鐵器件業　洋鐵器件之製造，運城計有九家，散佈於東街，西街，北街，路家巷各處。惟是種店舖，固定資本，至多二三十元，一切工作，多由店主自任，河南人居多，其採用原料，以白鐵皮爲主，而舊煤油桶占其十分之八，至於出品，燈壺、茶壺、酒提爲多，計出一千二百五十件，值洋二百五十三元，銷售於運城附近。

石器業

二十一　石器業　永興石廠，設於運城西大街，專製石碑石柱及各種石器，祇以資本微小。廠內工人，共計三名，年用青石條一百丈，皆在安邑縣條山中採取，所製石碑等出品，約值二百四十元。

綜上所述，運城二十一項工業，計共九十五家，工人爲四千零四十一名；每年生產，除油坊，染坊油漆店三業代客榨製漂染，計得工值四千七百九十元外，其餘各業，生產總值，約三十八萬元。

六　商業

運城商業，以鹽爲主，鹽行三省，故爲陝豫晉商雜處之地，百貨駢集，爲晉南之商埠。清季，潞鹽產銷盛旺，調匯鹽款之錢莊，計有十二家之多，即經營衣食日用貨品之商店，亦無不擁資逐利，盈餘成富，當此時期，不獨商業之繁盛爲晉南冠，且可稱爲晉省現金之集中區，洎乎輓近，以連年時局不靖，鹽稅較前加重，豫省引岸，因被蘆鹽之競銷而縮減，陝省引岸，又受蒲城朝邑土鹽之影響而短銷，潞鹽價格慘跌，產量日減，運城商業，便有江河日下之勢。據本屆調查，運城城內，原分厚德、和睦、寶泉、貨殖、榮恩、賢良、甘泉、永豐、里仁、和厚等九坊，爲商民居住之所，東西南北四街，爲設肆交易之處，東西南北四關，爲市集輪聚之地，嗣店肆立日多，售貨益備，市集制度，漸入廢止狀態中。現時每逢集市，祇有瓜茄菜蔬及豆麥水菓等之交易，至於人生食用之成品，已不列入。運城商業最盛街道，首推東西兩大街，北街較次，南街最冷落，各種商店，可分食品業，衣料服裝業，書籍文具業，家庭日用品業，化學成品及醫藥業，雜項業等六大類，食品業類計共五十一家，資本七萬九千餘元，每年營業總計二十四萬五千三百六十七元，內以南貨業家數最多，計十五家，資本占五萬零四百十元，其售品以洋吉糖、南酒、豆油、棉烟、泥參、魷魚、爲大宗，除棉烟來自蘭州外，餘都購自上海天津，年值十一萬五千六百八十七元。衣料服裝業類二十八家，資本五萬九千八百八十五元，每年營業總計十六萬七千一百五十三元，其中以京貨店估衣店家數爲多，京貨店資本爲二萬五千四百元，營業約五萬四千八百元，估衣店資本一萬九千元，營業至五萬七千二百元，其售品之來源，亦以津滬爲多。書籍文具業類計二十五家，資本一萬一千六百七十元，每年營業計五萬三千七百餘元，其中紙店八家，每年出售之蔴紙，黑白紙，南毛邊紙，晉毛邊紙等約三萬三千七百六十五元，完全銷於運城、安邑、臨晉、解縣、猗氏、平陸等地，而紙之來源，則蔴紙產於平陽，晉毛邊紙出於太原，黑白紙來自陝西，南毛邊紙乃自江西省運來。至於書局四家，專售各種教科書籍，完全用上海各書局出版者，年銷九千元。家庭日用品業類計共一百十五家，資本爲三萬九千二百十七元，每年營業爲十萬二千一百餘元，其家數獨多者，首推雜貨業。其次爲洋雜貨舖，惟資本與營業額極少，在運城市上，不占若何勢力，其在運城略占營業上地位者，則爲恆盛元，德興泰等二家鐵行，販售潞安產之細鐵，連鐵，將軍鍋，河津產之改路鍋，高平產之運膺釘，六紅釘等，年值二萬八千三百五十五元。化學成品及醫藥業類計共十六家，資本一萬三千一百五十元，每年營業二萬二千餘元。雜項業類計十七家，資本二千三百元，每年營業三千三百八十元，玆列運城六類商店統計表於后。

（一）運城食品業統計表

商店舖類	家數	資本	營業總額
油店	五	六、五〇〇	一一、六五〇
茶葉店	三	一、一六〇	一、三〇〇
南貨店	一五	五〇、四一〇	一一五、六八七
糧店	三	三、二〇〇	九、七〇〇
糕餅店	二	七〇〇	一、八〇〇
酒店	五	九〇〇	二、二〇〇
饅店	六	六五〇	二、一〇〇
肉店	四	一、九〇〇	七、〇〇〇
豆腐店	三	二八〇	九七〇
機麵店	二	一六〇	四六〇
菜館	二	一、二〇〇	二、五〇〇
鹽店	一	一二、〇〇〇	九〇、〇〇〇
總計	五一	七九、〇六〇	二四五、三六七

(二)運城衣料服裝業統計表

商店種類	家數	資本	營業總額
京貨店	八	二五、四〇〇	五四、八〇〇
棉花店	二	一二、〇〇〇	四六、八〇〇
棉紗店	一	一、七〇〇	三、八〇〇
估衣店	七	一九、〇〇〇	五七、二〇〇
鞋店	三	一、三八〇	二、七七五
絲線店	二	一四〇	一、七二八
成衣店	三	一八〇	六〇〇
漂洗衣服店	二	八五	二五〇
總計	二八	五九、八八五	一六七、一五三

(三)運城書籍文具業統計表

商店種類	家數	資本	營業總額
書局	四	三、八〇〇	九、〇〇〇
印刷店	三	一、五〇〇	三、三〇〇
紙店	八	四、七三〇	三三、七六五

墨店	一	二〇〇	四二二
筆店	一	九五	二、五〇〇
刻字店	三	一五	五七〇
照相店	二	三〇	六五〇
古玩店	三	一、三〇〇	三、五〇〇
總計	二五	一一、六七〇	五三、七〇七

（四）運城家庭日用品業統計表

商店種類	家數	資本	營業總值
鐵行	二	三、八〇〇	二八、三五五
皮件店	二	五〇	一、〇〇〇
天平戥秤店	一	一二〇	三八〇
鐘表店	一	六〇〇	九〇〇
煤油店	一	五、〇〇〇	八、九〇〇
柴炭店	二	二、三〇〇	五、三〇〇
蔴繩店	三	二、一〇〇	四、六二〇
石器店	一	一五	二四〇
磁料店	四	二、二〇〇	五、二〇〇
雜木行	二	七〇〇	一、九〇〇
木器店	九	二七六	一、六八〇
銅器店	一	一〇	一二五
銀樓	三	八、二六〇	五、八九八
洋鉄器件店	九	一〇六	二五三
瓷器店	二	一五〇	三六〇
修理自由車店	五	四八〇	二、八〇〇
洋雜貨店	一二	九、五〇〇	二九、〇〇〇
雜貨店	五五	三、一〇〇	五、二〇〇
總計	一一五	三九、二一七	一〇二、一一一

（五）運城化學成品及醫藥業統計表

商店種類	家數	資本	營業總額
染坊	三	二〇〇	九二〇
肥皂廠	一	六、二三〇	六、五〇〇
油漆店	二	三〇	三〇〇
藥店	六	五、五二〇	一一、七五五
醫院	一	五〇〇	九〇八
化粧品店	三	六七〇	一、一〇〇
總計	一六	一三、一五〇	二二、五五五

(六)運城雜項業統計表

商店種類	家數	資本	營業總額
理髮店	五	三〇〇	四八〇
浴堂	二	九〇〇	一、五〇〇
旅店	一〇	一、一〇〇	一、四〇〇
總計	一七	二、三〇〇	三、三八〇

據上表所述，運城全市商店，共二百五十二家，資本二十萬五千二百八十二元，營業總額計五十九萬四千二百七十三元，以每類商店營業論，則食品業居首位，衣料服裝業次之，家庭日用品業居第三位。書籍文具業居第四位，化學成品及醫藥業居第五位，雜項業居第六位。

七　金融

運城係晉南都會，且為河東鹽場及一切鹽務機關團體之所在地，晉南金融集於是。現有銀行三家，錢莊六家。山西省銀行設辦事處於運城，從事普通銀行之存款，放款，票據貼現，匯兌業務，晉綏地方鐵路銀號設分號於運城，專辦同蒲鐵路會計出納事務，此外尚有裕華銀行及興業錢局等六家錢莊，俱與晉豫陝省所納河東鹽課，直接間接都有關係，故運城鹽務之盛衰，足以牽動錢業之興替，目下運城鹽務適值疲滯時期，故錢業亦屆蕭條時期。

山西省銀行辦事處

（一）銀行　山西省銀行辦事處，於民國十二年成立，經營存款放款，票據貼現，匯兌等銀行業務，及買賣生金銀，有價證劵，保管物品，收付款項等代辦業務，惟資本均歸總行基金項下處理，凡運城辦事處使用短基金時，即由該辦事處存款項下兌出，不足時則由總行兌來，辦事處如有餘款，則匯解總行，故該辦事處之資金，殊屬活動而無定數，近五年來之營業，以存款而論，因山西省銀行，在昔曾受倒閉影響，對於晉南住戶，信仰未孚，故該辦事處於民國二十一年以前，極少外來存款，至民國二十二年，始有七千八百九十二元之存入，二十三年則稍有增加，計一萬一千四百三十九元，其中活期款約一千一百元，特別款一萬零三百三十九元，利率規定月利三釐至四釐，年利五釐至六釐。以放款而論，則十九年計一萬元，二十一年計九萬五千元，二十二年爲七萬七千元，二十三年爲十萬一千元，利率規定月利八釐至一分二釐，年利八釐至一分，皆以信用放款，貸給各錢莊。至於匯兌，則匯出數常多於匯入數，而主要通匯地點，計有太原、太谷、綏遠、臨汾、洪洞、新絳、平遙等七處，民國二十三年，匯出二百五十四萬零七百五十一元，匯入三千元。

晉綏地方鐵路銀號

晉綏地方鐵路銀號，總號在太原，運城之分號，乃在民國二十四年一月成立，專辦同蒲鐵路會計出納事宜，兼理普通銀行業務，惟以成立不久，營業尚無確實統計。

裕華銀行

裕華銀行，總行在天津法租界八號路，於民國二十四年一月，始設支行於運城而屬太谷分行管轄，所用資本，隨營業大小，由太谷分行撥給，二十四年一月至八月，調撥約三萬餘元，經營匯兌存放款等業務，并代中央銀行收理河東鹽務稽核分所之外債攤款與外債附稅等，據其營業報告，本年存戶之活期存款，約三萬元，月利四釐，貸於錢業之信用借款，約三萬餘元，月利八釐至一分，至於匯兌方面，則匯出數約六十萬元，匯入數約四萬元，都以上海天津為主。

錢莊

(二)錢莊　運城錢莊，現有興業、宏益、敬信公、協盛福、榕成源、裕源通等六家，資本以興業最大，計三十萬元，於太原東羊市街設有分局。宏益錢莊次之，計五萬元，敬信公再次之，計一萬二千元，以運鹽於西安求便利計，在西安省樓南亦設有分莊。統計全業資本，共三十八萬一千元。運城錢莊營業，以存放款項為主，經營匯兌者，祇有興業與宏益。兼營鹽商封稅者，則有裕成源及裕源通，兼營運鹽往西安者，乃有敬信公一家。各錢莊存款，分定期與往來兩種，放款則通行信用放款一種。興業錢局自民國六年開辦以來，信用昭著，於運城錢業首屈一指，吸收住戶及農民存款，計達十四萬五千元之多，協盛福雖亦竭力經營，但住戶存款，年不過八千元之譜，其他錢莊，極少與住戶往來，存款，來源全賴商界及同業。至於放款，貸戶以鹽業為主，商店次之，其貸放同業者，僅興業，協盛福二家而已。據該業最近統計，民國二十二年存款總額共五十萬四千一百元。民國二十三年存款總額共五十四萬七千元，查其來源，商家佔總額百分之五十九，住戶佔百分之二十六，同業佔百分之十三，農民佔百分之二，以每家營業論，則興業之吸收存款約佔總額之半數，所定存款利率，興業最輕，月利七釐至八厘，年利九釐至一分，裕成源，裕源通等最重，月利一分至二分，年利九釐至一分一釐。至於放款，民二十二年總額爲五十二萬五千二百元，民國二十三年爲六十二萬三千一百元，貸予鹽商者佔百分之六十五，貸予同業者，佔百分之十八，貸予商家者，佔百分之十七，所定放款利率，亦推興業最輕，月利九釐至一分，年利一分至一分二釐，裕成源，裕源通等最重，月利一分一釐至二分二釐，年利一分至一分二釐，至若興業錢局及宏益錢莊之經營匯兌，其主要通匯地點，厥爲太原及天津，民國二十三年中兩家匯出數量，計一百三十八萬一千元，匯入數量計一百二十七萬元，而太原一地之匯兌，蓋佔百分之九十六云。茲將運城錢業營業情形，列表於下

運城錢業營業一覽表

莊名／類別／年份	資本（元）	存款（元）		放款（元）		匯出（元）		匯入（元）	
		民國二十二年	民國二十三年	民國二十二年	民國二十三年	民國二十二年	民國二十三年	民國二十二年	民國二十三年
興業錢局	三00、000	二一0、000	二四五、000	二三六、000	二九0、000	七三0、000	一、一三0、000	三八0、000	一、一九0、000
裕成源錢莊	六、000	四九、100	五四、000	五四、二00	六三、100				
裕源通錢莊	五、000	三六、000	四一、000	三九、000	四四、000				

宏益錢莊	五〇,〇〇〇	八二,〇〇〇	一二四,〇〇〇	一一七,〇〇〇	一四四,〇〇〇	一〇〇,〇〇〇	八〇,〇〇〇	一〇〇,〇〇〇	八〇,〇〇〇
敬信公錢莊	三,〇〇〇	四〇,〇〇〇	三〇,〇〇〇	三〇,〇〇〇	三〇,〇〇〇				
協應福錢莊	八,〇〇〇	四七,〇〇〇	五三,〇〇〇	四九,〇〇〇	六二,〇〇〇				
總　　總	三八一,〇〇〇	五〇四,一〇〇	五四七,〇〇〇	五二五,二〇〇	六三五,一〇〇	八五〇,〇〇〇	一,三八一,〇〇〇	四八〇,〇〇〇	一,二七〇,〇〇〇

典　當

(三)典當　運城廣濟當，資本二萬元，於民國二十二年七月成立，爲運城調濟平民金融之唯一機關，該當受質物件，以紬布衣服金銀物件爲最主，玉器雜物次之，滿當期限，定十八個月，以月利二分五釐起息，每遇貴重物品，概不收手續費及存箱費，當物之估價，都以折半計算。近年因鄉村經濟恐慌關係，押進多而取贖者少，民國二十二年，押出金額一萬一千元，而取贖金額祇三千元，民國二十三年押出金額二萬五千二百元，取贖金額僅五千二百元，本年自一月至八月，押出金額一萬二千元，取贖金額祇四千元，架本過重，周轉較覺困難，幸該當發行之兌換劵額六萬元，尚得當地人民之信仰，足資調濟營業逐見盛旺。

運城市上使用之貨幣，除現洋而外，通用山西省銀行，晉綏地方鐵路銀號，運城廣濟當所發鈔票。山西省銀行及晉綏地方鐵路銀號所發者，計分十元，五元，一元，二角，一角等五種，廣濟當則出一元，二角，一角等三種，在運城附近流通額約二十五萬元之譜。

第六章　晉城

一　沿革

晉城昔爲澤州府，古冀州之域。舊唐書載武德元年，移丹川於源澤水北，係漢高都故城，八年，徙澤州治端氏故城，在沁水境，九年，丹川蓋城幷省入晉城，太宗貞觀元年，廢蓋州，徙澤州治晉城，元宗天寶元年，改澤州爲高平郡，仍轄晉城，肅宗乾元元年，後改郡爲澤州，無所更易。宋初，省丹川入晉城，金天會六年，加稱南澤州，大德三年，去南字，元光二年，仍以晉城隸之，元以澤州晉城屬晉寧路，明初，省晉城入澤州，屬平陽府，九年，改直隸州，清初仍舊名，雍正六年，陞州爲府，附郭設縣曰鳳臺，相傳晉太始初，鳳棲於此，民國二年，仍改稱晉城縣。

二　地理及氣候

縣境東界陵川，東南界河南修武，南界河南沁陽，西南界河南濟源，西界陽城，西北界沁水，北界高平，位於太行谿地號中，四周山脈圍繞，縣南二十餘里，卽太行之首邱，西有五門山，東南二十里，有馬牢山，東有紫金山，磨齒山，北有司馬山，東北有可寒山，莒山，西北有碧落山，岳神山，伊侯山

氣候

，聖王山等，丹水繞其東，沁水帶其西，山環水抱，形勝天然。氣候較北部諸縣溫和，全年最高溫度爲攝氏三九・二，最低溫度爲攝氏〇一一・六，茲將逐月氣溫雨量，製表附列於後。

晉城縣二十三年度氣象統計表

二十三年份 月別	溫度(攝氏) 最高	溫度(攝氏) 最低	雨(公厘)量
七月	三四・九	一四・四	一一二
八月	三一・七	一七・三	一一〇
九月	二七・九	一一・一	
十月	二一・〇	三・六	四一
十一月	一一・三	(一)六・一	
十二月	九・一	(一)七・六	一七
平均	二二・六	七・九六	七〇

二十四年份 月別	溫度(攝氏) 最高	溫度(攝氏) 最低	雨(公厘)量
一月	五・一	(一)一一・〇	一九
二月	四・四	(一)一一・六	一二
三月	七・九	(一)三・二	
四月	二〇・四	三・一六	三二
五月	二五・九	六・四	一二
六月	三九・二	一三・二	六四
平均	一七・一五	三・八三	二七・八

面積及人口

三　面積人口

總面積凡六千七百零八方里，其中山區計三千四百方里，平原計二千三百方里，道路計七百三十方里，水區計二百七十方里。人口數據縣政十年建設計畫案所載，總數爲二十九萬七千四百四十四口，最近調查，已較原數增加八百五十八口，凡五萬八千零五十六戶，男十六萬八千三百二十八口，女十二萬九千九百七十四口，合計二十九萬八千三百零二口。職業之分配，農爲最多，佔職業人口總數百分之八十以上，茲附錄十年建設計畫案所列職業人數表於後，以見一般。

晉城縣職業人數表

職業	男性	女性	總數
農業	八三、六八○	三○、一五八	一一三、八三八
工業	六、九六二	七六	七、○三八
商業	八、六五四	一八	八、六七二
教育	四、○三二	六○	四、○九二
軍警	一、三八二		一、三八二
公務	五○七		五○七
合計	一○五、二一七	三○、三一二	一三五、五二九

四　交通

官道

（一）舊官道　東至陵川，西至陽城，北至高平，均能通行騾馬車輛，土路尚稱平坦，南入豫境，則須越太行之脊，山徑崎嶇，殊感不便，現雖有白晉汽車直達太原，但笨重貨物，仍賴騾馬馱載，陽川陵川等處，倘未闢公路，與河南之交通，須越太行山至博愛縣，始能接上鉄路運輸，故晉城舊日之官道，仍未消失其效用。

公路

（二）公路　白晉路在縣境內凡二十五公里，三四四又二百三十公尺四，經過三家店村，巴公鎮，泊村，王台，南北石店，司徒村，大嶺頭等村鎮，客貨車間日往返晉城太原間，客票每五公里。七六計一角八分，貨物運費每二十九公斤，八四〇八每五十七公里•六計四角一分。

(三)郵電　電報電話，概係軍用性質，雖亦兼收商報，但爲數極少，城內靑龍巷設有二等甲級郵局，東溝、南村、高都、攔車、犂川、巴公、水北、魯村等村鎮，均設代辦所，大箕，金村，七嶺鎮，渠頭等村鎮，則設有信櫃。由晉城發往犂川陽城之郵件，概爲每日班，高平爲間日班，博愛爲四日班。郵包收發數二十三年份由他處寄來之件，計一萬九千八百七十五包，價值六萬九千四百二十一元，其中以洋貨綢緞布匹爲最多。由晉城發出之件，計一千九百十四包，價值一萬四千九百三十五元，其中以生皮及皮金爲最多。匯兌數二十三年份計兌付十四萬六千八百五十三元六角一分，多數由河南匯來，開發四萬七千四百五十元五角九分，多數匯往上海及河南兩處。儲金額二十三年份共計一千九百十元三角四分。

五　貿易

晉城縣境毗連豫北，在昔交通不便之時，凡東三省，河北，以及陝、甘、寧、靑、新各路商貨，悉以此爲入豫通衢，輸出品以皮金鉄貨，鋼針三項爲著名特產，一切貨品之輸出輸入，全賴行店爲樞鈕，當時營業之盛，首推店業，工業品以鉄貨之銷路爲最廣，其次爲皮金，又其次爲鋼針，自隴海平漢兩路成，各路商貨，多改由火車運輸，現時晉城之商販道路，南出豫北沁陽博愛兩縣，接道清鉄路，北有白晉汽車，通長治太原，啣接正太鐵路，西通曲沃，新絳大路而入陜甘，昔曾盛極一時之店業，因受貨運變遷之影響，十九閉歇，鐵貨、皮金、鋼針等工業品。均墨守陳法，出貨卑劣，交通開發後，外貨充斥，以致銷路大縮，雖有煤油，洋貨，蛋廠等業相繼興起，然究非舊時各業內容充實可比，故晉城商業之一般現狀，實有江河日下之勢，茲將該縣各項商業情形，臚述於後。

一　商品之來源及去路

進出口貨

由外輸入之商品，有紅糖、顏料、煤油、磁器、西藥、五金、帽、鞋、皮革、牲畜、棉蔴、書筆、土布、洋布、絲綢、毛品、化粧品、雜貨、糧食、酒、油、烟絲、捲烟、水果、食鹽等類，全年輸入總值，計二百三十五萬九千九百五十元。輸出品有蛋青，蛋黃、煤炭、鐵貨、鋼針、皮金、刀剪、水果、料器等類，總值計一百六十一萬九千四百元、茲列表於後。

晉城縣輸入輸出商品價值統計表

輸入品			輸出品		
貨名	全年總值（元）	來源	貨名	全年總值（元）	銷路
紅糖	二、八〇〇	天津	蛋青	一一四、五二〇	天津上海

顏料	六、〇〇〇	天津	蛋黃	七九、八八〇	天津上海
煤油	二〇〇、〇〇〇	天津	煤炭	一六〇、〇〇〇	河南
磁器	三、〇〇〇	江西	鉄貨	一、二〇〇、〇〇〇	河南陝西山東甘肅
西藥	四、〇〇〇	河南陝西四川廣州	鋼針	二〇、〇〇〇	河南陝西山東甘肅
五金	一〇、〇〇〇	天津上海	皮金	一三、〇〇〇	河南陝西山東甘肅
草呢帽	二、四〇〇	天津	刀剪	七、〇〇〇	河南陝西山東甘肅
靴鞋	一〇、〇〇〇	太原北平	水果	五、〇〇〇	隣省
皮革	四、〇〇〇	隣縣	料器	二〇、〇〇〇	隣省
牲畜	五〇、〇〇〇	隣縣			
棉蔴	三〇、〇〇〇	隣縣			
書筆	六〇、〇〇〇	天津上海			
土布	四〇〇、〇〇〇	河南			
洋布	八〇〇、〇〇〇	河北			
絲綢	一二五、〇〇〇	天津上海			
毛織品	一五、〇〇〇	天津上海			
化粧品	二五、〇〇〇	天津上海			
雜貨	八〇、〇〇〇	天津上海			

糧食	八〇、〇〇〇	長治			
酒類	一〇、〇〇〇	長治			
油類	四、〇〇〇	長治			
烟絲	六、〇〇〇	河南			
捲煙	二二、五〇〇	天津太原			
水果	二五〇	隣縣			
食鹽	四一〇、〇〇〇	河東			

二　一般商業

一般商業之比較重要者，有書筆、土布、糧食、鮮肉、皮毛、鐵貨、店棧、木材、磁碎、酒肆、藥材、京貨、雜貨、食鹽、絲繭等業。該縣商業市鎮，連城關在內，共有十一處，茲將各市鎮商店家數，人口數，及上述十五種主要商業，分別列表統計於後。

晉城縣各市鎮商店家數及人口數統計表

市鎮名稱	逢集日期	商店家數	人口數
城關	每日	六〇九	四〇、〇〇〇
犁川鎮	單日	三〇	二、〇〇〇
東溝鎮	雙日	五六	二、〇〇〇

周村鎮	每日	八七	五、〇〇〇
大陽鎮	雙日	九三	四、〇〇〇
巴公鎮	單日	一九	二、〇〇〇
高都鎮	雙日	四一	四、〇〇〇
晉村鎮	單日	二三	一、〇〇〇
七嶺鎮	每日	五〇	二、〇〇〇
柳樹口	每日	三九	一、〇〇〇
南村鎮	每日	四五	一、〇〇〇

晉城縣十五種主要商業統計表

業別	家數	總資本額（元）	全年營業總額（元）
書筆業	一三	一〇、六五〇	一八、八七六
土布業	七八	一三二、五〇〇	二二一、七八〇
糧食業	四一	二〇、四一〇	二、九七〇、〇〇〇
鮮肉業	二二	二、〇三〇	九、三〇〇
皮毛業	九	七〇〇	五三、一二〇
鐵貨業	二二	三七、九三〇	六二、六〇〇
店棧業	一一	四、〇〇〇	五、八〇〇
木材業	一八	六、六五〇	一三、二七三
磁碎業	三〇	四四、七五〇	一〇五、〇九七
酒肆業	三〇	九、五九〇	一八、三五〇
藥材業	四九	一二、二六〇	一七、三六〇
京貨業	四〇	六五、一五〇	九一、五〇〇
雜貨業	一六五	八八、三九五	一八九、九二六
食鹽業	一	三〇〇、〇〇〇	四一六、〇〇〇
繭絲業	八	三、三〇〇	六、八三〇

三 金融

往昔晉城工商業之繁盛。全賴鐵貨之暢銷，為一般經濟命脈所繫，金融業之興衰，尤與鐵貨互為消長，鐵貨業興盛時，各業隨之生色，錢業獲利尤厚，近年鐵貨無市，各業咸受影響，金融立見呆滯，銀錢業僅堪維持現狀，能獲利者鮮矣。往時晉城之金融機關，祗有錢莊當舖兩類；近年交通便利，本地商家，與平津滬漢各埠，時有往來，始漸發起組織銀號，後因市面沉寂，周轉不靈，漸有商號兼營錢業者，於金融之調劑，不無小補，民國九年，山西省銀行設辦事處於晉城，初時營業頗稱不惡，十九二十兩年間，華北多故，省鈔貶價，嗣總行改組，另發新鈔，舊鈔一律作廢，因此信用頓失，此後辦事處止存轉解省各項現款及發行該行兌換劵，與本地商家，殊少往來，現全縣金融機關，共有二十六家，其中計省銀行辦事處一家，銀號三家，錢莊五家當舖十一家，茲依次述之。

銀行

省銀行辦事處設於民國九年，中經一度改組，該辦事處並無固定資本，及公積金，其運用之資力，僅總行撥款三萬元，業務爲存款、放款、匯兌、及發行兌換劵，並代收地方解省公款，惟近年並無存款吸收，放款部份，僅於二十三年份貸與華記銀號五萬元，縣商會一萬元，放款利率，月利最高一分二釐，普通一分，年利最高一分，普通八釐，兌換劵發行額，一元劵計八千一百六十元，二角劵計二千一百十四元，一角劵計一千八百六十一元五角，共計一萬二千一百三十五元五角，近五年匯兌額之比較，匯入最高額爲二萬一千元，最低額爲一萬二千元，匯出最高額爲七十萬元，最低額爲五十四萬元，廿三年份匯入總額爲一萬六千元，匯出總額爲六十萬元，主要通匯地點，僅太原一處，匯至太原之款項，多數爲代收解省公款。

銀號

銀號計有鴻記，華記，永宏三家，業務為存放及匯兌，存款最高月利一分，普通八釐，最高年利六釐，普通五釐，放款最高月利二分，普通一分二釐至一分五釐，最高年利一分二釐，普通一分，鴻記銀號係天津鴻記分號，資本由總號撥來三千元，該號於今年三月間，始由津分此，其存放款項及匯兌額，須至年終結算，調查時尚無統計可據，主要通匯地點，有天津太原。華記銀號設於民國十五年七月，資本六千元，天津、太原、開封、鄭州、新絳、長治等主要通匯地點，均設代理莊，二十三年份存款總額計六千元，放款總額計一萬七千元，匯兌額匯入總數計十萬元，匯出總數計八萬元，其中與天津方面之往來佔最多數，其次為太原，又其次為開封，鄭州、新絳、長治等處。永宏銀號設於民國二十三年七月，資本一萬元，二十三年份存款額及放款額各七千元，匯兌額匯入總數計十一萬四千元，匯出總數計十一萬二千元，主要通匯地點有天津、太原、上海、漢口、鄭州、開封、洛陽、南京、濟南、長治、博愛等處。

錢莊

錢莊之業務為存放款項及兌換貨幣，計有晉孚，永合順、恆興西、公興恆、興隆成等五家。晉孚開設於民國二十三年九月，資本額五千元，永合順開設於民國元年資本額三千元，恆興西開設於民國十六年八月，資本額八千元，公興恆開設於民國十九年十月，資本額一萬元，興隆成開設於民國二十一年七月，資本額五千元，近年營業清淡，各家均無款項放出，二十三年份各家存款金額，計晉孚五百元，永合順三百十一元，恆興西一千八百二十五元，公興恆九百七十八元，興隆成一千四百五十三元，存款概

商號兼營

計月息，最高利率一分，普通八釐。

普通商號之兼營錢業者，計有天慶長茶葉紙煙莊一家，及源茂、永茂、恆裕、升恆、源泰等當舖五家，兼營錢業之主要業務，爲兌換貨幣。除天慶長外，其餘五家當舖，並吸收存款，及發行一角二角兩種兌換劵。存款利率，較錢莊優厚，計最高月利二分，普通一分八釐，最高年利一分五釐，普通一分二釐，二十三年份各家存款金額，計永茂六百七十元，源茂、恆裕、升恆、源泰各五百八十元。兌換劵發行額，每家三千元，共計一萬五千元。

典質

晉城之當舖，分典當質當兩種，全縣共有典當五家，質當六家，典當月利三分，每年舊曆正、二、十二三個月，減息五釐，不滿一月之利息，三天以內不計，滿四天卽須作一個月計算，滿當期限爲二十四個月。質當則無減息之例，滿當期限，僅十二個月，其餘習慣，與典當相同。惟各典當均兼營錢業，並經省政府批准，得發行兌換劵，於資力之運用，較質當靈便。玆更列當業統計表於後，以見一般。

晉城縣當業一覽表

名稱	地址	設立年月	種類	組織	資本額（元）	流動資金額（元）	二十三年份利息收入總額（元）	二十三年份架本數（元）	兌換劵發行額（元）	附註
源茂	南關明遺廂	清光緒十七年十月	典當	合資	四、五〇〇	一八、八五〇	六、一〇四	一六、七九八	三、〇〇〇	流動資金內包括發行兌換劵額
源泰	下元巷	清光緒七年正月	典當	合資	四、五〇〇	一七、八五〇	五、九四六	一八、七七五	三、〇〇〇	仝右
恆裕	營坊巷	民國八年一月	典當	合資	四、五〇〇	一三、八五二	五、三二〇	一六、一四五	三、〇〇〇	流動資金內包括發行兌換劵額

永茂	南村鎮寨西村	民國十四年三月	典當	合資	四、五〇〇	一二、一七〇	二、七一五	八、七五七	三、〇〇〇	流動資金內包括發行兌換券額
升恆	驛後	民國二十三年十月	典當	合資	四、五〇〇	五、八五〇		一、六八五		
恆昌永	東大陽	民國二十三年二月	質當	合資	二、〇〇〇	五、〇〇〇		八、〇〇〇		
集義成	周村鎮	民國十八年四月	質當	合資	三、〇〇〇	六、〇〇〇	三、二八七	六、七六〇		
永發新	高都鎮	民國二十二年七月	質當	合資	三、〇〇〇	七、〇〇〇	二、一〇〇	九、〇〇〇		
萬和厚	砦村鎮	民國二十三年一月	質當	合資	二、〇〇〇	六、〇〇〇		五、六四三		
同慶	安遠坊	民國十八年八月	質當	合資	二、五〇〇	二、五〇〇	一、三六二	四、一七三		
義興	犁川鎮	民國二十二年一月	質當	獨資	三、〇〇〇	五、〇〇〇	九四七	一、九六〇		

貨幣

晉城流通貨幣、前代悉用制錢銀兩及錢票，清季民初，銀元銅幣暢行，銀兩與錢票始廢，現時流通之貨幣，銀元有老人頭及北洋造兩種，流通數量約計一百三十餘萬元，銅元有光緒宣統雙銅元兩種，流通數量約計六十餘萬元，紙幣有省銀行一元鈔票及一角二角兩種兌換券，本地當商發行之兌換券等類，一元鈔票流通數量約計一百十餘萬元，省銀行兌換券流通數量約計十五萬元，本地兌換券發行額計一萬五千元，兌換率雙銅元二百五十枚上下，易銀元一元，紙幣硬幣，一律十足通用。

六　工業

晉城之工業，可分爲機器工業及手工業二類，手工業後有作坊工業與家庭工業之分，機器工業僅針廠一家，蛋廠二家，其餘均屬手工業，茲分別述之。

一 機器工業

針廠　針廠　大德製針公司，在縣境五龍河西村，全省僅此一家，創設於民國九年，由邑人劉知章發起組織，劉自任總經理，嗣因營業不振，劉知章於十五年份辭職，由副經理祁繼增接辦，加以擴充，但營業仍屬平常，資本額原定十萬元，係股份有限性質，歷年時局不靖，股款未收齊，迄今止實收四萬元，廠基面積計十八畝，自建房屋六十幢，置有十二匹馬力蒸氣引擎一部，鍋爐一座，切條機一部，磨尖機三部，壓型機六部，穿孔機七部，磨管機八部，研磨二具。共中磨尖機壓型機各一部，係該廠自行仿造，其效能並不亞於舶來品，全部房產生財之價值，估計三萬餘元，各部管理人員，共計七人，月薪總數計三百元，工人四十名，每月工資總數二百五十元，年需原料鐵條二萬斤，價值四千元，向天津上海兩地採辦，出品飛羊牌縫針，銷山西省，全省產量三千萬枚，總值二萬元。

蛋廠　蛋廠　蛋廠計有兩家，一爲永記製蛋廠，一爲鴻記蛋廠新記，係由沁縣鴻廠分設，永記開設於二十四年二月間，股本二萬元，房產生財價值，估計二千四百餘元，動力設備，尚未裝置，該廠共有職員三十二人，月薪總數計三百十元，工人八十二名，每月工資總數四百八十元，年需原料鷄蛋九百萬個，價值六萬三千元，在附近各縣設莊收買，又亞母尼亞水七百斤，價值一百九十元，向天津採辦，出品褔祿壽蛋青，蛋黃，由津滬兩地出口，產量蛋青計四萬五千斤，總值六萬三千元，蛋黃共計十萬三千五百斤，總值三萬九千四百元。新記於民國二十一年由沁縣分此，股本計四千元，動力設備，有八馬力蒸氣引擎一部，房產生財價值，估計九千三百餘元，該廠共有職員五十八人，月薪總數計四百二十元，工人六二十名，每月工資總數三百七十二元，年需原料鷄蛋八百萬個，價值五萬六千元，在附近各縣設莊收買，又亞母尼亞水六百斤，價值一百七十元，向天津採辦，出品鷄牌蛋青，蛋黃，由天津出口，產量蛋青計三萬六千八百二十斤，總值五萬一千五百二十元，蛋黃計九萬二千斤，總值四萬零四百八十元。

二　手工業

作坊工業　作坊工業，有生鐵爐業、熟鐵爐業、鑄鍋業、皮金業、刀剪業、打毡業、毡帽業、地毯業、雨傘業、製革業、煙絲業、靴鞋業、絲線業、榨油業、織蓆業、毛巾紗帶業、油漆業、漂染業、銅器業、爆竹業、製燭業、首飾業、製繩業、磨坊業、絲織業、酒業、醬業、製度量衡業、料器業、陶器業、粗磁業、磚瓦業、石灰業等類。

鐵爐業

生鐵爐業之生產原則，係將礦砂冶成生鐵，以供加練熟鐵及鑄造生鐵器之用，前清道光年間，全縣共有融爐千餘座之多，光緒初年，民遭大祲，百業蕭條，爐數頓減大半，民國十年以前，尚有四百餘座，嗣後逐年減少，近年熟鐵爐業，鑄鍋業，均見衰落，連帶受其影響，現全縣共有融爐百餘座，較之道光年間，不足什一，蓋昔曾暢銷一時之晉城鐵貨，至此已成強弩之末矣。

熟鐵爐業在道光年間，全縣爐數約計百餘座，光緒初年，頓減半數，民國十年以前，尚有五十餘座，近年洋鐵充斥，土產捐稅加重，動輒虧累，閉歇更多，現存爐數，僅十七座，其衰落情形，與生鐵爐業略同。

鑄鍋業

鑄鍋業亦以道光年間爲最盛，其時共有融爐四百餘座，光緒以後，逐年減少，民國十年前，尚有二百餘座，現僅有四十餘座。

皮金業

皮金業在前清乾年年間，最爲興盛，曩時人民富庶，華貴服裝，多用金線綴飾，故出品暢行，南路銷場尤廣，自服裝改革，金線之用途幾廢，昔之盛況，不復再見。

刀剪業

刀剪業沿革悠久，唐人有幷州快剪之稱，卽該業發達之明證，近代外人練鋼技術精進，輸入刀剪之具，尤爲精良，故自海禁開後，銷場漸被競佔，近來家數雖有增加，而營業徒見衰落。

打毡業

打毡業係清初滿州人發明，其後本地人相習仿造，然以製作不精，顧者甚鮮，現時線毯盛行，銷路更短，故家數大減，營業日衰。

毡帽業

毡帽業自元代蒙古人傳入，前清光緒中葉，營業稱盛，惟生產技術，墨守陳規，迄無改進，近年外貨充斥，銷場被擯，其業漸衰。

地毯業

地毯業起始於民國七八年間，出品不優，而成本太重，故自始至今，徒見衰落，現全縣僅有作坊二家，時作時輟，幾已不成營業。

雨傘業　雨傘業始於民國十六年，祇有一家，係河南人開設之蠟鋪附帶製售　北方氣候亢旱，銷數極少，全年出品，不過數十柄。

製革業　製革業在皮金盛行之時，因熟羊皮爲製皮金之必需原料，銷數頗旺，前清光緒初年，營業極爲發達，自皮金業衰落，卽連帶受其影響，近年生皮出口者多，原料價格提高，土法製革，毫無改進，尤不能與外貨競爭，營業前途，殊少希望。

烟絲業　煙絲業自元代蒙古人帶入煙種，於是豫省種煙，山西各縣，卽有烟坊之設，前淸滿州人之嗜好旱烟，不亞於蒙古人，故烟坊營業，極爲發達，及捲烟盛行，其業卽漸見衰落。

靴鞋業　靴鞋業在前淸時，較爲發達，光緒後，着靴者鮮，自鉄貨業衰落，社會購買能力降低，農工多不穿鞋襪，銷數遂見逐年減少。

絲線業　絲線業自淸初有南方商人至此傳習，始知育蠶繅絲，光緒年間，極爲發達，近年捐稅加重，市面蕭條，營業大不如前。

榨油業　榨油業始於民國初年，其時有本地商人，從東三省歸，首創其業，十六年份，營業大爲發達，近年豆類歉收，榨油無利，油坊家數，自十餘家減至七家。

織蓆業　織蓆業在民國十九二十兩年間，大軍駐境，出品需量，驟增數十倍，彼時營業最爲發達，近年市面蕭條，銷場不旺，家數亦因之減少。

毛巾業

毛巾紗帶業始於民國十五年，最先開設者爲復順祥號，初時頗能獲利，蓋其出品爲家庭日用所需，故銷路暢旺，其後家數日增，近年產量過剩，銷路頓滯，加以外貨充斥，競爭越烈，營業遂見衰落，

油漆業

油漆業在前清光緒十一二年間，以大祲之後，興建土木。營業頓見發達，近年農村經濟衰落，營業因之清淡，家數亦見減少。

漂染業

漂染業在前清光緒中葉，營業尚稱發達，自洋布傾銷，其業卽漸趨衰落，近年農村凋敝，百業艱難，營業前途，惟見每況愈下。

銅器業

銅器業在前清時，民間富庶，用主較多，鋪家復私化制錢，以爲原料，本輕利厚，營業甚爲發達，現時顧客既少，成本復重，以是家數減少，營業衰落。

爆竹業

爆竹業極始於民國初年，有河南商人，來此設坊製售，十五六年間，營業頗盛，近年時局不靖，禁止燃放鞭炮，因此家數銳減，營業大衰。

製燭業

製燭業由來已久，前歷數朝，海內承平，民間富庶，曩時蠟燭之用途，除家戶燃點外，古習相沿，每年上元節，必須搭蓋燈棚及火龍山，以資慶賀，故銷路暢旺，營業發達，近時洋燭及煤油燈盛行，蠟燭一項，惟人家喪祭用之，於是其業大衰，有漸歸淘汰之勢。

首飾業

首飾業在前清光緒年間，人民富庶，營業極爲發達，現時農村經濟衰落，城市百業蕭條，社會購買

能力降低，以致營業清淡，家數大減。

製繩業　製繩業始於清初，光緒十五六年間，營業最爲發達，近年家數雖增，然以衡器規定一致，不能如從前之大入小出，其利遂微。

磨坊業　磨坊業在民國十九年至二十一年間，大軍駐境，日需麵粉數萬斤，營業因之發達，家數大增，近年供需情形，不及當時四分之一，營業遂見清淡。

絲織業　絲織業在前清時，倘稱發達，其出品爲舊時婦女所用頭巾，及手帕，汗巾，腿帶等類，自服裝改革，銷場大減，現全縣只有一家，幾將不成營業。

酒業　酒業之由來甚久，民間釀酒，自古有之，惟槽坊之設，則始於前代，民國初年，最爲發達，近年捐稅過重，鮮能獲利，以致家數銳減，營業大衰。

醬業　醬業始於清初，當時有浙紹商人，來此經營醬園，獲利甚豐，其後家數迭增，營業發達，近年食鹽蔬菜增價，成本加重，其業漸衰。

度量衡業　製度量衡業，由來甚久，清季民初，較爲發達，其後稍見衰落，惟度量衡爲持平交易之準器，應用普遍，故其營業之起落甚微，近年政府厲行劃一度量衡制，製售之家，須先受檢定，較舊時爲有限制，自舊器漸廢，新器推行，銷路曾一度暢旺，迨更張現定，營業仍復平常。

料器業　料器業始於前清光緒四五年間，其技由交城傳入，初時銷路甚暢，家數逐年增加，今以技術窳舊，不求進步，出品卑劣，銷路滯澁，營業漸見衰落。

陶器業

陶器業始於前清光緒年間，其技由河南博愛縣柏山地方傳入，出品僅沙鍋一種，初時極爲暢銷，近年農村凋敝，窰戶家數雖增，出品銷量大減，營業前途，漸趨衰落。

粗磁業

粗磁業始於前清光緒三年大祲之後，其時有本地人自河南博愛縣柏山地方學徒歸，設窰試辦，當時極爲發達，近年農村凋弊，出品不能暢銷，營業遂見衰落。

磚瓦業

磚瓦業在民國十九年以前，地方富庶，土木大興，其時營業發達，窰戶無不獲利，近年農村凋弊，百業蕭條，營業隨之衰落，家數亦見銳減。

石灰業

石灰業在民國十七八年間，最爲發達，窰戶盡皆獲利，家數大見增加，近年以來，農村經濟衰落，城市百業凋零，土木不興，銷路銳減，營業遂見衰落。

晉城縣作坊工業統計表

業別	家數	資本數（元）	職工數	年產值（元）
生鐵爐業	三〇	八、〇〇〇	七五一	一四四、〇〇〇
熟鐵爐業	一七	三〇、〇〇〇	八二八	二〇四、〇〇〇
鑄鍋業	四〇	一二、九〇〇	七三一	一三七、六〇〇
皮金業	一〇	九、四七二	一〇五	一三、七〇〇

刀剪業	八	三、九〇〇	七一	八、六六三
打毡業	三	二五四	一三	四〇〇
毡帽業	三	二八三	一三	二、〇四〇
地毯業	二	四五六	六	八三九
雨傘業	一	三二	一	五八
製革業	二	一、八一四	一八	二、八三五
烟絲業	四	二、八二六	三三	二一、〇二四
靴鞋業	九	二、五〇〇	四四	二、八〇三
絲線業	三	四八九	一三	四八九
榨油業	七	一九、七〇〇	五二	一七、〇六四
織蓆業	六	一六一	一六	一、一二七
毛巾紗帶業	九	八二一	四八	一、七三三
油漆業	八	一五三	三四	三九六
漂染業	一〇	九一一	五三	二、四三五
銅器業	六	七五四	二四	一、八二七
爆竹業	七	一、〇一二	五五	一、五四三
製燭業	六	五五五	一六	六二九

首飾業	二〇	二、〇三五	五四	七、九八七
製繩業	二七	五、六七〇	一七六	二九、九〇七
醋坊業	六〇	一四、〇九二	一九七	四六、七八七
絲織業	一	二二〇	六	二、〇一五
酒業	三	九、九〇〇	五〇	一七、二八〇
醬業	八	二七、八二〇	七〇	七四、〇〇〇
製度量衡業	七	二八六	二一	一、二七七
料器業	一〇	二二六	二三	一八、五三〇
陶器業	五	三四	二〇	四五
粗磁業	七	六三	二八	六六
磚瓦業	七	七一	二九	一、七〇七
石灰業	五	三〇	二五	四、〇〇〇

家庭工業　家庭工業，有織布，造紙，及製草帽辮等三種。織布始於前代，其技由河南傳入，集中產地，在高都鎮附近一帶，全縣織工百餘人，每年產量計白布一萬餘疋，藍白條布四五千疋，惟以織技未精，出品粗劣，豫省溫孟兩縣之布，充斥市面，難與競銷。造紙業集中產地，在犂川鎮，西上莊兩處

，生產工人，約六十餘名、民國十九二十兩年間，大軍駐境，紙之銷量，頓增數十倍，槽戶無不獲利，近年用戶減少，銷路復見平淡。草帽辮提倡未久，建設局辦有傳習所一處，由各村保送女生來城學習，計分三期傳習，每期六個月畢業，再由各村籌設傳習所，以資普及，現正在推行中，尙未收成效。

第七章　太谷

一　概述

沿革

太谷在唐為冀州；虞舜分為十二州，則屬并；夏屬冀；商仍之；周復屬并；春秋時陽處父采邑；戰國時屬趙；秦隸太原郡；漢陽邑縣，隸太原郡；新莽改曰繁穰；隋隸并州，開皇十八年改曰太谷；宋隸并州，至和元年以并州為太原府縣，仍隸府；金興定四年於清源置晉州，以太谷隸之；元廢晉州，復隸太原路；明隸太原府；清因之隸太原府；民國初屬冀寧道，後廢道，直隸省政府。

商務

太谷在票號全盛時代，原為山西全省之商業重心，亦即華北之金融樞紐：東聯平津；北出口外；南通河南抵鄭州以向兩湖兩廣，復過徐州抵蘇州以控兩江；西去陝甘入四川以達雲南；商業勢力遍及全國。自票號失敗，正太路由石家莊通入太原，以太原為西端終點，太谷之商業地位乃不如往日。然而金融勢力，在山西境內，依然得與太原相抗非榆次所能及。上年正太鐵路榆谷支線通入境內，同蒲鐵路又經太谷以達晉南各縣，於是太谷復躍居交通上優越地位，發揮其金融上之潛勢力，形成晉省糧食市場之中心。查糧食原為晉省出口貨之大宗，產於晉南各縣，往年以榆次為集中地，自交通路線轉變後，南路糧食由同蒲路運載至太谷轉正太路出娘子關入何北境以去天津，賴交通及金融上之利便，糧食市場乃逐漸移入太谷。

位置面積 位置在太原之南，東至遼州和順縣界，西至祁縣界白圭鎭，南至祁縣界下凹村，北至徐溝縣界楚王村，東北至榆次縣界東陽鎭，東南至遼州榆社縣界馬嶺關，西南至祁縣界子洪鎭，面積凡三、一七四方里。地勢南北迥異，北部烏馬象峪河流域，川渠縱橫，沃野數十里，爲廣漠之平原；南部太行山之餘脈，紆迴盤鬱，地勢甚高。

氣候 氣候溫和，冬不嚴寒，夏不酷熱，夏季最高溫度不逾華氏九十度。冬季最低十度。

人口 全縣人口共計二三、七二一戶，凡一〇二、六八四口；其中男五六、一六六口，女四六、五一八口。

交通 太谷交通，自晉南，白晉兩汽車路通行以後，太風、太濟、太安各公司、在縣境設立分站，辦理乘客賣票及運貨事宜，此爲太谷交通事業之起點，自上年同蒲路由縣城西門外通過，正太路榆谷支綫到達境東門外，交通益形方便。郵電方面，有二等甲級郵局一所，設在縣城境內，代辦所十八，村鎭信櫃十，分設縣境各地。又有電報局一處發報兼營長途電話，用話較多之戶，接有長途專線。更有軍用電信局一處，除供軍政傳達命令外，民戶亦得使用。

物產 太谷物產：穀類爲小麥、大麥、蕎麥、穀子、黍子、高粱、玉茭；豆類爲黃豆，菉豆、黑豆、大豆、小豆、豇豆、豌豆、菜豆；根菜爲山藥、山藥蛋、紅薯、葫蘿蔔、白蘿蔔、水蘿蔔、玉蔓菁、葉菜類爲白菜、韭菜、菠菜、芹菜、莙薘；瓜菜類爲黃瓜、西瓜、甜瓜、南瓜茄子；特產爲林檎、大紅果、桃子、棗子、葡萄、棉花、芝蔴、菸葉、夏枯草等。

二　工業

太谷原非工業發達之處，除電廠外，類皆細小之手工作坊，此類作坊，有織布、絲線織襪、毛巾、打毡、磨麵、釀酒、醬醋、粉條、漆布、製革、製帽、製鞋、製蓆、木器、銀樓、印刷、蔴繩、等十八種，共計一二七家，資本三七五、四四二元，職工一、六三六人，年產總值四六八、二九四元。

太谷縣工業按業統計表

	家數	資本額（元）	職工數	年產值（元）
電廠	一	一〇五、〇〇〇	二四	一九、六五九
織布業	一一	三六、二七〇	三三一	一四三、一三〇
絲線業	五	二、二一六	三一	四、四八〇
織襪業	一〇	八、八五〇	八七	二五、〇二五
毛巾業	七	二、九三〇	五七	一四、九〇五
打毡業	八	三、四〇〇	二三	六、二九〇
磨麵業	二六	七〇、七四二	三三一	一三九、三七二
釀酒業	五	二八、四〇〇	一〇七	二八、〇二二

醬醋業	三	五一、三八四	二二六	一一、二七四
粉條業	二	四、七〇〇	二四	三、二四七
染布業	九	二三、一八〇	一〇二	一四、八〇〇
硝皮業	一	二八〇	九	一、八九〇
製帽業	三	二、七五〇	二一	四、七二八
製鞋業	一二	一七、四四五	一三五	三九、一〇〇
製蓆業	七	三、一九〇	三一	三、七三〇
木器業	七	一、七一〇	二九	一、二七八
銀樓業	五	七、九七五	二八	二、二一四
印刷業	三	九二〇	一八	一、六五〇
麻繩業	二	三、九〇〇	二二	三、五〇〇
總計	一二七	三七五、四四二	一、六三六	四六八、二九四

電廠設備，較其他各業爲重，故資本以電廠爲最大。其餘各項手工業之資本，以磨坊爲最多，次爲醬醋業，復次爲織布業。年產值以織布業爲最多，磨坊次之，餘均不足稱。玆分述之：

電廠

1 電廠：太谷電燈公司，成立於民國十二年，由山東人潘軼羣承辦，民國十八年十月，因負債過重，無法維持，遂推讓於本地各商行，共湊資本十萬零五千元接辦，改名爲太谷同記電燈公司。設備有發電機二部，一部二十五基羅瓦特，一部五十基羅瓦特；線路總長十四公里；係交流電，三相六十週波，配電低壓二百二十伏。全年售電九八、二六〇度，用戶四百九十五戶。

織布業

2織布業：　在民國元年時，僅有機坊二三家，民國十八年後，因提倡土貨，家數漸形增多，現有十一家。其中模範工廠由縣政府官辦，資本一萬元；新民工廠，亦官辦，其工人以縣府拘獲游民及竊犯充當，資本四千元，前者有人力木鐵機五十架，爲織布業中之規模最大者。其餘各家有機四五架至十一二架不等，類多織工集股開設，資本均甚微。出品有長白粗布，五丈小布，五丈四套格布，六丈三條格布，五丈五國布褥被面，四丈六線毯等，其中以格布出產爲最多，小布爲次，餘均不多。

絲線業

3絲線業：　絲線業以係打線，規模甚小，銷路限於太谷本地，類皆手藝工人，招收學徒一二人設立之；在此種線作中，店員卽工人，作坊卽店舖，一面打線，一面門售。共有五家，資本均甚微，開設於清季者三家。民國時設立者二家。

織襪業

4織機業：　民國十年間，太谷始有織襪之家，至十五六年頗見發達，家數亦增，十九年因晉鈔跌價，金融緊迫，農村破產，衰落不堪。現共有十家，資本多者千餘元，少者數百元乃至數十元，共有手織機三十二架，年可出男女大小紗襪一萬六千二百打，線衣二百打。

毛巾業

5毛巾業：　毛巾業始於民國十年，民十五爲最盛時期，家數甚多，現下則較爲衰落，計有織坊七家，織機二十七架，用十六支棉鈔織成毛巾，每年可出一萬八千打，每機每日可織毛巾二十塊至二十四塊。

打毡業

6打毡業： 毡房共有八家，皆係打毡工人所設，無何種實大設備，即以彈弓將羊毛彈鬆，捲入葦蓆，以人力推壓而成。行銷以本縣爲範圍，每年出毡一千二百三十塊。

磨麵業

7磨麵業： 磨麵一業，由來已久，以前無廠粉時，大磨坊達三十餘家，現下則因廠粉盛行，磨坊不特家數減少，且各家之範圍亦較前爲小。麪分白麵豆麵二種，白麵以小麥磨成，豆麵則以菉豆磨成，現共有二十六家。資本大者數千元，小者數百元不等，除電燈公司備有電力石磨六具外，其餘均係以畜力轉磨，共有石磨七十九具。全年產量共爲一、六二三、三三〇斤，裝五十斤包，爲三二、四六六包又三十斤。

釀酒業

8釀酒業： 酒坊在民國四五年間，有二十餘家，營業頗爲發達，民九以後，逐年減少，一因酒稅加重，二因農村破產，銷路不暢，營業極形衰落。現存在僅有酒坊五家，年產高粱酒二〇八、七九五斤，銷路以本縣爲限。

醬醋業

9醬醋業： 醬醋業多兼營油、酒、醬油、點心等買賣，雖稱醬醋業，其實係附營事業，醋以高粱製成，醬以白麵製成。前數十年略見起色，近則逐年減少，一落千丈。現下共有十三家，年共出醋一、五九四缸，醬一七一缸，醋每缸三百斤醬每缸二百斤，全銷縣境。

粉條業

10粉條業： 粉條爲日用食品，業此者由醬業兼營，太谷有二家，以高粱菉豆製成粉條粉皮，全年可製粉條二七、六七〇斤，粉皮四千斤，銷場亦不出本縣縣境。

染坊業

11染坊業：民國初年，太谷有染坊十一家，至八九年間，增至十六七家，往向有陝、甘甯夏、、絳州、解州等處客幫在太谷染布，以故營業頗不弱，十五六年以後，此項客商，陸續減少，二十年以後，客商絕跡，太谷染坊營業乃完全衰落。現下共有染坊九家，資本多者九千元，少者數百元，資本較大者，皆兼營顏料之販售。全年染布共計一四、八〇〇疋。

硝皮業

12硝皮坊：太谷僅有硝皮坊一家，專硝騾馬皮及黑白羊皮，騾馬皮售河北省東鹿鄰及辛鹿鎭，黑白羊皮則售天津，一方面並代農民硝黑白羊皮，以供製衣服，皮坊僅取工價，與收皮加硝出售者不同。該坊每年買賣生皮一千九百張，代當地農民硝皮六百張。

製帽業

13製帽業：製帽業共有三家，一家設立於前清光緒年間，二家設立於民國二十三四年，以緞布製帽供本地需要，每年可出便帽五九、二〇〇頂。

製鞋業

14製鞋業：製鞋業共有十二家，開設於宣統年間者僅一家，餘皆開設於民國年間，目前民風奢華，男女用鞋類多購自鞋舖，因之鞋業較前發達，鞋有緞鞋、呢鞋、布鞋、絨鞋、帆布鞋及皮鞋等，其中以女鞋銷售爲尤多，各家全年共出鞋四三、六〇〇雙，均售本地。近年因一般社會經濟困難，故產銷實較往年爲遜云。

製蓆業

15製蓆業：蓆爲山西各縣民用必需之品，太谷製蓆業共有七家，以葦子自編出售兼營販賣，五家專營販賣者二家。年共銷售一四、九〇〇領，大小不等，銷路以太谷本縣爲限，間有銷至祈縣者，僅四順亨一家而已。

木器業

16木器業：　木器爲舊日普遍之手藝工業，太谷現有七家，均開設於民國年間，此種作場不時可以停歇，亦不時可以開設，師徒自設門面，代人製造木器，幷製就木器，門市出售。所用木材以楊柳木爲多，楡槐爲少；所製爲箱櫃壽木及大車等品，銷售以本縣境內爲限。

銀樓業

17銀樓業：　銀樓打製婦女金銀首飾，原爲專業，惟太谷銀樓五家，均兼營京貨雜貨之買賣，其所製首飾悉爲銀器，亦無金飾，計每年銷售製成之銀器一、二三〇兩，每兩售價連手工爲一元八角。

印刷業

18印刷業：　太谷印刷舖現有三家，二家爲書舖兼營，一家則原係刻字店。計有石印機三架，鉛印機一架，接受各界印件，如名片、傳單、廣告、包皮、招貼等件，每年共計印工一、六五〇元。

蔴繩業

19蔴繩業：　打製蔴繩均供大車騾馬繩索之用，太谷打蔴繩者計二家，每年用蔴二萬斤，出蔴繩一萬七千五百斤，有木紡車十五輛，一家五輛，月打繩盛時二百斤，一家十輛，月打繩一千二百五十斤，是蓋打繩之多寡，全視銷路之大小，售多製多，售少則製少。

三　商業

太谷商業始興於前淸康乾年間，發達於咸道時代，自粤匪兵燹後，江南一帶，商業凋敝，影響於該縣商號甚鉅，因之商業衰落。厥後太谷鐵貨茶店各行在各省設莊者，因便於週轉起見，營匯兌之業，即當時操全國金融勢力之票號，太谷與祁縣平遙齊名，合稱爲祁太平三幫票號。民國以後，各有分莊屢被兵匪蹂躪，紛紛倒閉，商業由此衰落。最近因正太鐵路與同蒲鐵路均在太谷設站，交通便利，糧市勃興，而各業亦頗有起色，然其營業範圍僅限於太谷一隅，要不能與昔年票商營業相提並論也。

太谷商業實際上與工業極難分離，因多數商業，皆兼營小規模之製造，如鐵業、錫業、京貨業、旱菸業、餅麵業、金珠業、自行車業、香油業、書筆業、竹器業、線帶業、胰業、紙炮業、香業等，一方面固係販賣他來製品，一方面多少自兼製造若干，謂爲商舖可，謂爲手工作舖亦無不可，故欲嚴格加以分析自屬困難，茲就調查結果，以屬乎販賣成份較多者列入商業項下作統計如左：

太谷商業統計表

業別	家數	資本(元)	營業額(元)
糧食業	一八	四八、一一七	一、五九六、六〇〇
藥材業	一二	一六六、八〇八	一四八、三二五
木業	一	三、四八〇	一四、一四六
茶業	一	三〇、〇〇〇	一八、〇〇〇
棉花業	四	一四、一六七	二三、四〇〇
水果業	五	一、三〇〇	六、四〇〇
鐵業	三	二九、二一〇	六五、一〇〇
錫業	四	一、六〇〇	八、七〇〇
京貨業	二二	三六二、四一四	一、三二〇、〇〇〇
顏料業	一九	七八、二〇八	三八〇、〇〇〇
旱菸業	五	一一、五〇〇	五二、三四一

鹻蠟業	三	八、三五二	一三、二一二
煤油業	二	三、五〇〇	一三、〇五三
估衣業	二	一二、二〇七	五二、一四二
粗磁業	三	二一〇	四、五二一
餅麵業	八	九三一	五、一二四
古玩業	三	五〇〇	八、二四二
金珠業	四	一、二〇〇	九、〇〇〇
自行車業	八	一、三二〇	二四、〇〇〇
肉業	五	七〇〇	二四、〇〇〇
飯業	九	六、八〇〇	二七、〇〇〇
香油業	二	四、四〇〇	四、〇〇〇
山貨業	八	三、〇〇〇	二四、〇〇〇
煤業	六	二、六五〇	五三、四二五
白鹽業	三	六三五	六〇、〇〇〇
油漆業	四	一、八五〇	二四、五一二
書籍業	三	四、六七四	三、二一五
竹器業	三	五〇〇	六、〇〇〇
五金業	二	二五〇	二、八七五
鮮貨業	三	一、五〇〇	五、二一四
線帶業	一	一、三六四	二、二四〇
胰業	三	二五〇	六〇〇
紙炮業	一	四〇〇	五、〇〇〇
香業	二	四〇〇	四、〇〇〇
總計	一七八	八〇四、三九七	四、〇〇八、三八七

總上表計三四業，一七八家，資本共八八〇四、三九七元，全年營業額四、〇〇八、三八七元。茲擇數業與太谷經濟關係重要者分述之。

1糧食業：糧食業爲太谷最近抬頭之商業，查其歷史，清道咸同光年間，僅有斗牙經紀，範圍極小，資本甚微，每設一號，祇制錢三五百串而已。故營業甚微，顧客寥寥，迨民國成立，後至民國十五年間，牙紀營業，稍見活動，糧行之繼起設立者時有所聞，統以銀洋爲本位，較斗牙紀時代已有天淵之別。民國二十三年秋冬間，同蒲正太兩鐵路，相繼在東西兩關各設車站，交通既屬便利，外來客商雲集，省境西南各地所產糧食。由同蒲路運輸入谷絡繹不絕，轉由正太路運往石莊等處銷售，客商稱便，糧業之活躍。計現有糧行十八家，其營業除自行買賣外，并營代客買賣。後者代客介紹雙方交易，從中抽取佣金每石抽取佣金五厘，計全年各家共抽佣金七九、八三〇元。自行買賣之營業，則由平遙祁縣等處採辦，并門市收買，現貨及期貨均有，再行運往石家莊或榆次銷售。

糧行買賣之糧食，爲小麥、小米、高粱、黃豆、黑豆、菉豆、玉蜀黍等，估計每年成交之糧食達三八五、二五〇石，其中以小麥爲最多，計十四萬石，高粱次之，計八萬九千石，復次爲小米，計六萬九千五百石，黑豆、黃豆、菉豆及玉蜀黍共計八萬六千七百五十石。民國二十三年統計如左：

品名	全年銷量（石）	全年銷值（元）
小麥	一四〇、〇〇〇	七五六、〇〇〇
高粱	八九、〇〇〇	二六七、〇〇〇
小米	六九、五〇〇	三四七、五〇〇
黑豆	三四、〇〇〇	一二二、四〇〇
黃豆	一九、〇〇〇	七二、二〇〇
玉蜀黍	一八、七五〇	六〇、〇〇〇
菉豆	一五、〇〇〇	七五、〇〇〇
總計	三八五、二五〇	一、七〇〇、〇〇〇

2藥材業：　藥材原爲西幇較大之營業，由四川、廣東、河北、河南、西安及山西本省太谷、沁源

、孟縣等地收買藥材銷售省內及省外各地，在票號全盛時代，利用其匯兌金融勢力，佔商貨來往之大宗。迨票號失敗，同時西藥復盛行國內，於是其業遠遜於昔。現下存在之藥材行計十二家，其中衛生館一家，尚係明天啓年間之老店，又有廣升遠一家開設於光緒十一年，其交易主要之藥材，爲當歸、川藭、枳殼、枳實、川厚樸、防風、柴葫、桔梗、葛根、荆芥等等，全年營業共計一四八、三二五元。

京貨業

3京貨業：　京貨業向日亦頗重要，票號盛時太谷人之在口外對庫倫貿易者，有所謂京廣雜貨及蘇廣雜貨，販運至蒙境與蒙人交易，自後蒙古貿易失敗，業此者紛紛還鄉，仍營其舊日之業，在谷地設號出售各貨，但其性質已與向日不同，昔日爲大宗貿易貨品，今已成爲當地消費貨品，向日爲蘇貨廣貨京貨，今則除此以外，尚多津滬販入之洋貨。現下共有二十二家，類多開設於民國年間，營業雖大，但僅足表示太谷人民消費力量，與太谷社會經濟關係以甚微也。

茶業

4茶業：　茶採自兩湖，亦爲往日票莊盛時留下之重要商業，昔日茶莊以對蒙俄貿易爲主，今則全以本省爲銷場。茶莊之僅存者現祇一家，已屢經改組，其販運入境之茶，現惟湖南安化所產之千兩茶一種，全年可銷七百五十件，每件二十四元，全年銷值不過十八萬元而已。

至其餘各業，多係供當地消費，當地經濟活潑，各業隨之而盛，當地經濟滯澁，各業卽隨之而衰，其盛衰全恃主要商業之興替而轉移，不足影響太谷經濟之全部也。

此外，自民國二十三年正太同蒲兩路修成，車站附近建築堆棧者現已有萬豐厚，晉太興、義勝合、吉泰隆等四家，代客堆存貨物，收取棧租，現以小麥、小米、高粱、玉蜀黍、蕎豆、黑豆、黃豆等糧食爲多。四家堆棧，容量共計二千噸，將來車棧轉運事業繁盛，堆棧事業亦必隨之發達。

四　金融

太谷金融業，昔以票號著聞於世，自民國後，票號紛紛失敗，今已不存。現有之金融業、分銀行、錢莊、銀號、當舖、質舖五種，前三者爲工商金融機關；後二者則爲平民或農民之金融機關。五種金融機關，總計五十七家，內銀行二家銀號八家，錢莊十家，當舖十六家，質舖二十一家，茲據調查作統計表如下：

太谷金融業統計表

類別	家數	資本（元）	公積（元）	存款（元）	發行（元）	放款（元）	全年匯出（元）	全年匯入（元）
銀行	二	一九〇、〇〇〇	—	三五二、一三三	三六、〇〇〇	四〇〇、八一五	二二四、〇〇〇	二二一、〇〇〇
銀號	八	二五七、〇〇〇	三、九三九	二、〇六八、八四八	二六、九九三	一、七六〇、〇五六	二、〇一一、三七五	二、一九六、七八五
錢莊	一〇	一六五、三三四	—	二、一八八、九五八	—	二、〇二五、七八一	一、八八四、二六〇	一、八六四、七三〇
當舖	一六	九四、九五〇	—	一六四、五八四	二六、二〇〇	一八一、八五三	—	—
質舖	二一	一四、五八〇	—	九五、二七五	—	七二、五七八	—	—
總計	五七	七二一、八五四	三、九三九	四、八六九、九七七	八五、一九三	四、四四一、〇八三	四、一〇九、六三五	四、二七三、四一五

各類金融機關之運用資力總計五、六八〇、七八三元，以銀號爲最大，佔四一・五％；錢莊次之，佔四一・四％；銀行又次之，佔一〇・五％；當舖更次之佔四・六％。質舖爲最少，佔二・〇％準是而言，則知太谷金融勢力，全在銀號與錢莊之掌握中，二者所佔運用資本之百分比，爲八三・七；當質固不足道，卽銀行亦不能望其項背也。若就資力之種類言，則銀行爲資本，存款，及發行三項；銀號爲資本，公積，存款及發行四項。錢莊爲資本及存款，當質爲資本及借入資本（卽存款）。就中以存款爲最大，計佔全體運用資力八五・七％；次爲資本，佔一二・七％；發行紙幣及公積金甚屬少數，前者僅佔一・五％，後者不及〇・一％。

金融業之業務，銀號，錢莊，銀行屬一類，當舖及質舖又屬一類，前者爲存放匯兌，後者則爲小款抵押。銀錢業存款共計四、六〇九、九三八元，錢莊佔四七・五％；銀號佔四四・九％；銀行佔七・六％。就中，商界存款爲最多，佔五九・七％；次爲同業，佔二二・四％；住戶又次之，佔一五・三％；公團，農民及工業均係少數，三項合計不過二・六％。存款類多定期。佔八四・六；往來僅一五・〇％；特別存款更屬少數，爲〇・四％。

放款總計四、一八六、六五二元，錢莊佔四八・四％；銀號佔四二・〇％；銀行佔九・六％；其中商業放款爲最多數，佔七四・九％；次爲同業，佔二〇・八％；公團，農民，及工業均少數，三者共佔四・三％。放款絕對以信用爲主，佔九九・四％；抵押放款則僅農民及公團略有之，不過〇・六％。

太谷銀錢業存放款分析%

	存款 定期	存款 往來	存款 特別	存款 合計	放款 信用	放款 抵押	放款 合計
按戶別分數							
工業	○·四	一·九	—	○·六	○·七	—	○·七
商業	五五·五	八四·五	—	五九·七	七五·三	—	七四·九
住戶	一七·二	五·三	—	一五·三	—	—	—
農民	○·六	○·九	—	○·七	一·二	七五·六	一·七
公團	一·○	○·三	一○○·○	一·三	一·八	二四·四	一·九
同業	二五·三	七·一	—	二二·四	二一·○	—	二○·八
總計	一○○·○	一○○·○	一○○·○	一○○·○	一○○·○	一○○·○	一○○·○
按方式%							
工業	五五·五	四四·五	—	一○○·○	一○○·○	—	一○○·○
商業	七八·七	二一·三	—	一○○·○	一○○·○	—	一○○·○
住戶	九四·八	五·二	—	一○○·○	—	—	—
農民	七九·二	二○·八	—	一○○·○	七三·六	二六·三	一○○·○
公團	六七·三	三·四	二九·三	一○○·○	九二·五	七·五	一○○·○
同業	九五·三	四·七	—	一○○·○	一○○·○	—	一○○·○
總計	八四·六	一五·○	○·四	一○○·○	九九·四	○·六	一○○·○

銀行銀號錢莊三者均營匯兌，全年匯出共計四、一〇九、六三五元，匯入四、二七二、五一五元，入超一六二、八八〇元。太谷以糧食運外銷售，其價值總額較進口各貨總額爲多，故年有此十六萬元之入超。無論匯出匯入，均以銀號經匯者爲最多，匯出佔全體四八・九%，匯入佔五一・四%；錢莊次之，匯出佔四五・八%，匯入佔四三・六%；銀行最少，匯出佔五・二%匯入佔四・九%。

通匯地點，以天津爲主，佔絕對多數，次爲北平，其餘如張家口，綏遠、上海、及本省之太原均有之，但均不多，茲據調查，作統計如後：

太谷銀錢業全年匯兌分析

通匯地點	全年匯出（元）	%	全年匯入（元）	%	出入超(一)出超(十)入超
天津	三、七九四、〇〇四	九二、三	三、九二三、九八四	九一、八	(十)一二九、九八〇
北平	一七七、四六一	四、三	一七五、四六一	四、一	(一)二、〇〇〇
張家口	六八、九三五	一、七	六七、八三五	一、六	(一)一、一〇〇
綏遠	二三、二三五	〇、六	二二、二三五	〇、六	(一)一、〇〇〇
上海	一六、〇〇〇	〇、四	四〇、〇〇〇	〇、九	(十)二四、〇〇〇
太原	三〇、〇〇〇	〇、七	四三、〇〇〇	一、〇	(十)一三、〇〇〇
總計	四、一〇九、六三五	一〇〇、〇	四、二七二、五一五	一〇〇、〇	(十)一六二、八八〇

當舖十六家，每家平均資本五、九三四・三七五元，質舖二十一家，每家平均資本六九四、二八六元

。資本來源，商戶出者佔六一·二%，富戶出者佔三八·八%。當質業之運用資本，除自有資本外，全賴借入之流通資本，其借入資本之來源爲錢莊、銀行、商家、私人、股東及公家，惟後者僅當舖有之。總當舖借入者凡一六五、五八三·五五元，質舖借入者九五、二七五元。就中錢莊佔一六·六%，銀行佔四四%，商家佔四三·一%，股東佔四·八%，公家佔八·六%，私人佔二二·五%。

當質之營業均爲質物貸款，據調查，近五年來當舖當出之票，每票平均一元五角五分，贖取之票，每票一元六角二分，滿期之票每票平均一元六角七分。質舖則押出每票平均六角三分，贖取每票平均六角八分，滿期每票平均七角五分。當舖質物之滿期爲十八月，質舖則爲六月。當舖月利按月三分，當額在五十元以上者得面議減息，減至月利二分半。質舖月利五分，當額五元以上，得減爲三分。其滿月後零日計利之方法，均爲「過三不過四」，即過三日不計利，過四日卽作一月計利。

計太谷縣當質近六年營業統計

		押出票數	押出金額（元）	贖取票數	贖取金額（元）	滿期票數	滿期金額（元）
當舖	十九年	一七七、六六三	二九二、四三一、七七	一七五、二三二	三二〇、二九六、八四	一六、九五五	二四、五三六、五〇
	二十年	一六四、四一三	三三九、四八四、一四	一四七、五〇〇	三〇六、二六八、九五	一三、〇〇八	一二、三一七、九〇
	二十一年	二〇二、二九五	三八一、四二九、二一	一六〇、六八八	二六二、三九九、七三	一三、九五三	四〇、八六二、六五
	二十二年	一九四、三五四	二八二、九四〇、三九	一五五、〇二二	二四五、八二一、三七	二六、二〇二	三二、四二一、一九

	二十三年	一七七、九八七	一八四、八六五、八七	一六八、七〇六	二一二、七七一、七二	五七、九八二	八七、八七四、〇四
	二十四年*	一一八、一五四	一二二、六二七、二一	九一、八九四	一〇八、三九四、七一	一七、九七九	四六、六六三、二四
買舖	十九年	三八、〇八八	二〇、四九一、七四	二一、二二四	一八、三七七、八四	五、七三八	二、四九八、三六
	二十年	五二、〇九九	四一、五三二、五四	四二、九九七	三二、七九〇、四九	四、五四四	九、六一三、八〇
	二十一年	一二九、一〇〇	九〇、八二八、四一	九二、八一五	六〇、九三四、四二	一八、八五二	七、五五四、八七
	二十二年	二二一、二七四	一五〇、五一七、〇〇	一七七、二〇七	一二六、二一三、七六	四七、四二一	二七、一八三、九〇
	二十三年	二二九、九〇六	一三三、一二四、三三	一九八、四九一	一二八、三七二、六四	六一、二五〇	四八、七九四、三四
	二十四年*	一七〇、四二五	九五、六二九、一三	一二二、二六九	七五、七五二、五二	一九、四四三	一二、二三二、三四

*廿四年至七月底止

第四編　農林畜牧

第一章　概況

山西地廣人稀，黃河蜿蜒圍其西，太行曲折屏其東，自昔爲我國西北之重要農牧區域。向使能利用機械，作大規模之開墾，則此雁門關外人烟稀少之荒土，與夫汾水流域肥沃之盆地，固不難日臻於發達也。

山西農牧之特產甚多，而尤以毛織工業主要原料之羊毛，及可資提煉酒精之馬鈴薯爲最。近年由政府提倡結果，所產美種改良棉花，亦爲省內外紗廠所樂用。至於小麥、小米、高粱、玉蜀黍等雜糧，除供給本省消費外，尤爲彌補河北人民生產不足之所賴。是則晉省之農業，固不容吾人漠視者也。

據此次調查，山西農林畜牧產品，舉其大者，共有十大類一百三十一種。糧食類有小麥、大麥、莜麥、蕎麥、馬鈴薯、小米、高粱、玉蜀黍、黃豆、黑豆、小豆、豌豆、蠶豆、豇豆、扁豆、菉豆、稻、黍等十八種。工業原料類有芝蔴，花生，棉花，胡蔴籽，油菜籽，苧蔴、菸葉、藍靛等八種。水果類有果子、桃子、杏子、梨子、棗子、石榴、葡萄、柿子、李子、西瓜、甜瓜等十一種。蔬菜類有黃瓜、蘿蔔、冬瓜、葱，韭菜、南瓜、茴子白、辣椒、大蒜、白菜、茄子、芥菜、莞荽、芹菜、菠菜、玉蔓青、蒿笋、西葫蘆、菜豆、長山藥、金針、藕等二十二種。蠶桑類有繭、桑二種，藥材類有黨參、黃芪、大黃、麻黃、遠志、枸杞，車前子、花椒、連壳、甘草、柴胡、荊芥、黃芩、知母等五十一種。牲畜類有羊、牛、猪、驢、騾、馬、駱駝等七種。畜產類有羊毛，羊皮、牛皮、猪鬃、驢皮，騾皮、馬皮、駝毛等八種。家禽類有鷄、鴨二種。蛋產類有鷄蛋，鴨蛋等二種。

食糧類

糧食類共計栽培面積五〇、二六六、〇七七畝，常年產量五八、五七六、四八八担，二十四年產量五五、三三七、六四九担。小麥小米之常年產量，各計一千餘萬担，高粱馬鈴薯，各計八百餘萬担，黍、莜麥，黑豆各計一百餘萬担。黃豆八十餘萬担，大麥五十餘萬担。稻、菉豆、小豆、蕎麥、豌豆、蠶豆各計二十餘萬担。扁豆五萬餘担，缸豆一萬餘担。每畝產量，則以馬鈴薯爲最高，計六、五三二担，稻亦三、一三担，他如玉蜀黍、高粱、小豆、大麥、小麥等，各均一担餘。其餘則皆在一担以下。茲將糧食類之生產狀況列表於后：

山西省糧食類農作物栽培面積及產量表

名稱	栽培面積（畝）	常年產量（担）		二十四年產量（担）		生產縣數
		每畝產量	總產量	每畝產量	總產量	
小麥	一五、五三七、五一六	一・〇三	一六、〇四四、二五七	〇・九〇	一三、九三七、一八四	一〇三
大麥	四四五、七六六	一・一九	五三〇、九九七	〇・九六	四二七、四二八	四九
莜麥	三、一〇五、九七五	〇・四九二	一、五二七、六六二	〇・五二九	一、三七三、二九九	三六

蕎麥	四三九、四〇五	〇・六二五	二七四、五一二	〇・六五七	二七四、五一二	四七
馬鈴薯	一、二三二、五七九	六・五三二	八、〇五一、一五七	六・五三三	八、〇五二、三三〇	六八
小米	一二、七七五、二四六	一・〇三一	一三、一六九、〇八五	〇・九八五	一二、五八四、三六七	一〇五
高粱	六、九二二、九六四	一・二九	八、九四三、二四八	一・二八	八、八六〇、一四五	八〇三
玉蜀黍	三、五七〇、八五七	一・三五	四、八一七、二五二	一・三二	四、七二九、六六八	七四
黃豆	九四九、三二〇	〇・九〇	八五四、四一三	〇・八七三	八二九、四八三	五〇
黑豆	一、二六八、一六八	〇・八四七	一、〇七四、二四八	〇・七九九	一、〇一三、五二三	五三
小豆	二二三、七九六	一・二四	二七六、七一〇	一・二三	二七六、〇五六	二三
豌豆	四四七、三七四	〇・五五四	二四七、九九一	〇・五〇九	二二七、七四二	三八
蠶豆	二五〇、二五七	〇・九八七	二四七、一〇八	〇・八〇六	二〇一、七八七	二三
豇豆	四一、八一九	〇・三七	一五、三七八	〇・三五	一四、四八八	一三
扁豆	一四一、三五三	〇・三九〇	五五、〇九四	〇・三五八	五〇、五九七	一八
菉豆	三五六、九二一	〇・八〇四	二八六、八九八	〇・三四一	二六四、三七一	五七
稻	九二、二八〇	三・一三	二八八、四八三	三・一五	二八九、八三六	一四
黍	二、五五六、七六一	〇・七三二	一、八七一、九九五	〇・七五五	一、九三〇、八三三	六五
總計	五〇、二六六、〇七七	一・一六五	五八、五七六、四八八	一・一〇一	五五、三三七、六四九	

工業原料類共計栽培面積二、三一四、二〇〇畝，常年產量九四二、四八一担，二十四年產量八六六

蔬菜類

六四四担，其中自以棉花產量爲最多，常年計四三三、八八四担；胡蔴子、菸葉、油菜籽各計十餘萬担，其餘花生六七、三二三担，苧蔴五六、三三七担，芝蔴二七、五九〇担，藍靛三九四担。每畝產量以花生爲最高，計二·三四担，菸葉一·〇六五担，其他皆在一担以下。

山西省工業原料類農作物栽培面積及產量表

名稱	栽培面積（畝）	常年產量（担）		二十四年產量（担）		生產縣數
		每畝產量	總產量	每畝產量	總產量	
花生	二八、〇七二	二·三四	六七、三二三	一·八三	五一、二五四	一五
胡蔴籽	四二三、九一〇	〇·三三九	一四三、七三九	〇·三二六	一三八、三五九	二一
苧蔴	一〇四、六〇〇	〇·五四	五六、三三七	〇·五二	五三、九九〇	三一
棉花	一、四八七、〇七五	〇·二九二	四三三、八八四	〇·二六五	三九三、四六七	六五
油菜籽	一二七、一四〇	〇·八二	一〇四、〇六六	〇·六七	八五、六四〇	二三
芝蔴	四〇、〇四九	〇·六九	二七、五九〇	〇·七九	三一、六四七	二七
菸葉	一〇二、四六四	一·〇六五	一〇九、一四八	一·〇九二	一一一、八九一	三〇
藍靛	八九〇	〇·四四三	三九四	〇·四四五	三九六	七
總計	二、三一四、二〇〇	〇·四〇七	九四二、四八一	〇·三七四	八六六、六四四	

蔬菜類栽培面積共計六六四、二九三畝，常年產量八、二三九、七九三担，二十四年產量六、二〇六、〇七七担。蘿蔔白菜，常年產量各計一百餘萬担，南瓜八十餘萬担，葱五十餘萬担，茄子三十餘萬担，

茴子白，二十餘萬担，玉蔓青大蒜各十餘萬担，其餘自數千担至數萬担不等。蔬菜之每畝產量頗大，白菜多至二十餘担，萵筍、茄子、茴子白、玉蔓青、西葫蘆、黃瓜、南瓜、長山藥等亦在十担以上。蘿蔔、大蒜、菜豆、菠菜、葱、冬瓜、芥菜、莞荽、藕、芹菜、辣椒等，自二担餘至九担餘。金針菜最少，每畝計〇九九担。

山西省蔬菜類農作物栽培面積及產量表

名稱	栽培面積(畝)	常年產量(担)		二十四年產量(担)		生產縣數
		每畝產量	總產量	每畝產量	總產量	
黃瓜	八、八一四	一〇・九	九五、九八九	一一・〇	九六、八三二	四六
蘿蔔	一七八、四五四	九・四五	一、六八五、七二四	一〇・三二	一、八四二、〇四九	八五
冬瓜	六六二	七・四二	四、九一〇	七・八一	五、一七〇	六
葱	七五、二三四	七・四三	五五八、七一三	七・六三	五七四、一九五	七五
韮菜	一七、三八九	五・三四	九二、八四三	五・九六	一〇三、六七四	六四
南瓜	八三、〇六三	一〇・七九	八九六、五一七	一一・〇七	九一九、四五八	五九
茴子白	一九、七六六	一二・〇三	二三七、八七九	一二・九五	二五六、〇四一	二六
辣椒	一九、二一七	二・九五	五六、六七四	三・二二	六一、九一三	四五
大蒜	一一、九八〇	八・五四	一〇二、二五三	八・八五	一〇五、九六八	四五
白菜	五九、八〇三	二〇・五二	一、二二七、三七〇	二二・四八	一、三四四、一〇六	六一

茄子	二二、七〇三	一三・九三	三一六、二七三	一五・一一	三四三、〇二三	五九
芥菜	三〇、八八六	六・六八	二一一、七八四	六・六八	二一一、七八四	三〇
莞荽	三、二八四	六・三九	二〇、九九二	六・三九	二〇、九九二	一七
芹菜	五八〇	四・一七	二、四二二	四・一七	二、四二二	三
菠菜	三、一四〇	七・七一	二四、二一二	七・七一	二四、二一二	二三
玉蔓菁	一二、九五七	一二・六八	一六四、〇七二	一二・六八	一六四、〇七二	一八
萵筍	一、四五九	一四・二五	二〇、八〇四	一四・二五	二〇、八〇四	八
西葫蘆	四、九八〇	一一・二一	五五、八四〇	一一・二一	五五、八四〇	一八
菜豆	三、四六三	八・二〇	二八、四一〇	八・二〇	二八、四一〇	一四
長山藥	二〇七	一〇・二一	二、一一四	一〇・二一	二、一一四	三
金針	三、七一五	〇・九九	三、六八五	〇・九九	三、六八五	一〇
藕	三、二五二	五・九三	一九、三一三	五・九三	一九、三一三	六
總計	六六四、二九三	一二・四〇	八、二三九、七九三	〇・九三	六、二〇六、〇七七	

水果類

水果類農產品，每年產量共計三九九、五八四、四八五担，其中以西瓜產量爲最多，計一萬萬餘斤，棗子次之，計八千餘萬斤，甜瓜六千餘萬斤，梨子四千餘萬斤，柿子三千餘萬斤，杏子果子各二千餘萬斤，桃子一千餘萬斤，葡萄六百餘萬斤，李子五百餘萬斤，石榴最少，十餘萬斤。

山西省水果類農作物栽培株數及其產量表

名稱	栽培株數	每株產量(斤)	總產量(斤)	生產縣數	備攷
果子	一九五、四六九	一・〇三	二〇、一五二、八〇五	五六	包括蘋果、槟果、大紅果、香果・黃果、蜜果、海紅子等、
桃子	一五三、四四六	八七・〇二	一三、三五三、二四三	五〇	
杏子	三五二、〇〇一	七三	二五、六五三、八四二	六四	
梨子	六〇六、四九七	七一・七	四三、四九五、一七五	四三	
棗子	一、八四二、〇〇三	四四・一	八一、二一六、六四五	五一	鮮棗
石榴	一六、七九四	八・二一	一三七、八九〇	六	
葡萄	一六一、三三一	三八・六五	六、二三五、五九九	三九	
柿子	二四五、八三六	一四八	三六、三五八、七一〇	三〇	
李子	三一、一五一	一六七	五、二一二、〇七六	二二	
西瓜	九二、五六三畝	一一一・三一	一〇三、〇三一、七〇〇	七〇	
甜瓜	六九、五六〇畝	九三一	六四、七三六、八〇〇	六三	
總計	三、六〇四、五二八株 一六二、一二三畝		三九九、五八四、四八五		

蠶桑類

蠶桑在晉省農產品上，地位並不重要，全省栽桑者僅四十一縣，栽桑面積僅二六、六七〇、二〇畝，桑葉產量僅四三、七九七、四六〇斤。育蠶戶數五九、八七四戶，鮮繭產量一、三二五、九四五斤，繅絲數量九四、八六七斤。

晉省所產藥材，頗爲重要，較著者五十一種，共計產量三、〇八四、〇三一斤。其中尤以黃芪，大黃、黨參、麻黃、黃芩、甘草爲最。黃芪產量達一、〇〇三、六二五斤，大黃四九五、〇八五斤，黨參三九〇、〇〇八片，麻黃二四三、一七〇斤，黃芩二二四、二七八斤，甘草八九、三四〇斤。

名稱	產量（斤）	名稱	產量（斤）	名稱	產量（斤）	名稱	產量（斤）
黨參	三九〇、〇〇八	蒲公英	一五〇	坤草	二〇、〇〇〇	龍骨	一〇、九八〇
黃芪	一、〇〇三、六二五	杏仁	五、〇〇〇	甘草	八九、三四〇	防風	一七、〇二〇
大黃	四九五、〇八五	大蘇	二〇〇	秦艽	六、三〇〇	柴胡	四〇、三九〇
麻黃	二四三、一七〇	香附	六〇	百合	一〇、〇〇〇	黃芩	二二四、二七八
遠志	四九、八一〇	貝母	七、八〇〇	益母草	三五〇	知母	二八、一七四
枸杞	三、六七〇	薄荷	八八〇	沙參	二五〇	總計	三、〇八四、〇三一
車前子	七、八六〇	萊菔子	七五〇	何首烏	三〇〇		
地榆	二〇、〇〇〇	蒼朮	一二、〇〇〇	荊芥	二五、一〇〇		
花椒	二一〇、四五〇	菖蒲	五、三九〇	小茴香	三二五		
薏米	二五、〇〇〇	連売	六九、〇〇〇	地骨皮	五、〇二〇		
紫蘇	八〇〇	連翹	一八、七五〇	蓁椒	七、〇〇〇		

薏仁	三、五〇〇	茵陳	三、五〇〇	豬苓	一五、八九一
冬花	一〇五	桔梗	七〇〇	羌活	七〇〇
扁蓄	一〇	黃連	一、〇〇〇	半夏	一、〇〇〇
二丑	五〇	丹參	二、〇〇〇	赤芍	九〇〇

牲畜類

牲畜類飼養戶數，共計一、四六二、六九九戶，飼養總數共計六、七六六、五五四頭。其中尤以羊為最多，計四、二八四、六一〇頭，豬次之，計一、一一〇、三七四頭。牛驢各計五十餘萬頭，騾二十餘萬頭，馬六萬餘頭，駱駝一千餘頭。

山西省牲畜產量表

名稱	飼養戶數	飼養總數(頭)	外銷總數(頭)	生產縣數
羊	三一五、八五六	四、二八四、六一〇	三八七、二七七	一〇一
牛	三三七、〇一二	五四一、〇一二	一九、〇九二	一〇四
豬	二六七、四一五	一、一一〇、三七四	四五七、七六八	九七
驢	三三七、四七〇	五一五、八一三	一四、四〇七	九三
騾	一五二、一五四	二四四、一九五	四、六八九	八七
馬	五二、六四六	六九、三〇九	二、九五〇	七八

駱駝	一四六	一、一八二	一七	八
總計	一、四六二、六九九	六、七六六、五五四	八八六、二〇一	

畜產類

畜產類中，以羊毛為最重要，年產三、六六四、七四五斤，外銷一、九九一、九一四斤。駝毛駝絨年產三、七一一斤，外銷五五〇斤。羊皮產量亦不少，計七〇二、九四二張，外銷二三〇、四八二張。其他畜產。品較為重要者為猪毛猪鬃，計產二一八、三二九斤，外銷一九七、〇四三斤。

山西省畜產類產銷表

名稱	產量	外銷量
羊毛	三、六六四、七四五斤	一、九九一、九一四斤
羊皮	七〇二、九四二張	二三〇、四八二張
生牛皮	一七、一九二張	四、一三〇張
猪毛猪鬃	二一八、三二九斤	一九七、〇四三斤
驢皮	一二、一九六張	二、〇二五張
騾皮	三、六四三張	四三五張
馬皮	二、〇六三張	六五六張
駝毛駝絨	三、七一一斤	五五〇斤

家禽類

家禽類計產鷄四、八八二、六四八隻，鴨一二、三二九隻。晉省多旱地，鴨又喜水性，故其產量較少，鷄則除本省銷費外。尚有餘額外銷。

蛋產類

蛋產類計產鷄蛋一、六七二、〇一一百枚，鴨蛋二〇八、二三四百枚。晉省蛋價頗廉，零售價每元約百枚上下，批發價每元約百五十枚上下，故除鮮蛋出口外，省內尚有蛋廠數家，專製蛋黃蛋白，由天津銷運外洋。

第二章 麥

一 小麥

一 總說

小麥為晉省主要食糧之一，栽培頗為普遍。除晉北嚴寒之地如岢嵐、嵐縣、大同、寧武、懷仁、河曲等縣，及晉東太行山脈一帶如盂縣、和順、遼縣、沁源、陵川等縣，因氣候土壤關係，不適栽培外，幾於無縣無之。總計全省一百另三縣種植面積，共計一五、五三七、五一六畝，常年產量一六、○四四、二五七担，二十四年產量一三、九三七、一八四担，

品種

小麥品種，按下種時期分，有春麥、宿麥（秋麥或冬麥）兩種；按有芒無芒分，有絨子麥，和尚麥兩種；按顏色分，有紅麥、白麥、黃麥三種。農作物之品質，往往與生長日期成正比例，生長日期長者，其品質必優於生長日期短者。故春麥之麩質，常劣於宿麥。但晉北一帶，冬季氣候寒冽，各種宿麥，勢必凍斃，於仲春開凍之時，始得下種。茲將小麥種類，分述於后：

（一）宿麥　宿麥有白麥、紅麥、紅和尚、白和尚、三月黃、關東麥、等六種。白麥又有無芒有芒兩

類。有芒者亦名白芒糙，麥皮及麪皆甚白，因麪筋較弱，蒸食最佳。紅麥亦名火麥，或名紅芒糙。穗大有芒、微帶紅色、麥粒細小、磨麪較多、麪筋甚强、可作掛麪拉麪。紅和尚又名金裹銀，亦名紅線麥、皮薄麪多，麪筋亦不少。白和尚性質與白麥相仿，惟穗上無芒。三月黃之穗色黃，有芒、成熟最早，皮厚麪少，麪筋甚大。關東麥係東三省傳來者，麥稈强硬，能耐風吹，收量稍多。麪筋較劣。

(二)春麥　春麥亦有紅白兩種。白麥又名本年麥，穗小芒長，皮白麪佳。紅麥亦有直名爲春麥者，形狀與白麥相仿，而麪筋較强，皆可作掛麪。此外尚有一種穲麥，顆粒作土黃色，亦爲有芒種，係從口外傳來，收量稍多麪質不佳。

用途　山西小麥，以磨粉作麪爲主，麥麩多喂牲畜，麥糠麥稈除作飼料外，又作建築泥工用材料。麥稈則作草帽、草紙、草蓆、草圍、草墩等原料。

風土　小麥雖宜於溫暖乾燥之氣候，但其耐寒力亦不弱，故晉省北自天鎮陽高，南至芮城虞鄉，皆可種植惟在寒冷地帶，生長不佳，成熟亦遲。又雨水過多之地，易使葉稈徒長，結實反不容易。大概下種前後，需雨頗殷，以便麥根深入土中，待開花以後，若遇雨水太多或遇東南風，則多起黃疸，黑疸等病，卽無疾病，麪粉之筋力亦必薄弱，不能作掛麪及細麪條之用。又小麥宜於砂質壤土及粘質壤土，平地坡皆可耕種，惟以向陽處爲佳。春麥較秋麥略喜濕潤，故在秀穗以前，下雨稍多，或種於稍低濕之地亦無妨礙。

耕地及施肥

小麥因品種及風土之不同，故耕地與施肥方法亦異。宿麥之根極長，能吸收地下深處之養分及濕氣，故連種五六年後始與他種作物輪種一次。割麥後第一次耕地，通名垡地，又名殺麥地，即將麥根翻入土內，使其腐爛。入伏後，下雨一次，耕地一次，名爲翻地。立秋後地下孔隙漸小，雨水滲入較淺，耕後再用耰耮，名爲收濕。自垡地至臨種，共耕地二三次，亦有耕四次者。處暑後將人糞尿，牲畜糞，或堆肥撒布於地面，用犂翻入土中，耰耮平坦。晉北及陽曲附近，耕地輸爲粗疏，大概只耕二次。水地小麥、多與秋田輪種，至秋收後撒開糞土，用牲畜深耕，或用鍬榾翻一次，打碎土塊，耰平地面，即可下種。至於春麥，幾全與秋田輪種，於秋收後深耕一次，春分前後再深耕一次。晉南種春麥者較少，晉北則將肥料與種子混合，裝入柳栲栳內，隨犂抓入犂溝，耰耮覆土即成。肥料種類及用量，各地情形雖不一律，大概每畝約用廐肥四五千斤，人糞尿坑土每畝約數百斤，麻籸（即胡麻油餅）每畝百斤上下。

下種及鋤地

宿麥下種節氣，晉南在白露前後，至秋分節。省城附近在秋分前後，至寒露節。臨種之時，先將耕好之地，耰耮平坦，再將檢過種子，篩簸淨盡，用煤油或油滓拌擦後，用三脚耬或二脚耬種下，再以碌碡碾上一次，使種子與土挨緊，以便容易吸收濕氣，催其發芽。亦有混和糞內，隨犂抓入犂溝，耰耮蓋土者。種籽用量，每畝自三升至六升。發芽日期，自六七天至十天。麥苗出土後，無須間苗。冬季下雪以後，用地磙子碾壓一次，使麥根與土着實，再耮上一次，使地面平坦。至驚蟄前後，再碾壓一次。清明以後，又淺鋤一二次。水地小麥，亦有與秋田輪種者，則種時稍遲，分根亦少，所用種籽，較旱地略多。麥苗三四寸時，鋤草一次。立冬以後，澆灌一次。清明前後，再澆灌一二次。春麥下種節氣，晉南在清明前後，晉北及省城附近，在春分前後，至清明節。下種方法，有用耬種者，有混於糞內，隨犂抓入犂溝，耱耙蓋土者，有用人手點種、蓋土踏實者。種籽用量，每畝四升至七升。發芽日期，八九天至十一二天。種籽發芽力，與溫度高低，有極大關係。溫度高時發芽早，反之發芽遲。故秋種麥子，下種早者發芽快，用籽少；下種遲者發芽慢，用籽多。春種麥子下種早者發芽慢，用籽多，下種遲者發芽快，用籽少。

收割

收麥節氣，晉南在芒種前後至夏至節。中部在夏至前後至小暑節。山岳地帶及雁門以北，氣候較寒，收獲更遲。收麥時期，在麥穗麥稈變成黃色，麥粒粉質軟硬程度如臘之時，最爲適宜。收時用鐮割下，或用手拔下，運至場內，堆積一處。然後散開晒乾，用碌軸碾下，或用木棒連枷等物打下，再用風車簸箕除去麥芒及夾雜物，暫時收藏屋內。近入伏時擇晴亮天氣，十分晒乾後，即可囤藏。

二　面積及產量

面積

山西小麥栽培面積，在本省農作物中爲最大，總計一五、五三七、五一六畝，平均每縣一五〇、八五〇畝。如將山西全省土地，按照舊時行政區域及自然狀況，劃分爲河東，濟寧，雁門三道，則小麥面積，以河東道爲最多，濟甯道次之，雁門道又次之。自大體而言，小麥栽培面積，愈北愈少，愈南愈多，但東南太行山脈一帶高原，因氣候寒冷，不但面積較少，甚至有不能種植者，以個別縣份而論，則當推潞城爲最多，計一、五四八、三六〇畝，聞喜次之，計七五六、七二二畝，他如平遙、稷山、汾城，皆在五十萬畝以上，永濟安邑，皆在四十萬畝以上，晉城、猗氏、太谷、萬泉、洪洞，皆在三十萬畝以上。

山西小麥產量，常年全省共計一六、〇四四、二五九担。二十四年共計一三、九三七、一八四担產量之多寡，與面積之大小，固有關係，但與每畝收穫量之關係尤大。雁門以北一帶，地瘠天寒，過於乾燥，例如左雲常年每畝收量，低至一十八斤，神池亦不過三十三斤。反之，濟寗河東二道，有高至二百八十斤者(楡次)，有一百九十八斤(離石)，有一百九十八斤者(臨縣)。故自大體言之，產量亦愈南愈多，愈北愈少。若以個別縣份而論，以聞喜爲最多，常年計九八三、七三九担，潞城次之，計八六七、〇八二担，平遙又次之，計七四〇、二六四担。

山西省各縣小麥產量分級表

產量在	常年縣數	廿四年縣數
五〇〇、〇〇〇担以上	七	三
四〇〇、〇〇〇—五〇〇、〇〇〇担	五	四
三〇〇、〇〇〇—四〇〇、〇〇〇担	二	五
二〇〇、〇〇〇—三〇〇、〇〇〇担	一五	一三
一〇〇、〇〇〇—二〇〇、〇〇〇担	一八	一九
五〇、〇〇〇—一〇〇、〇〇〇担	一四	一六
一〇、〇〇〇—五〇、〇〇〇担	二三	二四
一〇、〇〇〇担以下	二〇	一九
計	一〇三	一〇三

三　銷路

市場　小麥為北方主要糧食之上品，價格常較他種糧食為高昂，故晉省中農貧農，往往以之拋售市場，而以小米，玉米，高粱，薯類為代替。是以小麥乃成一商品化之農產品。攷山西小麥市場：北部以大同為中心，南部以臨汾，晉城中為心，中部以陽曲，榆次，太谷為中心。此項市場，除有機製麪粉廠足可消納多量小麥外，又為對省外輸出之總樞。

市價　小麥市價，一方因貨幣數量減少，一方因洋粉洋麥進口增加，兼之鐵路運費提高，內地出產，多不外運，以致呈現逐年跌落之現象。據此次調查所得，有報告之八十五縣近五年平均價格如下：

山西省八十五縣近五年每百斤小麥平均價格表

年別＼價別	最高（元）	最低（元）	普通（元）
民國十九年	九・三九	七・二六	八・二六
民國二十年	八・六八	五・九〇	七・〇六
民國廿一年	六・六六	五・〇五	五・七三
民國廿二年	五・三五	四・五七	四・四八
民國廿三年	四・五三	三・四〇	三・八四

銷路　山西小麥銷路，除所銷本省鄰縣外，北部多由大同運銷平津。南部多由晉城永濟運銷河南武安，涉縣，孟縣，鞏縣。靈寶，陝縣。東部多由榆次太谷經正太路運銷石家莊，或由蹟路運銷河北順德。

銷量　九十三產麥縣份中，有外銷者僅三十七縣，總數共計二、一六三、七二三担，其中輸出省外者。據估計約五〇〇、〇〇〇担，佔外銷數二三%。

山西省各縣小麥產銷統計表單位担

農產品 縣名	栽培面積（畝）	產量常年 每畝	產量常年 總額	產量廿四年 每畝	產量廿四年 總額	銷量 縣內	銷量 縣外	運銷地點
陽曲	一〇、〇〇〇	一・一九	一一、九〇〇	一・四	一四、〇〇〇	一四、〇〇〇	—	
太原	八二、九三七	一・八二	一五〇、九四五	一・九六	一六二、五五七	一二二、四五七	四〇、一〇〇	陽曲、榆次
榆次	七六、三二四	二・八	二一三、七〇七	二・二四	一七〇、九六六	一七〇、九六六	—	
太谷	三三五、八三四	〇・九一	三〇五、六〇九	一・一二	三七六、一三四	二四五、三六四	一三〇、七七〇	榆次、太原
祁縣	八七、八八四	一・四〇	一二三、〇三八	〇・七〇	六一、五一九	六一、五一九	—	平定、壽陽、娘子關
徐溝	一一〇、五一〇	一・一二	一二三、七七一	一・四〇	一五四、七一四	七七、三五七	七七、三五七	太原・太谷、
清源	六八、四〇〇	一・六八	一一四、九一二	一・四〇	九五、七六〇	六〇、五七八	三五、一八二	太原、榆次、石家莊
交城	二七、九七八	一・二六	三五、二五二	一・一二	三一、三三五	二一、〇〇四	一〇、三三一	太原、榆次、
文水	一二六、九六九	一・七七七	二二五、六二四	二・一五八	二七三、九九九	二六七、七二三	六、二七六	太原、榆次、
興縣	五、九九五	〇・四八	二、八七八	〇・六〇	三、五九七	三、五九七	—	
汾陽	一五〇、〇〇〇	一・一二	一六八、〇〇〇	一・四〇	二一〇、〇〇〇	一四〇、〇〇〇	七〇、〇〇〇	太原
平遙	五二八、七六〇	一・四〇	七四〇、二六四	一・四〇	七四〇、二六四	五〇四、六八七	二三五、五七七	太原
介休	二八六、七二六	一・六八	四八一、七〇〇	一・四〇	四〇一、四一六	三三一、四一六	七〇、〇〇〇	太原、榆次、

孝義	四二、六三二	一・一二	四七、七四八	一・一二	四七、七四八	二八、七三九	一九、〇〇九	天津、北平、
臨縣	八二、七三七	一・八九	一五六、三七三	一・七五五	一四五、二〇三	九六、八〇二	四八、四〇一	汾陽、離石、
石樓	三五、〇〇〇	〇・五〇	一七、五〇〇	〇・七五	二六、二五〇	二〇、〇〇〇	六、二五〇	隰縣
離石	七五、〇〇〇	一・九八	一四八、五〇〇	一・七六	一三二、〇〇〇	七〇、四〇〇	六一、六〇〇	汾陽、平遙、
方山	四、三八五	〇・七二八	三、一九二	〇・七二八	三、一九二	三、一九二	—	
中陽	二一、八九〇	〇・四八	一〇、五〇七	〇・六〇	一三、一三四	一二、七六四	三七〇	汾陽
長治	四三、七〇〇	〇・九一	三九、七六七	一・〇四	四五、四四八	四五、四四八	—	
長子	三二、七一六	〇・五六	一八、三二〇	〇・七〇	二二、九〇一	二二、九〇一	—	
屯留	八〇、〇〇〇	〇・六二五	五〇、〇〇〇	〇・六二五	五〇、〇〇〇	二五、〇〇〇	二五、〇〇〇	隣縣
襄垣	一五〇、〇〇〇	一・一二	一六八、〇〇〇	一・二六	一八九、〇〇〇	一三三、〇〇〇	五六、〇〇〇	河南武安縣
潞城	一、五四八、三六〇	〇・五六	八六七、〇八二	〇・五六	八六七、〇八二	六九三、六六六	一七三、一四六	河南涉縣
黎城	五四、五九八	一・二八	六九、八八五	〇・九六	五二、四一四	五二、〇二四	三九〇	河南涉縣
壺關	三六、五〇四	一・二八	四六、七二五	〇・九六	三五、〇四四	三五、〇四四	—	
平順	二四、三八八	〇・八八	二一、四六一	〇・五五	一三、四一三	一二、三一三	一、一〇〇	壺關
晉城	三九八、一〇〇	一・二〇	四七七、七二〇	〇・七二	二八六、六三二	二八六、六三二	—	
高平	一二六、六〇〇	〇・六〇	七五、九六〇	〇・七二	九一、一五二	九一、一五二	—	
陽城	六五、三九四	〇・八四	五四、九三一	〇・九六	六二、七七八	六二、七七八	—	

沁水	五八、二六五	〇・六五	三七、八七二	〇、三九	二二、七二三	二二、七二三	—	
榆社	四七、三一三	〇・八〇	三六、八五〇	〇、六四	三〇、二八〇	一八、九二五	一一、三五五	太谷
沁縣	二五二、四〇〇	〇・八一	二〇四、四四四	〇・六七五	一七〇、三七〇	五八、一八五	一一二、一八五	河北順德
武鄉	一〇八、六九五	〇・六七五	七三、三六九	〇・五四	五八、六九五	四七、九六九	一〇、七二六	遼縣、榆社、黎城、河南、河城、
平定	五、一〇〇	〇・六五	三、三一五	〇・三八	三、九七八	三、九七八	—	
昔陽	一、六一〇	〇・七〇	一、一二七	〇・七〇	一、一二七	一、一二七	—	
壽陽	一、〇〇〇	〇・九八	九八〇	〇・八四	八四〇	八四〇	—	
臨汾	二七〇、〇〇〇	〇・七九八	二一五、四六〇	〇・五七	一五三、九〇〇	一五三、九〇〇	—	
襄陵	二三九、一〇〇	〇・三六	八六、〇七六	〇・八七五	二〇九、二一三	二〇九、二一三	—	
洪洞	三〇二、〇〇〇	一・六九	五一〇、三八〇	一・九五	五八八、九〇〇	三八一、四八二	二〇七、四一八	臨汾、霍縣、
浮山	一六三、八四〇	〇・七五	一二二、八八〇	〇・九一	一四九、〇九四	一〇八、一〇四	四〇、九九〇	翼城、臨汾、
汾城	五〇八、九四九	一・一二	五七〇、〇二三	〇・五六	二八五、〇一一	二八五、〇一一	—	
安澤	六七、四八五	〇・五二	三五〇、九二二	〇・五六二	三七、九二七	一六、三九九	二一、五二八	洪洞
曲沃	二八七、五〇〇	一・〇四	二九九、〇〇〇	一・〇四	二九九、〇〇〇	二九九、〇〇〇	—	
翼城	一八四、七六八	一・〇四	一九二、一五九	〇・六五	一二〇、〇九九	一二〇、〇九九	—	
吉縣	二〇〇、五〇〇	〇・二七五	五五、一三八	〇・四四	八八、二二〇	五五、二二〇	三三、〇〇〇	汾城、河津、
鄉甯	一三六、五〇〇	〇・四五	六一、四二五	〇・四五	六一、四二五	六一、四二五	—	

永濟	四三二、八四〇	一・一七	五〇六、四二三	〇・九一	三九三、八八四	三九三、八八四	—	
臨晉	三〇七、六五三	一・五六	四七九、九三九	〇・八〇六	二四七、九六八	二四七、五四八	四二〇	猗氏
虞鄉	二二八、〇〇〇	一・二六	二八七、二八〇	〇・九八	二二三、四四〇	二二三、四四〇	—	
榮河	二一〇、〇〇〇	一・〇四	二一八、四〇〇	〇・七八	一六三、八〇〇	一六三、八〇〇	—	
萬泉	三四五、〇〇〇	〇・八一	二七九、四五〇	〇・九四五	三二六、〇二五	三一二、一二〇	一三、九〇五	猗氏
猗氏	三六四、八四五	一・一七	四二六、八六九	〇・九一	三三二、〇〇九	三〇六、〇〇九	二六、〇〇〇	永濟
解縣	一九五、四五〇	一・三五	二六三、八五八	一・〇八	二一一、〇八六	二一一、〇八六	—	
安邑	四一〇、九七八	一・二〇	四九三、一七四	一・〇八	四四三、八五六	三八三、八五六	六〇、〇〇〇	夏縣、解縣、
蒲縣	九九、八七七	〇・五六	五五、九三一	〇・八四	八三、八九七	六一、五四〇	二二、三五七	臨汾、襄陵、汾城
渾源	三一、四〇〇	一・八二	五七、一四八	二・〇八	六五、三一二	六五、三一二	—	
應縣	一一、四〇三	〇・二四	二、七三七	〇・一八	二、〇五三	二、〇五三	—	
山陰	一五、〇〇〇	〇・四五五	六、八二五	〇・三九	五、八五〇	三、二五〇	二、六〇〇	大同
廣靈	九、九五〇	〇・五二	五、一七四	〇・五二	五、一七四	五、一七四	—	
陽高	九、二四〇	〇・五二	四、八〇五	〇・五二	四、八〇五	四、八〇五	—	
天鎮	三、〇〇〇	〇・六二五	一、八七五	〇・五〇	一、五〇〇	一、五〇〇	—	
右玉	三二、三四八	〇・五五二	一七、八五六	〇・三六	一一、六四五	一一、六四五	—	
朔縣	二五、八五〇	〇・四八	一二、四〇八	〇・三六	九、三〇六	九、三〇六	—	

左雲	四〇、〇〇〇	〇・一八	七、二〇〇	〇・三〇	一二、〇〇〇	一二、〇〇〇	—	
平魯	八、五〇〇	〇・四二	三、五七〇	〇・二八	二、三八〇	二、三八〇	—	
神池	一九、二一一	〇・三三	六、三四〇	〇・四八	九、二二一	七、三六一	一、八六〇	甯武
夏縣	二二〇、〇〇〇	一・三〇	二八六、〇〇〇	一・五六	三四三、二〇〇	二七八、二〇〇	六五、〇〇〇	安邑、運城、
平陸	一八一、〇〇〇	一・〇八	一九五、四八〇	〇・六七五	一二二、一七五	一一九、四七五	二、七〇〇	陝縣、靈寶、
芮城	二七八、五九九	〇・七八	二一七、三〇七	一・〇四	二八九、七四三	二八一、九四三	七、八〇〇	靈寶
新絳	二五九、二〇〇	〇・六七五	一七四、九六〇	一・二一五	三一四、九二八	三一四、九二八	—	
河津	二六三、七五〇	〇・七八	二〇五、七二五	〇・六五	一七一、四三八	一七一、四三八	—	
聞喜	七五六、七二二	一・三〇	九八三、七三九	〇・六五	四九一、八六九	四〇六、二五〇	八五、六一九	萬泉、榮河、新絳、曲沃、
稷山	五五〇、〇〇〇	一・四〇	七七〇、〇〇〇	〇・八四	四六二、〇〇〇	四六二、〇〇〇	—	
絳縣	一九九、八二七	一・〇四	二〇七、八二〇	〇・六五	一二九、八八八	一二七、五七七	二、三一一	新絳、
垣曲	二一〇、〇〇〇	一・〇八	二二六、八〇〇	〇・八一	一七〇、一〇〇	一五六、六〇〇	一三、五〇〇	河南、孟縣、鞏縣、
霍縣	一四二、〇〇〇	一・一二	一五九、〇四〇	〇・五六	七九、五二〇	五一、五二〇	二八、〇〇〇	榆次
靈石	二二三、七二六	〇・四二	九三、九六五	〇・六一六	一三七、八一五	一二一、三七八	一六、四三七	平遙、太原
趙城	七五、四三〇	一・六九	一二七、四七七	一・九五	一四七、〇八九	一四七、〇八九	—	
汾西	一八三、六九二	〇・四八	八八、一七二	〇・四二	七七、一五一	六四、九八四	一二、一六七	霍縣、趙城、靈石
隰縣	一七七、八〇〇	一・二六五	二二四、九一七	一・二六五	二二四、九一七	一三七、五一七	八七、四〇〇	臨汾

大寧	一一三、七八七	一・三二	一四九、〇六一	一・一九	一三五、四〇七	一三五、四〇七	—	
永和	七七、一一〇	〇・二一	一六、一九三	〇・二八	二一、五九一	一三、四八五	八、一〇六	隰縣、臨汾、孝義
偏關	一〇、〇〇〇	〇・三八五	三、八五〇	〇・四四	四、四〇〇	四、四〇〇	—	
五寨	二、六六六	〇・八四	二、二三九	〇・三三	八八〇	八八〇	—	
忻縣	一六〇、〇〇〇	一・一七	一八七、二〇〇	一・六二	二五九、二〇〇	五三、一九〇	二〇六、〇一〇	太原，崞縣、定襄、靜樂嵐縣、大同
定襄	七八、〇〇〇	〇・九〇	七〇、二〇〇	〇・八四	六五、五二〇	六五、五二〇	—	
靜樂	二四九、〇〇〇	〇・五二	一二九、四八〇	〇・三九	九七、一一〇	九七、一一〇	—	
代縣	五二〇	〇・八四	四三七	〇・八四	四三七	四三七	—	
五台	四一、〇〇〇	〇・六〇	二四、六〇〇	〇・三〇	一二、三〇〇	一二、三〇〇	—	
繁峙	一一、〇〇二	〇・八四	九、二四二	一・〇二	一一、二二二	一一、二二二	—	
崞縣	九、二九四	〇・七二	六、六九二	〇・四八	四、四六一	四、四六一	—	
保德	一二、五〇〇	〇・六六	八、二五〇	〇・四四	五、五〇〇	五、五〇〇	—	
總計	一五、五三七、五一六	一・〇三	一六、〇四四、二五七	〇・九〇	一三、九三七、一八四	一一、七七三、四六一	二、一六三、七二三	

二　大麥

一　總說

大麥又名草麥，晉省種植亦極普遍。惟太原汾陽一帶，因酒業發達，用麥極多，故栽培亦較廣。總計全省栽培大麥者凡四十九縣，栽培面積四四五、七六六畝，常年產量五三〇、九九七担，二十四年產量四二七、四二八担。

品種

大麥可分有皮麥及裸麥兩種。有皮麥又有秋大麥春大麥之別。秋大麥穗上有芒，稈高三尺上下，發黃白色。芒、顆、皮、面、皆為白色。成熟期約二百五十日。春大麥稈子之顏色、高低、及顆端之芒、皆與秋大麥相同、惟芒、顆、皮、面等顏色皆為淡青。成熟期約八九十日。裸麥又名露仁大麥，因麥仁外露，皮糠包裹不緊。其特性為容易脫落，碾打便利。成熟期較有皮麥稍早，且較耐寒。晉北所種者，多為裸麥。

用途

大麥之用途，除磨麪蒸食外，又可製麯釀酒，造餳。藥用麥芽，亦由大麥發成。此外又可作牲畜飼料。

二　栽培狀況

風土

大麥宜溫暖濕潤之氣候，過寒過乾，皆不相宜，土質宜砂粘土，及砂粘混合土。山西氣候過於乾燥，故以栽培於粘質土地者為多。種於砂粘土地者，多為水地或稍濕之地。

耕地及施肥

大麥多半與其他穀麥類，豆類、根菜類、幷靛等秋季作物輪種。耕地與施肥，大致與水地之宿麥及旱地之春麥相仿。秋大麥於秋收以後。將人糞尿，廐肥，麻餅等撒於地面，用犂翻入土中。春大麥在秋末深耕一次。春分節後，撒開糞土，再深耕一次。晉北各處，多將種籽混合糞內，隨犂抓入犂溝，耰耱蓋土。肥料用量，大概與小麥相同。關北山岳地帶，露仁大麥下種氣節，在立夏前後，犂耕手溜，於白露前後始能收穫。

下種及鋤地

大麥生長期限，較小麥略短，故下種節氣，亦較小麥爲遲。晉南種秋大麥，在秋分後至寒露節。先用耬布下種子，再用磙砘碾上一次。種籽用量，每畝自三升至五升，亦有高至一斗者。發芽日期，自七天至十天。春季鋤草一次，水地澆灌二三次。洪洞農人，在春分節鋤草以後，又將漚熟之人糞尿，施於地內，再澆灌一二次。至於春大麥下種節氣，晉南在清明前後，晉北及省垣附近，在春分後至穀雨節。下種或用耬種，或隨犂抓入犂溝。種籽用量，每畝自三升至一斗。發芽日期自六天至十三天。水地鋤草一次，澆灌四五次。或隔十數日澆灌一次。不用間苗。若間種其他作物，亦用人手點種於行間。

收割

大麥自下種後，秋大麥二百六七十天成熟，春大麥八十天至一百二十天成熟。其下種節氣，雖較小麥爲遲，但收穫日期，反較小麥爲早。大概晉南收穫、在小滿之後，至芒種節。晉北及省垣附近，在夏至前後至小暑節。若在山岳寒冷地方，則須遲至立秋前後，始能收穫。收時用鐮刀割下，或用人手拔下，結束成捆，運至場內，再用鍘刀切斷，然後用磙軸碾下，或用連耞打下，簸揚較淨，晒乾藏好。

三 面積及產量

面積 山西四十九縣大麥栽培面積，共計四四五、七六六畝，平均每縣九、〇九七畝。靜樂栽培面積最大，計一二四、〇〇〇畝，晉城次之，計八五、九〇〇畝，陽曲又次之，計三八、〇〇〇畝。永濟亦有二三、五〇八畝。其餘各縣，皆在二萬畝以下。

產量 大麥常年產量，四十九縣共計五三〇、九九七担，平均每畝產一•一九担。晉城產量最多，計一一一、六七〇担，靜樂次之，計七二、五四〇担，陽曲又次之，計五八、九〇〇担。定襄崞縣各約三萬五千担。二十四年初受旱災影響，繼受水災影響，故全省總產量減至四二七、四二八担，平均每畝產〇•九六担。

四 銷路

大麥之銷路極窄。四十九產麥之縣，有外銷者不過八縣。共銷三三、七〇六担，僅佔產量八•五七%而已。太原外銷六、二二二担，銷地爲陽曲、楡次、太谷；徐溝外銷二〇〇担，銷地爲楡次，太谷；交城外銷二、五五〇担，銷地爲文水，清源；文水外銷七、三三三担，銷地爲祁陽，太谷；中陽外銷三四担，銷地爲離石；汾西外銷六七担，銷地爲靈石，霍縣；定襄外銷一一、〇〇〇担，銷地爲忻縣，太原；

崞縣外銷六，三〇〇担，銷地爲太原。

山西省各縣大麥產銷統計表

縣別	栽培面積（畝）	常年產量（担）		二十四年產量（担）		銷量（担）		銷路
		每畝數	總數	每畝數	總數	縣內	縣外	
陽曲	三八、〇〇〇	一·五五	五八、九〇〇	一·五五	五八、九〇〇	五八、九九〇	—	
太原	八、二九三	一·四四	一一、九四二	一·六八	一三、九三二	七、七一〇	六、二二二	陽曲、榆次、太谷
榆次	三、五〇〇	一·五〇	五、二五〇	二·〇〇	七、〇〇〇	七、〇〇〇	—	
太谷	一、〇四八	一·一〇	一、一五三	一·三二	一、三八三	一、三八三	—	
祁縣	五、五三九	一·三〇	七、二〇一	〇·七八	四、三二〇	四、三二〇	—	
徐溝	六一〇	一·三二	八〇五	一·四四	八七八	六七八	二〇〇	榆次、太谷
清源	二、六九〇	一·九二	五、一六五	一·八〇	四、八四二	四、八四二	—	
交城	二、三四七	一·九二	四、五〇六	一·八八	四、四一二	一、八六二	二、五五〇	文水、清源
文水	一一、四六七	〇·九〇	一〇、三二〇	一·二〇	一三、七六〇	六、四二七	七、三三三	祁縣太谷
嵐縣	一二、〇〇〇	〇·五六	六、七二〇	〇·五〇	六、〇〇〇	六、〇〇〇	—	
興縣	一、一二七	〇·八〇	九〇二	〇·八〇	九〇二	九〇二	—	
汾陽	三〇〇	一·六〇	四八〇	一·六〇	四八〇	四八〇	—	
平遙	五〇〇	一·〇二	五一〇	〇·九六	四八〇	四八〇	—	

臨縣	一、五〇〇	一・二〇	一、八〇〇	一・二〇	一、八〇〇	一、八〇〇	—	
離石	五、〇〇〇	一・五〇	七、五〇〇	一・五〇	七、五〇〇	七、五〇〇	—	
方山	六一三	二・〇〇	一、二二六	一・八〇	一、一〇三	一、一〇三	—	
中陽	九二八	一・九二	一、七八二	二・四〇	二、二二七	二、一九三	三四	離石
長治	六二〇	二・〇〇	一、二四〇	一・五〇	九三〇	九三〇	—	
屯留	一、五〇〇	〇・九六	一、四四〇	〇・九六	一、四四〇	一、四四〇	—	
襄垣	一、〇〇〇	一・二〇	一、二〇〇	一・二〇	一、二〇〇	一、二〇〇	—	
晉城	八五、九〇〇	一・三〇	一一一、六七〇	〇・八〇	六八、七二〇	六八、七二〇	—	
陵川	一二五	〇・五〇	六三	〇・八〇	一〇〇	一〇〇	—	
和順	二六〇	〇・三六	九四	〇・三六	九四	九四	—	
武鄉	一、八一二	一・〇〇	一、八一二	一・二〇	二、一七四	二、一七四	—	
襄陵	八〇〇	一・〇〇	八〇〇	一・五〇	一、二〇〇	一、二〇〇	—	
洪洞	六五〇	二・一六	一、四〇四	二・四〇	一、五六〇	一、五六〇	—	
吉縣	八七	一・〇〇	八七	一・三〇	一一三	一一三	—	
永濟	二三、五〇八	二・三〇	五四、〇六八	一・五〇	三五、二六二	三五、二六二	—	
臨晉	一三、五〇八	一・八〇	二四、三一四	一・〇八	一四、五八九	一四、五八九	—	
萬泉	四、八二〇	〇・四五	二、一六九	〇・五四	二、六〇三	二、六〇三	—	

猗氏	七、九六〇	〇•八四	六、六八六	一•〇五	八、三五八	八、三五八	—	
解縣	七、六六〇	二•二〇	一六、八五二	一•九八	一五、一六七	一五、一六七	—	
芮城	五、〇〇〇	〇•八〇	四、〇〇〇	一•〇〇	五、〇〇〇	五、〇〇〇	—	
新絳	八二〇	〇•七〇	五七四	〇•六〇	四九二	四九二	—	
絳縣	四、〇〇〇	二•〇〇	八、〇〇〇	一•五〇	六、〇〇〇	六、〇〇〇	—	
汾西	三、三六二	〇二•四五	八二四	〇•二八	九四一	八七四	六七	靈石霍縣
渾源	二、八五〇	一•八〇	五、一三〇	二•〇〇	五、七〇〇	五、七〇〇	—	
應縣	七、五〇九	〇•六〇	四、五〇五	〇•八〇	六、〇〇七	六、〇〇七	—	
廣靈	五〇〇	一•八〇	九〇〇	一•六八	八四〇	八四〇	—	
陽高	四、一三二	一•三〇	五、三七二	〇•八〇	三、三〇六	三、三〇六	—	
天鎮	五〇〇	一•五六	七八〇	一•三〇	六五〇	六五〇	—	
忻縣	三〇〇	〇•八四	二五二	〇•七二	二一六	二一六	—	
定襄	二〇、〇〇〇	一•七五	三五、〇〇〇	一•八〇	三六、〇〇〇	二五、〇〇〇	一一、〇〇〇	忻縣太原
靜樂	一二四、〇〇〇	〇•五八五	七二、五四〇	〇•四五	五五、八〇〇	五五、八〇〇	—	
代縣	三九〇	〇•七〇	二七三	〇•七〇	二七三	二七三	—	
五台	四六〇	二•〇〇	九二〇	一•五〇	六九〇	六九〇	—	
崞縣	一九、四二一	一•八〇	三四、九五八	〇•九〇	一七、四七九	一一、一七九	六、三〇〇	太原

保德	五、〇〇〇	〇・六六	三、三〇〇	〇・四四	二、二〇〇	二、二〇〇	—
河曲	一、八五〇	一・九五	三、六〇八	一・三〇	二、四〇五	二、四〇五	—
總計	四四五、七六六	一・一九	五三〇、九九七	〇・九六	四二七、四二八	三九三、七二二	三三、七〇六

三　蕎麥

一　概說

蕎麥爲成熟極速之農作物，遇春季天旱，不及趕種秋季作物時，卽可種植蕎麥。夏季麥豆收割後，亦可輪種。又，秋季作物發苗不全時，亦可補種。山西蕎麥，以北部諸縣栽培最爲普遍，河東道各縣最少。全省共計栽培面積凡四三九、四〇五畝，常年產量二七四、五一二担，二十四年產量二八八、七〇一担。

品種　蕎麥品種，分爲大稜、小稜、及無稜三種。大稜蕎麥，外皮黃灰色，稜大籽虛，麫質頗少。小稜蕎麥，外皮黑色，稜小籽實，麫質較多，性質亦佳。大稜小稜者，卽甜蕎麥；無稜者，卽苦蕎麥，亦稱滿蕎子。春種夏收者，名夏蕎麥；夏種秋收者，名秋蕎麥。

用途　蕎麥可磨粉作麵，或做涼粉。亦有製造黃酒者。皮子可裝枕頭，葉稈可餵牲畜，又可拌作肥料。

二　栽培狀況

氣候及土壤

蕎麥宜寒冷濕潤之氣候，最畏霜霧。故下霜過早，雨後多霧，及開花期內太陽過烈，皆不合宜。開衣時若發南風，易使穗空不實，亦非所宜。土質宜稍濕肥厚之砂粘土，但在砂土或瘠薄之土地，亦能生長。且過晤色土地，其他作物不能生長時，若種蕎麥，尙能得到相當收穫。故山西蕎麥，大都種於平地者少，種於山坡或下濕地者多。

蕎麥生長日期，較其他作物爲短，自下種至成熟，約需七十日左右。通常與莜麥、裸麥、或穀、黍、根菜、豆類等輪種。亦有與芥菜，油菜、或豌豆間種者。

施肥及下種

未下種以前，先耕地一二次，下廐肥或人糞尿少許，下種節氣，大概在小暑至大暑前後，但山岳寒冷地帶，須在芒種前後至夏至節邊。平川和暖地帶，不妨稍遲。下種方法，或用耬種。或將種籽撒在地面，用犂耕入。或混在糞內，隨犂抓入犂溝，耙耢蓋土。種籽用量，每畝二三升至四五升。發芽日期，一兩天至五六天。苗長至二三寸時，除草一二次，不用間苗，種在水地，須澆灌一二次。

收　割

蕎麥顆粒，容易脫落，故大半成熟時，卽可收割。收割節氣，大概在白露至寒露前後，但山岳寒冷地帶，較早數天。收割方法，或用鐮割下，或用手拔下，結束成捆，運至場內，陽光晒乾，用連耞打下，簸揚乾淨，晒乾藏好。

三　面積及產量

面積　蕎麥四十七縣培種面積總數，共計四三九、四〇五畝，平均每縣九、三四九畝。面積以陽曲爲最大，計一〇四、〇〇〇畝。朔縣次之，計五一、二〇〇畝，崞縣又次之，計四六、四七〇畝。他如右玉，左雲，渾源等縣，皆在二萬畝以上。

產量　常年產量，全省共計二七四、五一二担，而陽曲佔一〇四、〇〇〇担，渾源，崞縣，各佔二萬二千餘担、其他各縣，雖有在二萬担以上者，平均每畝計產〇、六二五担。二十四年產量總數爲二八八、七〇一担，平均每畝計產〇、六五七担。

四　銷路

蕎麥爲一自給經濟之作物，極少拋售市場。計四十七產蕎麥之縣，有輸出者僅四縣。文水外銷三四四担，銷地爲榆次；和順外銷二、八五六担，銷地爲昔陽平定，大同外銷一、五〇〇担，銷地爲綏遠豐鎭，平魯外銷三九四担，銷地爲太原盂縣。共計外銷五、〇九四担，佔產量一·七六%而已。

山西省各縣蕎麥產銷統計表

縣別	栽培面積(畝)	常年產量(担)		二十四年產量(担)		銷量(担)		銷路
		每畝數	總數	每畝數	總數	縣內	縣外	
陽曲	一〇四、〇〇〇	一・〇〇	一〇四、〇〇〇	一・〇	一〇四、〇〇〇	一〇四、〇〇〇	—	
太谷	三、〇〇〇	一・〇〇	三、〇〇〇	〇・八〇	二、四〇〇	二、四〇〇	—	
祁縣	一七、〇〇〇	〇・八〇	一三、六〇〇	〇・五〇	八、五〇〇	八、五〇〇	—	
徐溝	三〇	〇・九八	二九	一・二〇	三六	三六	—	
交城	一三、一二四	一・〇〇	一三、一二四	一・二〇	一五、七四八	一五、七四八	—	
文水	一二、二九六	〇・六〇	七、三七八	〇・五〇	六、一四八	五、八〇四	三四四	榆次
汾陽	五、〇〇〇	〇・六〇	三、〇〇〇	〇・六〇	三、〇〇〇	三、〇〇〇	—	
平遙	一、二〇〇	〇・七〇	八四〇	〇・六五	七八〇	七八〇	—	
孝義	一、八五〇	〇・五〇	九二五	〇・五〇	九二五	九二五	—	
臨縣	六〇〇	一・〇〇	六〇〇	一・〇〇	六〇〇	六〇〇	—	
石樓	一、二〇〇	二・〇〇	二、四〇〇	二・〇〇	二、四〇〇	二、四〇〇	—	
離石	七〇〇	〇・七〇	四九〇	〇・八〇	五六〇	五六〇	—	
方山	三二一	〇・三六	一一六	〇・三六	一一六	一一六	—	
壺關	九一三	〇・六〇	五四八	〇・五〇	四五七	四五七	—	
陽城	一〇〇	〇・三〇	三〇	〇・三〇	三〇	三〇	—	
和順	一五、五〇〇	一・二六	一九、五三〇	一・二六	一九、五三〇	一六、六七四	二、八五六	晉陽、平定

榆社	四八〇	〇・二〇	九六	〇・二〇	九六	九六	—	
武鄉	五、四三四	一・一〇	五、九七七	〇・九	四、八九〇	四、八九〇	—	
平定	二二〇	〇・四〇	八八	〇・三〇	六六	六六	—	
浮山	七六八	〇・九〇	六九一	一・〇〇	七六八	七六八	—	
吉縣	七五〇	〇・四二	三一五	〇・四〇	三〇〇	三〇〇	—	
鄉甯	一、〇〇〇	〇・二〇	二〇〇	〇・二〇	二〇〇	二〇〇	—	
臨晉	三四〇	〇・五〇	一七〇	〇・五〇	一七〇	一七〇	—	
榮河	三〇〇	〇・五〇	一五〇	〇・六〇	一八〇	一八〇	—	
夏縣	二〇	〇・七〇	一四	〇・六〇	一二	一二	—	
絳縣	八五	一・二〇	一〇二	〇・八〇	六八	六八	—	
靈石	五、七五二	〇・四〇	二、三〇一	〇・五〇	二、八七六	二、八七六	—	
汾西	一、五〇〇	〇・三二	四八〇	〇・三二	四八〇	四八〇	—	
蒲縣	二、二五二	〇・三〇	六七六	〇・三〇	六七六	六七六	—	
大同	一三、〇〇〇	〇・四〇	五、二〇〇	〇・五〇	六、五〇〇	五、〇〇〇	一、五〇〇	豐鎮、綏遠
渾源	二八、二〇〇	〇・八〇	二二、五六〇	一・〇〇	二八、二〇〇	二八、二〇〇	—	
應縣	九、五二〇	〇・六〇	五、七一二	〇・五〇	四、七六〇	四、七六〇	—	
靈邱	九〇〇	〇・八〇	七二〇	〇・八〇	七二〇	七二〇	—	

廣靈	五、五〇〇	〇・七〇	三、八五〇	〇・六〇	三、三〇〇	三、三〇〇	—	
陽高	四五〇	〇・三〇	一三五	〇・二〇	二二五	二二五	—	
右玉	二九、一一三	〇・三〇	八、七三四	〇・三〇	八、七三四	八、七三四	—	
朔縣	五一、二〇〇	〇・二〇	一〇、二四〇	〇・二〇	一〇、二四〇	一〇、二四〇	—	
左雲	二九、〇〇〇	〇・二〇	五、八〇〇	〇・二〇	五、八〇〇	五、八〇〇	—	
平魯	一六、四三〇	〇・二一	三、四五〇	〇・三六	五、九一五	五、五二一	三九四	太原、盂縣
神池	九、二〇〇	〇・三五	三、二二〇	〇・三〇	二、七六〇	二、七六〇	—	
偏關	六八〇	〇・五〇	三四〇	〇・六〇	四〇八	四〇八	—	
五寨	三八二	〇・四三	一六四	〇・四〇	一五三	一五三	—	
忻縣	三〇〇	〇・二〇	六〇	〇・二〇	六〇	六〇	—	
代縣	一五〇	〇・六〇	九〇	〇・六〇	九〇	九〇	—	
五台	一二〇	一・三〇	一四四	一・二〇	一四四	一四四	—	
繁峙	三、〇五五	〇・三〇	九一七	〇・四〇	一、二二二	一、二二二	—	
崞縣	四六、四七〇	〇・四八	二二、三〇六	〇・七二	三三、四五八	三三、四五八	—	
總計	四三九、四〇五	〇、六二五	二七四、五一二	〇、六五七	二八八、七〇一	二八三、六〇七	五、〇九四	

四 莜麥

一　總說

莜麥又名燕麥，亦名雀麥。爲晉北重要糧食。以其性喜寒冷，故晉南極少栽培。總計全省產莜麥者凡三十六縣，栽培面積三、一〇五、九七五畝，常年產量一、五二七、六六二担，二十四年產量一、六四二、九〇〇担。

品種　莜麥有大莜麥，小莜麥，小小莜麥三種。大莜麥又分長顆圓顆兩種。長顆種形狀細長，麵質較劣。圓顆種兩頭尖小，中間肥大，麵質最好。小莜麥又分露仁及不露仁兩種，露仁種穗稈似大麥，顆粒青色，與薏米相似，麵質中等。不露仁種與圓顆大莜麥相仿，顆粒稍瘦，麵質較佳。大莜麥成熟期爲一百二十日，小莜麥爲九十日至一百日，小小莜麥爲七十日至八十日。此三種莜麥，又因收穫節氣不同，又有夏莜麥，秋莜麥，等名目，其實與品種無關。大概立秋後成熟者，名爲夏莜麥，處暑後成熟者，名秋莜麥。大莜麥顆粒長大，外皮微帶紅色，麵質頗佳，收量亦大。小莜麥顆粒短小，外皮白色，麵質較劣，收量亦少。故晉省栽培大莜麥者較多，如大莜麥種期已過，始種小莜麥。夏莜麥收量品質，俱不若秋莜麥。此外又有將大莜麥或小莜麥故意遲種，不使成熟，以備作飼料者，名爲青莜麥。

用途　莜麥之用途，與小麥同。以其性能耐飢，故軍隊及勞動者多炒熟磨粉，作爲乾糧。惟不慣食此者，則食之不易消化，麥糠藁稈，可作牲畜飼料，又可作泥工用材及草紙原料。

二　栽培狀況

風土　莜麥宜於寒冷稍濕之氣候，過暖過乾之地，所生莜麥，外皮粗厚，麵質不佳，收量不多。至於土質及地勢，以腐植質之砂粘混合土及肥厚濕潤之砂粘混合土爲最適宜。例如種於新墾地內，因腐植質極多，故收量頗大。山西氣候，雖頗乾燥，但省北及省垣附近之坡地，或山北背陰之砂粘土，砂粘混合土，或帶暗色之膠土，因所受陽光不多，氣候較寒，地內濕氣不易發散，故山西莜麥，皆植於此種土地。

耕地及施肥　莜麥有連種者，有與穀黍類豆類，或根菜類輪種者。普通常與豌豆扁豆輪種。較濕之地，宜於連種。收麥以後，深耕一次。臨種時用人糞尿，牲畜糞，麻餅等作基肥，再深耕一次，耱耪平垣。或將糞土麻餅混於種子內，隨犂抓入犂溝，耱耪蓋土。肥料用量，大概較大麥略少。

下種及鋤地　莜麥下種節氣，夏莜麥在清明前後至立夏節。秋莜麥大者在穀雨後至小滿前後。小者在芒種前後至夏至節。臨種時將種籽篩簸乾淨，用燒酒，陳醋，柏油等擦拌均匀後，隨犂用人手溜入犂溝，或混於糞內，隨犂抓入犂溝。亦有用耬種者。種子用量，每畝自三升至七升。發芽日期自六天至十天。苗長至三四寸時，除草一二次，任其自然生長。種於水地者，於下種以前，澆灌一次。夏至前後，再澆灌一次。

收割　莜麥收穫日期，因下種早晚而不同。夏莜麥收期，在大暑前後至處暑節。秋莜麥在白露前後至霜降節。但小莜麥生長期短，在夏至前後下種者，白露前後卽可收穫。收穫方法，用鐮割下，結束成綑，運至場內，陽光晒乾，連枷打下，簸揚乾淨，晒乾藏好。

三　面積及產量

面積

全省莜麥栽培面積，據此次調查，共計三、一〇五、九七五畝，平均每縣八三、九四五畝。面積栽培最大者，厥惟五寨，計四〇一、一〇〇畝，神池次之，計三六二、〇〇〇畝。寧武、平魯、靜樂、皆在二十萬畝以上。朔縣、繁峙、嵐縣、左雲、岢嵐、靈邱、皆在一十萬畝以上。

產量

三十六縣常年產量，共計一、五二七、六六二担，平均每畝〇四九二担。以個別縣份而論，產量最多者，當推神池，計二六〇、六四〇担；五寨、靜樂、繁峙、寧武四縣，亦在十萬担以上。其他各縣，自數百担至數萬担不等。二十四年產量，較常年稍佳，三十六縣共計一、六四二、九〇〇担，平均每畝〇五二九担。

四　銷路

三十六產莜麥之縣，有餘外銷者十五縣，共計銷量二六九、六〇一担，佔二十四年產量一六%。莜麥爲帶有地方性之糧食。雖能耐飢，而不易消化。不但南方人不喜食用，卽本省南部人民亦不喜之，故其銷路仍限於晉北各縣間也。

山西省各縣莜麥產銷統計表

縣別	栽培面積（畝）	畝常產量（担）每畝數	畝常產量（担）總數	二十四年產量（担）每畝數	二十四年產量（担）總數	銷量（担）縣內	銷量（担）縣外	銷地
交城	一五、六六一	一・六〇	二五、〇五八	一・五七	二四、五八八	一七、七三五	六、八五三	文水、平遙、祁縣、太谷
岢嵐	一三二、一三九	〇・四〇	五二、八五二	〇・四〇	五二、八五二	五一、〇五二	一、八〇〇	鄰縣
嵐縣	一九五、二一七	〇・四〇	七八、〇八七	〇・五〇	九七、六〇九	四七、六〇九	五〇、〇〇〇	太原
臨縣	一、〇〇〇	〇・八四	八四〇	〇・九六	九六〇	九六〇	—	
離石	一三、〇〇〇	一・二〇	一五、六〇〇	一・一〇	一四、四〇〇	一四、四〇〇	—	
方山	九、九三五	〇・四五五	四、五二〇	〇・四八一	四、七七九	一、九三三	二、八四六	汾陽、離石、交城
中陽	一三、三八六	〇・五四	七、二三八	〇・三六	四、八一九	三、八八九	九三〇	汾陽
和順	一五、二〇〇	一・三八	二〇、九七六	一・三八	二〇、九七六	一八、二〇〇	二、七七六	昔陽、遼縣
平定	一、三〇〇	〇・六五	八四五	〇・六五	八四五	八四五	—	
壽陽	二、〇〇〇	〇・八四	一、六八〇	〇・七二	一、四四〇	一、四四〇	—	
靈石	三、八三五	〇・七二	二、七六一	〇・七二	二、七六一	二、七六一	—	
大同	七六、五〇〇	〇・二五	一九、一二五	〇・三〇	二二、九五〇	二二、九五〇	—	
渾源	五三、四〇〇	一・五四	八二、二三六	一・七六	九三、九八四	九三、九八四	—	
應縣	二二、八〇七	〇・五〇	一一、四〇三	〇・四〇	九、一二三	九、一二三	—	

懷仁	三五、〇〇〇	〇・二八	九、八〇〇	〇・二一	七、三五〇	七、三五〇	—	
山陰	二〇、〇〇〇	〇・二七	五、四〇〇	〇・三六	七、二〇〇	七、二〇〇	—	
靈邱	一二〇、〇〇〇	〇・六〇	七二、〇〇〇	〇・六〇	七二、〇〇〇	七二、〇〇〇	—	
廣靈	二五、〇〇〇	〇・四九五	一二、三七五	〇・五五	一三、七五〇	一〇、四五〇	三、三〇〇	大同
陽高	四、四九〇	〇・二四	一、〇七八	〇・二四	一、〇七八	一、〇七八	—	
天鎭	一五、三〇〇	〇・九二	一四、〇七六	〇・六九	一〇、五五七	一〇、五五七	—	
右玉	九七、〇四五	〇・四六二五	四四、八八三	〇・四六二五	四四、八八三	三四、六六九	一〇、二一四	山陰、左雲、懷仁
朔縣	一九九、六七〇	〇・三〇	五九、九〇一	〇・四〇	七九、八六八	七六、六六八	三、二〇〇	懷仁、山陰
左雲	一五五、〇〇〇	〇・三三	五一、一五〇	〇・四四	六八、二〇〇	六八、二〇〇	—	
平魯	二五八、四〇〇	〇・三〇	七七、五二〇	〇・四二	一〇八、五二八	九七、一五〇	一一、三七八	山陰
寧武	二九四、二三八	〇・四〇	一一七、六九五	〇・六〇	一七六、五四三	一六〇、〇〇〇	一六、五四三	崞縣原平鎭
神池	三六二、〇〇〇	〇・七二	二六〇、六四〇	〇・七二	二六〇、六四〇	一八〇、〇〇〇	八〇、六四〇	崞縣、忻縣、
偏關	九、七〇〇	〇・四二	四、〇七四	〇・四八	四、六五六	四、六五六	—	
五寨	四〇一、一〇〇	〇・三五	一四〇、三八五	〇・三〇	一二〇、三三〇	八〇、二二〇	四〇、一一〇	
忻縣	六、一二五	〇・五八	三、五五三	〇・五八	三、五五三	三、五五三	—	
定襄	一、〇〇〇	〇・六〇	六〇〇	〇・六〇	六〇〇	六〇〇	—	
靜樂	二三〇、〇〇〇	〇・五五	一二六、五〇〇	〇・四四	一〇一、二〇〇	一〇一、二〇〇	—	

代縣	二八〇	〇・七三	二〇三	〇・七三	二〇三	二〇三	—	
五台	三四、五二五	〇・七二	二四、八五八	〇・七二	二四、八五八	二四、八五八	—	
繁峙	一九八、五〇七	〇・六〇	一一九、一〇四	〇・七二	一四二、九二五	一〇四、三三七	三八、五八八	大同
崞縣	八三、六四六	〇・七〇	五八、五五二	〇・五〇	四一、八二三	四一、四〇〇	四二三	太原
保德	五八〇	〇・一八	一〇四	〇・一二	七〇	七〇	—	
總計	三、一〇五、九七五	〇・四九三	一、五三七、六六三	〇・五二九	一、六四二、九〇〇	一、三七三、二九九	二六九、六〇一	

第三章 馬鈴薯

一 概說

馬鈴薯又名山藥蛋，幼苗分枝甚多，開紫紅色或黃白色花，花落結成葡萄狀之小顆，卽所謂山藥葡萄者是也。煮熟後可作食用。根下生長塊根十餘顆，以其形狀如蛋，故名山藥蛋，又因如驢馬所帶之串鈴，故又名馬鈴薯。馬鈴薯之塊根，粉質頗多，不但可作米麵之補助品，並可作工業原料，又因性喜寒冷，故省北種者頗多。山西從前所種馬鈴薯，悉係本省土種，外皮粗糙，塊根亦小，自清光緒二十年後，有從外國傳入之種籽，皮色細緻，塊根肥大，收量頗多，故現時山西所種者，多為洋種。

馬鈴薯因皮色粗細，形狀大小，肉質好歹，成熟早晚，分為多種。但山西所種者，僅有土種及洋種兩種。土種馬鈴薯外皮粗糙，根形稍小，收量不多。現時僅山岳地帶尚有種植。洋種馬鈴薯又分夏山藥蛋及秋山藥蛋兩種。夏山藥蛋花有紅白二色，肉質細緻，炒食醃食皆佳。秋山藥蛋黃白色，澱粉質極多，蒸食煮食最好。並可作製造酒精及粉麵之原料。大同所設酒精廠，卽以此項秋山藥為原料者也。

二 栽培狀況

氣候及土壤

馬鈴薯宜於寒冷乾燥之氣候，故省北一帶，種植最爲適宜。省南溫暖濕潤之地，生長不良。土質以砂粘土及腐植質土爲最合宜，故無論在山坡平坦，凡新墾之地，種植最宜，如在膠粘及卑濕土地，不但收成不良，且根內之澱粉亦少。

耕種及施肥

馬鈴薯通常與穀子，高粱等輪種。耕地方法：秋後深耕一次，臨種時將糞撒於地面，再深耕一次。亦有犂地時同時撒入犂溝者。肥料種類，以牲畜糞，堆肥，草木灰爲最佳，每畝用量大概一千斤上下。

下種及鋤地

下種節氣，夏馬鈴薯在清明前後，秋馬鈴薯在立夏節前後。下種時擇肥大無傷之根，用利刃順芽眼削開，一顆可削三四片。削下以後，拌上草木灰，放於通風乾燥之地，經三五天稍乾，再行下種。可以預防疫病。下種方法，隨犂點入犂溝，再將肥料撒於種片之上，耙耱平坦。亦有點種以後，不再施肥者。每畝田種約七八十斤至一百斤。發芽日期約十一二天，苗長二三寸時，除草一次。長至一尺上下時，再除草一次，擁土埋根。鋤地次數愈多，塊根生長愈大。故每伏應除草擁土一二次。

收割

馬鈴薯收獲時期，夏薯在立秋前後至處暑節，秋薯在秋分節至寒露節前後。收獲方法，用钁由土中挖出塊根，用手摘下，藏於地窖，上覆乾土，以防水氣散發。

三　面積及產量

面積

山西六十八縣栽培馬鈴薯，其面積，共計一、一三二、五七九畝，平均每縣一八、一二六畝。面積最大者爲朔縣，計一一二、八〇〇畝，寧武次之，計一〇七、一一九畝，天鎭又次之，計九〇、〇〇〇畝。馬鈴薯因風土關係，故晉北栽培者較爲普遍，晉南甚少種植。

產量

常年產量，六十八縣合計爲八、〇五一、一五七担，平均每畝產六、五三三担。產量最多者爲嵐縣，計七六一、〇八八担，次爲大同，計七五〇、〇〇〇担，天鎭應縣，各計五十餘萬担，朔縣寧武右玉，各計四十餘萬担，靈邱亦有三十餘萬担。二十四年產量，大致與常年相彷，總數爲八、〇五二、三三〇担，平均每畝產六、五三三担。

山西省六十八縣馬鈴薯產量分級統計表

產量（担）	常年縣數	二十四年縣數
六〇〇、〇〇〇以上	二	二
五〇〇、〇〇〇—六〇〇、〇〇〇	二	三
四〇〇、〇〇〇—五〇〇、〇〇〇	三	一
三〇〇、〇〇〇—四〇〇、〇〇〇	一	二
二〇〇、〇〇〇—三〇〇、〇〇〇	二	四
一〇〇、〇〇〇—二〇〇、〇〇〇	一五	一三
五〇、〇〇〇—一〇〇、〇〇〇	四	三
一〇、〇〇〇—五〇、〇〇〇	二一	二四
一〇、〇〇〇以下	一八	一六
合計	六八	六八

四 銷路

馬鈴薯幾全為一自給經濟之作物，六十八縣中，有餘外銷者，僅三縣，外銷總數，僅六二、一〇八担，佔二十四年總產量〇・七七%。行銷地點，多限於本省，如忻縣、崞縣、祁縣、太谷、平遙、太原、榆次等處。

馬鈴薯之市價，近年亦見跌落。就六十八縣每百斤平均市價計之，民國十九年至二十三年五年間，最高價自一、一二二元減至〇、七四一元，計跌三三、九六%。最低價自〇、七三五元減至〇、四六一元，計跌三七・二八%。普通價自〇、八八三元減至〇、五七八元，計跌三四、五四%。

山西省六十八縣馬鈴薯每百斤平均市價統計表

年別＼價別	最高（元）	最低（元）	普通（元）
民國十九年	一、一二二	〇、七三五	〇、八八三
民國二十年	一、〇四八	〇、七〇三	〇、八五八
民國廿一年	〇、八九五	〇、六〇八	〇、七九三
民國廿二年	〇、七三三	〇、五一六	〇、六一五
民國廿三年	〇、七四一	〇、四六一	〇、五七八

山西省各縣馬鈴薯產銷統計表

縣別	栽培面積（畝）	常年產量（担）		二十四年產量（担）		銷量（担）		行銷地點
		每畝產量	總產量	每畝產量	總產量	縣內	縣外	
陽曲	二〇、〇〇〇	五・五〇	一一〇、〇〇〇	六・五〇	一三〇、〇〇〇	一三〇、〇〇〇	—	
太原	四、一四六	九・〇〇	三七、三一四	一〇・〇〇	四一、四六〇	四一、四六〇	—	

太谷	一、九七六	三·〇〇	五、九二八	三·〇〇	五、九二八	五、九二八	—	
祁縣	一、〇〇〇	九·〇〇	九、〇〇〇	一二·〇〇	一二、〇〇〇	一二、〇〇〇	—	
徐溝	二五	一·九〇	四八	二·〇〇	五〇	五〇	—	
清源	三、六〇〇	八·〇〇	二八、八〇〇	六·〇〇	二一、六〇〇	二一、六〇〇	—	
交城	二、五〇〇	二二·〇〇	五五、〇〇〇	二〇·〇〇	五〇、〇〇〇	五〇、〇〇〇	—	
文水	八七〇	六·〇〇	五、二二〇	五·〇〇	四、三五〇	四、三五〇	—	
岢嵐	七、〇〇〇	七·〇〇	四九、〇〇〇	七·〇〇	四九、〇〇〇	四九、〇〇〇	—	
嵐縣	四七、五六八	一六·〇〇	七六一、〇八八	一四·〇〇	六六五、九五二	六六五、九五二	—	
興縣	一五、〇〇〇	六·一〇	九一、五〇〇	六·五〇	九七、五〇〇	九七、五〇〇	—	
汾陽	一、〇〇〇	一〇·〇〇	一〇、〇〇〇	八·〇〇	八、〇〇〇	八、〇〇〇	—	
平遙	八〇〇	四·〇〇	三、二〇〇	三·五〇	二、八〇〇	二、八〇〇	—	
孝義	一、五〇〇	一二·〇〇	一八、〇〇〇	一二·〇〇	一八、〇〇〇	一八、〇〇〇	—	
臨縣	一、二〇〇	七·〇〇	八、四〇〇	八·〇〇	九、六〇〇	九、六〇〇	—	
石樓	六、二三〇	四·八〇	二九、九〇四	四·五〇	二八、〇三五	二八、〇三五	—	
離石	七、四〇〇	一六·〇〇	一一八、四〇〇	一七·〇〇	一二五、八〇〇	一二五、八〇〇	—	
方山	三八、六九三	六·五〇	二五一、五〇五	六·〇〇	二三二、一五八	二三二、一五八	—	
中陽	一、六〇〇	八·〇〇	一二、八〇〇	八·〇〇	一二、八〇〇	一二、八〇〇	—	

長治	三、四四〇	一〇・〇〇	三四、四〇〇	九・〇〇	三〇、九六〇	三〇、九六〇	—	
長子	六、五二〇	一〇・〇〇	六五、二〇〇	一二・〇〇	七八、二四〇	七八、二四〇	—	
屯留	二〇、〇〇〇	八・五〇	一七〇、〇〇〇	八・五〇	一七〇、〇〇〇	一七〇、〇〇〇	—	
襄垣	一、〇〇〇	五・〇〇	五、〇〇〇	五・〇〇	五、〇〇〇	五、〇〇〇	—	
黎城	一、三〇〇	八・〇〇	一〇、四〇〇	八・〇〇	一〇、四〇〇	一〇、四〇〇	—	
壺關	一〇、九五一	一二・〇〇	一三一、四一二	一二・〇〇	一三一、四一二	一三一、四一二	—	
平順	二、二〇〇	一五・〇〇	三三、〇〇〇	一二・〇〇	二六、四〇〇	二六、四〇〇	—	
晉城	一、六〇〇	一〇・〇〇	一六、〇〇〇	八・〇〇	一二、八〇〇	一二、八〇〇	—	
陵川	一二、〇九二	四・〇〇	四八、三六八	三・〇〇	三六、二七六	三六、二七六	—	
沁水	八〇	五・二〇	四一六	四・五〇	三六〇	三六〇	—	
遼縣	二、五〇〇	八・〇〇	二〇、〇〇〇	一二・〇〇	三〇、〇〇〇	三〇、〇〇〇	—	
和順	一、五〇七	六・〇〇	九、〇四二	六・〇〇	九、〇四二	九、〇四二	—	
沁縣	一五、四八〇	三・〇〇	四六、四四〇	二・一一	三二、六六三	三二、六六三	—	
平定	八〇	一・〇〇	八〇	六・〇〇	四八〇	四八〇	—	
昔陽	一、五〇〇	五・五〇	八、二五〇	五・〇〇	七、五〇〇	七、五〇〇	—	
盂縣	八、二五〇	四・五〇	三七、一二五	四・二〇	三四、六五〇	三四、六五〇	—	
壽陽	三、〇〇〇	九・〇〇	二七、〇〇〇	八・〇〇	二四、〇〇〇	二四、〇〇〇	—	

臨汾	三二〇	一二·〇〇	三、八四〇	一二·〇〇	三、八四〇	三、八四〇	—
曲沃	一、〇〇〇	一〇·〇〇	一〇、〇〇〇	一三·〇〇	一三、〇〇〇	一三、〇〇〇	—
永濟	六八	一三·〇〇	八八四	一三·〇〇	八八四	八八四	—
榮河	四〇〇	一〇·〇〇	四、〇〇〇	一〇·〇〇	四、〇〇〇	四、〇〇〇	—
永和	二、一三〇	三·〇〇	六、三九〇	三·五〇	七、四五五	七、四五五	—
蒲縣	七二〇	二九·〇〇	二〇、八八〇	三〇·〇〇	二一、六〇〇	二一、六〇〇	—
大同	七五、〇〇〇	一〇·〇〇	七五〇、〇〇〇	一〇·〇〇	七五〇、〇〇〇	七五〇、〇〇〇	—
渾源	四〇、〇〇〇	四·〇〇	一六〇、〇〇〇	四·〇〇	一六〇、〇〇〇	一六〇、〇〇〇	—
應縣	七四、一二四	七·〇〇	五一八、八六八	六·〇〇	四四四、七四四	四四四、七四四	—
懷仁	一五、九一七	一〇·〇〇	一五九、一七〇	九·五〇	一五一、二一二	一五一、二一二	—
山陰	三九、五〇〇	四·〇〇	一五八、〇〇〇	四·〇〇	一五八、〇〇〇	一五八、〇〇〇	—
靈邱	四〇、〇〇〇	八·〇〇	三二〇、〇〇〇	一〇·〇〇	四〇〇、〇〇〇	四〇〇、〇〇〇	—
廣靈	二〇、〇〇〇	一〇·〇〇	二〇〇、〇〇〇	八·〇〇	一六〇、〇〇〇	一六〇、〇〇〇	—
陽高	七、二四〇	一〇·〇〇	七二、四〇〇	九·〇〇	六五、一六〇	六五、一六〇	—
天鎭	九〇、〇〇〇	六·三〇	五六七、〇〇〇	五·六〇	五〇四、〇〇〇	五〇四、〇〇〇	—
右玉	八〇、八七〇	五·〇〇	四〇四、三五〇	四·八〇	三八八、一七六	三八八、一七六	—
朔縣	一一二、八〇〇	四·〇〇	四五一、二〇〇	四·五〇	五〇七、六〇〇	五〇七、六〇〇	—

左雲	三〇、〇〇〇	四・〇〇	二〇〇、〇〇〇	五・〇〇	二五〇、〇〇〇	二一〇、〇〇〇	四〇、〇〇〇	忻縣、崞縣、祁縣、太谷、平遙
平魯	三五、六〇〇	四・六〇	一六三、七六〇	四・〇〇	一四二、四〇〇	一四二、四〇〇	—	
甯武	一〇七、一一九	四・〇〇	四二八、四七六	五・〇〇	五三五、五九五	五三五、五九五	—	
神池	二一、七〇〇	五・四〇	一一七、一八〇	五・四〇	一一七、一八〇	九八、〇七二	一九、一〇八	太原榆次忻縣崞縣
偏關	二五、〇〇〇	六・〇〇	一五〇、〇〇〇	八・五〇	二一二、五〇〇	二一二、五〇〇	—	
五寨	三〇、一〇〇	六・〇〇	一八〇、六〇〇	五・〇〇	一五〇、五〇〇	一四七、五〇〇	三、〇〇〇	三岔
忻縣	二〇、〇〇〇	二〇・〇〇	四〇〇、〇〇〇	二〇・〇〇	四〇〇、〇〇〇	四〇〇、〇〇〇	—	
定襄	一、〇六三	八・〇〇	八、五〇四	八・〇〇	八、五〇四	八、五〇四	—	
靜樂	一五、七〇〇	二・〇〇	三一、四〇〇	二・〇〇	三一、四〇〇	三一、四〇〇	—	
代縣	一〇、〇〇〇	五、〇〇	五〇、〇〇〇	五・〇〇	五〇、〇〇〇	五〇、〇〇〇	—	
五台	四一、〇〇〇	七・〇〇	二八七、〇〇〇	七・〇〇	二八七、〇〇〇	二八七、〇〇〇	—	
繁峙	五、二八六	五・五〇	二九、〇七三	六・〇〇	三一、七一六	三一、七一六	—	
崞縣	九、二九四	一三・〇〇	一二〇、八二二	一三・〇〇	一二一、五二八	一二一、五二八	—	
保德	五、〇二〇	六・〇〇	三〇、一二〇	六・〇〇	三〇、一二〇	三〇、一二〇	—	
河曲	二〇、〇〇〇	七・〇〇	一四〇、〇〇〇	八・〇〇	一六〇、〇〇〇	一六〇、〇〇〇	—	
總計	一、三三三、五七九	六、五三三	八、〇五一、一五七	六・五三三	八、〇五二、三三〇	七、九九〇、二二二	六二、一〇八	

第四章　高粱

一　概說

高粱又名蜀黍，晉南各處，亦稱稻秫，此外又有名爲茭子者。耐寒力頗强，對於我國北省氣候，極爲適宜。故山西之農作物，除小麥與小米外，當以高粱爲最多，一〇五縣除芮城左雲兩縣外，無不有高粱之種植。總計栽培面積六、九二二、九六四畝，常年產量八、九四三、二四八担，二十四年產量八、八六〇、一四五担。

品種

高粱品種，按性質分，有軟硬兩種；按皮色分，有紅、黃、白三種。此外穗子緊湊不往下披者，名爲圪塔茭子；穗子疏鬆散披四面者，名爲蓬頭茭子。茲將高粱品種，分爲紅茭子白茭子兩種，分述於后：

(一)紅茭子　稈黃、顆紅、殼有紅、黑、紫三種。紅殼茭又有二達茭子，四大將，楚老茭子，大紅袍等數種。二達茭子又名大茭子，稈高六七尺至八九尺。穗子疏鬆，向上生長，狀如刷子，又如棱子。殼子顆粒，皆呈紅色。收量稍多，性質頗佳，成熟期約一百四五十天。四大將又名紅茭子。稈子黃紅色，高一丈上下，穗子極大，向上生長，收量亦多，適於造酒。成熟期約一百五六十天。楚老茭子稈子粗短，高約三四尺。穗子極緊，有如圪塔，頗能耐風，故多種於山坡地方。收量雖少，性質倘佳，成熟期約一百四五十天。大紅袍稈高八尺上下，適於山岳地帶。收量不多，品質亦劣。成熟期約一百天。黑殼茭子又分黑大漢，木鴿窩二種。黑大漢亦稱大達王，稈高丈餘，穗子頗緊，向上生長。殼黑粒紅，適於肥厚下濕地帶。品質頗佳，收量其多，大約一百二十天成熟。木鴿窩又名鐵沙帽，稈高七八尺至一丈一尺，穗子四散，中間露空，有如鳥窩。殼黑粒紅，性質頗佳，適於造酒。成熟期約一百二十天至一百四五十天。紫殼茭子又名打鑼錘，即小茭子之一種，稈高四尺上下，穗子長圓，殼紫粒紅，收量極少，性質亦劣，成熟期約一百餘天。

(二)白茭子　稈子紅色，高八九尺上下，穗子疏散，殼黑粒白，性質極軟，可蒸糕及炒吃。成熟期約一百四五十天。此外又有名爲好麵茭子者，高九尺上下，穗子向上，顆子紅白色，麵質極白，直種溝內背陰地帶，爲高粱中之最佳者。

用途

高粱用途頗廣，可以磨麥、造酒、作醋、飼畜。穗子可作掃箒及刷子，稈可築籬，又可作晒棉花之簾子，及裱糊用之棚架，此外又可作燃料。

二　栽培狀況

氣候

高粱宜於溫暖之氣候，及粘質土地，耐旱耐水之力頗大。山西多種於平川向陽之砂粘土，或砂粘混合土地，亦有專於下濕或河灘地內種植者。惟自開花至立秋以後。若遇雨水過多，卽有起黴之弊。

輪種　高粱頗費地力，宜與他種作物輪種，不宜連種。晉省與高粱輪種者。多爲穀子，小麥、蔬菜、油菜、豌豆、棉花等；與之間種者，多爲黑豆、小豆、黃豆等。亦有插種於田地邊頭者。

耕地及施肥　耕地回數，大概秋末深耕一次，穀雨至小滿前後，將人糞尿，牲畜糞，或堆肥撒布地面，犂翻土中耙耱平坦，用耬下種，或混合糞內，隨犂點種犂溝，亦有用手溜者。

種籽用量，每畝一升至一升五六合。發芽日期，五六天至十一二天。苗長至二三寸時，間苗一次，苗間相離，一尺至二尺。行間相距八九寸。以後再鋤地一二次，剝去旁芽，擁土埋根；種於水地者，再澆灌一二次。

收割　高粱收穫氣節，大概在白露至寒露節。收穫方法，有用鐮割下，運回場中切穗者；有就地割下穗子，然後割稈者。運回後陽光晒乾，用碌軸碾下，或用連枷打下，簸揚乾淨，晒乾藏好。

三　面積及產量

面積　山西一百另三縣之高粱栽培面積，共計六、九二三、九六四畝，平均每縣六七、八七二畝。面積最大者，當推陽曲，計五〇〇、〇〇〇畝；次推忻縣，計四五九、〇〇〇畝；在三〇〇、〇〇〇畝以上者，有潞城，崞縣，大同等縣；在二〇〇、〇〇〇畝以上者，有平遙、晉城、懷仁、代縣等縣；在一〇〇、〇〇〇畝以上者，有繁峙、應縣、高平、壽陽、沁縣、孝義、榆次、太谷等縣。其餘則自數百畝至數千畝不等。

產量

一百〇三縣之常年高粱產量，共計八、九四三、二四八担，平均每畝一、二九担，而以忻縣爲最多，計一、〇五五、七〇〇担；次爲陽曲，平遙，各計六二五、〇〇〇担，及六一〇、〇〇〇担；又次爲崞縣，計五三五、三三四担；其他在四〇〇、〇〇〇担以上者，依次爲晉城、潞城、榆次；在二〇〇、〇〇〇担以上者，依次有離石，代縣；在一〇〇、〇〇〇担以上者，依次爲高平、大同、孝義、太原、應縣、懷仁、清源、右玉、長治、繁峙、沁縣、文水、廣靈、徐溝。二十四年總產量共計八、八六〇、一四五担，平均每畝產一、二八担。

山西省高粱產量分級統計表

產量在（担）	常年縣數	二十四年縣數
六〇〇、〇〇〇以上	三	三
五〇〇、〇〇〇—六〇〇、〇〇〇	一	〇
四〇〇、〇〇〇—五〇〇、〇〇〇	三	三
三〇〇、〇〇〇—四〇〇、〇〇〇	〇	一
二〇〇、〇〇〇—三〇〇、〇〇〇	二	三
一〇〇、〇〇〇—二〇〇、〇〇〇	一六	一四
五〇、〇〇〇—一〇〇、〇〇〇	一六	一六
一〇、〇〇〇—五〇、〇〇〇	三六	三五
五、〇〇〇—一〇、〇〇〇	六	八
一、〇〇〇—五、〇〇〇	一〇	一〇
一、〇〇〇以下	一〇	一〇
總計	一〇三	一〇三

四　銷路

高粱銷路，雖不若小麥之廣，但本省產量既多，輸出數亦復不少。一〇三產高粱之縣，有餘輸出縣外者，計三十五縣・輸出總數，共計七六一、九五九担，佔二十四年總產量八・六%。共中輸出省外者，據估計約三三六、〇〇〇担，佔總銷量四四%。行銷地點，除省內縣與縣之間互銷外，晉北一帶多銷至綏遠豐鎮、北平、天津。晉中一帶多銷石家莊，獲鹿。晉南及東南一帶多銷河北邢台及河南武縣一帶。

高粱價格，亦見跌落。就一〇三縣平均每百斤市價計之，則民國十九年至二十三年五年間，最高價自四、八二五元跌至二、四九五元，計跌四八、二九%，最低價自三・六九七元跌至一・七六二元，計跌五二・三四%。普通價自四・一六三元跌至二・〇五一元，計跌五〇・七四%。

山西省一〇三縣高粱每百斤平均價格表

年別／價別	最高	最低	普通
民國十九年	四、八二五	三、六九七	四、一六三
民國二十年	四、五〇〇	三、一八四	三、七二三
民國二十一年	三、六四一	二、七二五	三、一二八
民國二十二年	二、七七四	二、〇二五	二、三四七
民國二十三年	二、四九五	一、七六二	二、〇五一

山西省各縣高粱產銷統計表

縣名	栽培面積（畝）	產量常年 每畝（担）	產量常年 總額（担）	產量廿四年 每畝（担）	產量廿四年 總額（担）	銷量 縣內（担）	銷量 縣外（担）	運銷地點
陽曲	五〇〇、〇〇〇	一•二五	六二五、〇〇〇	一•六五	八二五、〇〇〇	八二五、〇〇〇	—	
太原	八二、九三七	二•〇〇	一六五、八七四	二•五〇	二〇七、三四三	二〇七、三四三	—	
榆次	一六〇、〇〇〇	二•五六	四〇九、六〇〇	二•八〇	四四八、〇〇〇	四四〇、〇〇〇	八、〇〇〇	石家莊
太谷	一三四、三三四	一•〇八	一四五、〇八一	一•二〇	一六一、二〇一	一四一、九九四	一九、二〇七	榆次石家莊
祁縣	一〇、七六四	〇•九六	一〇、三三三	一•二〇	一二、九一七	一二、九一七	—	
徐溝	八三、三四〇	一•二〇	一〇〇、〇〇八	一•六八	一四〇、〇一二	九五、六一二	四四、四〇〇	石家莊獲康
清源	八四、八三四	一•五四	一三〇、六四四	一•七六	一四九、三〇八	一四九、三〇八	—	
交城	三六、九二五	二•二四	八二、七一二	一•九六	七二、三七三	七二、三七三	—	
文水	六三、三二二	一•六八	一〇六、三八一	一•七五	一一〇、八一四	一〇九、九五七	八五七	太原榆次
岢嵐	四〇	〇•四八	一九	〇•六〇	二四	二四	—	
嵐縣	一五、六〇〇	〇•六六	一〇、二九六	〇•五五	八、五八〇	八、五八〇	—	
興縣	五九、〇〇〇	〇•六〇	三五、四〇〇	〇•六〇	三五、四〇〇	三五、四〇〇	—	
汾陽	五七、〇〇〇	一•五〇	八五、五〇〇	一•〇〇	五七、〇〇〇	五七、〇〇〇	—	
平遙	二六〇、七二三	二•三四	六一〇、〇九二	二•六〇	六七七、八八〇	六七七、八八〇	—	
介休	五〇、〇〇〇	一•一〇	五五、〇〇〇	〇•八八	四四、〇〇〇	四四、〇〇〇	—	
孝義	一八二、一三〇	〇•九六	一七四、八四五	〇•九六	一七四、八四五	一二二、三九二	五二、四五三	河北

臨縣	五、〇〇〇	二・六四	一三、二〇〇	二・六四	一三、二〇〇	一三、二〇〇	—	
石樓	三〇、〇〇〇	一・六〇	四八、〇〇〇	一・〇〇	三〇、〇〇〇	二〇、〇〇〇	一〇、〇〇〇	太原
離石	九〇、〇〇〇	二・六〇	二三四、〇〇〇	二・二〇	一九八、〇〇〇	一八〇、〇〇〇	一八、〇〇〇	太原
方山	九、五四四	一・八二	一七、三七〇	一・五六	一四、八八九	一四、八八九	—	
中陽	八三、一五四	〇・六三	五二、三八七	〇・七二	五九、八七一	二八、二七四	三一、五九七	孝義、汾陽
長治	六八、〇四六	一・八〇	一二二、四八三	一・五六	一〇六、一五二	九六、七八〇	九、三七二	潞城
長子	四九、〇七三	一・六五	八〇、九七〇	一・九八	九七、一六五	九〇、七六三	六、四〇二	臨汾、洪洞高平
屯留	八〇、〇〇〇	一・一〇	八八、〇〇〇	一・一〇	八八 〇〇〇	六三、八〇〇	二四、二〇〇	陵縣
襄垣	四〇、〇〇〇	一・三二	五二、八〇〇	一・六五	六六、〇〇〇	三三、〇〇〇	三三、〇〇〇	河南武縣
潞城	三八七、〇九〇	一・二〇	四六四、五〇八	一・二〇	四六四、五〇八	四大四、五〇八	—	
黎城	一、五五二	一・八〇	二、七九四	・九二	二、九八〇	二、九八〇	—	
壺關	一八、二五二	一・六八	三〇、六六三	一・四〇	二五、五五三	二五、五五三	—	
平順	二、五〇〇	一・九二	四、八〇〇	一・二〇	三、〇〇〇	三、〇〇〇	—	
晉城	二五四、〇〇〇	一・九二	四八七、六八〇	一・三二	三三五、二八〇	三三五、二八〇	—	
高平	一二四、四〇〇	一・六〇	一九九、〇四〇	一・三〇	一六一、七二〇	一九一、七二〇	—	
陽城	五〇〇	一・八〇	九〇〇	一・六八	八四〇	八四〇	—	
陵川	四、三〇六	一・八〇	七、七五一	一・八〇	七、七五一	七、七五一	—	

沁水	二、五〇〇	一・六八	四、二〇〇	一・八〇	四、五〇〇	四、五〇〇	—	
遼縣	二九、七七八	一・四〇	四一、六八九	一・二〇	三五、七三四	三五、七三四	—	
和順	一三、〇〇〇	一・四四	一八、七二〇	一・三二	一七、一六〇	一一、二四四	五、九一六	河北邢台
榆社	二四、〇三七	〇・六〇	一四、四二二	〇・六〇	一四、四二二	一四、四二二	—	
沁縣	一一一、九二〇	一・〇〇	一一一、九二〇	〇・九〇	一〇〇、七二八	七九、二七〇	二一、四五八	鄰縣
沁源	三一、〇〇〇	一・〇〇	三一、〇〇〇	一・〇〇	三一、〇〇〇	三一、〇〇〇	—	
武鄉	三六、二三〇	一・七〇	六一、五九一	一・五〇	五四、三四五	三三、九二五	二〇、四二〇	遼縣、榆社
平定	三〇、〇〇〇	〇・七二	二一、六〇〇	〇・七二	二一、六〇〇	二一、六〇〇	—	
昔陽	一六、四〇〇	一・〇〇	一六、四〇〇	一・〇〇	一六、四〇〇	一二、〇〇〇	四、四〇〇	河北、
盂縣	六〇、〇〇〇	一・五〇	九〇、〇〇〇	一・四〇	八四、〇〇〇	五四、〇〇〇	三〇、〇〇〇	平定、壽陽
壽陽	一二〇、〇〇〇	〇・七二	八六、四〇〇	〇・六〇	七二、〇〇〇	四八、〇〇〇	二四、〇〇〇	河北
臨汾	九、三二〇	一・二〇	一一、一八四	一・二〇	一一、一八四	一一、一八四	—	
襄陵	一九、九二五	一・八〇	三五、八六五	一・八〇	三五、八六五	三五、八六五	—	
洪洞	六、二一〇	一・八〇	一一、一七八	二・四〇	一四、九〇四	一四、九〇四	—	
浮山	二七、一一六	一・四四	三九、〇四七	一・四四	二九、〇四七	二九、三〇八	九、七三九	臨汾、翼城
汾城	二〇、〇〇〇	〇・五四	一〇、八〇〇	〇・六七二	一三、四四〇	一三、四四〇	—	
安澤	六〇、四四四	〇・五五	三三、二四四	〇・五五	三五、二四四	二九、九六五	三、二七九	洪洞

曲沃	三、〇〇〇	〇・六〇	一、八〇〇	〇・六〇	一、八〇〇	一、八〇〇	—	
翼城	三二、〇〇〇	〇・七七	二四、六四〇	〇・七七	二四、六四〇	二四、六四〇	—	
吉縣	一二〇	〇・六〇	七二	〇・四八	五八	五八	—	
鄉寧	二四、五〇〇	〇・三四	八、三三〇	〇・三四	八、三三〇	八、三三〇	—	
永濟	一五、〇四二	一・二〇	一八、〇五〇	一・三二	一九、八五五	一九、八五五	—	
臨晉	一五、〇〇〇	一・四四	二一、六〇〇	一・四四	二一、六〇〇	—	—	
虞鄉	一五〇	一・四四	二一六	一・二〇	一八〇	一八〇	—	
榮河	三五〇	一・〇四	三六四	〇・七八	二七三	二七三	—	
萬泉	一五、五〇〇	〇・八〇	一二、四〇〇	一・〇〇	一五、五〇〇	一五、五〇〇	—	
猗氏	二〇、〇〇〇	一・〇八	二一、六〇〇	一・〇八	二一、六〇〇	二一、六〇〇	—	
解縣	四、〇〇〇	〇・九四	三、七六〇	〇・九四	三、七六〇	三、七六〇	—	
安邑	八〇〇	二・一六	一、七二八	一・八〇	一、四四〇	一、四四〇	—	
夏縣	三五、〇〇〇	二・四〇	八四、〇〇〇	二・四〇	八四、〇〇〇	六〇、〇〇〇	二四、〇〇〇	運城、安邑
平陸	六、〇〇〇	〇・九六	五、七六〇	一・二〇	七、二〇〇	六、七二〇	四八〇	河南陝縣
新絳	五〇〇	〇・八四	四二〇	〇・七二	三六〇	三六〇	—	
河津	一五、二三四	〇・六六	一〇、〇五四	〇・一〇	一六、七五七	一六、七五七	—	
聞喜	二、五〇〇	一・三〇	三、二五〇	一・三〇	三、二五〇	三、二五〇	—	

稷山	三二六	一·二〇	三九一	一·四四	四六九	四六九	—	
絳縣	二三、四〇〇	一·八〇	四、二一二	一·六〇	三七、四四〇	三七、四四〇	—	
垣曲	五、〇〇〇	一·四三	七、一五〇	一·四三	七、一五〇	七、一五〇	—	
霍縣	二、〇〇〇	二·一六	四、三二〇	一·八〇	三、六〇〇	三、〇〇〇	六〇〇	洪洞、臨汾
靈石	一二、七三八	一·〇〇	一二、七三八	一·三〇	一六、五五九	一六、五五九	—	
趙城	一六、〇〇〇	一·四七	二三、五二〇	一·四七	二三、五二〇	二三、五二〇	—	
汾西	一七、六三三	一·八〇	三一、七三九	二·〇〇	三五、二六六	三五、二六六	—	
隰縣	一五六	〇·四八	七五	〇·六〇	九四	九四	—	
大寧	三、〇〇〇	〇·五〇	一五〇	〇·五〇	一五〇	一五〇	—	
永和	三二、〇〇〇	〇·七二	二三、〇四〇	〇·七八	二四、九六〇	二四、九六〇	—	
蒲縣	一四、六〇〇	〇·三六	五、二五六	〇·四八	七、〇〇八	七、〇〇八	—	
大同	三〇〇、〇〇〇	〇·六〇	一八〇、〇〇〇	〇·七〇	二一〇、〇〇〇	二〇〇、〇〇〇	一〇、〇〇〇	豐鎮綏遠
渾源	六一、〇五〇	一·五六	九五、二三八	二·〇八	一二六、九八四	一二六、九八四	—	
應縣	一七一、〇五六	〇·九〇	一五三、九五〇	〇·七二	一二三、一六〇	八六、二一二	三六、九四八	大同
懷仁	二二七、八九二	〇·六六	一五〇、四〇九	〇·六六	一五〇、四〇九	一四四、九〇九	五、五〇〇	大同
山陰	九八、二〇〇	〇·四五	四四、一九〇	〇·四四	四三、二〇八	三二、〇九八	一一、一一〇	大同
靈邱	四〇、〇〇〇	一·四〇	五六、〇〇〇	一·四〇	五六、〇〇〇	五六、〇〇〇	—	

廣靈	七〇、〇〇〇	一・四三	一〇〇、一〇〇	一・三三	九二、四〇〇	五四、〇一〇	三八、三九〇	河北淶源阜平
陽高	七二、〇〇〇	一・二〇	八六、四〇〇	〇・九六	六九、一二〇	五五、二〇〇	一三、九二〇	北平天津
天鎮	九〇、〇〇〇	一・一四	一〇二、六〇〇	〇・九五	八五、五〇〇	五七、〇〇〇	二八、五〇〇	北平天津
右玉	一六七、〇〇〇	〇・七五	一二五、二五〇	〇・七五	一二五、二五〇	一二五、二五〇	―	
朔縣	七一、四六〇	〇・三〇	二一、四三八	〇・三〇	二一、四三八	二一、四三八	―	
平魯	五四、〇〇〇	〇・三八三	二〇、六八二	〇・三八三	二〇、六八二	二〇、六八二	―	
寧武	四七、〇〇〇	〇・一八	八、四六〇	〇・一八	八、四六〇	八、四六〇	―	
神池	四九、〇〇〇	〇・二六	一二、七四〇	〇・二六	一二、七四〇	一二、七四〇	―	
偏關	四〇、〇〇〇	〇・七八	三一、二〇〇	〇・八四	三三、六〇〇	三三、六〇〇	―	
五寨	三五〇	〇・四二	一四七	〇・三六	一二六	一二六	―	
忻縣	四五九、〇〇〇	二・三〇	一、〇五五、七〇〇	二・〇九	九五九、三一〇	八〇七、四〇〇	一五一、九一〇	
定襄	八九、〇〇〇	一・一〇	九七、九〇〇	一・一〇	九七、九〇〇	九二、四〇〇	五、五〇〇	忻縣太原五台
靜樂	六、四〇〇	〇・四八	三、〇七二	〇・四八	三、〇七二	一、九二〇	一、一五二	
代縣	二三九、〇二六	〇・八八	二一〇、三四三	〇・八八	二一〇、三四三	二一〇、三四三	―	
五台	五七、四〇〇	〇・九〇	五一、六六〇	〇・九〇	五一、六六〇	五一、六六〇	―	
繁峙	一五八、〇七五	〇・七七	一二一、七一八	〇・七一五	一一三、〇二四	五九、三七五	五三、六四九	代縣崞縣應縣、五台、河北阜平
崞縣	三七一、七六〇	一・四四	五三五、三三四	一・二〇	四四六、一一二	四四二、五一二	三、六〇〇	太原

保德	一六、〇〇〇	〇・八〇	一二、八〇〇	〇・六〇	九、六〇〇	九、六〇〇	—	
河曲	四、五〇〇	〇・六五	三、九八三	〇・九〇	四、〇五〇	四、〇五〇	—	
總計	六、九二二、九六四	一・二九	八、九四三、二四八	一・二八	八、八六〇、一四五	八、〇九八、一八六	七六一、九五九	

第五章　小米

一　概說

小米未去殼時，名爲穀子，或名爲粟，爲我國北方主要糧食之一。小米質料，雖不及稻麥，但能多年存儲，不生虫害，故山西備荒，皆設倉積穀。穀性頗耐乾燥，不喜過濕過熱，與山西氣候最爲合宜。全省幾於無縣不產，總計栽培面積凡一二、七七五、二四六畝，常年產量一三、一六九、〇八五担，二十四年產量一二、五八四、三六七担。

品種

小米品種，按成熟早晚分，有小穀大穀兩種（卽早穀晚穀），按性質軟硬分，有軟穀硬穀兩種。按色澤分，有紅、黃、青、白、黑數種，分述於后：

(一)黃穀　稈子穀粒及米顆，皆爲黃色，故名黃穀。黃穀之中，又分數種：一爲九根旗。穗子長圓，形稍微彎曲，穀瓣頗鬆，細毛極多，不畏風吹，成熟期約一百二三十天。穀粒雖小，米質頗佳，每苗能生出數株，又能與正苗長齊，故有九根旗之名號。二爲大黃穀，穀瓣疏鬆，頗能耐風，成熟期約一百三十天，米質並不甚佳。三爲小黃穀。穗子如圓錐，穀瓣疏鬆，不甚耐風，成熟稍早。四爲金棒鎚。穗子粗短，穀瓣稠密，不甚耐風，成熟日期與大黃穀相仿。五爲黃軟穀。穗如狗爪，滿面細毛，大約六七十天卽可成熟。收量不多，米質甚軟。六爲毛小穀。穗生小毛，鳥不易偷，故又名鳥不食。成熟期約六七十天。此種早熟穀，亦可春種夏收，在青黃不接時，頗可救濟農家急用。

(二)白穀　穀白米黃，稈子有黃、綠、紫等色。紫稈穀又分大小兩種。大者名爲大母鷄嘴，成熟期約一百四五十天。小者又名小母鷄嘴，成熟期約一百二十天。穗子粗短，如織布之梭子。穀瓣頗緊，又能耐風，收量稍多，米質甚佳，每穀一斗，可碾淨米八升，故俗名爲八米二糠。黃稈穀亦分大小兩種，成熟時皆在一百三四十天左右。大者名州白穀，穗子粗大，穀瓣疏鬆，不甚耐風。收量倘少，米質稍硬。小者名爲小白穀，穀瓣頗緊，又能耐風，收量稍少，米質頗細。此外又有長項白穀者，穗長一尺上下，故名尺八穀。穀瓣疏鬆，不甚耐風，成熟期約一百二十天。收量稍少，米質稍硬。綠稈穀亦分大小兩種。稈子綠色，稍帶白色，穀瓣疏鬆，不甚耐風，大者成熟期約一百三十天，小者約一百一二十天。米質不甚佳。

(三)青穀　穀米色青，亦有黑色者。米質頗佳，收量亦多。稈子有紫黃兩種。紫稈穀穀瓣疏鬆，不甚耐風，成熟期約一百五六十天。爲稈穀穀瓣頗緊，又能耐風，成熟期約一百一二十天。

(四)紅穀　穀紅米黃，稈子有紅黃兩種。黃稈穀穀瓣稍緊，不甚耐風，成熟期約一百一十天。收量雖少，米質頗佳。紅稈穀又分硃砂紅及鷄爪紅兩種。硃砂紅穀瓣頗緊，又能耐風，成熟期約一百二十天，收量稍多，米質不佳。鷄爪紅穗如鷄爪，頗能耐風，成熟期約一百三十天。性質頗軟，可作糯米食用，此外又有一種紅小穀，穀瓣鬆，不甚耐風，形狀甚小，成熟期約六七十天。收量較少，米質硬。

(五)黑穀　穀黑米黃，穗有長圓圓錐兩種。長圓形者穀瓣緊結，頗能耐風，收量稍多，大約一百一二十天成熟。圓錐形者穀瓣稍鬆，不甚耐風，米質頗佳，成熟稍早，收量不多。

(六)扒拔糙　稃子黃色，穗子長圓，頗能耐風。成熟期約百天內外。種於坡地，亦頗適宜。穀色有黃白兩種，收量亦多。此外又有一種屯留糙者，稃子黃色，高五六尺，穗如梭子，長一尺上下。穀瓣頗緊，亦能耐風。收量甚多，米質雖不若扒拔糙，但較其他小米為佳。

(七)白米糙　稃子黃色，穀瓣緊結，亦能耐風。大約百天內外成熟。穀黃米白，可作白麵食用。又有一種粱穀，其顏色性質，與白米糙相彷，惟穗上小毛頗多，且能耐風，成熟期約一百二十天。

用途　小米能耐久藏，可備長年之用。磨碎成麵，可以蒸食；脫糠成米，可以煮食。又可造酒製醋，或製餳糖，或喂小鳥。穀稃即為喂養騾馬之乾草。

二　栽培狀況

氣候　穀子宜溫暖乾燥之氣候。苗幼之時，不喜過濕；在秀穗開花前後，則須濕潤。成熟時雨水宜少。土質宜於肥厚之砂粘合土，及帶暗色之砂粘土，但在不良之土地內，亦能生長；但在背陰下濕地內種植，米質較差。

耕地及施肥　穀子不宜連種，若須連種，必須更換品種，山西穀子，大概與麥類、豆類、根菜類、或其他作物輪種，輪種最佳之作物爲黑豆，最劣爲糜黍。亦有在穀地內間種豆類者，種棉花後再種穀子，更是合宜。耕地回數，大概秋末或春初淺耕一次。至穀雨節或臨種之時，用人糞尿或牲畜和骨粉，木灰混合撒布，或羊臥地一二夜作基肥，再深耕一次，耰耱平坦。若與小麥輪種，收麥以後，僅淺耕一次已足。

下種及勘地　種穀節氣，大概在小滿前後至芒種節；寒冷之地，則在穀雨至立夏節。下種方法，係用耬種。種籽用量，每畝自四合至七八合。種於山岳地帶之小穀子，用籽較少。發芽日期，自六七天至十二三天。苗長至一二寸時，拔苗併鋤苗一次。苗間相離三四寸至九寸。以後再耡二三次。鋤地次數愈多，穀子收成愈佳。水地宜澆灌三四次，或再補糞一次。鋤第三次時，壅土埋根，防備暴風搖動。

收　割　穀子至葉稈全變黃色時，即可收穫。收穫節氣，在秋分前後至寒露節。但小穀子在白露節即可收穫。收穫方法，有用手先將穗子切下運回場中打落者，有用鐮刀割運回場中切下穗子者。穗子切下後，陽光哂乾，用碌軸碾下，或連枷打下，簸揚乾淨，晒乾藏好。若採種時，撿擇長大整齊顆粒肥大之穗子，將兩頭切去，留下中間，晒乾打下，存放乾燥地方，

三　面積及產量

面　積　穀子栽培面積，全省共計一二、七七五、二四六畝，平均每縣一二一、六六九畝。面積最大者爲潞城

，計一、一六一、二七〇畝；次爲壽陽，計七三〇、〇〇〇畝。在五〇〇、〇〇〇畝以上者，依次爲晉城，襄垣；在四〇〇、〇〇〇畝以上者，依次爲大同，靈邱；在三〇〇、〇〇〇畝以上者，依次爲盂縣，朔縣：在二〇〇、〇〇〇畝以上者，依次爲懷仁、崞縣、陽城、汾陽、靜樂、天鎭、永濟、陽曲、屯留、在一〇〇、〇〇〇畝以上者，依次爲長治，壺關、沁水、長子、榆次、陵川、中陽、定襄、高平、左雲、嵐縣、和順、應縣、山陰、昔陽、孝義、陽高、太原、平遙、離石、石樓、沁源、夏縣等。

山西全省小米常年產量，共計一三、一六九、〇八五担，平均每畝產一、〇三一担。產量最多者，當推潞城，計九〇五、七九一担，晉城次之，計八〇一、四九五担，盂縣又次之，計五一一、〇〇〇担，常年產量，以一萬担至五萬担爲最普通，次爲十萬担至二十萬担，又次爲五萬担至十萬担。二十四年產量較常年稍少，全省共計一二、五八四、三六七担，平均每畝產〇、九八五担。

山西省一〇五縣小米產量分級統計表

產量在（担）	常年縣數	二十四年縣數
六〇〇、〇〇一以上	二	二
五〇〇、〇〇一—六〇〇、〇〇〇	二	〇
四〇〇、〇〇一—五〇〇、〇〇〇	三	四
三〇〇、〇〇一—四〇〇、〇〇〇	三	四
二〇〇、〇〇一—三〇〇、〇〇〇	一〇	七
一〇〇、〇〇一—二〇〇、〇〇〇	二三	二五
五〇、〇〇一—一〇〇、〇〇〇	二二	二二
一〇、〇〇一—五〇、〇〇〇	二五	二八
五、〇〇一—一〇、〇〇〇	七	六

一、〇〇一—五、〇〇〇	六	五
一、〇〇〇以下	二	二
總計	一〇五	一〇五

四　銷路

小米外銷數量，較其他農產品爲多，全省有餘輸出者，共計五十四縣，輸出總數，共計一、六八〇、六九〇担，佔二十四年總產量一三·四〇%。據估計所得，行銷省內各縣者，約計七一〇、一二三担，佔外銷總數四二、二五%；行銷省外者，約計九七〇、五六七担，佔外銷總數五七、七五%。省內以行銷太原陽曲等爲最多。省外河北銷石家莊，順德、平山、邢台、天津、北平、淶源、唐縣等縣。河南銷武安、涉縣、林縣、博愛、輝縣、陝縣、孟縣、鞏縣等縣。陝西銷榆林，綏遠銷豐鎮。

小米市價，年來亦見跌落，就一〇五縣每百斤平均價計之，則民國十九年至二十三年五年間，最高價自六、二四四元跌至三、一一〇元，計跌五〇、一九%；最低價自四、六八八元跌至二、二九八元，計跌五〇、九八%；普通價自五、三〇三元跌至二、六三九元，計跌五〇、二四%。

山西省一〇五縣小米每百斤平均市價統計表（民一九——二三）

年別 \ 價別	最高（元）	最低（元）	普通（元）
民國十九年	六、二四四	四、六八八	五、三〇三
民國二十年	五、七五五	四、二七四	四、九四五
民國二一年	四、五六八	三、五〇五	三、八八六
民國二二年	三、五六八	二、六四七	三、〇三九
民國二三年	三、一一〇	二、二九八	二、六三九

山西省各縣小米產銷統計表

縣名	栽培面積（畝）	常年產量（担）		產量廿四年（担）		產量（担）		運銷地點
		每畝	總額	每畝	總額	縣內	縣外	
陽曲	二一七、四〇〇	〇・九〇	一九五、六六〇	〇・九〇	一九五、六六〇	一九五、六六〇	—	
太原	一〇三、六七三	一・一七	一二一、二九六	一・三〇	一三四、七七四	一三四、七七四	—	
榆次	一六〇、〇〇〇	三・五〇	五六〇、〇〇〇	四・二〇	六七二、〇〇〇	五三二、〇〇〇	一四〇、〇〇〇	陽曲、徐溝
太谷	八七、九八七	一・一〇	九六、七八六	一・三二	一一六、一四三	一一六、一四三	—	
祁縣	八〇、〇〇〇	一・五六	一二四、八〇〇	一・八〇	一四四、〇〇〇	一四四、〇〇〇	—	
徐溝	四、〇〇〇	〇・九六	三、八四〇	一・二八	五、一二〇	五、一二〇	—	
清源	五〇、七七八	一・二六	六三、九八〇	一・二六	六三、九八〇	六三、九八〇	—	
交城	八二、七三八	一・六五	一三六、五一八	一・六五	一三六、五一八	九九、五〇〇	三七、〇一八	太原、河北、文水
文水	八一、五二七	一・六八	一三六、九六五	一、一四八	九三、五九三	九三、五九三	—	
岢嵐	二二、五九六	〇・七八	一七、六二五	〇・七二	一六、二六九	一六、二六九	—	
嵐縣	一一七、二九七	〇・六〇	七〇、三七八	〇・五〇	五八、六四九	四〇、六四九	一八、〇〇〇	太原

興縣	六〇、〇〇〇	〇・三六	二一、六〇〇	〇・三六	二一、六〇〇	一八、〇〇〇	三、六〇〇	岢嵐
汾陽	二七〇、〇〇〇	〇・五六	一五一、二〇〇	〇・四八	一二九、六〇〇	一二四、八〇〇	四、八〇〇	陽曲
平遙	一〇二、七六一	二・八六	二九三、八九六	二・六〇	二六七、一七九	二六七、一七九	—	
介休	五〇、〇〇〇	一・一二	五六、〇〇〇	〇・七〇	三五、〇〇〇	三五、〇〇〇	—	
孝義	二一一、二〇〇	一・一二	二三六、五四四	一・一二	二三六、五四四	一〇八、〇五三	一二八、四九一	太原
臨縣	八、〇〇〇	二・五〇	二〇、〇〇〇	二・〇〇	一六、〇〇〇	一〇、七〇〇	五、三〇〇	陝西、榆林
石樓	一〇〇、〇〇〇	〇・九〇	九〇、〇〇〇	〇・六〇	六〇、〇〇〇	四五、〇〇〇	一五、〇〇〇	孝義
離石	一〇〇、〇〇〇	三・〇八	三〇八、〇〇〇	二・八〇	二八〇、〇〇〇	二一〇、〇〇〇	七〇、〇〇〇	平遙
方山	四一、八三三	一・〇一四	四二、四一九	一・〇一四	四二、四一九	四一、三七九	一、〇四〇	汾陽
中陽	一二九、五四八	〇・九八	一二六、九五七	一・一二	一四五、〇九四	一一〇、七三五	三四、三五九	汾縣、孝義
長子	一六三、五七九	〇・九六	一五七、〇三六	一・二〇	一九六、二九五	一三〇、五七三	六五、七二二	河南、武安、高平、長治、
長治	一九一、四五〇	一・五〇	二八七、一七五	一・二〇	二二九、七四〇	二二九、七四〇	—	
屯留	二〇〇、〇〇〇	〇・七八	一五六、〇〇〇	〇・七八	一五六、〇〇〇	一三〇、〇〇〇	二六、〇〇〇	長治、高平
襄垣	五〇〇、〇〇〇	〇・八四	四二〇、〇〇〇	〇・八四	四二〇、〇〇〇	二一〇、〇〇〇	二一〇、〇〇〇	河南、武安
潞城	一、一六一、二七〇	〇・七八	九〇五、七九一	〇・七八	九〇五、七九一	九〇五、七九一	—	
黎城	一一三、四四三	〇・九六	一〇八、九〇五	一・二八	一四五、二〇七	一四二、一七一	三、〇三六	河南涉縣
壺關	一八二、五一三	二・二五	四一〇、六五四	一・八〇	三二八、五二三	三一五、〇二三	一三、五〇〇	河南林縣

平順	六〇、〇〇〇	二・一〇	一二六、〇〇〇	一・四〇	八四、〇〇〇	七九、八〇〇	四、二〇〇	河南林縣
晉城	五九三、七〇〇	一・三五	八〇一、四九五	〇・七二	四二七、四六四	四一八、四六四	九、〇〇〇	河南博愛
高平	一三三、一〇九	一・〇八	一四三、九五八	〇・七二	八八、六三八	八八、六三八	—	
陽城	二七七、五〇〇	一・〇〇	二七七、五〇〇	一・二〇	三三三、〇〇〇	三二〇、一六四	一二、八三六	冀城、河南、濟源
陵川	一三六、三九五	二・一六	二九四、六一三	一・六八	二二九、一四四	二二四、九四四	四、二〇〇	河南輝縣
沁水	一七三、二一〇	一・一九	二〇四、九三〇	一・一〇五	一九〇、二九二	一三三、二〇五	五七、〇八七	冀城
遼縣	一五八、六二四	一・二六	一九九、八六六	一・四〇	二二二、〇七四	一六九、五七四	五二、五〇〇	河南武安涉縣河北順德
和順	一一七、五〇〇	一・二〇	一四一、〇〇〇	一・二〇	一四一、〇〇〇	八〇、九一四	六〇、〇八六	河北邢台
榆社	九六、一四八	〇・八五	八一、七二六	〇・八五	八一、七二六	五七、一八三	二四、五四三	太谷
沁縣	二一六、七四一	一・〇〇	二一六、七四一	〇・九〇	一九五、〇六七	一三八、八〇一	五六、二六六	河北順德、文水
沁源	一〇〇、〇〇〇	一・五六	一五六、〇〇〇	一・八〇	一八〇、〇〇〇	一三二、〇〇〇	四八、〇〇〇	平遙、介休、洪洞
武鄉	一〇八、六九五	一・一四	一二三・九一三	一・二三五	一三四、二三八	一一四、五五二	一九、六八六	榆社、遼縣
平定	五〇、〇〇〇	一・二〇	六〇、〇〇〇	一・二〇	六〇、〇〇〇	六〇、〇〇〇	—	
昔陽	一一三、三三四	〇・七〇	七九、三三四	〇・八四	九五、二〇一	二九、四〇一	二、八〇〇	平定、順德
盂縣	三六五、〇〇〇	一・四〇	五一一、〇〇〇	一・二〇	四三八、〇〇〇	三一八、〇〇〇	一二〇　〇〇〇	河北平山、平定
壽陽	七三〇、〇〇〇	〇、六五	四七四、五〇〇	〇・六五	四七四、五〇〇	四六一、五〇〇	一三、〇〇〇	石家莊
臨汾	三、〇〇〇	一・〇四	三、四八〇	一・〇〇	三、〇〇〇	三、〇〇〇	—	

襄陵	二、〇〇〇	一•三〇	二、六〇〇	一•三〇	二、六〇〇	二、六〇〇	—	
洪洞	一二、七二三	二•六〇	三三、〇四九	二•六〇	三三、〇四九	三三、〇四九	—	
浮山	五八、〇六一	〇•六四	三七、一五九	一•一〇	六三、八六七	四九、四三五	一四、四三二	臨汾、翼城、洪洞
汾城	四一、六〇〇	一•一五	四七、八四〇	〇•八〇五	三三、四八八	三三、四八八	—	
安澤	一二、六七〇	〇•七〇	一三、六七〇	〇•五六	一〇、一五六	八、四五六	一、六八〇	洪洞、趙城
曲沃	一〇、〇〇〇	〇•四八	四、八〇〇	〇•六〇	六、〇〇〇	六、〇〇〇	—	
翼城	四五、〇〇〇	一•六二	七二、九〇〇	一•三五	六〇、七五〇	六〇、七五〇	—	
吉縣	三、二〇〇	〇•五六	一、七九二	〇•七〇	二、二四〇	二、二四〇	—	
鄉甯	三〇、二〇〇	〇•五一	一五、四〇二	〇•五一	一五、四〇二	一五、四〇二	—	
永濟	二二八、九三五	一•四四	三二九、六六六	一•二〇	二七四、七二二	二七四、七二二		
臨晉	二五、五一五	一•三〇	三三、一七〇	一•〇四	二六、五三六	二六、四四二	九四	猗氏
虞鄉	二八、〇〇〇	一•〇四	二九、一二〇	一•三〇	三六、四〇〇	三六、四〇〇	—	
榮河	三五〇	一•〇四	三六四	〇•七八	二七三	二七三	—	
萬泉	二六、八二〇	〇•三〇	八、〇四三	〇•五〇	一三、四〇五	一三、四〇五	—	
猗氏	一〇、〇〇〇	〇•九〇	九、〇〇〇	一•〇〇	一〇、〇〇〇	一〇、〇〇〇	—	
解縣	一二、五〇〇	一•八〇	二二、五〇〇	一•二〇	一五、〇〇〇	一五、〇〇〇	—	
安邑	六二、〇〇〇	一•三〇	八〇、六〇〇	一•二〇	九六、七二〇	九六、七二〇	—	

夏縣	一〇〇、〇〇〇	一・三〇	一三〇、〇〇〇	一・五六	一五六、〇〇〇	一三〇、〇〇〇	二六、〇〇〇	安邑鹽池
平陸	三五、〇〇〇	一・一二	三九、二〇〇	一・四〇	四九、〇〇〇	四八、四四〇	五六〇	河南陝縣
芮城	九、六〇七	〇・六五	六、二四五	一・三〇	一二、四八九	一二、四八九	—	
新絳	六、四〇〇	〇・八〇	五、一二〇	一・〇〇	六、四〇〇	六、四〇〇	—	
河津	八、二四〇	〇・九一	七、四九八	〇・六五	五、三五六	五、三五六	—	
聞喜	六一、〇四七	一・三〇	七九、三六一	一・三〇	七九、三六一	七九、三六一	—	
稷山	一七、五〇〇	二・二〇	三八、五〇〇	二・二〇	三八、五〇〇	三八、五〇〇	—	
絳縣	三四、六七〇	二・二一	七六、六二一	一・五六	五四、〇八五	四九、五三五	四、五五〇	隣縣
垣曲	四〇、〇〇〇	一・四〇	五六、〇〇〇	一・一二	四四、八〇〇	三〇、八〇〇	一四、〇〇〇	河南孟縣鞏縣
霍縣	一〇、〇〇〇	一・三〇	一三、〇〇〇	一・四〇	一四、〇〇〇	一四、〇〇〇	—	
靈石	二五、五六八	〇・七七	一九、六八七	〇・八九六	二二、九〇九	二二、九〇九	—	
趙城	一〇、九八二	二・一九六	二四、一一六	一・八三	二〇、〇九七	二〇、〇九七	—	
汾西	三〇、五九五	〇・六五	一九、八八七	〇・七一五	二一、八七五	一六、九〇〇	四、九七五	趙城
隰縣	一、〇〇〇	〇・七〇	七〇〇	〇・五六	五六〇	五六〇	—	
大寧	四七、一六二	一・一九	五六、一二三	一・〇七	五〇、四六三	五〇、四六三	—	
永和	四四、二五〇	〇・七二	三一、八六〇	〇・八四	三七、一七〇	一五、五九九	二一、五七一	河津、隰縣
蒲縣	七二、五五〇	〇・八四	六〇、一〇二	〇、八四	六〇、一〇二	四五、五九八	一四、五〇〇	臨汾、襄陵、汾城

大同	四五〇、〇〇〇	〇・五〇	二二五、〇〇〇	〇・七〇	三一五、〇〇〇	三〇〇、〇〇〇	一五、〇〇〇	北平、天津、豐鎮、綏遠
渾源	九五、八八五	一・一三	一〇七、三九一	一・四四	一三八、〇七四	一二六、四七四	一一、六〇〇	天津
應縣	一二四、〇三七	〇・七五	八五、五二八	〇・八〇	六八、四二三	六八、四二三	—	
懷仁	二九九、一九九	〇・七〇	二〇九、四三九	〇・七〇	二〇九、四三九	一九一、四三九	一八、〇〇〇	大同、右玉、左雲
山陰	一一三、一〇〇	〇・五二五	五九、三七八	〇・六〇	六七、八六〇	五一、三四〇	一六、五二〇	忻縣、崞縣
靈邱	四〇〇、〇〇〇	〇・九〇	三六〇、〇〇〇	〇・九〇	三六〇、〇〇〇	一八〇、〇〇〇	一八〇、〇〇〇	河北淶源
廣靈	九九、六五〇	〇・五六	五五、八〇四	〇・五六	五五、八〇四	三五、〇〇〇	二〇、八〇四	河北唐縣
陽高	一〇七、五〇〇	〇・四八	五一、六〇〇	〇・五三六	五七・六二〇	四〇、四二〇	一七、二〇〇	北平、天津
天鎮	二三九、四五〇	〇・九七三	二三三、〇二五	〇・八一	一八五、八五五	一六一、五五五	二四、三〇〇	北平、天津
右玉	九、七〇四	二・三〇	二二、三一九	二・三〇	二二、三一九	二二、三一九	—	
朔縣	三一七、六三〇	〇・二四	七六、二三一	〇・三二	一〇一、六四二	九七、四二〇	四、二二二	神池
左雲	一三〇、〇〇〇	〇二六・二五	三一、五〇〇	〇・二三	二九、六〇〇	三九、六〇〇	—	
平魯	一一、一八六	〇・四二	四、六九八	〇・五六	六、二六四	六、二六四	—	
寧武	五、〇〇〇	一・〇〇	五、〇〇〇	一・〇〇	五、〇〇〇	五、〇〇〇	—	
神池	七三、五〇〇	〇・四五	三二、六二五	〇・三六	二六、一〇〇	二六、一〇〇	—	
偏關	七〇、〇〇〇	〇・九〇	六三、〇〇〇	一・〇八	七五、六〇〇	七五、六〇〇	—	
五寨	一五、〇〇〇	〇・四〇	六、〇〇〇	〇・三二	四、八〇〇	四、八〇〇	—	

忻縣	六〇、八〇〇	二・四八	一五〇、七八四	二・四八	一五〇、七八四	一五〇、七八四	—	
定襄	一三六、〇〇〇	一・一〇	一四九、六〇〇	一・一〇	一四九、六〇〇	一四九、六〇〇	—	
靜樂	二四四、五一六	〇・七〇	一七一、一六一	〇・七〇	一七一、一六一	一三二、一八六	三八、九七五	陽曲、忻縣、清源
代縣	二三〇、〇〇〇	〇・七二	一六五、六〇〇	〇・七二	一六五、六〇〇	一四六、七〇〇	一八、九〇〇	忻縣
五台	八六、一〇〇	一・〇〇	八六、一〇〇	一・〇〇	八六、一〇〇	六四、六二〇	二一、四八〇	河北平山、阜平、
繁峙	六四、〇六八	〇・六〇	三八、四四一	〇・五〇	三二、〇三四	二七、一六一	四、八七三	應縣、阜平、
崞縣	二七八、八二〇	〇・九一	二五三、七二六	〇・六〇	一六七、二九二	一五八、八九二	八、四〇〇	太原、忻縣
保德	五〇、〇〇〇	〇・六〇	三〇、〇〇〇	〇・四八	二四、〇〇〇	二四、〇〇〇	—	
河曲	一二、〇〇〇	〇・七八	九、三六〇	〇・八〇	九、六〇〇	九、〇〇〇	—	
總計	三、七十五、二四六	一・〇三二	三、一六九、〇八五	〇・九八五	三、五八四、三六七	一〇、九〇三、六七七	一、六八〇、六九〇	

第六章　玉蜀黍

一　概說

玉蜀黍又名玉茭子，亦有名爲玉稻秫，或玉米，玉穀者。葉如高粱稍粗短，花有雌雄兩種。雄花生於頂端，雌花生於腰際。穗外有包皮，端露紅白毛，半熟時略帶甜味。因性不耐旱，故山西種植者不若高粱之多，總計全省栽培者凡七十四縣，面積總數三、五七〇、八五七畝，常年產量四、八一七、二五二担，二十四年產量四、七二九、六六八担。

玉蜀黍按成熟早晚，可分爲早玉茭子及晚玉茭子兩種，其中因顏色不同。又有黃、白、紅、黑、紫等數種，山西種植者，以黃白兩種爲多，分述於下：

(一)黃玉茭子　又名金中黃，稈高五尺至七八尺。穗如錐子，每苗可結一個至三個。顆粒黃色，性質頗佳，成熟期約一百五六十天，收量頗多。八九十天成熟者，收量稍少。此外又有一種米黃玉茭子，顆粒米黃色，性質頗佳，惟收量較少。

(二)白玉茭子　稈高六七尺，顆粒白色，可攙上白麵使用，成熟期約一百六十天，收量頗多。八九十天成熟者，收量稍少。

此外又有紅、黑、紫、三種玉茭子，苗之形狀與前兩種相彷，穗則較小，收量平常，性質不佳，成熟期約一百二十天。

用途

玉蜀黍成熟之顆粒，可作食用，又可喂飼牲畜。半熟者可以煑食，包皮、穗軸、及乾稗子，可作燃科。青時割下，可作飼料。包皮又能作草墩子，作坐墊用。

二　栽培狀況

氣候

玉蜀黍宜於溫暖濕潤之氣候，若雨水過多，根子即易腐爛，故種於水地或下濕地者，以砂粘土及砂質多之肥厚土爲宜。

輪種及耕地施肥

玉蜀黍不宜速種，各與穀黍輪種，不如與小麥、糜子、豆子、根菜類輪種或間種。耕地之法，不必十分精細，若土地疏鬆，於下種前耕耱一次即可，粘質土地，須於秋末春初間。先耕一次，以堆肥，廐肥作基肥，人糞尿作追肥。追肥施用法，水地於澆灌時將糞灌於水內，順水流至地內，或先在根旁刨窩放糞，然後灌水。旱地則將糞撒於地面，用耡耡入，或於根旁刨窩放糞。

下種

下種節氣，大概在立夏至芒種節。早者在穀雨前後，如雁門一帶；遲者在夏至前後，如蒲解一帶。種時將檢下種籽，簸揚乾淨，用水泡上半天、或拌油少許。下種方法，按二尺遠近，隨犂點種犂溝，每隔一犂溝，點籽一行，每窩下籽兩三顆，犂耱蓋土。此外亦有用樓種或刨窩點種者。種籽用量，旱地每畝二三升，水地或樓種者每畝三四升。發芽日期，自五六天至十一二天。苗長至三四寸時，間苗一次。苗間相距二尺上下，行間相距一尺左右。亦有在各行中間，點種蘿蔔，豆子者。以後再鋤地二三次，擁土埋根，摘去旁芽。種於水地者，澆灌三四次，或隔十天半月澆灌一次。

收割　玉蜀黍收穫節氣，大概在白露至寒露節，收穫方法，先將成熟穗子，用手拔下，剝開外皮，將兩穗外皮，結於一起，懸掛廊下，陽光晒乾，用槤枷打下，簸揚乾淨，晒乾藏好，亦有用釘子或錐子，先將穗子上之顆粒，剌落數行，再以穗與穗磨擦落顆者。

三　面積及產量

面積　山西七十四縣玉蜀黍栽培面積，共計三、五七〇、八五七畝，平均每縣四八、二五五畝。面積最廣者，當推潞城，計四三〇、六二〇畝，次為平遙，計二〇〇、〇〇〇畝，其餘在一〇〇、〇〇〇畝以上者，依次為安澤、高平、昔陽、蒲縣、晉城、盂縣、長治、黎城、平定、和順、夏縣。

產量　常年產量，共計四、八一七、二五二担，平均每畝產一、三五担。產量亦以潞城為最多，計四九五、二一三担，平遙次之，計四三二、〇〇〇担，餘則皆在三〇〇、〇〇〇擔以下。二十四年產量總數，較常年稍少，共計四、七二九、六六八担，平均每畝產一、三二擔。

山西省玉蜀黍產量分級統計表

產量在（担）	常年縣數	二十四年縣數
四〇〇、〇〇〇以上	二	二
三〇〇、〇〇〇—四〇〇、〇〇〇	〇	一
二〇〇、〇〇〇—三〇〇、〇〇〇	五	一
一〇〇、〇〇〇—二〇〇、〇〇〇	七	一三
五〇、〇〇〇—一〇〇、〇〇〇	一二	一一
一〇、〇〇〇—五〇、〇〇〇	二五	二五
五、〇〇〇—一〇、〇〇〇	一〇	八
一、〇〇〇—五、〇〇〇	五	七
一、〇〇〇以下	八	七
總計	七四	七四

四 銷路

玉蜀黍之銷路不廣，總計產地七十四縣，有餘外銷者，僅三十縣，外銷總數僅五八七、九三八担，佔廿四年總產量一二·四三%。據估計所得，行銷省外者，約計八九、九二九担，佔總銷量一五·三%，行銷省內各縣，約計四九八、〇〇九担，佔總銷量八四·七%。省外多行銷河北之邢台、平山、阜平等縣，及河南之武安、涉縣、輝縣、林縣、陝縣、盂縣、鞏縣等處。省內則行銷交城、文水、清源、楡次、介休、晉城、高平、臨汾、洪洞、太谷、平定、壽陽、翼城、浮山、河津、永濟、大寧、襄陵、汾城等地。

玉蜀黍之價格，年來跌落頗鉅，就七十四縣平均，自民國十九年至二十三年五年間，每百斤最高價自五・八七九之跌至二・七一九元，計跌五三・七五%，最低價自四、五八九元跌至一、九〇五元，計跌五八・四九%，普通價自五、〇九七元跌至二、二三〇元，計跌五六・二五%。

山西省七十四縣玉蜀黍每百斤平均價格表（民一九——二三）

年別＼價別	最高（元）	最低（元）	普通（元）
民國十九年	五、八七九	四、五八九	五、〇九七
民國二十年	五、一六四	三、八四八	四、四四三
民國二十一年	四、一〇八	三、〇六六	三、五六四
民國二十二年	三、一三七	二、二二七	二、五九五
民國二十三年	二、六一九	一、九〇五	二、二三〇

山西省各縣玉蜀黍產量統計表（單位担）

農產品 縣名	栽培面積（畝）	產量 常年		產量 廿四年		銷量		運銷地點
		每畝	總數	每畝	總數	縣內	縣外	
陽曲	三〇、〇〇〇	〇・六〇	一八、〇〇〇	〇・六〇	一八、〇〇〇	一八、〇〇〇		
太原	二〇、七三四	一・四四	二九、八五七	一・八二	二七、七三六	三七、七三六	—	
太谷	一四、六五二	一・六八	二四、六一五	二・一〇	三〇、七六九	三〇、七六九	—	
祁縣	八、七二五	〇・六〇	五、二三五	〇・八四	七、三二九	七、三二九	—	
徐溝	二七、七〇	一・八〇	五〇、〇〇四	一・八〇	五〇、〇〇四	五〇、〇〇四	—	
清源	一四、九三四	一・二〇	一七、九二一	一・四四	二一、五〇五	一一、〇三九	一〇、四六六	交城文水
交城	二〇、一五一	一・五六	三一、四三六	一・四四	二九、〇一七	二五、五九九	三、四一八	文水、清源

文水	四〇、五二一	一・〇	四八、六二五	一・〇八	四三、七六三	三五、七七一	七、九九二	榆次
汾陽	八、〇〇〇	〇・六〇	四、八〇〇	〇・八四	六、七二〇	六、〇〇〇	七二〇	鄰縣
平遙	二〇〇、〇〇〇	二・一六	四三二、〇〇〇	二・四〇	四八〇、〇〇〇	三六〇、〇〇〇	一二〇、〇〇〇	榆次、介休
臨縣	三〇〇	〇・七二	二一六	〇・七二	二一六	二一六	—	
方山	五二	〇・六六	三五	〇・七〇	三六	三六	—	
中陽	四、四七五	〇・八一	三、六二五	〇・七二	三、二二二	二、八六四	三五八	鄰縣
長治	一一三、四一〇	一・九五	二二一、一五〇	一・五六	一七六、九二〇	一七六、九二〇	—	
長子	四九、〇七三	一・九二	九四、二二〇	二・四〇	一一七、七七五	六一、四五九	五六、三一六	晉城、高平、臨山、洪洞
屯留	八〇、〇〇〇	一・一〇	八八、〇〇〇	一・一〇	八八、〇〇〇	六六、〇〇〇	二二、〇〇〇	鄰縣
襄垣	六〇、〇〇〇	〇・八八	五二、八〇〇	一・一〇	六六、〇〇〇	五五、〇〇〇	一一、〇〇〇	河南武安縣
潞城	四三〇、六二〇	一・一五	四九五、二一三	一・一五	四九五、二一三	四九五、二一三	—	
黎城	一一二、五五二	一・五六	一七五、五八一	一・八二	二〇四、八四五	二〇四、八四五	—	
壺關	七三、〇〇八	一・六八	一二二、六五三	一・四〇	一〇二、二一一	一〇二、二一一	—	
平順	五〇、〇〇〇	一・六九	八四、五〇〇	一・三〇	六五、〇〇〇	六一、一〇〇	三、九〇〇	河北河南
晉城	一二五、〇〇〇	一・九二	二四〇、〇〇〇	一・二〇	一五〇、〇〇〇	一五〇、〇〇〇	—	
高平	一八〇、〇六〇	一・二	二一六、〇七二	一・〇	一八〇、〇六〇	一八〇、〇六〇	—	
陽城	五三、一〇〇	〇・八	四二、四八〇	一・〇	五三、一〇〇	五三、一〇〇	—	

陵川	九二、五三二	一・九五	一八〇、四三七	一・四三	一三二、三二一	一二五、五六一	六、七六〇	河南林縣輝縣
沁水	六一、〇〇〇	〇・八〇	四八、八〇〇	〇・七〇	四二、七〇〇	四二、七〇〇	—	
遼縣	四九、六一一	一・三〇	六四、四九四	一・一〇	五四、五七二	三八、〇七二	一六、五〇〇	武安、涉縣、邢台、武鄉
和順	一〇六、九〇〇	一・四四	一五三、九三六	一・四四	一五三、九三六	一二七、二二九	二六、七〇七	邢台
榆次	五〇〇	〇・三六	一八〇	〇・三六	一八〇	一八〇	—	
沁縣	五、六八五	〇・九〇	五、一一七	〇・八〇	四、五四八	二、二〇〇	二、三四八	太谷
平定	一一〇、〇〇〇	一・五〇	一六五、〇〇〇	一・五〇	一六五、〇〇〇	一六五、〇〇〇	—	
昔陽	一五六、五二〇	〇・八四	一三一、四七七	〇・九六	一五〇、二五九	一二六、二五九	二四、〇〇〇	平定、河北
盂縣	一二〇、〇〇〇	一・四〇	一六八、〇〇〇	一・三〇	一五六、〇〇〇	一三六、〇〇〇	二〇、〇〇〇	平定、壽陽
臨汾	一五、〇〇〇	一・二〇	一八、〇〇〇	一・二〇	一八、〇〇〇	一八、〇〇〇	—	
襄陵	二七、八九五	一・〇〇	二七、八九五	一・五〇	四一、八四三	四一、八四三	—	
洪洞	三八、九六四	〇・三六	一四、〇二七	〇・四二	一六、三六五	一六、三六五	—	
浮山	六九、四一一	一・〇八	七四、九六四	一・〇八	七四、九六四	六九、三四八	五、六一六	臨汾、翼城
汾城	五、〇〇〇	〇・九〇	四、五〇〇	一・二〇	六、〇〇〇	六、〇〇〇	—	
安澤	一九〇、八二五	〇・四八	九一、五九六	〇・四八	九一、五九六	六二、七九六	二八、八〇〇	洪洞
曲沃	一、〇〇〇	〇・八四	八四〇	〇・八四	八四〇	八四〇	—	
翼城	四五、〇〇〇	一・一〇	四九、五〇〇	一・三二	五九、四〇〇	五、五〇〇	五三、九〇〇	浮山

吉縣	二一、〇〇〇	〇·三〇	六、三〇〇	〇·三六	七、五六〇	五、一六〇	二、四〇〇	河津、汾城
鄉寧	三五、五〇〇	〇·七五	二六、六二五	〇·七五	二六、六二五	一五、一二五	一一、五〇〇	河津
永濟	三一、九二〇	一·二〇	三八、三〇四	一·四四	四五、九六五	四五、九六五	—	
虞鄉	三、八七五	一·四〇	五、四二五	一·一二	四、三四〇	二、九四〇	一、四〇〇	永濟
滎河	三五〇	一·〇四	四九〇	〇·七八	二七三	二七三	—	
萬泉	一二、七四〇	〇·七二	九、一七三	〇·四八	六、一一五	六、一一五	—	
猗氏	九、五〇〇	〇·八八	五、一九二	〇·八八	五、一九二	五、一九二	—	
解縣	六、三〇〇	二·二五	一四、一七五	二·〇〇	一二、六〇〇	一二、六〇〇	—	
夏縣	一〇〇、〇〇〇	二·六〇	二六〇、〇〇〇	三·二五	三二五、〇〇〇	二七三、〇〇〇	五二、〇〇〇	鄭縣
平陸	一五、九〇〇	〇·九六	一五、二六四	一·二〇	一九、〇八〇	一八、六〇〇	四八〇	河南陝縣
芮城	二八、八二一	〇·八〇	二三、〇五七	八〇	二三、〇五七	二三、〇五七	—	
新絳	六、四〇〇	一·二〇	七、六八〇	一·二〇	七、六八〇	七、六八〇	—	
河津	六、四二〇	〇·九六	六、一六三	〇·六〇	三、八五二	三、八五二	—	
聞喜	八、五五〇	一·三〇	一一、一一五	一·三〇	一一、一一五	一一、一一五	—	
稷山	七、〇〇〇	二·八〇	一九、六〇〇	二·一〇	一四、七〇〇	一四、七〇〇	—	
絳縣	二、七〇〇	〇·九六	二、五九二	〇·七二	一、九四四	一、九四四	—	
垣曲	八、〇〇〇	一·六八	一三、四四〇	一·四四	一一、五二〇	一一、三三六	一八四	河南孟縣、鞏縣

霍縣	二三、二〇〇	二・三四	五四、二八八	一・六九	三九、二〇八	三七、九〇八	一、三〇〇	洪洞、臨汾
靈石	一五、九八〇	一・二〇	一九、一七六	一・三二	二一、〇九四	二一、〇九四	—	
趙城	七〇、〇〇〇	三・一七五	二二二、二五〇	二・五〇	一七五、〇〇〇	一五二、二五〇	二二、七五〇	洪洞
汾西	一六、四二二	一・四四	二三、六四八	一・五六	二五、六一八	二五、六一八	—	
隰縣	一、〇〇〇	〇・九六	九六〇	一・二〇	一、二〇〇	一、二〇〇	—	
大寧	三三、三一九	一・〇七	三五、六五一	〇・九〇	二九、九八七	二九、九八七	—	
永和	二七、二〇〇	〇・五〇	一三、六〇〇	〇・五六	一五、二三二	八、八一〇	六、四二二	大寧、洪洞
蒲縣	一五二、八八〇	〇・六〇	九一、七二八	〇・七二	一一〇、〇七四	五三、七七一	五六、三〇三	臨汾、襄陵、汾城
大同	三、六〇〇	〇・三六	一、二九六	〇・四八	一、七二八	一、七二八	—	
應縣	九、五三〇	〇・九六	九、一四九	一・二〇	一一、四三六	一一、四三六	—	
靈邱	八、〇〇〇	一・四〇	一一、二〇〇	一・六八	一三、四四〇	一三、四四〇	—	
忻縣	一、〇〇〇	〇・六二	六二〇	〇・六二	六二〇	六二〇	—	
定襄	五〇、〇〇〇	一・二五	八一、二五〇	一・五六	七八、〇〇〇	七八、〇〇〇	—	
代縣	一三〇	〇・七二	九四	〇・七二	九四	九四	—	
五台	二八、七〇〇	二・一六	六一、九九二	二・一六	六一、九九二	四九、五九四	一二、三九八	故北平山阜平
崞縣	一五、五三〇	一・八〇	二七、九五四	一・四四	二二、三六二	二二、三六二	—	
總計	三、五七〇、八五七	一・三五	四、八一七、二五二	一・三二	四、七二九、六六八	四、一四一、七三〇	五八七、九三八	

第七章 棉花

一 概況

棉花爲纖維科作物，有草棉，木棉兩種。山西種者卽爲草棉，幹高三尺上下，葉邊有長齒三五，狀如手掌，花爲黃色或白色。棉籽包於棉絮中，外包蒴殼，頗似小桃。成熟時蒴殼裂開，棉絮綻出。絨如絲棉，顏色甚白。山西所種棉衣，絨頭尚細，可織中上等棉布，惜乎向來種棉之地，僅限省南數處，自省府獎勵植棉以來，栽培者日多，故年來棉衣亦成爲晉省重要出口貨之一。總計栽培者凡六十五縣，栽培面積一、四八七、〇七五畝，常年產量四三三、八八四擔，二十四年產量三九三、四六七擔。

棉花分本地棉外國棉兩種。本地棉又名本花，或名笨花，蒴向下長，開裂容易；外國棉又名洋花，蒴向上長，開裂稍難，下雨稍多，卽易受害。本花中又有硬籽花及軟籽花兩種。硬籽花再分綠稈紅稈兩種。軟籽花多種於省南數縣，棉質頗佳，絨頭極細，成熟稍早。山西試種之棉子，有河津大蒴棉，河東白色洋棉，河東綠色洋棉，直隸紫花棉，直隸白花棉，直隸豐潤棉，彰德脫里司棉。正定脫里斯棉，朝鮮金克斯棉，美國金克斯棉。其中成績最優者爲(一)金克斯棉，苗高二尺至五尺，枝葉稀疏。下枝稍長：上枝稍短，葉色淡綠，棉桃稍小，形如尖角，約四五片桃瓣。棉子細小，色帶淡黃，外被短棉，絲長約八九分，成熟最早。(二)脫里司棉，苗高二尺至五尺，底枝結桃甚多，葉色淡綠，棉桃中等，卵形又帶角形。桃瓣亦有四五片，棉子頗大，裹於密厚之白色毛內。絲質頗佳，長約七分至一寸，成熟亦早。

茲將主要棉產縣份之品種列表於后：

山西省各縣棉花品種

縣別	主要品種	纖維長度(公厘)
榆次	金克司	二六・八〇
太谷	金克司	二六・五〇
祁縣	金克司	二六・八九
清源	金克司	二七・〇〇
交城	金克司	二七・〇〇
文水	金克司	二六・八〇
興縣	綠籽棉 金克司	二六・九〇
汾陽	金克司	二六・八〇
平遙	金克司	二六・八〇
介休	金克司	二六・五七
孝義	金克司	二六・八〇
臨縣	綠籽棉 金克司	二六・九〇
石樓	綠籽棉 金克司	二六・九〇
離石	綠籽棉 金克司	二六・九〇
中陽	綠籽棉 棉克司	二六・九〇
盂縣	金字棉	二六・九〇
臨汾	脫字棉・洋綠籽棉・	二六・三〇
襄陵	洋綠籽棉・大蒴棉中 梗花(青梗・大棉)	中一七・二〇 洋二六・〇八
洪洞	美種字棉・綠籽棉中 種青梗繭棉	中一七・二〇 洋二六・七一
浮山	脫里司	二七・一〇
汾城	綠籽洋棉・脫里司棉	二六・八〇
安澤	洋綠籽棉・中繭棉 青梗棉	中一七・一〇 洋二七・二〇
曲沃	脫里司 綠籽洋棉	二二・一〇

翼城	洋長絨棉 中青硬棉	中一七・二〇 洋二五・一五
吉縣	洋綠籽棉 中梗花(靑硬棉)	中一六・七〇 洋二五・一五
鄉寧	大簕洋棉	二六・七四
永濟	綠籽洋棉	二七・一〇
臨晉	脫里司	二六・九〇
虞鄉	綠籽洋棉	二六・八七
滎河	綠籽棉 金克司	二六・一八
萬泉	綠籽洋棉	二六・一八
猗氏	脫里司 小洋花	二六・一〇
解縣	洋脫里司 中靑梗棉	中一七・一〇 洋二六・八〇
安邑	脫里司 綠籽洋棉	二六・九〇
夏縣	綠籽洋棉	二六・八〇
平陸	綠籽洋棉	二六・九〇
芮城	綠籽洋棉	二六・九〇
新絳	脫里司 金克司	二七・一〇
河津	脫里司 金克司	二七・一〇

聞喜	脫里司 長絨棉	二六・二五
稷山	脫里司	二五・七〇
絳縣	長絨棉	二五・一八
垣曲	隆司太 長絨棉	二六・一〇
霍縣	洋脫字棉・中靑梗棉	中一七・一〇 洋二五・五〇
靈石	美種綠籽棉脫里司 中種靑梗棉	中一六・一〇 美二六・五〇
趙城	綠籽洋棉脫里司棉	二六・八五
汾西	洋脫里司 中靑梗棉	中一六・二二 洋二六・二八
隰縣	洋綠籽棉 中靑梗棉	中一六・二〇 洋二五・一〇
太寧	脫字棉	二七・三〇
永和	金克斯棉	二六・一〇
蒲縣	洋綠籽棉	二六・〇七
忻縣	金克司	二六・七八
定襄	金克司	二六・八〇
崞縣	金克司	二六・八〇

二　種植狀況

風土

棉花宜乾燥溫暖之氣候，山西地方，除左雲右玉及山岳寒冷地帶外，皆可種植，但春季下霜之地，即易傷損小苗，秋季下霜過早之地，棉菂不易碰開。成熟之時，陰兩連天，或颳大風，皆不適宜，土質宜砂粘土，不宜膠粘土。惟省南一帶，氣候稍微溫暖，種於稍粘之土，尙無大礙。在省北及省城附近，或種於水地者，必須砂粘土，或砂土。地勢宜高燥，或平坦向陽之地。初種棉花之地，仍以旱地爲宜。

耕地及施肥

棉花宜熟地，不宜生地，故可連種。耕地之法，收棉後用犂深耕一次，春分前後，將牲畜糞堆肥、坑土、人糞尿、麻餅，骨粉，撒布地面，犂翻土中，耰耪平坦。肥料用量，牲畜糞及堆肥，每畝大約二三千斤，坑土大約五六百斤，麻餅百斤上下，骨粉四五十斤。如在氣候稍寒之地，宜多用黑色坑土，少用麻餅及人糞尿，若初種棉花之地，施肥過多，易使枝葉徒長，不易結菂，即結菂亦不易碰開，故施肥宜少。趙城農家，有於旱地種棉，至秋後將糞撒在地面，耕耰平坦，用石碌軸碾實，勿使土與砂礫混和，上鋪砂礫一層，厚約寸餘，至明年穀雨前，用耬下種，以後有草即鋤，至立秋節即能開菂，寒露節即可收完，收穫後用鉄鉗子拔起棉根，耰平地面，至第二年春季，照法再種。連種三四年後，土地結實，不可再種。於是將砂起去，換種禾穀類一二年，照樣鋪種。用此法種下之棉花，不但可以耐旱，並因砂

浸籽及下種

性易熱，又可早期成熟。

種棉節氣，大概在清明至穀雨前後，若過立夏節，則只能生長稈子，不能多結棉蒴。臨種之時，將種籽泡於冷水內，過一天至三天，浮上者撈去不用，沉下者撈出放於篩內濾乾，用柴灰，或灶灰拌擦均勻，一者使顆粒分開，容易下種；再者使外面油氣擦去，水能滲入較速，出芽卽較容易。亦有先將開水冲過，隨卽泡在冷水內，過兩三天後，取出拌灰者。亦有拌灰以後，裝於磁盆內，用濕布蓋好，放於溫熱地方，待其出芽後，始行下種者。數種比較，以用開水冲法較佳。但冲至過度，或手法不熟，卽將種將冲壞，反而不能抽芽。故種棉以用冷水浸籽最爲妥當。下種方法，將耕好之地而離八寸至一尺上下，用犂犂成淺溝，撒布棉籽於構內，覆土一寸五六分。下種後用石磙子碾實，出苗整齊，不能耐旱。有亦用大眼耬種者，亦有掘穴點種者。每畝用籽，大概四五斤至七八斤。發芽日期，七八天至十天上下。若下種後出芽前遇大雨，地皮稍輕，卽用耙淺耙一次，將地皮搔破；使芽容易出土，又法：秋後深耕一次，不要耙平，春初下糞以後，耙耱平坦，用空耬劃下溝壕，到下種時期，稍微待雨，卽將棉籽撒於壕內，再行耙平，數日後卽可生芽出土。此法在天旱時，最宜使用，若照尋常耕種，非待雨水下足，卽不濟事。

鋤地及摘芽

苗長至二寸上下，用小鋤鋤苗，或用手拔苗一次，相離二三寸，留苗一株，長至四五寸時。再鋤一次，相離五六寸，留苗一株，至第三次鋤地時，始按三角式，相離一尺上下，留苗一株，但洋花或種於水地者，苗間相離須一尺二三寸，至二尺上下。種於肥厚土地，及氣候稍寒之地，每逢下雨以後，鋤苗一次，使土質疏鬆，容易生長。至夏至節後，無論地面有草無草，務須多鋤數次，使陽光晒入土中，助其溫暖，棉蓏卽易開花。以後用鋤將土埋於苗根，再鋤三四次。鋤地次數愈多，棉花收成愈佳。洋花苗高八九寸，用手將近根之技條，摘去二三枝。俗名扯遊條至二伏後，苗長至一尺五六寸時，擇晴天正午時刻，用手摘去頂心，使其快生旁枝，名爲摘芽或打頂。旁枝長至五六寸時，又須摘去心芽，催促開花結實。以後有從技幹中間發生小芽，時時剎去，俗名搬强芽，棉蓏卽易肥大。至成熟之時，若生長枝葉尙旺，須用鐮深入土中，切斷毛根，減少生長力量，催其趕快成熟，名爲切根法。過白露節後，再將葉子摘疏，使陽光充分照晒，棉蓏卽易開花。種於膠粘土或稍寒冷之地，至處暑節後，須將各枝未成熟之蓏，全行剪去，留下伏中所結之蓏，至降霜時自然開花。

除害

棉花病害，有白斑赤斑兩種，預防用冷水，溫水浸籽法最佳，臨種之時，將棉籽泡於冷水中，過六七點鐘後，再泡在溫熱水內，攪拌十分鐘上下，又用冷水淘過，晒乾下種。蟲害有油汗，捲葉蟲，切根蟲，棉籽蟲等。預防法：油汗及捲葉蟲，用菸葉子泡下之水，撒布苗上。切根蟲用砒信或黑礬硏末，撒棉根邊。棉籽蟲寄生於棉籽內，除去頗不容易，惟有在七八月間，用網捕殺眠蛾，棉地內不種豆子根菜等類惹蟲之作物，自然減少。

收藏

棉花自下至上成熟，大概在兩月以上 始能完全成熟。先熟者名爲脚花，中熟者名爲腰花，後熟者名爲稍花。摘花節氣，約自處暑前後起，擇晴亮天氣，露水落後，每隔數天，摘花一次。至霜降節後，始可摘完。不能開裂者，摘下棉蒴，或連苗一併掘下，運至場屋，除去殘葉，散置高燥向陽之地，晒過數天，俟其裂開摘下。摘下之花，名爲籽花。軋花以前，檢去夾雜物及未十分展開者，然後散布蓆上，陽光晒乾，用軋車軋過，卽成淨花，亦名皮棉或白花。尙未十分開裂者，名爲死瓣子花，用木棒或鞋底打爛後，始可用軋車軋花，如此軋下者，名爲紅花，絨頭粗短，不能紡線織布，只可作棉衣及被褥等物。若雨水過多，土地過肥，摘苗過稠，霜降過早，及種於生地者，易生紅花，留籽之時，將摘下腰花，檢色白朶大十分開展者，另外晒乾，用本地軋棉車軋過，包裝合適，貯藏於乾燥地方。每畝收量，大約籽花七八十斤至二百四五十斤。每籽花三斤至四斤，可軋淨花一斤。

三　栽培面積及產量

歷年發展情形

晉省棉產在民元以前，河東道屬，雖有少數栽培，惟彼時民智閉塞，交通不便，收穫不多，祇供日常生活所需，並無餘額外銷。雁門濟甯兩道，農民素以不適於植棉。民元雖曾將棉籽輸入試種，終以管理無方，屢試屢敗。故據民六調查，當時棉田，僅有二十餘萬畝。時省當局努力於棉業提倡，民六設山西棉業試驗場於臨汾，購買美棉種籽，無價發給農民，並對冀甯雁門兩屬之各縣，特頒明令，凡植棉有成績者，給獎勵金三十元，結果請領獎金者僅數十人，植棉面積多不足一畝。故民七皮棉產量，僅三十萬擔。當局為貫澈計劃起見，復增加獎勵金，更由美國購進棉籽，分散各縣，並於太谷、文水、高平、定襄、解縣、臨汾等縣，設立棉業試驗場，對於植棉智識及收穫利益，作普遍之宣傳，故民八之棉田面積，一躍而達四十餘萬畝，美棉栽培面積，亦達一千餘畝。當局以推廣有效，乘機力行推廣，又自朝鮮購進美棉種籽，分散鄉農，並懸獎推行植棉，獎金額定一千元。此時適當歐戰，棉花需要特鉅，市價極昂，農民植棉，頗可獲利，故民九棉田面積，復增至五十餘萬畝。惜播種後久旱無雨，枯死頗多，九月果繭開裂之際，又遭霪雨，棉鈴霉爛，除霍縣、趙城、洪洞、襄陵、及河津、汾城等縣收成稍佳外，其餘各縣大半改種旱穀，每畝平均收量僅一〇・六斤，共祇產淨棉六萬餘担，棉農大受損失，植棉興趣，因之稍減。民十之棉田面積為六十餘萬畝，約增八萬餘畝。洋棉栽植面積，約占三分之一，是年氣候調和，收成甚佳，平均每畝收量，達三五斤，共產淨棉二十四萬餘担，約當上年之四倍，棉農之植棉興趣、因之而大增。十一年之棉田，乃增加十餘萬畝，惟以是年亢旱少雨，收成甚歉，平均每畝收棉一九・六斤，僅產棉十六萬餘担。此時冀寧雁門兩道之棉田，經歷年之獎勵，已達五萬餘畝。民國十二年，棉花栽植面積，更增至八十餘萬畝，產淨棉二十餘萬担，其中洋棉佔六分之一。十三十四兩年，以兵匪及天災關係，棉田及棉產略形減少。但至十五年棉田一躍而達一百四十萬畝，皮棉產額增至三十萬担，乃以交通受軍事影響，運輸不便，棉價低落。十六年棉田遂減至一百二十九萬畝，但收成甚佳，平均每畝收棉三八・六斤，故產量反見增加，約計五十萬担。十七年因春期苦旱，播種困難，棉田再減而為九十四萬畝，棉作又受損減色，平均每畝產三一・四斤，計產淨棉二十八萬担。十八年至二十一年，歲歲旱魃爲災，食糧缺乏，農民爲口食計，棉田改種五穀，因之面積驟減，僅有二三十萬畝，產量僅五萬至八萬担，惟此時有足堪注意者，洋棉栽培面積，已躍居中棉之上，占絕對之優勢。二十二年以地方安靖，氣候又佳，棉產復興，棉田大增，計一百三十萬畝，棉作亦殊美滿，雖有少數地方減色，大致尙屬良好，產量總計五十萬担。二十三年面積更增至一百七十九萬畝，產量增至六十萬担，洋棉幾佔百分之九十以上。玆將中華棉業統計會調查所得晉省歷年棉田棉產統計，列表於后：

山西省最近八年皮棉產量表

縣別	十六年		十七年		十八年		十九年		二十年		二十一年		二十二年		二十三年	
	棉田面積(畝)	皮棉產額(担)	棉田面積(畝)	皮棉產額(担)	棉田面積(畝)	皮棉產額(担)	棉田面積(畝)	皮棉產額(担)	棉田面積(畝)	皮棉產額(担)	棉田面積(畝)	皮棉產額(担)	棉田面積(畝)	皮棉產額(担)	棉田面積(畝)	皮棉產額(担)
榆次													洋 一、七五〇	五〇四	洋 三、四〇〇	一、〇三〇
太谷	二、四五〇	七二四			二、二九三	六八三	一、二五九	二九三	八〇〇	九二	五、〇〇〇	一、五〇〇	一五、〇八〇	八、二七六	洋 九、八五〇	二、九五五
祁縣									洋 六五〇	七六	五〇〇	一〇〇	六〇〇	一七八	洋 三、四〇〇	六一二
清源							一、七四一	三八三	二、〇〇〇	六六七	一、五〇〇	四五〇	二、〇八〇	七四九	洋 三、〇〇〇	九〇〇
交城													洋 九二〇	二七六	洋 八〇〇	一四四
文水					一、四四八	二四六	四、一一四	一、三二六	一〇、〇〇〇	五、〇〇〇	一〇、〇〇〇	四、〇〇〇	中 三、九〇〇 洋 一六、一七〇	四、二五七 四、六五七	洋 一九、六五二	四、七二六
興縣															洋 三、〇〇〇	三六〇
汾陽					三、二五七	五三二	三、二二四	六一二	五、六三五	七五二	七、〇〇〇	一、四〇〇	三、三〇〇	八三二	洋 一五、〇〇〇	三、六〇〇

平遙									一七、七九〇	四、〇九二	三〇、〇〇〇	五、三三五	三〇、〇〇〇	九、〇〇〇		三、〇〇〇	四、〇三三	洋	三、六五六	三、七九七
介休						七一四	三		四〇五	八一	一、五〇〇	三〇〇	三、〇〇〇	七二〇		一、二〇〇	四三三	洋	九、九四四	二、九八三
孝義						八五四	一五		九〇一	一五〇	八四〇	一四〇	一、〇〇〇	二〇〇		九九〇	二九七	洋	五、〇〇〇	一、五〇〇
臨縣						一、八二〇	二二		五、二五四	一、五七六	五、六六〇	一、四一五	五、五〇〇	一、六五〇				洋	一五、〇〇〇	二、〇三五
石樓																		洋	三、〇〇〇	四五〇
離石						九八四	一六		八、六二七	二、一五六	五、三〇〇	一、〇六〇	五、八〇〇	一、三九二				洋	九、三〇〇	一、三九五
中陽						八八四	三		八七〇	二一七	八〇〇	一六〇	一、〇〇〇	二〇〇				中 洋	五一〇 四四六	六三 九四
屯留						一、一八四	二四		一、六五〇	三三〇										
沁縣											洋 一、二五〇	二三五	一、五〇〇	三〇〇						
盂縣															洋	三、五〇〇	七八八	洋	六、〇〇〇	一、〇八〇
臨汾	九二、八一六	二七、八七六	八三、四二〇	三六、一五〇	中 洋	一五、一三八 三七、四二八	七六九 六、三六二	中 洋	一、一三三 三、二六三	二五四 九一四	一、一九〇 二、四〇〇	二五八 五六〇	一、〇三二 一、一八〇	一三二 一七七	洋	九六、八〇〇	四三、五六〇	洋	一二九、七〇〇	六一、〇四七
襄陵	四四、九九五	一七、六九八	三〇、八八四	一三、三五三	中 洋	二、三一九 五、〇七三	四四一 一、〇六五	中 洋	一、三九八 二、二五八	三四〇 七〇七	一、三〇〇 二、三〇〇	三〇三 五七五	一、〇〇〇 二、〇〇〇	二〇〇 四〇〇		五〇〇 一五、五〇〇	一四〇 六、四四八		九、九〇〇 三九、六〇〇	二、五六四 一七、八〇〇
洪洞	八八、三九九	二六、五二〇	六七、七〇六	二七、〇八二	中 洋	九、四四一 九、八三六	一、〇〇〇 一、三二一	中 洋	二、四四五 二、八三五	四四八 六三五	二、四五〇 二、八七〇	四四九 五七四	二、〇〇〇 五、〇〇〇	三〇〇 九五〇		九、〇〇〇 五〇、〇〇〇	三、四六五 三三、五〇〇		二二、八七一 一二五、九一〇	二、七〇二 四一、七二七
浮山	三、三四三	一、一七〇	二、六六六	七三三	中 洋	八三〇 二、四一〇	一八 三八六	中 洋	八二〇 九三七	九六 一四三	八二〇 九八〇	九五 一三二	八〇〇 一、〇〇〇	九六 一五〇		一、六四七 二、七三四	二九三 八二〇		二、〇〇〇 三、四六	四九〇 三、七三八
汾城	二五、三三四	八、八六七	一七、九四三	四、八四四	中 洋	九、二二八 一四、三六四	一、四一三 二、四八九	中 洋	三、七八三 一〇、〇〇二	七六九 二、四六六	二、八〇〇 七、〇五〇	五一四 一、四一〇	洋 九、九〇〇	一、九一〇		一八、〇〇〇	七、一二四	洋	五三、八三三	一六、一四九
安澤	二、一五三	五六三	一、五九五	三五八	中 洋	三六五 二、八〇四	五三 四六七	中 洋	二五五 三五九	二八 六八	二五〇 五八〇	三八 六六	三〇〇 四〇〇	四五 六四	洋	二、一〇〇	七五六		一、四三〇 一、四六〇	三六 九四
曲沃	一〇五、二〇五	四二、〇八三	六五、七四五	一〇、五一六	中 洋	七、八二〇 三〇、一五〇	一、〇〇〇 四、三三三	中 洋	七、八二〇 九、七七〇	一、五六三 二、五七七	七、〇〇〇 八、〇一〇	一、〇五〇 一、四六八	五〇〇 三、五〇〇	一〇〇 三、五〇〇		一五、三五六 一四三、八一〇	六、一四二 五六、九四八		一、四〇〇 一八四、六六〇	五六〇 七三、一一五

翼城	三七、二〇八	一一、一六三	二三、〇三三	五、五〇八	中／洋	二、〇八四／四、二〇〇	一九四／四九〇	中／洋	三、五四〇／一七、九六〇	五七〇／三、九五一	五、〇〇〇／一一、五〇〇	七五〇／一、九一六	一、〇〇〇／一五、九〇〇	一六〇／三、八六二		三、二八六／三二、〇七〇	一、一四三／九四、三八七		二、一四〇／六六、八二二	八五六／二六、四六一
吉縣	三、一九九	七〇四	二、一一七	二二三	中／洋	六七四／一、一六八	二七／七七	中／洋	三七八／五八八	六一／一〇九	九〇〇／六二〇	七〇／一二一	三〇〇／一、〇〇〇	六〇／二二〇		九三〇／一、[illegible]八二	二四五／五七九		[illegible]二七／七、二〇三	九二／一、六六一
鄉寧					中／洋	三三九／四九七	三〇／四九	中／洋	三三九／五〇四	四九／九六	三四〇／五〇〇	四四／八三	四二〇／五〇〇	八四／一〇五		一、一七〇	一四六	洋	一、八五九	二六四
永濟	六六、七六八	二九、三七八	四六、七二七	一四、〇一八	中／洋	五、三五〇／一五、九五〇	六二四／三、一七三		二、三五〇／四、七八五	六二六／一、四九九	二、二五〇／五、一〇〇	六七五／一、五六四	一、〇〇〇／二、三〇〇	一四〇／三二三	洋	五一、〇〇〇	二一、四二〇		一五・〇〇〇／六一、〇〇〇	三、六〇〇／一八、三〇〇
臨晉	五九、七五六	二三、九〇二	三八、〇七〇	六、八五二				中／洋	七、九九七／八、六九九	一、九四六／二、五三三	五、五〇〇／六、一九〇	一、一五二／一、四四四	二、〇〇〇／八、〇〇〇	一六〇／五六〇	洋	三八、八六六	一〇、七七三	洋	五三、二一三	一四、八九九
虞鄉	五三、八七〇	二四、二四二	四一、一九六	一六、四七八	中／洋	三〇〇／五〇〇	二六／五一		二、三四一／三、七六九	六四〇／一、一六八	二、五〇〇／三、七〇〇	七五〇／一、一三五	一、五〇〇／五、〇〇〇	一六五／六六六	洋	四六、五〇〇	一六、七四〇		一〇、〇〇〇／四五、〇〇〇	二、三一〇／一三、五〇〇
榮河	一〇七、七〇〇	四三、〇八〇	七四、三九四	三三、三一八		中／洋　二、四五〇／二六、六〇〇	七七／一五六		五、〇三三／六、七八〇	一、〇八八／一、八〇八	三二、〇〇〇／五二、〇〇〇	八、二六〇／一五、六〇〇	一〇、〇〇〇／五〇、〇〇	八〇〇／四、五〇〇	洋	一六四、〇二〇	七七、九三七	洋	一八四、一八五	十三、四四六
萬泉	三六、〇八〇	一四、四五三	二一、四六〇	三、六六一				中／洋	八、三四九／二一、九八五	八三五／一、五九八	八、三〇〇／一二、二〇〇	七七四／一、二二〇	二、三〇〇／八、〇〇〇	一六一／六四〇	洋	五八、九六三	一六、三四四	洋	六六、五〇三	一一、九七〇
猗氏	三八、九三二	一三、四三二	二四、八〇二	六、二〇〇				中／洋	一、九三七／二、五〇〇	四〇六／六一六	一、五〇〇／二、四〇〇	一四〇／二五八	六〇〇／二、〇〇〇	四六／一六〇	洋	一四、五九三	五、二〇〇	洋	二三、八四七	七、八六九
解縣	七六、六八〇	三四、五〇六	五三、八七六	九、六九八	中／洋	一四二／一、二八七	一八／三四三		二、一九六／二、三四五	四九〇／六一七	二、一〇〇／二、三五〇	四九〇／六一八	二、〇〇〇／八、〇〇〇	二五〇／七五〇	洋	四一、〇〇〇	一七、三三〇		五、〇〇〇／四五、〇〇〇	一、一五五／一三、五〇〇
安邑	四一、六三五	一三、四九一	二五、七九五	一、八〇八	中／洋	一、六二三／三、九五六	二四六／三四五		一、五七七／一、六一七	三四七／四〇七	一、五〇〇／一、八〇〇	二五〇／四五〇	二、五〇〇／五、〇〇〇	二七五／五三五	洋	一九、五〇〇	七、〇二〇		二、〇〇〇／二二、〇〇〇	四六二／六、三〇〇
夏縣	二八、六九三	一二、九一二	二〇、〇〇五	八、〇〇三	中／洋	二、〇五二／三、六八〇	一七一／三六八		二、〇五三／三、四〇八	五八一／一、〇五六	二、三〇〇／三、六〇〇	六九〇／一、一四〇	五〇〇／五、四〇〇	一三二／一、三五〇	洋	一七、五〇〇	六、三〇〇		一、〇〇〇／三二、〇〇〇	二三一／六、二一〇
平陸	四三、五〇〇	一九、五七五	二六、二三六	三、六七四				中／洋	九、七八七／二三、二二五	一、六九六／二、六四四	一〇、七〇〇／一五、〇四二	一、八二〇／三、一二〇	七、一〇〇／三、〇〇〇	七〇〇／二七〇	洋	一〇、〇〇〇	三、九〇〇		二、〇〇〇／一七、〇〇〇	四二〇／五、一〇〇
芮城	三〇、三三六	一二、一三四	一九、九三三	一、九八八				中／洋	一、九三〇／二、三四〇	三二一／四五二	一、九〇〇／二、四〇〇	三一六／四七二	一、二〇〇／二、〇〇〇	一四四／二八〇	洋	二七、〇〇〇	九、七三〇		二、〇〇〇／三三、〇〇〇	四六二／九、九〇〇
新絳	五七、四七六	二二、七四二	三五、三三五	一九、三三九	中／洋	三、四四〇／三、九二六	三一五／四五八		三、四四〇／一〇、七五八	七六八／二、六八九	二、〇九〇／一〇、五〇〇	四一八／二、四五〇	三、六〇〇	二、五二〇	洋	五四、五三二	洋　一七、八一五	洋	五八、〇〇三	一五、六六〇
河津	八三、六九五	三七、六六三	五八、五八六	一五、二二二	中／洋	六七〇／一、〇三〇	二〇／一〇三		一、一五四／一、六四〇	一八三／二一〇	二、八六八／三、一八〇	五五七／七四二	三〇〇／三、七〇〇	一九／五七五	洋	三五、八一四	二三、一八二	洋	三〇、七六四	一三、二二〇
聞喜	二三、六八三	九、〇七三	二三、八〇四	四、八三三	中／洋	八、〇〇〇／一五、四五〇	四一六／一、三四〇		二、五四七／三、二三〇	五八六／八三七	二、一〇〇／三、三〇〇	五八三／八二五	二、〇〇〇	一六〇	中／洋	四、九四四／九、八九〇	九八九／三、九一六	洋	一七、九四六	八、八八三

稷山	三三、一二〇	一四、九〇四	二三、五一三	五、四〇三	中 九〇〇 / 洋 六、九〇〇	中 四五 / 洋 五〇六	中 三、七六九 / 洋 四、五九九	中 九〇五 / 洋 一、三七八	中 三、八九六 / 洋 四、五八五	中 九一〇 / 洋 一、一四六	七、五〇〇	一、二七五	洋 二六、二一〇	九、九四六	洋 四〇、五四八	二三、九二一
絳縣	三〇、九〇〇	一〇、八一五	二三、一三〇	六、四七六	中 一、六九三 / 洋 三、六七二	中 一〇二 / 洋 二四五	中 八八七 / 洋 一、五七六	中 二八〇 / 洋 四九九	中 一、一〇二 / 洋 一、四〇〇	中 二三〇 / 洋 四二九	中 五〇〇 / 洋 一、五〇〇	中 一二五 / 洋 四〇五	中 三、五一〇 / 洋 七四、六七〇	中 一、〇三三 / 洋 三五、八四一	中 二二二 / 洋 八四、四三〇	中 五一 / 洋 一八、五七五
垣曲	八、八六〇	二、六五八	五、四三五	一、〇八七	中 二、八六〇 / 洋 五、六四〇	中 二〇〇 / 洋 三七〇	中 九八三 / 洋 一、四三〇	中 一三一 / 洋 二〇五	中 九八三 / 洋 一、五一七	中 一三一 / 洋 二二二	洋 二、六〇〇	三一三	五、〇〇〇	一、八〇〇	洋 九、五四七	四、七二五
霍縣	一〇、一八一	三、〇五四	一、五五二	五四三	中 六、六七〇 / 洋 一、一八七	中 七一二 / 洋 一五六	中 四一九 / 洋 五五〇	中 九五 / 洋 一三四	中 四二〇 / 洋 五六〇	中 九八 / 洋 一三六	中 二〇〇 / 洋 一、〇〇〇	中 四〇 / 洋 三〇〇	中 五、〇〇〇 / 洋 二〇、〇〇〇	中 一、八〇〇 / 洋 七、八〇〇	中 七、二五〇 / 洋 二四、二六〇	中 二、三三〇 / 洋 八、七三三
靈石					中 一一八 / 洋 二六五	中 八 / 洋 二七	中 一三六 / 洋 一五八	中 一三 / 洋 三	中 一二〇 / 洋 一八〇	中 一八 / 洋 二二	中 一〇〇 / 洋 四〇〇	中 一三〇 / 洋 一八〇	洋 五、五〇〇	一、八七五	中 一、三五〇 / 洋 九、七二〇	中 四〇〇 / 洋 三、四九八
趙城	四一、三五六	一八、六一〇	六六、六七三	三八、八九二	中 一〇、二二〇 / 洋 二、三七〇	中 一、四〇六 / 洋 三五五	中 二、〇二三 / 洋 二、三〇一	中 五〇六 / 洋 五八三	中 二、〇〇〇 / 洋 二、三〇〇	中 四〇〇 / 洋 五一三	洋 四、一〇〇 / 四〇〇	中 八二〇 / 洋 九二	中 二〇、〇〇〇 / 洋 三三、六〇〇	中 四、九〇〇 / 洋 六、七七〇	中 三一、二七三 / 洋 三三、五〇〇	中 二二、五〇九 / 洋 一四、六二五
汾西	二、九八七	五九七	二、〇八六	七三〇			中 五七〇 / 洋 六五八	中 六五 / 洋 一〇〇	中 五七〇 / 洋 六六〇	中 六七 / 洋 八八	中 一、一二〇 / 洋 三八〇	中 一五六 / 洋 六〇	洋 一、二〇〇	四六〇	中 三、七五四 / 洋 一、八〇六	中 八五五 / 洋 四〇四
隰縣	二、四〇五	四八一	一、四三八	二八七	中 一、四一二 / 洋 二、八六〇	中 一四六 / 洋 三三四	中 一一七 / 洋 一三〇	中 二〇 / 洋 二七	中 一八〇 / 洋 一九〇	中 二四 / 洋 三一	中 二三〇 / 洋 一五〇	三三〇	中 二六五 / 洋 四二五	中 三一 / 洋 六八	中 一二四 / 洋 一、八五七	中 一九 / 洋 三八六
大甯	一五、一一〇	四、五三三	一〇、二九〇	一、八八一	中 一三七 / 洋 三六、四〇〇	中 一一 / 洋 三、八八二	中 一、二〇〇 / 洋 一、五三三	中 三二八 / 洋 四八〇	中 二、九七七 / 洋 三、〇八四	中 八二七 / 洋 九二五	中 二、一〇〇 / 洋 四、〇〇〇	中 四二〇 / 洋 九二〇	洋 三五、〇〇〇	六、九三〇	洋 三六、二四〇	九、八八四
永和					中 三一六 / 洋 四一六	中 一四 / 洋 二一	中 一七三 / 洋 二三四	中 二七 / 洋 三九	中 二〇〇 / 洋 二五〇	中 一六 / 洋 二五	中 三〇〇 / 洋 二〇〇	中 一二 / 洋 一八	中 五〇〇 / 洋 二四、〇〇〇	中 五〇 / 洋 四、一七四	中 二、五一三 / 洋 二一、五四六	中 三四一 / 洋 四、一三六
蒲縣															一、七四二	四〇二
忻縣					七九八	一七	九二〇	二二〇	中 二〇〇 / 洋 二、〇〇〇	中 二八 / 洋 三二〇	洋 二、六〇〇	五二〇	洋 二、〇〇〇	四三〇	洋 二、一七八	四五七
定襄	一、五四八	四〇三	二、〇三二	六〇九	二、五八〇	四四五	洋 二、七四六	五四九	洋 三、一五〇	七八八	洋 三、三五〇	八九三	洋 二、五〇〇	四五〇	洋 八、四〇〇	一、七六四
崞縣									中 五二〇 / 洋 二五〇	中 九四 / 洋 五〇〇	洋 三、三〇〇	七七〇	洋 二、二〇〇	四六三	洋 一、〇〇〇	二一〇
共計					中 八二、五八四 / 洋 二三九、九一四	中 九、六一〇 / 洋 三〇、六五二	中 八五、〇六二 / 洋 一八九、二一二	中 一七、〇九一 / 洋 四六、三五九	中 一一、三〇三 / 洋 三三七、〇九二	中 二三、四六九 / 洋 五八、一九八	中 四七、四四〇 / 洋 二五三、八六〇	中 五、八一〇 / 洋 四八、〇二九	中 七七、八三六 / 洋 一、二三一、八二九	中 二四、五〇八 / 洋 四七七、六七二	中 一二四、一七三 / 洋 一、六八二、〇八七	中 三二、六八八 / 洋 五六八、四〇八
總計	一、二九八、五五九	五〇一、八七三	九四九、三五五	二八八、九八〇	三二二、四九八	四〇、二六二	二七四、二七三	六三、四五〇	三四八、三九七	八一、六六七	三〇一、三〇〇	五三、八三九	一、三〇九、六六五	五〇二、一七九	一、七九六、二六〇	六〇一、〇九六

面積　二十四年，初因亢旱爲災，播種後多未出土；其已出苗者，復遭寒風霜害，凍斃不少。省府原定增加至二百餘萬畝，據此次調查結果，六十五縣實種僅一、四八七、〇七五畝。又據中華棉業統計會最後估計，則五十四縣僅一、〇六七、九〇一畝。再據中央農業實驗所估計，晉省二十四年棉田面積凡三、〇〇四、五五七畝，此數似失之過大，不足爲據。

查棉花因氣候土壤關係，向以河東道爲最發達，而尤以芮城爲最多，計一四四、一〇三畝，洪洞次之，計一二五、〇〇〇畝，榮河亦一〇五、〇〇〇畝；他如絳縣，永濟，翼城各在八萬餘畝。

產量　二十四年產量，因旱、風、霜、雹、病蟲等災害，收量大見遜色，據此次調查，僅三九三、四六七担，平均每畝計產皮棉〇•二六五担。據中華棉業統計會最後估計，僅二五二、五九二担，平均每畝〇•二三七担。但據中央農業實驗所估計，則有五二六、一二五担，平均每畝〇•一七五担。就各縣情形而論，產量最多者，當推洪洞，計四三、七五〇担，翼城次之，計三〇、一六〇担，榮河又次之，計二一、〇〇〇担。臨汾、永濟、文水、虞鄉、稷山、芮城、猗氏、萬泉、霍縣、趙城、臨晉、夏縣等縣，各計一萬餘担。

四　銷路

運輸　晉棉之輸出路線有二：一爲水路，一爲旱路。其由旱路輸出者：中部產品，多先以畜力車或汽車運

銷地

至正太路榆次車站，裝火車運至石家莊，再由平漢路運至漢口，轉由北寧運至天津，需時約十日，運費較昂，或逕由平漢路運至漢口；南部產品，多先運至隴海路之觀音堂，運至鄭州。其由水路輸出者，則由火車運至石家莊，下滹沱河，或由火車運至保定，自清水河出大清河，運至天津，需時約半月至二十日，運費較廉，倘時局不靖，火車遲滯，或水涸舟行不利，則須起旱繞道，需時更多。棉商以市場價格，每因時間而有漲落，血本有關，故多不惜運費，棄河道而就火車，免因運輸上之遲滯，而蒙其價格上之影響。

晉省所產棉花，在本省紗廠業未發達前，省內之消耗量，以人民衣被所需，多服用皮毛，而需要數額甚少，故多運銷省外，計約二十萬担，值七八百萬元。其銷場除天津爲主外，在滬漢亦佔有相當之地位。近數年來，省內紡廠發展甚速，需棉頗多，故輸出略見減少。省外市場已不如往昔，上海市場幾至完全失卸；漢口市場亦遠不如往年之盛。所幸天津唐山各紗廠，頗樂用晉棉，祇能在天津一隅活動。考晉棉外銷低落之原因；首爲市場信譽之喪失，次爲銷路之被奪，及捐稅之繁重，緣晉省純係大陸性氣候，秋季即漸寒冷，棉桃尚未完全開放，霜露即已早降，棉農乃取未熟棉桃，晒於日中，使其開放，混雜於良棉中，棉商復不顧商業道德，竟以此種雜花運售，或更故意攙雜劣棉，混充良棉，以致品質至爲不齊，市場地位乃一落千丈。晉省當局爲促進棉產輸出起見，乃制定山西棉花檢查條例二十六條，以圖挽回已失信用。徒以棉商惟利是圖，類多秘密偷運，是晉棉外銷低落之主要原因。其次在銷場方面，天津以靈寶及陝西之產品充斥，河北美種棉生產日增，美國棉又復廉價傾銷，晉棉僅有之天津市場，乃蒙受頗大之影響。西北銷路，則因吐魯番陝西等棉產區，以交通不便，捐稅繁重，運費增高，多不運銷天津，而以西北各地為其宣洩區域。晉棉在西北各地原有之地位又受相當之打擊。再次，則晉棉至銷地，運費既鉅，而省內每担皮棉徵收出產捐四角，各縣地方，復有引佣及出境等捐。棉商以水脚過大關係，成本增加，獲利不易，故多停止販運。

銷量

査山西共有人口一千三百萬，每人年以需棉半斤計，共需皮棉六萬五千担，全省紗廠共有錠子六萬餘枚，年需皮棉十八萬担，兩共合計二十四萬五千担。年來省內紗廠停工者甚多，實際上不能消納此數，故就本年產量四十萬担計之，輸出省外者，當有二十萬担以上也。

山西省各縣棉花（皮棉）產銷統計表

縣別	栽培面積（畝）	常年產量（担）		二十年產量（担）		銷量（担）		銷路
		每畝數	總數	每畝數	總數	縣內	縣外	
太原	四一五	○·二五	一○四	○·二○	八三	八三	—	
榆次	一○、○○○	○·二五	二、五○○	○·二○	二、○○○	二、○○○	—	
太谷	三、六三二	○·三○	一、○九○	○·二四	八七二	八七二	—	
祁縣	一、○○○	○·二○	二○○	○·二○	二○○	二○○	—	
清源	四、八三四	○·一五	七二五	○·一三	六二八	六二八	—	
交城	七八八	○·四○	三一五	○·五七	四四九	四四九	—	

文水	五一、二六〇	〇・三五	一七、九四一	〇・三七	一八、九六六	七、一二五	一一、八四一	太原、楡次、石莊、天津
興縣	四、三九三	〇・二七	一、一八六	〇・二七	一、一八六	二八六	九〇〇	高家村
汾陽	二〇、〇〇〇	〇・二六	五、二〇〇	〇・四三	八、六〇〇	二、六〇〇	六、〇〇〇	天津
平遙	一五、〇〇〇	〇・二五	三、七五〇	〇・二〇	三、〇〇〇	一、三〇〇	一、七〇〇	楡次
介休	九、〇〇〇	〇・三〇	二、七〇〇	〇・三〇	二、七〇〇	一、〇〇〇	一、七〇〇	楡次
孝義	五、〇〇〇	〇・四〇	二〇〇〇	〇・三〇	一、五〇〇	八〇〇	七〇〇	楡次
臨縣	一一、〇〇〇	〇・二五	二、七五〇	〇・二〇	二、二〇〇	三五〇	一、八五〇	楡次、天津、
石樓	七、六三〇	〇・二〇	一、五二六	〇・二〇	一、五二六	七二六	八〇〇	平遙，楡次
離石	一一、七七四	〇・二五	二、九四四	〇・二四	二、八二六	一、八一四	一、〇一二	楡次
中陽	九五六	〇・一五五	一四八	〇・一八	一七二	一七二	—	
襄垣	一、〇五〇	〇・二〇	二一〇	〇・二〇	二一〇	二一〇	—	
壺關	二六三	〇・二〇	五三	〇・一五	三九	三九	—	
平順	一二一	〇・二〇	二四	〇・一五	一八	一八	—	
晉城	一一、〇〇〇	〇・二七	二、九七〇	〇・一八	一、九八〇	一、九八〇	—	
陽城	三、一〇〇	〇・二〇	六二〇	〇・一五	四六五	四六五	—	
沁水	一、五三〇	〇・一一	一六八	〇・一二	一八四	一八四	—	
沁縣	二、八〇〇	〇・一〇	二八〇	〇・一五	四二〇	四二〇	—	

昔陽	一六〇	〇・一五	二四	〇・一五	二四	二四	—	
盂縣	三、八〇〇	〇・二四	九一二	〇・二一	七九八	二五八	五四〇	楡次、石家莊
臨汾	四二、〇〇〇	〇・三〇	一二、六〇〇	〇・四五	一八、九〇〇	四、五八〇	一四、三二〇	天津、鄭州
襄陵	三九、八五〇	〇・三〇	一一、九五五	〇・二五	九、九六三	九六三	九、〇〇〇	天津、鄭州
洪洞	一二五、〇〇〇	〇・三〇	三七、五〇〇	〇・三五	四三、七五〇	二、五五〇	四一、二〇〇	楡次、天津、濟南
浮山	八、九〇五	〇・二五	二、二二六	〇・二一	一、八七〇	一、四八六	三八四	臨汾、翼城
汾城	四、二九二	〇・三〇	一、二八八	〇・二〇	八五八	八五八	—	
安澤	四、八八二	〇・四五	二、一九七	〇・五〇	二、四四一	一、二二一	一、二二〇	洪洞、臨汾、翼城
曲沃	一五、八〇〇	〇・三〇	四、七四〇	〇・三七八	五、九七二	二、九七二	三、〇〇〇	上海、天津、楡次、
翼城	八〇、〇〇〇	〇・三三五	二六、八〇〇	〇・三七七	三〇、一六〇	五、〇二六	二五、一三四	上海、天津、
吉縣	四、一二五	〇・一二五	五一六	〇・〇四五	一八六	一八六	—	
鄉寧	二、七六五	〇・〇九	二四九	〇・〇九	二四九	二四九	—	
永濟	八一、〇五六	〇・三〇	二四、三一七	〇・二一	一七、〇二二	六、四一四	一〇、六〇八	楡次、絳縣、鄭州、解縣
臨晉	六四、三九一	〇・二六五	一七、〇六四	〇・一八	一一、五九〇	二、五八四	九、〇〇六	潼關、陝州、
虞鄉	五六、二八〇	〇・二〇	一一、二五六	〇・三〇	一六、八八四	三、一〇〇	一三、七八四	陝州、鄭州、上海、
榮河	一〇五、〇〇〇	〇・三〇	三一、五〇〇	〇・二〇	二一、〇〇〇	三、〇〇〇	一八、〇〇〇	天津、上海、鄭州、新絳、楡次、
萬泉	六二、五〇二	〇・二五	一五、六二六	〇・二〇	一二、五〇〇	八、七三七	三、七六三	洪洞、新絳、

猗氏	三四、八三二	〇・三〇	一〇、四五〇	〇・四〇	一三、九三三	三、九三三	一〇、〇〇〇	潼關、天津、上海、鄭州・
解縣	四八、三七六	〇・二〇	九、六七五	〇・二〇	九、六七五	一、二五九	八、四一六	上海
安邑	二〇、〇〇〇	〇・三〇	六、〇〇〇	〇・二五	五、〇〇〇	一、〇〇〇	四、〇〇〇	陝州、鄭州、
夏縣	二二、二五〇	〇・三五	七、七八八	〇・五〇	一一、一二五	二、一二五	九、〇〇〇	鄭州、上海、
平陸	二八・四二六	〇・三〇	八、五二八	〇・二二	六、二五四	三、〇三六	三、二一八	上海、鄭州
芮城	一四四、一〇三	〇・二五	三六、〇二六	〇・一〇	一四、四一〇	五、八六〇	八、五五〇	陝州
新絳	一〇、四二五	〇・二五	二、六〇六	〇・三〇	三、一二八	三、一二八	—	
河津	一二、〇〇〇	〇・四〇	四、八〇〇	〇・三〇	三、六〇〇	二、四〇〇	一、二〇〇	新絳、
聞喜	二九、三三八	〇・五〇	一四、六六九	〇・三〇	八、八〇一	三、七五〇	五、〇五一	新絳、翼城、天津・上海、
稷山	四〇、〇〇〇	〇・三〇	一二、〇〇〇	〇・四〇	一六、〇〇〇	三、〇〇〇	一三、〇〇〇	上海、天津、陝州、鄭州、新絳、榆次、
絳縣	八六、〇〇〇	〇・三〇	二五、八〇〇	〇・二五	二一、五〇〇	一、五〇〇	二〇、〇〇〇	天津、上海、新絳、榆次、
垣曲	四九	〇・二五	一二	〇・二〇	一〇	一〇	—	
霍縣	四〇、〇〇〇	〇・四五	一八、〇〇〇	〇・三〇	一二、〇〇〇	二、〇〇〇	一〇、〇〇〇	榆次、天津、
靈石	九、五八八	〇・二三五	二、二五三	〇・二三五	二、二五三	一、三五三	九〇〇	榆次、太原、
趙城	二五、九九四	〇・五〇	一二、九九七	〇・四〇	一〇、三九八	一、九八八	八、四一〇	洪洞、榆次、
汾西	五、〇〇〇	〇・四五	二、二五〇	〇・四〇	二、〇〇〇	一、〇〇〇	一、〇〇〇	榆次
隰縣	二、〇〇〇	〇・四〇	八〇〇	〇・三〇	六〇〇	六〇〇	—	

大寧	一二、二六四	〇・二五	三、〇六六	〇・二〇	二、四五三	一、七四四	七〇九	天津、上海、楡次、新絳、
永和	二七、九五八	〇・一三	三、六三五	〇・一四	三、九一四	三〇六	三、六〇八	離石、汾陽、楡次
蒲縣	六六七	〇・一二	八〇	〇・一四	九三	九三	—	
忻縣	五〇〇	〇・一四	七〇	〇・一五	七五	七五	—	
定襄	六、〇〇〇	〇・一五	九〇〇	〇・一〇	六〇〇	六〇〇	—	
五台	三、四三一	〇・三五	一、二〇一	〇・三五	一、二〇一	一、二〇一	—	
崞縣	五〇〇	〇・二〇	一〇〇	〇・一〇	五〇	—	—	
保德	二〇	〇・一八	四	〇、一五	三	三	—	
總計	一、四八七、〇七五	〇・二九二	四三三、八八四	〇・二六五	三九三、四六七	一〇九、八九三	二八三、五七四	

第八章 豆

一 黃豆

黃豆本爲大豆之一種，但晉省所謂大豆者，係指蠶豆，爲免混淆起見，故本篇仍稱黃豆。黃豆顆粒渾圓，豆皮黃色，性喜溫暖，在稍冷之地，亦能生長，故南至芮城。北至天鎮，皆有栽培。

品種

黃豆因成熟之遲早，分大小兩種：大黃豆早種遲收，小黃豆遲種早收，又因其形像顏色，頗不一律，故有滾豆、天鵝豆、青豆、紅豆、牛眼睛、張飛臉、紫荊豆等名稱。其實皆爲黃豆一類，惟大黃豆與小黃豆兩種，性質最佳，故山西栽培者亦最廣。

風土

黃豆宜溫暖氣候，過寒過暖之地，皆不適宜，開花時西北風過大，即易吹落花子，妨害結實。以晉省氣候，栽培尚屬相宜。土質需滋潤之粘土。瘠薄土地，亦能生長，各種於砂粘混合土，或過肥厚之土地，則徒長葉子，不多結實。

耕地及施肥

黃豆種於旱地者，與高粱，穀子等輪種或間種。種在水地者，與大麥、小麥、夏莜麥等插種。此種作物，不宜多耕，多耕易致稈葉徒長，不多結實。故耕種方法，只在臨種時將廐肥，堆肥，或人糞尿撒布地面，用犂淺耕一次，耱耮平坦，亦有將肥料溜入犂溝，耱耮蓋土，或混於種籽內，隨犂抓入犂溝者。若在山岳地帶，初春只淺耕一次，肥料用量，若爲蔴餅或人糞尿，則不可過多，卽堆肥每亦僅用一二百斤至七八百斤已足，且須攙雜木灰，骨粉始可。故農人有不施肥者，亦因黃豆不宜肥多之故。

下種及鋤地

種黃豆之節氣，隨各處氣候寒暖，有早有遲。在穀雨節種豆之地，可安瓜點豆；在小滿節種豆之地，可點瓜種豆。惟大黃豆種後一百二三十天始能成熟，種時過遲，收成不佳，故在穀雨前後下種最佳。小黃豆種後九十餘天卽能成熟，宜種於小滿前後。臨種時有將種籽用手檢去破坏之豆，留下飽滿者，亦有用滾水冲籽，或冷水泡耔者，幷有篩簸乾淨者。下種方法，或用耬種，或隨犂抓入犂溝，若種種於麥地內，卽在麥壟背上，按五六寸至一尺二寸遠近，用小钁掘孔，每孔下籽三四顆，每畝用籽少者七八合，多者三升左右。發芽期：在穀雨節種者，天氣尙冷，大約兩星期以上，在立夏節種者，天氣稍暖，有一星期以上，卽能發芽，發芽後過三四星期，苗高二寸時，先鋤草一次，以後耬一次，若在麥地內插種，割麥後，隨鋤草隨將浮土埋於豆根。種於水地者，收麥後先鋤一次，再澆灌一二次。

收割

黃豆收穫節氣，大概在秋分前後。但早種者在白露節卽可收獲。遲種者須至寒露節。收穫方法，用鐮割下，運至場內，陽光晒乾，用槤枷打下，或用碌軸碾下，挑去豆稭，收堆一處。先用篩子篩過，再用篩箕或煽車，或木鍫簸揚乾淨。收藏合適。若留作種用，檢肥大飽滿未受病蟲傷害者，另外貯藏於乾燥地方。

培種面積

山西五十縣黃豆栽培面積，共計九四九、三二〇畝，平均每縣一八、九八六畝。面積最大者。當推潞城，計一九三、五四五畝，晉城次之，計一四九、〇〇〇畝，襄垣天鎮亦各八〇、〇〇〇畝。

產量　全省常年產量，共計八五四、四一三擔，平均每畝產〇．九〇擔，收量最多者，爲晉城。計一九三、七〇〇擔，潞城次之，計一二一、九三三擔，天鎮七五、六〇〇擔，襄垣六七、二〇〇擔。二十四年產量，較常年稍少，共計八二九、四八三擔，平均每畝產〇．八七四擔。

銷路　晉省黃豆行銷外省者頗少，各縣縣外銷量，總數不過八一、二〇二擔，約佔產量一〇%。行銷地點，省外爲綏遠豐鎮，張家口、石家莊、及河南或安涉縣等地，省內爲離石，汾陽、交城、長治、太谷、黎城、臨汾、冀城、洪洞、解縣、安邑、崞縣等地。

山西省各縣黃豆產銷統計表

縣別	栽培面積(畝)	常年產量(擔) 每畝數	常年產量(擔) 總數	二十四年產量(擔) 每畝數	二十四年產量(擔) 總數	銷量(擔) 縣內	銷量(擔) 縣外	銷路
陽曲	一〇、〇〇〇	〇・六五	六、五〇〇	〇・六五	六、五〇〇	六、五〇〇	—	
太原	二〇、七三四	一・四〇	二九、〇二八	一・五四	三一、九三〇	三一、九三〇	—	
榆次	三、五〇〇	二・一〇	七、三五〇	二・三八	八、三三〇	六、九三〇	一、四〇〇	石家莊
太谷	二、二一二	〇・四二	九二九	〇・七〇	一、五四八	一、五四八	—	
祁縣	三、五七〇	〇・七八	二、七八五	一・〇四	三、七一三	三、七一三	—	
徐溝	八〇〇	一・一二	八、九六〇	一・三〇	一、〇四〇	一、〇四〇	—	
清源	四、三三五	一・一七	五、〇七二	一・一七	五、〇七二	五、〇七二	—	

交城	九、七三五	〇・七八	七、五九三	〇・五八五	五、六九五	五、六九五	—	
文水	一一、三四六	〇・六五	七、三七五	〇・九一	一〇、三二五	一〇、三二五	—	
汾陽	一、二〇〇	〇・六〇	七二〇	〇・七二	八六四	八六四	—	
平遙	六〇〇	〇・六三	三七八	〇・七〇	四二〇	四二〇	—	
臨縣	二、〇〇〇	二・〇〇	四、〇〇〇	二・〇〇	四、〇〇〇	四、〇〇〇	—	
離石	六、〇〇〇	〇・八四	五、〇四〇	〇・八四	五、〇四〇	五、〇四〇	—	
方山	九、九三一	〇・六三	六、二五七	〇・六三	六、二五七	二、七八七	三、四七〇	離石、汾陽、交城
中陽	三、三九〇	〇・五四	一、八三一	〇・四八	一、六二七	一、六二七	—	
長治	二二、六八〇	〇・九一	二〇、六三九	〇・七八	一七、六九〇	一七、六九〇	—	
長子	三二、七一六	〇・五二	一七、〇一二	〇・七八	二五、五一八	二五、五一八	—	
襄垣	八〇、〇〇〇	〇・八四	六七、二〇〇	一・二六	一〇〇、八〇〇	七二、八〇〇	二八、〇〇〇	河南、武安、長治
潞城	一九三、五四五	〇・六三	一二一、九三三	〇・六三	一二一、九三三	一二一、九三三	—	
黎城	一、四二〇	一・〇四	一、四七七	一・〇四	一、四七七	一、四七七	—	
平順	三、二〇〇	一・四〇	四、四八〇	一・一二	三、五八四	三、五八四	—	
晉城	一四九、〇〇〇	一・三〇	一九三、七〇〇	〇・九一	一三五、五九〇	一三五、五九〇	—	
高平	二九五	一・六八	四九六	一・〇八	三一九	三一九	—	
遼縣	二、五五二	一・四四	三、六七五	一・二〇	三、〇六二	三、〇六二	—	

和順	一、三〇〇	一・三〇	一、六九〇	一・三〇	一、六九〇	一、六九〇	—	
榆社	四九、〇七四	〇・六〇	二九、四四四	〇・六〇	二九、四四四	二九、四四四	—	
武鄉	三六、二三〇	〇・五六	二〇、二八九	〇・七〇	二五、三六一	一七、五四八	七、八一三	太谷、黎城、河南、涉縣、
平定	一、五〇〇	〇・九八	一、四七〇	〇・八四	一、二六〇	一、二六〇	—	
昔陽	三四、二〇〇	〇・七五	二四、四五三	〇・七八	二六、六七六	二四、七二六	一、九五〇	河北
壽陽	五、〇〇〇	〇・九八	四、九〇〇	〇・八四	四、二〇〇	四、二〇〇	—	
襄陵	五〇〇	一・一二	五六〇	一・一二	五六〇	五六〇	—	
洪洞	一五、七〇〇	一・五〇	二三、五五〇	一・五〇	二三、五五〇	二三、五五〇	—	
浮山	二六、五八四	〇・八四	二二、三三一	〇・八四	二二、三三一	一一、六四二	一〇・六八九	臨汾、翼城、洪洞
翼城	一、二〇〇	一・一九	一、四二八	一・一九	一、四二八	一、四二八	—	
吉縣	二、二〇〇	〇・五六	一、二三二	〇・七〇	一、五四〇	一、五四〇	—	
永濟	八、四二八	〇・九七五	八、二一七	一・一七	九、八六一	九、八六一	—	
夏縣	一〇、〇〇〇	一・〇四	一〇、四〇〇	一・三〇	一三、〇〇〇	九、一〇〇	三、九〇〇	安邑、解縣、
靈石	一、七九二	〇・九八	一、七五六	一・一二	二、〇〇七	二、〇〇七	—	
汾西	二、〇〇〇	〇・五六	一、一二〇	〇・四二	八四〇	八四〇	—	
大寧	八、五八六	〇・九五五	八、二〇〇	〇・九〇七	七、七八八	七、七八八	—	
大同	八、〇〇〇	〇・四二	三、三六〇	〇、五六	四、四八〇	二、八〇〇	一、六八〇	豐鎮、綏遠、

廣靈	三、五〇〇	〇•五六	一、九六〇	〇•五六	一、九六〇	一、九六〇	—	
陽高	二三、四〇〇	一•一二	二六、二〇八	〇•八四	一九、六五六	一九、六五六	—	
天鎮	八〇、〇〇〇	〇•九五	七五、六〇〇	〇•八一	六四、八〇〇	四三、二〇〇	二一、六〇〇	張家口
忻縣	二、六〇〇	一•五五	四、〇三〇	一•五五	四、〇三〇	四、〇三〇	—	
定襄	四〇、〇〇〇	一•一九	四七、六〇〇	一•二六	五〇、四〇〇	五〇、四〇〇	—	
代縣	二、二〇〇	一•一二	二、四六四	一•一二	二、四六四	一、七六四	七〇〇	崞縣
五台	三二〇	一•四〇	四四八	一•四〇	四四八	四四八	—	
繁峙	一、四五五	〇•七七	二、一二〇	〇•八四	一、二二二	一、二二二	—	
崞縣	八、七九〇	〇•七〇	六、一五三	〇•七〇	六、一五三	六、一五三	—	
總計	九四九、三二〇	〇•九〇	八五四、四一三	〇•八七四	八二九、四八三	七四八、二八一	八一、二〇二	

二　黑豆

黑豆性質形狀與黃豆相類，惟皮黑色，故名。種類亦分大小兩種，大黑豆早種遲收，小黑豆遲種早收。大黑豆又有長豆，短豆兩種。顆粒雖小，外皮細薄，所含粉質頗多。小黑豆顆粒雖大，外皮粗厚，所含粉質稍少。故小黑豆除寒冷地方及麥地間種外，多不栽培。此外尚有「二不秋」一種，成熟期與性質，介乎大小黑豆之間。

風土　黑豆相宜之風土，與黃豆相仿，故種黃豆之地，亦可種黑豆，惟耐旱耐濕之性質，較黃豆更大，故若遇乾燥不佳之地及下濕地，爲黃豆所不宜者，黑豆尚可栽種。又稍耐寒，故關北一帶，黑豆較黃豆種者爲多。

耕地及施肥　黑豆向不連種，其輪種或間種之法，皆與黃豆相同。耕地方法，初春耕地一次，宜較黃豆略深，施肥方法，及每畝施肥數量，亦與黃豆同。

下種及鋤地　黑豆下種節氣，大黑豆與二不秋在穀雨節至小滿節，小黑豆在小滿前後至芒種節。山西省北天氣稍寒，故下種日期，宜較黃豆略遲。檢籽下種方法，亦與黃豆相同。發芽日期，自半月至二十天；在寒冷之地，亦有至二十七八天者。苗長至二三寸時，鋤草一次，鋤草時地皮宜濕，若在水地，又須澆灌數次。

收穫　黑豆收穫之節氣，方法，及收量，皆與黃豆無大差別。但平定一帶，農家用黃黑荳葉做菜者甚多，故趕白露前節，摘葉一次，預備醖菜。

面積　山西五十三縣黑豆栽培面積，共計一、二六八、一六八畝，面積最大者，當推壽陽，計一五〇、〇〇〇畝，沁縣次之，計一三四、六〇〇畝，靈邱又次之，計一二〇、〇〇〇畝，其餘各縣，則皆在十萬畝以下。

產量　常年產量，共計一・〇七四、二四八擔，平均每畝產〇・八四七擔。晉城面積雖僅九六・〇〇〇畝，而常年產量，則居首，計一三四、四〇〇擔，平遙面積雖僅九四、三二〇畝，而常年產量亦三二、〇四八擔其餘在十萬担以上者，如沁縣一一三、〇六四担，壽陽靈邱各一〇八、〇〇〇担。二十四年全省產量稍遜，計一・〇一三、五二三擔，平均每畝〇・七九九担。

銷路

黑豆縣外銷量，共計二三九、八三一担。佔產量二三%。省外行銷地點，為綏遠之豐鎮，河北之淶源、石家莊、邢台、順德、及河南之涉縣、武安。省內行銷地點為太原，離石、榆次、遼縣、稷山、萬泉、大同、忻縣等處。

山西省各縣黑荳產銷統計表

縣別	栽培面積(畝)	常年產量(擔)		二十四年產量(擔)		銷量(擔)		銷路
		每畝數	總數	每畝數	總數	縣內	縣外	
徐溝	九二〇	一・三七二	一、二六二	一・一四	一、〇四九	一、〇四九	—	
清源	一〇、四二三	〇・九八	一〇、二一五	一・一二	一一、六七四	一一、六七四	—	
文水	六、四〇二	一・二六	八、〇六七	一・四〇	八、九六三	八、九六三	—	
嵐縣	五七、二七九	〇・六〇	三四、三六七	〇・六〇	三四、三六七	二九、五六七	四、八〇〇	太原
興縣	五八、三三〇	〇・七二	四一、九九八	〇・七二	四一、九九八	三五、五一八	六、四八〇	離石
汾陽	二〇、〇〇〇	〇・八四	一六、八〇〇	〇・七〇	一四、〇〇〇	一四、〇〇〇	—	
平遙	九四、三二〇	一・四〇	一三二、〇四八	一・四〇	一三二、〇四八	七五、六〇〇	五六、四四八	河北及鄴縣

孝義	二、五〇〇	〇・九八	二、四五〇	〇・九八	二、四五〇	二、四五〇	—	
臨縣	一、二〇〇	〇・八四	一、〇〇八	〇・八四	一、〇〇八	一、〇〇八	—	
方山	九、七八二	〇・八一二	七、九四三	〇・八一二	七、九四三	六、九七四	九六九	離石、汾陽
中陽	四四、一七〇	〇・七〇	三〇、九一九	〇・五六	二四、七三五	一三、七四八	一〇、九八七	汾陽
長治	二〇、六八〇	〇・七八	一六、一三〇	〇・七八	一六、一三〇	一六、一三〇	—	
長子	八、五六四	〇・六五	五、五六七	〇・九一	七、七九三	七、七九三	—	
屯留	四〇、〇〇〇	〇・六五	二六、〇〇〇	〇・六五	二六、〇〇〇	一九、五〇〇	六、五〇〇	河北、順德、長治、
襄垣	五、〇〇〇	〇・九八	四、九〇〇	一・一二	五、六〇〇	五、六〇〇	—	
壺關	一八、二五二	一・一二	二〇、四四二	〇・八四	一五、三三二	一五、三三二	—	
晉城	九六、〇〇〇	一・四〇	一三四、四〇〇	〇・九八	九四、〇八〇	九四、〇八〇	—	
陽城	四五〇	〇・八四	三七八	〇・九八	四四一	四四一	—	
陵川	一九、五〇〇	〇・八四	一六、三八〇	〇・八四	一六、三八〇	一六、三八〇	—	
沁水	三〇、〇〇四	〇・七八	二三、四〇三	〇・七八	二三、四〇三	二三、四〇三	—	
遼縣	二五、五八〇	一・四〇	三五、八一二	一・八二	四六、五五六	三九、五五六	七、〇〇〇	順德、武安
和順	一一、五〇〇	〇・五六	六、四四〇	〇・七〇	八、〇五〇	四、九二八	三、一二二	河北、邢台、
沁縣	一三四、六〇〇	〇・八四	一一三、〇六四	〇・七〇	九四、二二〇	六一、八八〇	三二、三四〇	榆次
武鄉	二八、九七五	一・二六	三六、五〇九	一・一二	三二、四五二	二七、八〇四	四、六四八	榆社、遼縣、涉縣、武安、

平定	八五〇	〇・八四	七一四	〇・八四	七一四	七一四	—	
壽陽	一五〇、〇〇〇	〇・七二	一〇八、〇〇〇	〇・六〇	九〇、〇〇〇	六六、〇〇〇	二四、〇〇〇	河北、石家莊、
臨汾	三、一〇〇	〇・七〇	二、一七〇	〇・七〇	二、一七〇	二、一七〇	—	
襄陵	五〇〇	一・四〇	七〇〇	一・四〇	七〇〇	七〇〇	—	
汾城	一〇、〇〇〇	一・〇五	一〇、五〇〇	一・四〇	一四、〇〇〇	一四、〇〇〇	—	
曲沃	四、〇〇〇	〇・七〇	二、八〇〇	〇・七〇	二、八〇〇	二、八〇〇	—	
吉縣	四、〇〇〇	〇・五六	二、二四〇	〇・七〇	二、八〇〇	二、一〇〇	七〇〇	河津、稷山、萬泉、
鄉寧	二、〇〇〇	〇・一四	二八〇	〇・一四	二八〇	二八〇	—	
新絳	九〇〇	〇・七〇	六三〇	〇・七〇	六三〇	六三〇	—	
靈石	一、一〇〇	〇・八四	九二四	〇・九八	一、〇七八	一、〇七八	—	
隰縣	二〇〇	〇・九八	一九六	一・一二	二二四	二二四	—	
大同	五、八〇〇	〇・四二	二、四三六	〇・五六	三、二四八	二、一〇〇	一、一四八	豐鎮、隰縣、
應縣	三九、九一三	〇・三九	一五、五六六	〇・二六	一〇、三七七	六、二二五	四、一五二	大同
靈邱	一二〇、〇〇〇	〇・九〇	一〇八、〇〇〇	一・〇五	一二六、〇〇〇	六〇、〇〇〇	六六、〇〇〇	河北淶源縣
廣靈	一三、〇〇〇	〇・五六	七、二八〇	〇・五〇	六、五〇〇	四、七五〇	一、七五〇	大同
陽高	二三、〇〇〇	〇・八四	一九、三二〇	〇・八四	一九、三二〇	一九、三二〇	—	
天鎮	四〇〇	〇・五四	二一六	〇・八一	三二四	三二四	—	

朔縣	二一、〇〇〇	〇·二八	五、八八〇	〇·二八	五、八八〇	五、八八〇	—	
左雲	二五、〇〇〇	〇·三五	八、七五〇	〇·四九	一二、二五〇	七、四五〇	四、八〇〇	大同、豐鎮、綏遠
平魯	一、二〇〇	〇·四二	五〇四	〇·七〇	八四〇	八四〇	—	
寧武	一三、五二六	〇·四八	六、四九二	〇·三六	四、八六九	四、八六九	—	
偏關	二、四〇〇	〇·四二	一、〇〇八	〇·五六	一、三四四	一、三四四	—	
忻縣	五〇〇	〇·四二	二一〇	〇·四二	二一〇	二一〇	—	
靜樂	四、六〇〇	〇·八四	三、八六四	〇·七〇	三、二二〇	一、三七二	一、八四八	太原
代縣	一、一〇〇	一·一二	一、二三二	一·一二	一、二三二	一、二三二	—	
繁峙	二、一六六	〇·四二	九一〇	〇·五六	一、二一三	一、二一三	—	
崞縣	二七、八八二	〇·七〇	一九、五一七	〇·五六	一五、六一四	一三、四七五	二、一三九	忻縣
保德	三、五〇〇	〇·二一	七三五	〇·一四	四九〇	四九〇	—	
河曲	四二、一〇〇	〇·三九六	一六、六七二	〇·四四	一八、五二四	一八、五二四	—	
總計	一、二六八、一六八	〇·八四七	一、〇七四、二四八	〇·七九九	一、〇一三、五二三	七七三、六九二	二三九、八三一	

三　小豆

小豆顆粒，較黃豆尤小，故名小豆，山西到處皆可栽培，惟夏縣汾陽等地，種於水地者頗多，適合其喜濕之性質，故收量極大。

品種

小豆種類，有白小豆、紅小豆、綠小豆、犂廝小豆、蟹眼小豆數種。蟹眼小豆晉省栽培者不多，通常所種小豆，類多紅小豆及白小豆兩種。苗低葉小，莢子細長，皮色灰白，成熟整齊，顆粒或紅或白，粉質不甚佳，煮粥最爲相宜，此外又有一種粒長小豆，亦名芒豆，顆粒細長，顏色紅黃，粉質頗佳，成熟亦速，至芒種節後尚可種植，又有耐貯藏之特性，經過三五十年不壞。

風土

小豆宜溫暖之氣候，過寒過熱，皆不適宜，因成熟日期短少，故稍寒冷之地，亦能種植。又因性喜濕潤，雨水若多，收成較佳。但開花期內若遇大雨，將花打落，卽不易結實。土質宜粘土，或砂粘混合土，不宜疏鬆土；地勢宜在下濕向陽之地。

耕地及施肥

小豆有與穀子，高粱等輪種者，亦有在穀子等地內間種者。耕地方法，臨種時深耕一次，使其不易受旱，但不宜多耕。施肥時將廄肥，堆肥，或人糞尿散布地面，犂翻土中。亦有將肥料溜於犂溝，𦔖鑄蓋土，或混於種籽內，隨犂抓入犂溝者。肥料種類及每畝施肥數量，皆與黃豆相同，若施肥過多，常有葉茂莢稀之弊。

下種及鋤地

小豆下種節氣，在小滿節最爲合宜，但亦有早至穀雨前後，遲至芒種節者。檢籽方法，將種籽用水淘過，去浮用沉，取出下種，用此法發芽較速。下種時若爲輪種，多用耬種，若於穀類中間種，則用手點種於穀壠背上。亦有于種穀時帶種者，種籽用量，每畝二升上下，若與穀類間種，約用二合上下。發芽日期，大概半月至二十天。溫暖之地，發芽較早。苗長至二三寸時，鋤地一次，以後最好於雨後鋤地。

收割

小豆收穫日期，大概在白露節至秋分節前後，小白豆收穫方法，用鐮割回，陽光晒乾，用連耞打下，再用木楸或扇車等揚揚乾淨。若留種籽，則檢顆粒圓滿，未受病蟲害損傷者，另外藏好。

面積

小豆二十三縣栽培面積，共計二二三、七九六畝，汾陽六〇、〇〇〇畝，面積最大，離石夏縣各五〇、〇〇〇畝，次之，晉城一三、五〇〇畝，又次之，陽曲一〇、〇〇〇畝，更次之。其餘各縣，則皆在萬畝以下。

產量

常年產量，全省共計二七六、七一〇擔，平均每畝一・二四擔。產量最多者爲離石，計九〇・〇〇〇担，汾陽次之，計八四・〇〇〇担，夏縣又次之，計六〇・〇〇〇担，晉城亦一一・三四〇担，其餘各縣，連陽曲在內，皆在萬担以下。二十四年較常年略遜。總產量爲二七六、〇五六担，平均每畝計產一・二三担。

銷路

小豆幾完全行銷省內。各縣縣外銷量總數，不過七五・一八二担，僅大同有二二四担銷至綏遠豐鎮，平陵有四二〇担銷至河南陝縣。其餘則銷省會太原。

山西省各縣小豆產銷統計表

縣別	栽培面積(畝)	常年產量(担) 每畝數	常年產量(担) 總數	二十四年產量(擔) 每畝數	二十四年產量(擔) 總數	銷量(擔) 縣內	銷量(擔) 縣外	銷路
陽曲	一〇、〇〇〇	〇・七〇	七、〇〇〇	〇・七〇	七、〇〇〇	七、〇〇〇	——	
太谷	二、〇〇〇	〇・八四	一、六八〇	〇・四二	八四〇	八四〇	——	

徐溝	二〇〇	一・三三	二六六	一・四〇	二八〇	二八〇	—	
汾陽	六〇、〇〇〇	一・四〇	八四、〇〇〇	一・四〇	八四、〇〇〇	四〇、〇〇〇	四四、〇〇〇	太原
平遙	七〇〇	〇・七七	五三九	〇・七〇	四九〇	四九〇	—	
臨縣	四〇〇	〇・七〇	二八〇	〇・七〇	二八〇	二八〇	—	
離石	五〇、〇〇〇	一・八〇	九〇、〇〇〇	二・一〇	一〇五、〇〇〇	一〇五、〇〇〇	—	
方山	二、二三九	〇・六三	一、四一一	〇・六三	一、四一一	一、二七八	一三三	汾陽、文水
中陽	六、九九八	〇・四四八	三、一三五	〇・四四八	三、一三五	二、七三〇	四〇五	汾陽、
長治	一、三六〇	〇・八四	一、一四二	〇・七〇	九五二	九五二	—	
屯留	一、〇〇〇	〇・八四	八四〇	〇・八四	八四〇	八四〇	—	
晉城	一三、五〇〇	〇・八四	一一、三四〇	〇・五〇	六、七五〇	六、七五〇	—	
和順	五、四〇〇	〇・五六	三、〇二四	〇・五六	三、〇二四	三、〇二四	—	
武鄉	三、六二三	〇・八四	三、〇四三	〇・七〇	二、五三六	二、五三六	—	
鄉寧	七〇〇	〇・一四	九八	〇・一四	九八	九八	—	
夏縣	五〇、〇〇〇	一・二〇	六〇、〇〇〇	一・〇〇	五〇、〇〇〇	二〇、〇〇〇	三〇、〇〇〇	太原
平陸	二、五〇〇	一・一二	二、八〇〇	一・四〇	三、五〇〇	三、〇八〇	四二〇	河南陝縣
絳縣	七〇〇	一・二六	八八二	〇・八四	五八八	五八八	—	
靈石	九五〇	〇・五六	五三二	〇・七〇	六六五	六六五	—	

大同	七、二〇〇	〇・三五	二、五二〇	〇・四二	三、〇二四	二、八〇〇	二二四	豐鎮、綏遠
陽高	三、五八〇	〇・五六	二、〇〇五	〇・四二	一、五〇四	一、五〇四	——	
忻縣	五〇〇	〇・一四	七〇	〇・一四	七〇	七〇	——	
縣崞	二四六	〇・四二	一〇三	〇・二八	六九	六九	——	
總計	二二三、七六九	一・二四	二七六、七一〇	一・二三	二七六、〇五六	二〇〇、八七四	七五、一八二	

四　豌豆

品種

山西豌豆，有春豌豆，秋豌豆兩種。凡春種夏收或秋收者，名爲春豌豆；秋種夏收者，名爲秋豌豆。按豆花顏色分，則又有紫花豌豆及白花豌豆兩種。紫花種之豆粒，有綠色、灰色、黎麻、紫華四種，苗葉味苦，幼時少受蟲害，又能早熟，宜種於平地及半坡地內。白花種亦名白豌豆，豆粒白色，苗葉味甘，性頗耐寒，若種於向陽地內，或氣候稍熱之地，易受蟲害，在山岳寒冷之地種植，品質頗佳。故雁門關外所栽培者，多爲此種。

風土

豌豆最宜寒冷氣候，在春初寒冷之日較長，則收成較佳。但在溫暖之地，濕氣不過重者，生長亦尚合適，開花時西南風過大，或結莢時雨水過多，皆不適宜。土質宜砂粘土，或乾燥疏鬆土，不宜肥厚，或濕氣過多之土地。

耕地及施肥

豌豆常與小麥，莜麥，穀子等輪種，不宜連種。春豌豆秋末深耕一次，臨種時再深耕一次。秋豌豆僅須臨種時深耕一次。施肥方法：將肥料撒於地面，犂翻土中，耙耮平垣，或混於種籽子內，隨犂抓入犂溝。肥料用量，宜較他種豆類稍多。廐肥堆肥每畝大約一千四五百斤，人糞尿大約七八百斤，麻餅約一百斤。

下種及鋤地

豌豆下種節氣，春豌豆省北在春分至清明節，省南在驚蟄前後。秋豌豆省南在秋分至寒露節。撿籽方法，亦與黃豆相同。下種或用耬或隨犂抓溜犂溝。種籽用量，每畝三升上下。發芽日期在溫暖地方大概七八天，在省北山岳寒冷地帶，大概半月至二十天。行間相距七八寸，苗長至二三寸時，鋤草一次；不用間苗。種在水地者，可澆灌一二次。

收割

豌豆收穫節氣：春豌豆在省南及省城附近，自夏至至小暑；省北至立秋後收穫。秋豌豆在小滿前後收穫。收穫方法，或用手拔，或用鐮割。運至場中，太陽晒乾，以連枷打下，或碌軸碾下，篩簸乾淨。

面積

山西省三十八縣豌豆栽培面積，共計四四七、三七四畝，嵐縣最大，計五八、六九二畝。神池次之，計五一、〇〇〇畝。朔縣又次之，計三七、〇〇〇畝。寧武再次之，計三六、四七二畝。渾源亦三二、一四〇畝。左雲亦三〇、〇〇〇畝。其他在二萬畝以上者，有廣靈、右玉、武寨、安邑等縣；在一萬畝以上者，有崞縣、陽曲、岢嵐等縣。餘均在萬畝以下。

產量

常年產量，共計二四七、九九一担，平均每畝產〇·五五四担。產量亦以嵐縣為最多，計三二、二八一畝，神池次之，計二六、五二〇担。其他在一萬担以上者，有五寨、安邑、右玉、廣靈、寧武等縣，餘均在萬担以下。二十四年產量稍遜，全省合計為二二七、七四二担，平均每畝產〇・五〇九担。其餘均在萬担以下。

銷路

豌豆外銷甚少，各縣之外銷量合計，不過二七、三六八担，僅佔二十四年總產量一二%。全數行銷省內太原，離石、汾西、解縣、忻縣、朔縣、大同、隰縣、太谷、平遙、寧武等地。

山西省各縣豌豆產銷統計表

縣別	栽培面積（畝）	常年產量（擔）		二十四年產量（擔）		銷量（擔）		銷路
		每畝數	總數	每畝數	總數	縣內	縣外	
陽曲	一五、〇〇〇	〇・五二	七、八〇〇	〇・五二	七、八〇〇	七、八〇〇	—	
徐溝	四〇	〇・九一	三六	一・〇四	四二	四二	—	
岢嵐	一〇、七四〇	〇・二六	二、七九二	〇・一九五	二、〇九四	一、三九五	六九九	太原
嵐縣	五八、六九二	〇・五五	三二、二八一	〇・四四	二五、八二四	一九、二二四	六、六〇〇	太原
平遙	五五〇	〇・七一五	三九三	〇・六五	三五八	三五八	—	
臨縣	五〇〇	〇・七八	三九〇	〇・七八	三九〇	一九五	一九五	離石
離石	四、〇〇〇	〇・七八	三、一二〇	〇・六五	二、六〇〇	二、六〇〇	—	
方山	一、九六五	〇・二四七	四八五	〇・二四七	四八五	四八五	—	
靈陵	二〇〇	一・三〇	二六〇	一・五六	三一二	三一二	—	

吉縣	三〇〇	〇・四五五	一三七	〇・三九	一一七	一一七	—	
鄉寧	七〇〇	〇・一三	九一	〇・一三	九一	九一	—	
永濟	四、八四五	一・一七	五、六六九	〇・七八	三、七七九	三、七七九	—	
臨晉	一、三五七	〇・六五	八八二	〇・四五五	六一七	六一七	—	
猗氏	五〇〇	〇・六三	三一五	〇・八四	四二〇	四二〇	—	
解縣	二、一〇〇	〇・七八	一、六三八	〇・六五	一、三六五	一、三六五	—	
安邑	二〇、〇〇〇	〇・九一	一八、二〇〇	〇・三九	七、八〇〇	五、二〇〇	二、六〇〇	汾西、解縣
夏縣	一、五〇〇	〇・九一	一、三六五	一・〇四	一、五六〇	一、五六〇	—	
平陸	一、八〇〇	一・〇五	一、八九〇	一・二〇	二、一六〇	二、一六〇	—	
芮城	五〇〇	〇・六五	三二五	〇・九一	四五五	三五五	—	
新絳	五〇	〇・五二	二六	〇・五二	二六	二六	—	
渾源	三二、一四〇	一・二〇	三八、五六八	一・五〇	四八、二一〇	四八、二一〇	—	
應縣	五、五一〇	〇・四五五	二、五〇七	〇・三九	二、一四九	二、一四九	—	
靈邱	一、五〇〇	〇・五二	七八〇	〇・六五	九七五	九七五	—	
廣靈	二六、〇〇〇	〇・五八五	一五、二一〇	〇・六五	一六、九〇〇	一六、九〇〇	—	
陽高	四、九〇〇	〇・六五	三、一八五	〇・六五	三、一八五	三、一八五	—	
右玉	二五、八七八	〇・六〇	一五、五二七	〇・六二四	一六、一四八	一六、一四八	—	

朔縣	三七、〇〇〇	〇・二二	八、一四〇	〇・一六五	六、一〇五	六、一〇五	—	
左雲	三〇、〇〇〇	〇・二六	七、八〇〇	〇・三二五	九、七五〇	五、八五〇	三、九〇〇	太原、太谷、平遙、大同、隰縣、祁縣、
平魯	二〇、〇〇〇	〇・二六	五、二〇〇	〇・三六	七、二〇〇	五、六四〇	一、五六〇	朔縣
寧武	三六、四七二	〇・三六	一三、一三〇	〇・二四	八、七五三	八、七五三	—	
神池	五一、〇〇〇	〇・五二	二六、五二〇	〇・四五五	二三、二〇五	一八、七二〇	四、四八五	朔縣、寧武、
偏關	三、五〇〇	〇・三九	一、三六五	〇・五二	一、八二〇	一、八二〇	—	
五寨	二四、五〇五	〇・七八	一九、一一四	〇・五二	一二、七四三	七、一五六	五、五八七	朔縣、寧武
靜樂	三、四〇〇	〇・六五	二、二一〇	〇・五二	一、七六八	一、三五二	四一六	陽曲、忻縣
代縣	一九〇	一・〇四	一九八	一・〇四	一九八	一九八	—	
五台	六四〇	一・〇四	六六六	一・〇四	六六六	六六六	—	
崞縣	一七、八〇〇	〇・五二	九、二五六	〇・五二	九、二五六	七、九三〇	一、三二六	忻縣、
保德	一、六〇〇	〇・三二五	五二〇	〇・二六	四一六	四一六	—	
總計	四四七、三七四	〇・五五四	二四七、九九二	〇・五〇九	二二七、七四二	二〇〇、三七四	二七、三六八	

五　蠶豆

蠶豆因豆莢如蠶，故名，又因其顆粒爲豆類中最大者，故晉省土名爲大豆。耐寒之性頗大，宜種於山岳地帶。省南栽培較少者，卽因風土不宜之故。

品種

蠶豆有早晚兩種，早熟者顆粒略小，皮帶紅色，略帶甜味，春種夏收，故名夏蠶豆。晚熟者顆粒頗大，皮色帶白，粉質亦白，春種秋收，故名秋蠶豆。此外又有一種黑蠶豆，顆粒黑色，品質與夏蠶豆相似，惟收量較少，故農家栽培者不多。

風土

蠶豆最宜寒冷氣候，但溫暖之地，亦能生長，惟不耐旱，故省北山地內陽光薄弱地方，種植頗宜。土質宜粘土，或砂粘混合土。種於山溝地或背陰下濕地內，亦尚適合。

耕地及施肥

蠶豆與莜麥輪種，最為合宜，若種於糜子地內，生長即不良好。耕地節氣，春初耕一次，宜較黃豆等略深。施肥時將廐肥，人糞尿混於種籽內，隨犂溜入犂溝，耱耙平坦。亦有先將肥料撒於地面，犂翻土中者。肥料用量，廐肥堆肥每畝大約一千四五百斤；人糞尿大約七八百斤，麻餅約一百斤上下。

下種及鋤地

蠶豆下種節氣，早熟種在穀雨節前，晚熟種在立夏至小滿前後。檢籽方法，大概篩簸乾淨，或用手檢去秕粒。下種方法，將種籽混於肥料內，隨犂溜入犂溝，也有將種籽內稍拌肥料，隨犂抓入犂溝者，種籽用量，每畝約需五六升，發芽日期；種於立夏節後者約七八天，種於穀雨節者即須半月以上。苗長至二寸時，鋤地一次，行間相距七八寸，苗間相距一尺上下，亦有不間苗者，種於水地或山溝地內，可澆灌二三次。夏蠶豆結莢以後，最怕熱蒸，種至肥沃地內，施肥須少，以免枝葉徒長。

收割

蠶豆收割節氣，在立秋前後。晚熟種在白露節至秋分節。生長期內，開花結莢，頗不整齊，上梢開花之時，下邊莢子已經成熟，故見下邊莢子變成黑色，即須割去。收穫方法，將豆苗用鏈割下，運回場內陽光晒乾，用連枷打下，復以扇車或木鍬揚乾淨，即可收藏待售。

面積

蠶豆栽培面積，二十三縣共計二五〇、二五七畝，靜樂獨佔一二四、〇〇〇畝，幾為面積總數之半。次之渾源二五、五〇〇畝，五寨、神池、寧武、應縣等各在萬畝以上，其他各縣則皆不及一萬畝。

產量

山西蠶豆常年總產量，共計二四七、一〇八担，平均每畝產〇・九八七担。靜樂獨佔一四八、八〇〇担，佔總數二分之一以上。渾源二八、五六〇担，居次。神池五寨皆一萬餘担，其他各縣則皆在萬担以下。廿四年產量較遜，計二〇一、七八七担，平均每畝僅產〇・八〇六担。

銷路

蠶豆之外銷量總數，共計二二、四六三担，佔二十四年總產量一一%，省外多行銷河南陝縣，孟縣、輦縣、河北北平等處，省內多行銷山陰、甯武、朔縣、大同、陽曲、忻縣、清源、定襄、榮河、稷山等處。

山西省各縣蠶豆產銷統計表

縣別	栽培面積(畝)	常年產量(担)		二十四年產量(担)		銷量(担)		銷路
		每畝數	總數	每畝數	總數	縣內	縣外	
陽曲	八、〇〇〇	〇・四八	三、八四〇	〇・四八	三、八四〇	三、八四〇	—	
岢嵐	一三〇	〇・四二	五五	〇・三六	四七	四七	—	
嵐縣	五〇〇	〇・六〇	三〇〇	〇・五五	二七五	二七五	—	
榮河	三五〇	一・〇四	三六四	〇・七八	二七三	二七三	—	

萬泉	二、〇〇〇	〇・八四	一、六八〇	〇・七二	一、四四〇	一、〇八〇	三六〇	稷山、榮河、
平陸	二、五〇〇	一・〇四	二、六〇〇	一・三〇	三、二五〇	二、八六〇	三九〇	河南、陝縣
芮城	四、八〇三	〇・七七	三、六九八	〇・八八	四、二二七	四、二二七	—	
垣曲	二、〇〇〇	一・二五	二、五〇〇	一・〇〇	二、〇〇〇	一、五〇〇	五〇〇	河南、孟縣、鞏縣
大同	九、〇〇〇	〇・九六	八、六四〇	一・二〇	一〇、八〇〇	一〇、八〇〇	—	
渾源	二五、五〇〇	一・一二	二八、五六〇	一・四〇	三五、七〇〇	三五、七〇〇	—	
應縣	一一、四〇三	〇・七二	八、二一〇	〇・五四	六、一五八	三、〇八〇	三、〇七八	大同
靈邱	八〇〇	〇・七二	五七六	〇・八四	六七二	六七二	—	
廣靈	一、七二〇	〇・九六	一、六五一	〇・八四	一、四四五	一、四四五	—	
陽高	一、三二〇	〇・九六	一、二六七	〇・七二	九五〇	四一〇	五四〇	北平
平魯	九、四六〇	〇・四八	四、五四一	〇・七二	六、八一一	三、二一一	三、六〇〇	山陰
寧武	一二、五六一	〇・三六	四、五二二	〇・四八	六、〇二九	六、〇二九	—	
神池	一四、八一〇	〇・七八	一一、五五二	〇・七二	一〇、六六三	七、六六三	三、〇〇〇	寧武、朔縣、大同
五寨	一七、六九〇	〇・六四	一一、三二二	〇・三二	五、六六一	三、八一一	一、八五〇	朔縣、寧武、
忻縣	二〇〇	〇・二四	四八	〇・二四	四八	四八	—	
靜樂	一二四、〇〇〇	一・二〇	一四八、八〇〇	〇・八〇	九九、二〇〇	九〇、六〇〇	八、六〇〇	陽曲、忻縣、清源
代縣	一、二〇〇	〇・七二	八六四	〇・七二	八六四	八六四	—	

五台	六一〇	一・八〇	一、〇九八	一・八〇	一・〇九八	五五三	五四五	定襄、忻縣
崞縣	七〇〇	〇・六〇	四二〇	〇・四八	三三六	三三六	—	
總計	二五〇、二五七	〇・九八七	二四七、一〇八	〇・八〇六	二〇一、七八七	一七九、三二四	二二、四六三	

六　豇豆

豇豆又名大莢豆，性質頗不耐寒，省北山岳寒冷地方，種者頗少。卽省南及省城附近之地，亦因用途不大，種植不多。

品種　豇豆有長蔓，短蔓兩種。山西所種者，多爲短蔓種，短蔓種中又有裙帶豆（赤紅豆）與金絲豆（華紅豆），及白，黑，紫等之分。此數種中，惟赤白兩種，莢皮堅硬，豆子肥大，故山西栽培者，以此兩種稍多。

風土　豇豆宜溫暖乾燥之氣候，種於平地或向陽地內最爲適宜。不可種於山岳寒冷地方。土質宜砂粘混合土，除膠粘土外，皆能種植。

耕種及施肥　豇豆常於他種作物地內間種，故耕地方法，須視主要作物而定。如爲輪種，臨種深耕一次，施肥方法，與菜豆相同，肥料用堆肥及廐肥最好，每畝約七百斤至一千四百斤。

下種及鋤地　豇豆下種節氣，早在穀雨節，遲至芒種節。檢籽方法，與小豆同。如爲輪種，用耬下種；亦有將地犂開，隨犂溜入犂溝。如間種於其他作物地內，則掘穴點種。發芽日期，在穀雨節下種者，約十五六天在芒種節下種者，約十天上下。苗高二三寸時，鋤地一二次，不用間苗。種於水地內者，可澆灌二三次，或三四次。

收割 豇豆收穫節氣，大概在白露節前後，下邊豆莢成熟時，用手摘取一二次，再拔豆苗。亦有待豆莢一齊成熟，始用鐮割者。然後摘下豆莢，陽光晒乾，用連耞打下，篩簸乾淨，即可貯藏。

面積 山西十三縣豇豆栽培面積總數，共計四一、八一九畝，清源最多，計一五、〇五〇畝；陽曲次之，計一〇、〇〇〇畝，餘皆在萬畝以下。

產量 豇豆常年產量總數，十三縣共計一五、三七八担，平均每畝產〇、三七担。陽曲汾陽各計五、二〇〇担，清源每畝僅能收十担，故產量僅一、五〇五担，餘除應縣一、〇三三担外，皆在千担以下。二十四年總數產量爲一四、四八八担，平均每畝產〇•三五担。

銷路 豇豆並不外銷。除保德有一三〇担銷陝西府谷縣外，餘均供各該縣自用。

山西省各縣豇豆產銷統計表

縣別	栽培面積(畝)	常年產量		本年產量		銷路	
		每畝數(担)	總數(担)	每畝數(担)	總數(担)	縣內(担)	縣外(担)
陽曲	一〇、〇〇〇	〇•五二	五、二〇〇	〇•五二	五、二〇〇	五、二〇〇	—
太谷	五〇〇	〇•七八	三九〇	〇•五二	二六〇	二六〇	—

清源	一五、〇五〇	〇・一〇	一、五〇五	〇・一三	一、九五七	一、九五七	—
汾陽	八、〇〇〇	〇・六五	五、二〇〇	〇・五二	四、一六〇	四、一六〇	—
平遙	一、〇〇〇	〇・五四六	五四六	〇・五二	五二〇	五二〇	—
虞鄉	四〇	〇・七八	三一	〇・九一	三六	三六	—
榮河	三〇〇	〇・七八	二三四	〇・七八	二三四	二三四	—
靈石	七七二	〇・六五	五〇二	〇・七八	六〇二	六〇二	—
臨縣	三、一七九	〇・三二五	一、〇三三	〇・二六	八二七	八二七	—
偏關	一、二〇〇	〇・一九五	二三四	〇・二六	三一二	三一二	—
代縣	一三〇	〇・七八	一〇一	〇・七八	一〇一	一〇一	—
崞縣	二四八	〇・五二	一二九	〇・三九	九七	九七	—
保德	一、四〇〇	〇・一九五	二七三	〇・一三	一八二	五二	一三〇 府谷縣
總計	四一、八一九	〇・三七	一五、三七八	〇・三五	一四、四八八	一四、三五八	一三〇

七　扁豆

扁豆顆粒圓扁，故名扁豆，亦名板豆。蔓子短小，花色紫紅，結莢頗稠。一莢中成熟之豆子，不過一兩顆。其用途可作粉麵、粉條、涼粉、及餡子等，又因耐寒，故省北山岳地帶種者稍多。

品種　扁豆有春扁豆秋扁豆兩種。前者於春季下種，後者於秋季下種。省北與省城附近，春種者多；省南各處，則秋種者多。此兩種中又有紅扁豆、白扁立，灰扁豆、靑扁豆、等數種。而以靑扁豆品質爲最佳。

風土　扁豆性能耐寒，省北山岳地帶，種植頗爲相宜。溫暖地方雖能耕種，但收質與豆質較差。土質宜砂粘土，或乾燥疏鬆土，不宜過濕過肥之土。

栽培狀況　扁豆與小麥，莜麥，穀子等輪種。春扁豆秋末深耕一次，臨種時再耕一次。亦有不整地者。秋扁豆僅於臨種時耕一次。下種節氣，春扁豆省北與省城附近，在淸明節至立夏節。秋扁豆省南各處在白露至秋分節。臨種時將檢好之種籽用水淘過，隨犂抓入犂溝，亦有用樓種者。種子用量，每畝二三升。發芽日期自七八天至十二三天，苗長至三四寸時，鋤草一次，不用間拔。

收割　扁豆收穫節氣，春扁豆多在立秋節前後，秋扁豆在小滿前後。收割時用手拔下，運至場內，太陽晒乾，用碌軸輾下，或連枷打下，簸揚乾淨，卽可貯藏。

面積　山西十八縣扁豆栽培面積。共計一四一、三五三畝，而以神池爲最多，計三六、二〇〇畝，左雲次之，計三〇、〇〇〇畝，朔縣又次之，計二五、〇〇〇畝，平魯一五、〇〇〇畝，右玉一二、九三九畝，其餘各縣則皆在萬畝以下。

產量　常年產量，十八縣共計五五、〇九四担，平均每担產〇・三九担。亦以神池爲最多，計一八、八二四担，左雲九、〇〇〇担，右至朔縣各六千餘担，平魯五千餘担，廣靈三千担，應縣一千餘担。其餘各縣皆在千担，以下。二十四年產量總數爲五〇、五九七担，平均每畝產〇・三五八担。

各縣扁豆縣外銷量，共計五 、四五〇担，估二十四年總產量一一%，除保德有九〇担銷陝西府谷縣外，其餘五、三六〇担，皆銷省內忻縣，崞縣、太原、榆次、太谷、平遙，祁縣、大同、朔縣等地。

山西省各縣扁豆產銷統計表

縣別	栽培面積（畝）	常年產量（担）		二十四年產量（担）		銷量（担）		銷路
		每畝數	總數	每畝數	總數	縣內	縣外	
岢嵐	三二〇	〇・二四	七七	〇・一八	五八	五八	—	
方山	五四〇	〇・一四四	七八	〇・一四四	七八	七八	—	
屯留	五〇〇	〇・八四	四二〇	〇・八四	四二〇	四二〇	—	
永濟	一、四九〇	〇・八四	一、二五二	〇・六〇	八九四	八九四	—	
臨晉	一、九二四	〇・四八	九二四	〇・二八八	五五四	五五四	—	
新絳	一〇〇	〇・六〇	六〇	〇・六〇	六〇	六〇	—	
應縣	五、四七〇	〇・三〇	一、六四一	〇・二四	一、三一三	一、三一三	—	
靈邱	七〇〇	〇・四二	二九四	〇・四八	三三六	三三六	—	
廣靈	五、七〇〇	〇・六〇	三、四二〇	〇・六〇	三、四二〇	三、四二〇	—	
右玉	一二、九三九	〇・四八	六、二一一	〇・四八	六、二一一	六、二一一	—	

朔縣	二五、〇〇〇	〇·二四	六、〇〇〇	〇·二四	六、〇〇〇	六、〇〇〇	—	
左雲	三〇、〇〇〇	〇·三〇	九、〇〇〇	〇·三六	一〇、八〇〇	八、四〇〇	二、四〇〇	忻縣、崞縣、太原、榆次、太谷、平遙、祁縣
平魯	一五、〇〇〇	〇·三九	五、八五〇	〇·四二	六、三〇〇	四、九〇〇	一、四〇〇	大同、朔縣
神池	三六、二〇〇	〇·五二	一八、八二四	〇·三六	一三、〇三二	一一、四七二	一、五六〇	崞縣、朔縣
偏關	三、一〇〇	〇·一八	五五八	〇·二四	七四四	七四四	—	
代縣	五〇	〇·七二	三六	〇·七二	三六	三六	—	
崞縣	五二〇	〇·二四	一二五	〇·二四	一二五	一二五	—	
保德	一、八〇〇	〇·一八	三二四	〇·一二	二一六	一二六	九〇	府谷縣
總計	一四一、三五三	〇·三九〇	五五、〇九四	〇·三五八	五〇、五九七	四五、一四七	五、四五〇	

八　菉豆

菉豆苗高二三尺，葉子稍小，上有細毛，秋季開小白花，莢長二三寸，嫩時皮綠色。成熟後變成黑色。質頗堅硬，顆粒亦呈綠色，故又名綠豆。狀似小豆，性質清涼，可作以製粉麵、粉條、粉絲、粉皮、菉豆糕、等之用。

品種

菉豆品種，因顆粒之大小，分大菉豆，小菉豆兩種；因顆粒之顏色，分灰菉豆，黃菉豆，綠菉豆三種。大菉豆又名大莢菉豆，顏色鮮綠，莢顆皆大，枝蔓頗長，成熟遲早不齊。皮薄粉多，品質最優。小菉豆又名小莢菉豆，莢顆皆小，顏色淡綠。又有一種黃色者，通名黃金豆。此兩種菉豆，皮厚粉少，品質稍劣，成熟一律，不甚拉蔓。又因其生長日期最短，伏天下種亦可成熟，故名火菉豆。至於灰色菉豆，通名二不秋，誤過種大菉豆節氣，始種灰菉豆。

風土

菉豆宜溫暖稍濕之氣候，過乾過濕之地，皆不合適。土質宜粘質壤土，或砂粘混合土，地位以避風向陽之平地為最佳。

耕地及施肥

菉豆與高粱、穀黍、小麥等輪種，亦常於瓜類、棉花、穀黍、芝蔴等田內間種。耕地方法，與小豆同。亦有於清明前耕一次者。臨種時將牲畜糞、堆肥、或將人糞尿撒布地面，耕入土中，耰耱平坦。每畝用肥約八九百斤。

下種及鋤地

菉豆下種節氣，因其種類不同而有遲早。大概大菉豆在穀雨前後，小菉豆在夏至前後，灰菉豆在小滿前後。檢籽方法與小豆相同。下種方法或用耬種，或隨犂點入犂溝。若間種在其他作物地中，即用鋤掘穴，點種於其地或壟背上。種籽用量每畝約用八九合。發芽日期，早種者七八天，遲種者三四天。苗長至一二寸高時，鋤地一次。苗間距離約五六寸，長至七八寸高時，再鋤一次。鋤地須在晴天無露水之時。

收穫

菉豆收穫節氣，大概在秋分前後，但摘莢者至處暑後即可收穫，秋分前後始可收完。收穫方法，摘莢者隨熟隨摘。拔蔓者至成熟後用鐮割下，運至場內，陽光晒乾，用連枷或木棒打下，以簸箕或扇車等搧簸乾淨，貯藏於清涼乾燥地方。

面積　山西省五十七縣蕓豆栽培面積，共計三五六、九二一畝。面積最大者爲晉城，計七三、九〇〇畝，其次爲朔縣，計三一、四五〇畝，汾陽又次之，計二〇、〇〇〇畝。祁縣、汾城、清源，河津、陽曲等縣各一萬餘畝。其餘各縣則皆在萬畝以下。

產量　常年產量總數，共計二八六、八九八担，平均每畝產〇·八〇四担。產量仍以晉城爲最多，計七二、四一二担，祁縣次之，共計三一、五〇〇担，清源二一、九九五担，汾陽、永濟皆萬餘担，其餘各縣則皆在萬担以下。二十四年總產量僅二六四、三七一担，平均每畝產〇·三四一担。

銷路　蕓豆外銷總數，共計一三、五六五担、佔二十四年總產量五%。行銷省外以陝縣、豐鎮、北平爲多；行銷省內以汾陽、新絳、隰縣、定襄、大同爲多。

山西省各縣扁豆產銷統計表

縣別	栽培面積(畝)	常年產量(担)		二十四年產量(擔)		銷量(擔)		銷路
		每畝數	總數	每畝數	總數	縣內	外內	
陽曲	一〇、〇〇〇	〇·五六	五、六〇〇	〇·五六	五、六〇〇	五、六〇〇	—	
太谷	六、〇〇〇	〇·八四	五、〇四〇	〇·五六	三、三六〇	三、三六〇	—	
祁縣	一五、〇〇〇	二·一〇	三一、五〇〇	一·六八	二五、二〇〇	二五、二〇〇	—	
徐溝	二、七三〇	一·五四	四、二〇四	一·六八	四、五八六	四、五八六	—	

清源	一三、〇九二	一•六八	二一、九九五	一•一二	一四、六六三	一四、六六三	—	
交城	五、四一二	〇•八四	四、五四六	〇•七四二	四、〇一六	四、〇一六	—	
文水	七、三九七	〇•九八	七、二四九	一•一二	八、二八五	八、二八五	—	
汾陽	二〇、〇〇〇	〇•八四	一六、八〇〇	〇•七〇	一四、〇〇〇	一四、〇〇〇	—	
平遙	一、五〇〇	〇•七七	一、一五五	〇•七〇	一、〇五〇	一、〇五〇	—	
孝義	二、五〇〇	〇•九八	二、四五〇	〇•九八	二、四五〇	二、四五〇	—	
臨縣	八〇〇	〇•八四	六七二	〇•八四	六七二	六七二	—	
方山	九、五一八	〇•五四六	五、一九七	〇•五四六	五、一九七	二、〇四六	三、一五一	汾陽
中陽	八、七五〇	〇•四二	三、六七五	〇•三五	三、〇六三	一、二六〇	一、八〇三	汾陽
長治	九、九七二	〇•八四	八、三七六	〇•九八	九、七七三	九、七七三	—	
長子	一一、五五六	〇•五二	六、〇〇九	〇•六五	七、五一一	七、五一一	—	
屯留	一〇、〇〇〇	〇•五六	五、六〇〇	〇•五六	五、六〇〇	五、六〇〇	—	
襄垣	三、〇〇〇	〇•七〇	二、一〇〇	〇•八四	二、五二〇	二、五二〇	—	
壺關	九一二	〇•七〇	六三八	〇•七〇	六三八	六三八	—	
晉城	七三、九〇〇	〇•九八	七二、四二二	〇•七〇	五一、七三〇	五一、七三〇	—	
陽城	二六〇	〇•七〇	一八二	〇•八四	二一八	二一八	—	
和順	一、三一二	〇•七〇	九一八	〇•七〇	九一八	九一八	—	

榆社	四二〇	〇・二八	一一八	〇・二八	一一八	一一八	—	
昔陽	八〇〇	〇・八四	六七二	〇・八四	六七二	六七二	—	
臨汾	五、三〇〇	〇・四二	二、二二六	〇・四二	二、二二六	二、二二六	—	
襄陵	八〇〇	一・一二	八九六	一・一二	八九六	八九六	—	
汾城	一五、〇〇〇	〇・四九	七、三五〇	〇・四九	七、三五〇	七、三五〇	—	
曲沃	六、〇〇〇	〇・四二	二、五二〇	〇・五六	三、三六〇	三、三六〇	—	
翼城	二、四〇〇	一・一二	二、六八八	一・一二	二、六八八	二、六八八	—	
鄉寧	六〇〇	〇・一四	八四	〇・一四	八四	四二	四二	新絳
永濟	九、一七〇	一・一二	一〇、二七〇	一・六八	一五、四〇六	一五、四〇六	—	
臨晉	一、三六〇	〇・八四	一、一四二	一・一二	一、五二三	一、五二三	—	
虞鄉	一七〇	〇・九八	一六七	一・一二	一九〇	一九〇	—	
榮河	三〇〇	〇・八四	二五二	〇・八四	二五二	二五二	—	
萬泉	八〇〇	〇・七〇	五六〇	〇・五六	四四八	四四八	—	
猗氏	五、〇〇〇	〇・三五	一、七五〇	〇・三五	一、七五〇	一、七五〇	—	
解縣	三〇〇	〇・八四	二五二	〇・八四	二五二	二五二	—	
夏縣	二、〇〇〇	〇・七〇	一、四〇〇	〇・八四	一、六八〇	一、四〇〇	二八〇	鄰縣
平陸	六、五〇〇	〇・九八	六、三七〇	一・一二	七、二八〇	七、〇〇〇	二八〇	河南陝縣

芮城	三〇〇	〇・七〇	二一〇	〇・八四	二五二	二五二	—	
新絳	五六〇	〇・七〇	三九二	〇・七〇	三九二	三九二	—	
河津	一〇、〇〇〇	〇・七〇	七、〇〇〇	〇・五六	五、六〇〇	五、六〇〇	—	
稷山	二、五六〇	〇・七〇	一、七九二	〇・八四	二、一五〇	二、一五〇	—	
絳縣	一、七〇〇	一・四〇	二、三八〇	一・一二	一、九〇四	一、九〇四	—	
靈石	一、七七八	〇・五六	九九六	〇・七〇	一、二四五	一、二四五	—	
隰縣	一二〇	〇・五六	六七	〇・七〇	八四	八〇	—	
蒲縣	八五〇	〇・四二	三五七	〇・四二	三五七	三五七	—	
大同	四、六〇〇	〇・三五	一、六一〇	〇・四二	一、九三二	一、四〇〇	五三二	豐鎮、隰縣
靈邱	四〇〇	〇・七〇	二八〇	〇・八四	三三六	三三六	—	
廣靈	一、九六〇	〇・七〇	一、三七二	〇・五六	一、〇九八	一、〇九八	—	
陽高	五、一〇〇	〇・五六	二、八五六	〇・九八	四、九九八	四、〇〇四	九九四	北平
天鎮	五、五二八	〇・三三六	一、八五七	〇・二八	一、五四八	一、五四八	—	
朔縣	三一、四五〇	〇・二八	八、八〇六	〇・四二	一三、二〇九	七、六〇九	五、六〇〇	大同
偏關	二、五〇〇	〇・二八	七〇〇	〇・四二	一、〇五〇	一、〇五〇	—	
忻縣	七、四三五	〇・七九	五、八七四	〇・七九	五、八七四	五、六四二	二三二	定襄
代縣	九八	〇・一二	一二	〇・一二	一二	一二	—	

繁峙	八、一一一	〇・五六	四、五四二	〇・五六	四、五四二	三、八九一	六五一	太原
崞縣	一、三四〇	〇・五六	七五〇	〇・四二	五六三	五六三	—	
總計	三五六、九二二	〇・八〇四	二八六、八九八	〇・三四一	二六四、三七一	二五〇、八〇六	一三、五六五	

第九章　藥材

一　黨參

名稱　黨參功用，與人參略同。在昔人參未發現之時，補品皆以黨參爲倘。故本草綱目僅載黨參而不及人參。黨參因產地在上黨一帶，故名黨參。查上黨爲秦時郡名，卽今冀寧道之東南部份，自盂縣、壽陽、平定、以迄陵川、晉城、陽城一帶。又因產地集中於潞安府屬各縣，故又名潞黨參，或簡稱潞參。五台所產者，則又名台參。

情狀　黨參生長宿根，隨地蔓延，葉子細長，略帶臭味。六月間開白色小花，九月間結拓大果實。根子肥大，炙乾後小者如箸，大者如指。在稍冷或砂礫土內，生長最爲相宜，忌膠粘腐植土壤。

品種　黨參因生長之年限不同，而有大參、白條、紅山、釘頭等稱呼。大參係生長多年之老參，每支重約數斤，俗名王參，價格頗昂，不易收得。白條參因長至第七年時，能分出五根，有如五指，故又名五支參。至第四五年掘出者，卽名紅山參，支頭甚細，價值頗低、掘斷之參，名爲釘頭，價值更低。

栽培法　黨參最宜連種，下種時期，大概在秋末春初，臨種時深耕一次，耰耱平垣。下種方法：將種籽撒於雪上，名爲雪種。亦有將種籽與石灰或草木灰混合撒種者。此兩種法，皆因種籽細小，撒布時容易看出均勻。亦有將竹筒下端，穿開許多小孔，將種籽裝於筒內，約離三四吋遠近，就地一搗，種籽卽隨孔溜出。種子用量，每山地一畝，大約一升至二升。發芽日期，大約十天至二十天。苗長二年後，每年三月間，用鋤挖除草根一次。九月間再鋤草一次。至第八年卽不用再鋤。採收種籽方法，大概在九月間，黨參果變白之時，用手摘下，放於竹筐內，陽光晒乾，捶破參果，篩落種子，貯於木器或瓦器內，以備下種。

收藏

黨參長至三年後，卽可收穫，但年限愈多，支頭愈大。故至第六七年時，收穫最爲相宜。收穫方法，用鐵鍬將大者掘出，小者留下，切去根毛，結束成捆，運回場屋，晒乾藏好，每畝收量，大約淨參六百斤上下。

製法

製參之時，須在乾淨明亮房內，將收穫現成之黨參，排列至鐵絲架上，在木炭火上烘乾，或排列竹簾上，風吹晒乾，分別大小，捆成把束，裝入竹簍內，放於乾燥之地，以備出售。

產量

黨參有天然產者及人工種植者。天然產之野參，支頭粗大，品質較佳；人工種者反是。山西十八縣每年產量，共計三九〇、〇〇八斤，以平順出產爲最多，計一八〇、〇〇〇斤，陵川次之，計六〇、〇〇〇斤，屯溜三〇、〇〇〇斤，長子二七、五〇〇斤，武鄉二三、九〇〇斤，壺關二一、九六〇斤，黎城一六〇〇〇斤，遼縣一〇、〇〇〇斤。

銷路

外銷數量，各縣共計三六五、九二三斤，佔產量九三・八二%。行銷地點，以河南彰德、鄭州、輝縣，禹州；為最多；河北、祁縣、天津、北平次之；湖北漢口亦有銷路。他如上海、寧波、汕頭、等地雖亦有銷，惟為數不大。價格每斤自一角至二元不等。

山西省各縣黨參產銷統計表

縣別	產量（斤）	價值（元）	銷量（斤）	銷路
交城	一六〇	四〇		
介休	五、〇〇〇	一、五〇〇	三、五〇〇	太谷
長治	一、二〇〇	二〇〇		
長子	二七、五〇〇	二、七五〇	一四、五〇〇	漢口
屯留	三〇、〇〇〇	六、〇〇〇	二七、〇〇〇	長治、潞城
襄垣	三、〇〇〇	七二〇	二、〇〇〇	鄰縣
黎城	一六、〇〇〇	一、六〇〇	一四、〇〇〇	河南、山東、天津
壺關	二一、九六〇	八七八	二一、九六〇	河南、漢口
平順	一八〇、〇〇〇	二、三〇〇	一七四、〇〇〇	河南、彰德
陽城	八〇〇	一六〇	五五〇	河南、清華
陵川	六〇、〇〇〇	六、〇〇〇	五九、五〇〇	河南、輝縣、禹州
遼縣	一〇、〇〇〇	三、〇〇〇	一〇、〇〇〇	河南、彰德
武鄉	二三、九〇〇	二、三九〇	三〇、〇〇〇	河南、鄭州
蒲縣	一二〇	一二	一〇〇	解縣
寧武	六、五〇〇	三二五	六、五〇〇	天津、朔縣
代縣	三〇〇	三〇	二八〇	祁縣
五台	二、七六八	五、五三六	二、〇三三	河北、祁縣、定襄
崞縣	八〇〇	九六〇		
總計	三九〇、〇〇八	三四、四〇一	三六五、九二三	

二　黃芪

品種

黃芪又為黃耆，為宿根草之一種。性喜寒冷乾燥，故省北山岳地方，種植頗為相宜。渾源所種黃芪，係自歸化傳來之種籽，俗名口外種。五台繁峙之黃芪，皆採野生種籽。至於收量多寡與性質優劣，並無多大差別。

栽培法

黃芪宜寒冷氣候，在山坡傾斜之砂土地內，最爲適合。故有斜度極陡之山坡，爲他種作物所不克栽培者，卽可種植黃芪。

黃芪耕種節氣，大概在穀雨前後，深耕一次，概不施肥。下種時節，自穀雨至芒種。臨種時將揀好之種籽，撒布地面，耙耱蓋土。若在山坡地方，下種後將羊趕至地內，踐踏一囘，種籽卽不畏風吹日晒，而易於發芽。種籽用量，每畝一升至二升。發芽日期，自六七天至十天。苗長至三四寸時，間拔一次，每苗相離四五寸，行間相離七八寸。每年夏季，鋤草一次或二次。下種後至第四年始能收穫，故皆爲連種。採收種籽方法，至立秋後視莢皮發白色。用手摘下，晒乾脫皮，貯藏合適，以備來年下種。

收藏

黃芪收穫節氣，大概長至第四年秋季，自寒露節收至地凍時爲止。收穫方法，用鉄鍬掘起根子，拔去枝幹，切淨毛根，結束成捆，運囘場屋，陽光晒乾，貯藏合適。每畝收量，大約淨芪五百斤至一千斤。種籽大約三升至五升。籽價頗高，每升可值一元左右。

產量

山西省十五縣黃芪每年產量，共計一、〇〇三，六二五斤，產量以渾源爲最多計五〇〇、〇〇〇斤，繁峙次之，計二三八、〇〇〇斤，應縣又次之，計一二七、七一〇斤，天鎭亦有八〇、一〇〇担。代縣二五、〇〇〇担。

銷路

山西黃芪外銷總數，共計九六七、一六〇担，佔產量九三・三三%。行銷地點，以河北祁縣，保定、天津、北平爲最多，上海亦有數萬斤之銷量。每斤約計一角左右。

山西省各縣黃芪產銷統計表

縣別	產量（斤）	價值（元）	銷量（斤）	銷路
交城	五〇〇	三〇		
岢嵐	九、二〇〇	二七六	三、一五〇	河南・祁州、太谷
介休	五、〇〇〇	五〇〇	三、〇〇〇	太谷
渾縣	五〇〇、〇〇〇	七五、〇〇〇	四九〇、〇〇〇	河北、祁縣、平津
應縣	一二七、七一〇	三八、三一三	一一五、七一〇	河北、祁縣
靈邱	一、〇〇〇	八〇	一、〇〇〇	河北、保定
天鎮	八〇、一〇〇	一二、〇一五	七九、六〇〇	河北、祁縣
左雲	二、五〇〇	一〇〇	一、七五〇	安國
寧武	五、五〇〇	二七五	五、二〇〇	天津、朔縣
神池	一、〇〇〇	二〇〇	一、〇〇〇	祁縣
五寨	一、二五四	六三	一、二〇〇	祁縣
代縣	二五、〇〇〇	二〇〇	二二、〇〇〇	上海
五台	四、八六一	七二九	三、五五〇	祁縣
繁峙	二三八、〇〇〇	四七、六〇〇	二三八、〇〇〇	平津
崞縣	二、〇〇〇	一三〇	二、〇〇〇	平津
總計	一、〇〇三、六二五	一七五、五一一	九六七、一六〇	

三　大黃

大黃亦名生軍，係一涼性之藥材。性質最喜寒冷。故五台山上以前野生之大黃，今於五台縣小南區及其臨近地方，皆有移秧栽種，或採收種籽耕種者。此種作物，容易生活，又爲宿根草類，凡山岳寒冷地帶皆可種植。

品種 山西現時所種大黃，皆採收野生種子，故僅可分爲野生種及改良種兩種。

風土 大黃宜山岳寒冷地方，性喜高燥，最忌濕潤，土質以砂土爲宜。

耕種 下種以前，深耕一次，概不施肥。下種節氣，在立夏節至芒種節。但用種籽者少，栽秧子者多，臨栽之時。用利刃削成小薄片，插入黎溝。深三寸上下。每畝用量，大約一百斤上下。發芽日期約十五六天。苗長至三四寸時，除草一次，以後每年夏季，除草一次。

收藏 大黃栽秧以後，至第三年始可收穫。收穫方法，用鐵鍬掘起根塊，切去根毛，結束成捆，運回場屋，陽光晒乾，貯藏合適，每畝約收濕大黃二千斤。

產量 山西十二縣大黃產量，共計四九五、〇八五斤，以霍縣爲最多，計三〇〇、〇〇〇斤，天鎮次之，計一二〇、〇〇〇斤，五台又次之。計二〇、〇〇〇斤，左雲亦一〇、〇〇〇斤。其餘各縣。則皆在萬斤以下。

銷路 大黃銷量。共計四七九、九一五斤，佔產量九六·九四%。此種大黃，多行銷河北天津、北平、安國、祁縣、及河南等地，市價每斤約五分左右。

山西省各縣大黃產銷統計表

縣別	產量（斤）	價值（元）	銷量（斤）	銷路
岢嵐	七、四〇〇	一四八	一、三〇〇	河南、祁州、太谷
解縣	五、六〇〇	二八〇	五、〇〇〇	河南
霍縣	三〇〇、〇〇〇	六、〇〇〇	三〇〇、〇〇〇	天津
大同	三、〇〇〇	九〇	二、〇〇〇	北平、天津
靈邱	二〇	一四		
天鎮	一二〇、〇〇〇	一二、〇〇〇	一二〇、〇〇〇	天津
左雲	一〇、〇〇〇	一、〇〇〇	九、〇〇〇	安國
寧武	八、六〇〇	六八八	八、六〇〇	天津、朔縣
神池	七、五〇〇	六〇〇	六、三〇〇	天津
五寨	八、九六五	二六四	八、九六五	河北、祁縣
代縣	四、〇〇〇	二〇〇	三、七五〇	天津
五台	二〇、〇〇〇	一、〇〇〇	一五、〇〇〇	天津
總計	四九五、〇八五	二二、二八四	四七九、九一五	

四 其他藥材

山西藥材，種類頗多，除上述數種外，較重要者，尙有麻黃，計產二四三、一七〇斤，黃芩計產二二四、二七八斤，花椒計產二二〇、四五斤，其他產量，皆在十萬斤以下。茲將各種藥材之產銷列表於后：

山西省其他各種藥材產銷統計表

名稱	產地	產量（斤）	價值（元）	銷量（斤）	銷地
麻黃	鄉寧、永寧、臨晉、河津、大同、靈邱、崞縣、保德、	二四三、一七〇	二、四三六	二一九、二〇〇	河北、祁縣、天津、北平、河南禹縣、太平本省曲沃、解縣、

遠志	平遙、陽城、浮山、曲沃、吉縣、鄉寧、永濟、臨晉、萬泉、河津、聞喜、稷山、汾西、保德、	四九、八一〇	七、八六五	一六、三一〇	祁縣、萬縣、清華、解縣、新絳、夏縣、垣曲、臨汾、
枸杞	汾陽、解縣、靈邱、左雲	三、六七〇	一八八	三、一〇〇	安國
車前子	曲沃、永濟、臨晉、大同、平遙	七、八六〇	一、〇八七	一、七四五	禹縣、解縣
地榆	晉城	二〇、〇〇〇	三、〇〇〇	一〇、〇〇〇	河南
花椒	陽曲、平順、遼縣、盂縣	二一〇、四五〇	一〇七、四七〇	一八八、一三〇	綏遠、包頭、天津、順德、涉縣
薏米	襄陵	二五、〇〇〇	一、〇〇〇	一九、七〇〇	臨汾、汾城
紫蘇	曲沃	八〇〇	四〇	一〇〇	河南
蕤仁	鄉寧	三、五〇〇	七〇〇	二、〇〇〇	曲沃、太平、新絳、
冬花	鄉寧	一〇五	一一	—	
扁蓄	鄉寧	一〇〇	一〇	—	
石榴皮	臨晉	三〇〇	九〇	二五〇	解縣
二丑	平遙、臨晉	五〇	八	四〇	解縣
蒲公英	汾陽、臨晉、	一五〇	一五	九〇	鄰縣
杏仁	永濟	五、〇〇〇	五〇〇	三、〇〇〇	解縣、禹縣
大薊	臨晉	二〇〇	二〇	一五〇	解縣
香附	臨晉	六〇	一八	五〇	解縣
貝母	解縣	七、八〇〇	七八〇	七、〇〇〇	河南

薄荷	汾陽、襄垣、絳縣、	八八〇	六九	—	
萊菔子	陽曲，絳縣、	七五〇	一一三	—	
蒼朮	汾陽、陽城、浮山、吉縣、鄉寧、萬泉、絳縣、垣曲	一二、〇〇〇	二、〇五三	八、六〇五	河南、清華、禹縣、濟南、天津、解縣、曲沃、
菖蒲	陽城、沁水、垣曲、	五、三九〇	一、二四四	四、七三〇	河南、清華、濟南、禹縣、
連殼	陽城、鄉寧、垣曲	六九、〇〇〇	一、四二五	五二、九〇〇	仝上
連翹	晉城、陵川、浮山、吉縣、絳縣、蒲縣、	一八、七五〇	二、九三六	一七、一二〇	河南、解縣、曲沃、天津、
茵陳	曲沃、臨晉、垣曲、	三、五〇〇	三三〇	九三〇	濟南、禹縣、
桔梗	浮山、垣曲、	七〇〇	五二	四〇〇	濟南、禹縣、
黃連	蒲縣	一、〇〇〇	五〇	八〇〇	河南
丹參	晉城	二、〇〇〇	二〇〇	一、五〇〇	河南
坤草	晉城	二〇、〇〇〇	二、〇〇〇	一〇、〇〇〇	河南
甘草	苛嵐、汾陽、平遙、介休、石樓、襄垣、和順、武鄉、壽縣、吉縣、鄉寧、汾西、蒲縣、大同、左雲	八九、三四〇	八、一二二	七〇、三二〇	安國、邢台、北平、天津、柳林、磧口、臨汾、解縣、太原、祁縣大谷
秦艽	苛嵐	六、三〇〇	九四五	五、二五〇	河南、祁縣、太谷、
百合	長治	一〇、〇〇〇	一、〇〇〇	—	
益母草	襄垣	三五〇	七〇	—	
沙參	襄垣	二五〇	五	—	
何首烏	平順	三〇〇	三〇	一〇〇	潞城、長治、安陽

荊芥	汾陽、平順、晉城、浮山、鄉寧	二五、一〇〇	七四三	一七、三五〇	河南、安陽、長治、潞城
小茴香	應縣	三二五	九七五	二七二	河北、祁縣
地骨皮	平遙、臨晉、河津、左雲	五、〇二〇	五〇二	七五〇	安國、解縣、
蓁椒	寧武	七、〇〇〇	三五	七、〇〇〇	天津、朔縣
猪苓	武鄉、神池、五寨、崞縣	一五、八九一	一、二八六	一四、七〇一	祁縣、邢台
羌活	交城、神池	七〇〇	七六	五〇〇	祁縣
半夏	代縣、崞縣	一、〇〇〇	五〇〇	八八〇	祁縣
赤芍	交城、崞縣、	九〇〇	二〇	四〇〇	祁縣
龍骨	榆社、保德、	一〇、九八〇	一、一〇〇	五、七八〇	上海、寧波、天津、
防風	浮山、鄉寧、臨晉、萬泉、聞喜、稷山、絳縣、垣曲、崞縣	一七、〇二〇	九三七	三、八八〇	新絳、夏縣、垣曲、禹縣、解縣、天津
柴胡	交城、襄垣、平順、晉城、武鄉、浮山、永濟、萬泉、崞縣	四〇、三九〇	五、四一五	二八、五五〇	祁縣、潞城長治、安陽、禹縣、解縣
黃芩	交城、汾陽、石樓、襄垣、平順、陽城、沁水、和順、榆社、武鄉、浮山、吉縣、鄉寧、永濟、解縣、聞喜、絳縣、垣曲、汾西、崞縣、保德	二二四、二七八	五、七五四	一七〇、一六〇	新絳、夏縣、垣曲、曲沃、解縣、天津、濟南、禹縣、臨汾、太平、河南
知母	石樓、襄垣、平順、榆社、武鄉、浮山、萬泉、聞喜、稷山、蒲縣、崞縣、保德	二八、一七四	一、五五四	一八、八八〇	柳林、磧口、潞城、長治、安陽、邢台、新絳、夏縣、垣曲、禹縣、解縣、祁縣
總計		一、一九五、三一三	一六三、七七九	九一二、六二三	

第十章 苧麻

一 概況

苧麻晉省亦名大麻，又名麻子；晉南一帶，則稱蓖麻爲大麻，稱苧麻爲小麻子。苧麻幹高六七尺至一丈上下，葉邊有長齒五個至九個，雄花與雌花異株，故有結籽者，有不結子者。麻筋長於幹皮裏層，粘着頗緊，收割以後，須在水內浸數天始可剝下。此項作物，苗細者分枝頗多，麻筋粗硬，苗稠者分枝頗少，麻筋細軟。

品種 苧麻有花麻，籽麻兩種；花麻亦名夏麻，又名白麻，成熟稍早，麻筋細軟，有花無籽，可織上等夏布。籽麻亦稱秋麻，又名青麻，麻筋粗硬，成熟稍遲。籽麻又因顆子大小，有大籽麻及小籽麻之分。

用途 苧麻上等者可作蚊帳、夏衣、襯衣、西服裏布、帆布；次等者可作繩索、漁網、麻包、口袋、及軍用舖蓋棚帳等，亦可造紙。麻籽可以榨油，又可炒食，用途不少。

二 栽培狀況

風土 苧麻宜溫暖濕潤之氣候，最畏暴風及霜，成熟時又略宜乾燥；過濕易使麻幹徒長，麻筋即不良好。

土質宜砂粘土或砂土。地勢宜在向陽之慢坡地及山岳地，如種於寬廣平坦地面，易受風害。山西氣候乾燥，故種苧麻之地多擇下濕或河灘內，粘質土及帶暗色之土地，亦尙適宜。

耕地及施肥

苧麻最宜連種，亦有與其他作物輪種者。種前作物爲白菜，馬鈴薯。玉蜀黍等；種後作物爲玉蜀黍小麥、胡麻、豌豆、及扁豆等。而以種麻以後再種玉蜀黍爲最佳。耕地次數，秋後深耕一次。春分前後，用人糞尿、廏肥、炕土、或漚麻土撒布地面，犂翻土中。亦有用羊臥地作基肥者，亦有混在種籽內隨犂抓入犂溝耮耱蓋土者。就農家經驗，以堆肥、炕土、及草木灰爲最佳。人糞尿不可多用。和順農家之種麻地，須耕六次。秋後耕三次，使土壤逐漸風化，故一次較一次爲深。春季亦耕三次，恐濕氣發散。故一次較一次爲淺。和順麻品質之佳，職是故也。

下種及鋤地

苧麻之種籽，連種二三年後，應與他家種籽交換一次，以防麻質變壞。下種節氣，省南在清明至穀雨前後，省北及省城附近，在立夏至芒種節。臨種之時，將檢好之種籽，簸揚乾淨，或用耬種，或混於糞內。抓入犂溝，或將種籽泡於水內，過一晝夜後，先將肥料撒於地面，再將種籽撒於肥料上，然後用犂順耕一次，再橫耕一次，翻蓋土中。種籽用量，每畝一升五合至四五升。無論何種種法，以在晴天下種爲最妙。如陰天下種，恐種後遇雨，地皮晒乾，幼苗不易出土。覆土宜淺，種籽宜稠。發芽日期，自三天四至八天九天。苗將出土時，易受鳥雀之啄害，須留心預防。苗長至二三寸時，用鋤或手間苗一次，苗間相離二三寸，行間相離六七寸至一尺上下。長至五六寸時，鋤地一次，壅土埋根，長至八九寸時再鋤一次。種在水地者，澆灌二三次至七八次不等。出苗一月後澆第一次，第二次宜多，以後連澆三四次。

收割

收割遲早與蔴質優劣，頗有關係。收割過早時，蔴質柔軟，光澤不佳，收割過遲時，蔴質粗硬，價值大減。故收割之時，以枝梢生出止葉。沿根葉子逐漸脫落，幹子稍帶黃色爲最合適。山西收蔴之節氣，花蔴在立秋至處暑前後，籽蔴在秋分至寒露前後，亦有在處暑前後，連花蔴帶籽蔴一時收穫者。臨收之時，擇晴亮天氣，用鐮割下，再用木刀割去蔴葉，分成長短兩種，約百株結束成捆，兩頭切齊。留籽之時，先收花蔴，繼收籽蔴，並無關係；一齊收者宜留下籽蔴數苗，待其成熟後留作來年種籽。

漚蔴法

漚蔴方法，有熱水冷水兩種：（一）在立秋至處暑前後，現割現漚者，名爲熱水漚蔴法，用此法漚下之蔴，質地細緻，顏色雪白，堅韌柔軟，做針線或紡織之用，最爲合適，漚蔴時期，因地方寒暖，天氣陰晴，不能一定。大約一晝夜至五六天不等。（二）在秋分後收穫，或在處暑節收穫後，放至霜降前後始漚者，名爲冷水漚蔴法，用此法漚下之蔴，蔴質粗糙，色不甚白，堅韌不柔，紡繩使用，尙稱相宜。漚蔴時期，約二十天上下。漚蔴時無論用熱水法或冷水法，須先掘一深五六尺，寬七八尺，長一丈上下之池，池底用石灰塗抹合適，以防漏水，將捆好之蔴束，密排池內，上用木椽，石塊壓住，再引河水或井水，漸漸灌入池內，每日添水二三次，使水常淹住蔴束。亦有在蔴池中間，橫鋪二繩，將割倒之蔴稈，削去枝葉，放入池內，用繩束緊，以大石和泥土壓住者。冷水漚蔴法，漚至七八天時，將上面石塊除去一小半，使把束疏鬆。如水色發白，水面起泡，麻皮上亦發生白色小泡時，抽出麻稈，細心驗看；若麻稈發脆，麻皮易脫，卽爲漚好之證，趕緊撈出。撈出以後，解開把束，用水洗淨，鋪於濕潤地方，晒一天後翻身，再晒一天，麻皮潔白，卽可貯藏，至閒暇時用水泡濕麻稈，剝下麻皮，以備應用。

三　面積及產量

面積　苧麻栽培面積，三十一縣共計一〇四、六〇〇畝。面積最大者爲長治，計二七、〇〇〇畝，臨縣次之。計一三、〇〇〇畝。和順又次之，計一〇、八四一畝；渾源亦一〇、〇〇〇畝，其他各縣，則皆在萬以下。

產量　乾麻常年產量。共計五六、三三七担，平均每畝產〇•五四担，亦以長治爲最多，計一八、九〇〇担，臨縣九、〇〇〇担，方山五、一〇〇担，其餘多在五千担以下。二十四年總產量爲五三、九九〇担，平均每畝產〇•五二担，較常年稍遜。

四　銷路

農人於苧麻收割漚好後，包扎成捆，每捆約六七十斤，用驢騾馱至市場銷售。此項市場，有永久者，有每隔數日一集者。再由麻行或麻商販運至銷地。

各縣苧麻縣外銷量，共計三七、一一〇担，佔總銷量六八·七七%。其中銷至本省各縣者，約計一七、九六二担，行銷外省者，約計一九、一四八担。

省內行銷地點，多爲太原、汾陽、清源、太谷、祁縣、交城、文水、晉城、高平、臨汾、翼城，平定、代縣、繁峙、朔縣等處。省外行銷地點，多爲河北之順德、獲鹿、邢台；河南之輝縣，林縣、獲嘉；彰德、修武；及陝西綏遠等地。

苧麻價格，近年亦見跌落。以三十一縣每百斤平均價計之，自民國十九至二十三年五年間，最高價自二一·五七元跌至一二·五八元，計跌四一·六八%。最低價自一六·八三元跌至八·六〇元。計跌四八·九〇%。普遍價自一九·〇〇元跌至一〇·七五元，計跌四三·四二%。

山西省三十一縣最近五年苧麻每百斤平均市價統計表

年份	最高（元）	最低（元）	普通（元）
民國十九年	二一·五六	一六·八三	一九·〇〇
民國二十年	二一·二五	一六·四七	一八·七五
民國廿一年	一六·三三	一二·〇〇	一四·三〇
民國廿二年	一三·五〇	九·三三	一一·四二
民國廿三年	一二·五八	八·六〇	一〇·七五

山西省各縣苧蔴產銷統計表

縣別	栽培面積（畝）	常年產量（担）		二十四年產量（担）		銷量（担）		銷路
		總數	每畝	總數	每畝	縣內	縣外	
興縣	一、三〇〇	〇·四〇	五二〇	〇·四〇	五二〇	五二〇	—	

臨縣	一三、〇〇〇	〇・七〇	九、一〇〇	〇・七〇	九、一〇〇	三、一〇〇	六、〇〇〇	汾陽、清源
離石	一、五〇〇	〇・七〇	一、〇五〇	〇・六五	九七五	二七五	七〇〇	汾陽
方山	八、五〇〇	〇・六〇	五、一〇〇	〇・六〇	五、一〇〇	一〇〇	五、〇〇〇	太原及南路各縣
長治	二七、〇〇〇	〇・七〇	一八、九〇〇	〇・六〇	一六、二〇〇	六〇〇	一五、六〇〇	河北順德、河南彰德
長子	五、二二〇	〇・五〇	二、六一〇	〇・六〇	三、一三二	二三〇	二、九〇二	太谷、祁縣、交城、文水
屯留	一、〇〇〇	〇・六〇	六〇〇	〇・六〇	六〇〇	六〇〇	—	
襄垣	一、〇〇〇	〇・四〇	四〇〇	〇・三五	三五〇	三五〇	—	
黎城	一、三〇〇	〇・三〇	三九〇	〇・三〇	三九〇	三九〇	—	
壺關	四六八	〇・六〇	二八一	〇・六〇	二八一	八一	二〇〇	河南
陵川	三、九四〇	〇・五〇	一、九七〇	〇・四〇	一、五七六	二五〇	一、三二六	晋城、高平、河南、輝縣、獲嘉、林縣、修武
遼縣	四、七八五	〇・四〇	一、九一四	〇・三〇	一、四三六	五九六	八四〇	河北順德、河南武安
和順	一〇、八四一	〇・二〇	二、一六八	〇・二〇	二、一六八	一六〇	二、〇〇八	太原、河北、獲鹿、邢台
榆社	三、五〇〇	〇・四〇	一、四〇〇	〇・四〇	一、四〇〇	一、四〇〇	—	
武鄉	一、五〇〇	〇・六〇	九〇〇	〇・五〇	七五〇	七五〇	—	
昔陽	一、四五〇	〇・四〇	五八〇	〇・四〇	五八〇	二八〇	三〇〇	平定、河北獲鹿
襄陵	一〇	〇・六〇	六	〇・六〇	六	六	—	
浮山	八六六	〇・四〇	三四六	〇・三〇	二六〇	二二六	三四	臨汾、翼城

芮城	八〇	〇・四五	三六	〇・五〇	四〇	四〇	—
新絳	九二〇	〇・三〇	二七六	〇・二八	二五八	二五八	—
絳縣	四二八	〇・一〇	四三	〇・〇七	三〇	三〇	—
隰縣	九〇	〇・八〇	七二	〇・八〇	七二	七二	—
蒲縣	一二	〇・六〇	七	〇・六〇	七	七	—
渾源	一〇、〇〇〇	〇・四〇	四、〇〇〇	〇・五〇	五、〇〇〇	五、〇〇〇	—
應縣	四一〇	〇・七〇	二八七	〇・六〇	二四六	二四六	—
靈邱	八〇〇	〇・七〇	五六〇	〇・六〇	四八〇	四八〇	—
廣靈	三、〇〇〇	〇・七〇	二、一〇〇	〇・七五	二、二五〇	二五〇	二、〇〇〇	代縣、繁峙、朔縣
忻縣	五〇〇	〇・一二九	六〇	〇・一四三	七二	七二	
代縣	三三〇	〇・二〇	六六	〇・二〇	六六	六六	—
五台	三五〇	〇・七〇	二四五	〇・七〇	二四五	二四五	—
河曲	五〇〇	〇・七〇	三五〇	〇・八〇	四〇〇	二〇〇	二〇〇	綏遠、陝西
總計	一〇四、六〇〇	〇・五四	五六、三三七	〇・五二	五三、九九〇	一六、八八〇	三七、一一〇	

第十一章　胡麻籽

一　概說

名稱　胡麻學名亞麻。顆粒形狀，較芝麻稍大。顏色較芝麻爲紅。性質較芝麻耐寒，故省北及省城附近不種芝麻之處，皆種胡麻。全省栽培者共二十一縣，栽培面積四二三、九一〇畝。常年產量一四三、七三九担，二十四年產量一三八、三五九担。

品種　胡麻有紅、黑、黃、白數種。紅胡麻收量最大，油質最多。每籽一斗，可榨油七八斤。白胡麻次之，黃黑兩種最劣。故省北所種者，多爲紅胡麻。

用途　胡麻籽爲晉北主要榨油原料，榨成之油，名胡麻油，或簡稱胡油，以之食用點燈，爲日用必需品之一。油餅可作肥料，又可飼畜。稭稈漚麻，可作西服之襯頭，飛機之翅子，及飯簞台布等用。

二　栽培狀況

風土　胡麻宜寒冷氣候，故多種於省北山岳地帶，省南氣候濕暖，種植不多。土質最宜砂壤土或砂粘混合土，黑色腐植質壤土，尤爲相宜。故種於新墾地內。收量既大，品質又佳。地勢在背陰地種者，較向陽地爲良。

耕地及施肥　胡麻常與他種作物輪種。種前之作物爲玉蜀黍、穀子、莜麥、豌豆、黍子、高粱等；種後之作物爲馬鈴薯、黑豆、穀子、扁豆、小麥、莜麥等。亦有與穀子、或黑豆、黃芥等間種者。耕地時期，秋季開犂深耕一次，臨種時再深耕一次。將人糞尿、廐肥、堆肥、撒布地面，犂翻土中。亦有混於籽內隨犂抓入犂溝者。每畝肥料用量，人糞尿約二百斤至一千斤，廐肥三四百斤至一千四五百斤。

下種及鋤地　胡麻下種節氣，自清明至芒種不等，而以立夏爲最合宜。臨種之時，將種籽用扇車或簸箕搧簸乾淨，或用耬種，或混於糞內，隨犂抓入犂溝，耙耱平坦。亦有先將（種籽與糞）攪拌均勻，撒布地面，犂翻土中，用木鎚打碎土塊，用耙耱平者。若在玉蜀黍穀子等地內間種時，將壟背上用钁子刨成小壕，留籽壕內，蓋薄土少許。發芽日期，大約六七天至十一二天。苗長至二三寸時，鋤草一次，多不間苗。開花時再深鋤一次。若苗子過稠，亦有間苗者。種於水地內，若遇天氣過早，可澆灌一二次。

收割　胡麻收穫節氣，早自處暑前後，遲至寒露節。收穫方法，用鐮割下，運回場中。晒乾後用連枷打下，或碌軸碾下，挑去稭稈，收堆一處，用木鍁或扇車，搧揚乾淨，卽可貯藏。

三　面積及產量

面積　胡麻栽培面積，二十一縣共計四二三、九一〇畝，平均每縣二〇、一八六畝。面積最大者爲神池，計一〇四、五〇〇畝，左雲次之，計八〇、〇〇〇畝，平魯又次之，計七四、〇〇〇畝。

產量　胡麻籽常年產量，共計一四三、七三九担，平均每畝產〇・三三九担。產量亦以神池爲最多，計三六、五七五担，平魯次之，計二三、二六〇担，右玉又次之，計一六、六五三担。左雲一三、二〇〇担，山陰一一、二五〇担。其餘各縣則皆在萬担以下。二十四年總產量較常年稍遜，共計一三八、三五九担。平均每畝計產〇・三二六担。

四　銷路

胡麻籽之銷路，多限於本縣，作榨油之原料，其有餘輸出縣外者，僅七縣，共二六、二一九担，佔二十四年總產量一九・一〇%。此項外銷胡麻籽，亦僅以行銷省內各縣爲限。

山西省各縣葫麻子產銷統計表

縣別	栽培面積(畝)	常年產量(担)		二十四年產量(担)		銷量(擔)		行銷地點
		每畝產量	總產量	每畝產量	總產量	縣內	縣外	
岢嵐	一、二四〇	〇・四〇五	五〇二	〇・三六	四四六	二八八	一五八	崞縣、原平
離石	一、二〇〇	〇・五四	六四八	〇・四五	五四〇	五四〇	—	
長治	三六〇	〇・七二	二五九	〇・七二	二五九	二五九	—	
襄垣	二、〇〇〇	〇・四五	九〇〇	〇・四五	九〇〇	九〇〇	—	
和順	一〇、八四一	〇・八〇	八、六七三	〇・八〇	八、六七三	八、六七三	—	

翼城	一五〇	〇・六〇	九〇	〇・四八	七二	七二	—	
吉縣	一、三〇〇	〇・五一六	六七一	〇・四八	六二四	六二四	—	
大同	一二、〇〇〇	〇・三〇	三、六〇〇	〇・三六	四、三二〇	四、三二〇	—	
渾源	二四、〇〇〇	〇・三六	八、六四〇	〇・三六	八、六四〇	八、六四〇	—	
應縣	一、六二四	〇・六三	一、〇二三	〇・五四	八七七	八七七	—	
山陰	二五、〇〇〇	〇・四五	一一、二五〇	〇・五四	一三、五〇〇	四、五〇〇	九、〇〇〇	大同
靈邱	七、〇〇〇	〇・五〇四	三、五二八	〇・五四	三、七八〇	三、七八〇	—	
廣靈	三、二〇〇	〇・四八	一、九三六	〇・六〇	一、九二〇	一、九二〇	—	
陽高	五、五〇〇	〇・四八	二、六四〇	〇・四八	二、六四〇	二、六四〇	—	
右玉	三五、五八三	〇・四六八	一六、六五三	〇・四五〇	一六、〇一二	一二、七六一	三、二五一	朔縣
朔縣	二五、二一〇	〇・二四	六、〇五〇	〇・二四	六、〇五〇	六、〇五〇	—	
左雲	八〇、〇〇〇	〇・一六五	一三、二〇〇	〇・二二	一七、六〇〇	八、八〇〇	八、八〇〇	忻縣、崞縣、太原、太谷、平遙
平魯	七四、二〇〇	〇・三〇	二二、二六〇	〇・三〇	二二、二六〇	一九、二五〇	三、〇一〇	朔縣
神池	一〇四、五〇〇	〇・三五	三六、五七五	〇・二五	二六、一二五	二五、一二五	一、〇〇〇	寧武、崞縣
五寨	八、〇〇二	〇・六〇	四、八〇一	〇・三六	二、八八一	一、八八一	一、〇〇〇	朔縣、寧武
忻縣	一、〇〇〇	〇・二四	二四〇	〇・二四	二四〇	二四〇	—	
總計	四二三、九一〇	〇・三三九	一四三、七三九	〇・三二六	一三八、三五九	一一二、一四〇	二六、二一九	

第十二章　花生

一　概說

花生爲落花後生長莢實之農作物，以其實可搾油，故屬於油料類植物，亦有以其顆粒與豆相似而列於豆類者。性喜溫暖，晉省僅南部氣候，略宜生長，所搾出之油，質不及芝蔴，量不及油菜，故晉省栽種不多，卽有種植，亦不專供榨油之用。

品種　花生有長蔓及短蔓兩種，栽培情形大致相同。

(一)長蔓種　長蔓種俗名大花生。以其傳入年代較近，故亦名洋花生，蔓長四五尺，就地生長，葉極茂盛，莢形圓長，每莢含有實籽二三顆，實形較大，炒熟食之，氣味頗佳。

(二)短蔓種　短蔓種俗名小花生，以其傳入年代已遠，故亦名本地花生，苗高二尺上下，向上直立生長，上梢之花，多不結莢，顆粒較小，以之榨油，較爲相宜。

用途　花生可供榨油及炒熟食用，亦有以炒熟之仁和以餳糖，製造點心者。

二　栽培狀況

氣候土壤

花生宜溫暖乾燥之氣候，晉省南部，栽培尚屬相宜。土質宜砂土或砂粘混合土，粘土地不利生長，地勢宜在平坦向陽或高燥之處，若栽植於下濕或背陰之地，則結實不良。

輪種

花生與麥，穀，玉茭子等輪種。但亦宜連種，連種易生灰心病，輪種則可減少。

耕地及施肥

栽植花生之地，宜於秋季，深耕一次，下種時，再耕一次，以鬆土質。施肥多為一次，有於耕地時，施糞於地面，犂翻土中者，亦有於開花前，撒糞地面，壅土埋根，或撒肥後用水澆灌者，更有於耕地及開花時俱施肥者，惟不多耳。

下種

花生之下種期，早自清明節，遲至芒種節，下種之時，先剝取莢內之粒實，勿傷外皮，然後隨犂點種犂溝，耰耱蓋土，亦有犂地成小畦，按六七寸至一尺之距離，掘穴點種者，每穴置種籽六七顆。每畝約需種籽十斤。下種後六七日至十二三日即可出芽。

管理

苗高二三寸時，鋤草一次，以後每雨一次，即深鋤一次，以疏鬆地土，便利生長，至開花時止。嫩芽出土時，驚趕鴉鵲，使勿食嫩芽。亦有以煤油浸籽，歷十分鐘，拌以草木灰下種，以防鴉鵲刨食。

收穫

花生之收穫期，早自白露節，遲至霜降節，收穫之法。先割取地苗：用禿犂將土犂鬆：一寸左右，然後連莢帶土，收堆一處，以大鐵篩篩淨砂土，晒乾貯藏。每畝收量，旱地及山地約一二百斤，水地自二百斤至四百斤。

三 產銷

面積 據此次調查，晉省以風土之不甚宜於花生之生長，種植並不普遍，共計二八、〇七二畝，以晉城種植最多，計九、八〇〇畝，永濟次之，計八、一九五畝，河津及沁水又次之，在三千畝左右，其他各縣在千畝以下，自數百畝至數十畝不等。

產量 晉省花生之常年產量爲六七、三二三担，本年以收成不佳，產量減至五一、二五四担，其中以晉城產量爲最多，計一九、六〇〇担，永濟次之，計一六、三九〇担，河津又次之，計三、五二八担，文水，襄垣，沁水，平陸等縣各產二千担上下，其他各縣產量，自數十担以至數百担不等。

銷售 晉省所產花生，大半爲當地所消費，計三二、二七八担，有餘運銷縣外者，僅淸源、文水、襄垣、陽城、沁水、吉縣、永濟等七縣，計一八、九七六担，內中除多數爲鄰縣互相銷售外，陽城則運銷河南、永濟則運銷陝西潼關，茲將山西各縣花生產銷統計列表於后：

山西省各縣花生產銷統計表

縣別	栽植面積(畝)	常年產量(担)		本年產量(担)		銷量(担)		外銷地點
		每畝數	總數	每畝數	總數	縣內	縣外	
淸源	五二九	八〇	四二三、二〇	·七三	三八六、一七	一一六、七九	二六九、三八	太原市
文水	八三〇	一·八〇	一、四九四、〇〇	一·八〇	一、四九四、〇〇	五九七、六〇	八九六、四〇	汾陽、孝義、介休、平遙

襄垣	八〇〇	二·〇〇	一、六〇〇、〇〇	二·〇〇	一、六〇〇、〇〇	六〇〇、〇〇	一、〇〇〇、〇〇	鄰縣
黎城	一四〇	一·三四	一八七、六〇	六·〇〇	八四〇、〇〇	八四〇、〇〇	—	
晉城	九、八〇〇	二·五〇	二四、五〇〇、〇〇	二·〇〇	一九、六〇〇、〇〇	一九、六〇〇、〇〇	—	
陽城	二八〇	二·〇〇	七〇〇、〇〇	三·〇〇	八四〇、〇〇	六五五、〇〇	一八五、〇〇	河南
沁水	二、四〇〇	·八五	二、〇四〇、〇〇	·九〇	二、一六〇、〇〇	二三五、〇〇	一、九二五、〇〇	河東道各縣
襄陵	二〇	·九〇	一八、〇〇	·八〇	一六、〇〇	一六、〇〇	—	
吉縣	五〇〇	一·一〇	五五〇、〇〇	一·二〇	六〇〇、〇〇	三〇〇、〇〇	三〇〇、〇〇	大寧、鄉寧、蒲縣
永濟	八、一九五	三·五〇	二八、六八二、〇〇	二·〇〇	一六、三九〇、〇〇	一、九九〇、〇〇	一四、四〇〇、〇〇	芮城、解縣、安邑、陝西潼關
榮河	三〇〇	三·〇〇	九〇〇、〇〇	三·〇〇	九〇〇、〇〇	九〇〇、〇〇	—	
夏縣	二〇〇	四·〇〇	八〇〇、〇〇	四·〇〇	八〇〇、〇〇	八〇〇、〇〇	—	
平陸	二〇〇	六·〇〇	一、二〇〇、〇〇	七·〇〇	一、四〇〇、〇〇	一、四〇〇、〇〇	—	
河津	三、五二八	一·〇〇	三、五二八、〇〇	一·〇〇	三、五二八、〇〇	三、五二八、〇〇	—	
聞喜	三五〇	二·〇〇	七〇〇、〇〇	二·〇〇	七〇〇、〇〇	七〇〇、〇〇	—	
總計	二八、〇七二	二·三四	六七、三二二、八〇	一·八三	五一、二五四、一七	三二、二七八、三九	一八、九七五、七八	

第十三章　水果

一　果子

一　概說

果子顏色美麗，氣味清香，酸甜適口，能消化開胃，爲水菓中之上品，在歐美稱爲高等果品，日本譽爲果中王子，不但宜於生吃，且能製造他種食料，晉省以風土之相宜，故栽植頗多，在山西全省一百〇五縣中，除極少數縣份外，無不栽植，計有一九五、四六九株，產果子二〇、一五二、八〇五斤。

品種

晉省之果子，以果實之顏色，形狀，性質及成熟之遲早，種類頗多：

(一)蘋果　蘋果亦稱苹果，又曰吊蘋，果實頗大，每個重約四兩，周圍圓形，頂低稍平，底面較大，果柄甚短，皮色淡紅，亦有半紅半白者，質鬆味甜，頗有香味，能耐久藏，穀雨前後開花，立夏前後結果，處暑前後成熟。

(二)檳果　檳果亦曰冰果，又稱花紅，果實中常，皮色紫紅而散佈小白點，十分成熟時則面着白粉，形狀有頂底稍平而似蘋果者，亦有兩頭稍小，中間肥大者，果柄稍長，香氣頗大，皮厚質鬆，味酸甜而略帶澁氣，立秋節至白露節前後成熟。故亦稱秋果。

（三）大紅果　大紅果亦稱砂果，又稱秋果及高桁，果實中常，皮色鮮紅，面着白粉，周圍圓形，頂底稍平，頭部較大，果柄甚長，皮薄質砂，味氣酸甜，生熟俱可吃用，結果甚多，不耐久藏，大暑至立秋前後成熟。

（四）香果　香果亦稱紅果，果實中常，皮色深紅，亦有作花紅色者，味氣清香，質不甚砂，不耐久藏，立秋前後成熟。

（五）黃果　黃果實小，皮色黃白。皮厚質綿，味氣甜澁，未成熟時，頗不可口。

（六）蜜果　蜜果亦稱夏砂。又稱夏熟果及銀果，果實甚小，皮黃白而薄，形狀扁圓，果短味甜，夏至節前後成熟。

（七）海紅子　海紅子形圓似元宵，亦有長圓形者，皮色通紅，味氣酸甜，頗宜製果丹皮，秋分節前後成熟。

此外有山菓紅、夏荏紅、秋荏紅、艶桂紅、海棠子、菊梨子、海秋子、秋紅果、梨錦、林檎、奈子等名稱。

用途

果子除食用外，並能製造果酒，果糖，乾果，罐頭及果丹皮等，晉省所產，多生食及切片曬乾食用，河曲、偏關、保德等處，多有以海紅子製果丹皮者，製造方法係於海紅子成熟時，無論優劣　一律摘下，先用砂鍋煮軟，再放於銅篩內，手包白布，自篩孔揉擦而下，再將揉下之糊汁，和以冷水，攪拌均勻，又從馬鬃篩濾下，再將濾下之水汁，以砂鍋熬成稀醬糊狀，倒置塗以麻油平光木板上，用木刮刮攤均勻，不使有過厚過薄之處，曝於日下，倘爲晴天，一日可曬成。

二　栽培狀況

氣候土質　果樹宜乾燥而稍寒冷之氣候，過熱過濕，均不適宜，故懷仁所產蘋果，特別良好。土質宜壤土及砂質壤土，絕不宜腐植質土地，地勢宜高燥向陽之處，開花期間畏冷風之侵襲，故果園之北，宜築墻垣，以避冷風。

繁殖　晉省果樹之佳者，多係以海棠子，奈子，夏砂果等樹之根幹爲砧木，而以蘋果，檳果，大紅果等樹之枝芽爲接穗，行接芽法所培成。若以果種播種，其作用在於培養苗木，而不盡爲收穫果實。

培苗　培苗方法，係於立夏節後，將栽地分畦，掘二寸許深之小穴，選擇良好之種籽，點置穴內，常以水澆灌，不使乾燥，經二三星期後，卽可出芽。亦有於秋季食果時，將種籽剝下，種於盆內，置諸溫暖之所，使其出芽，出芽後，經二三年，長達二丈左右，移栽園野，次年春季，卽可行接木法。

接木　培植方法，通常有根接法，梢接法，分根法三種：

(一)根接法亦曰土接，於春分至清明節前後，無風晴日，上午九時至一時，先將充砧木之(苗木)，自離地一二寸或二三寸處，以鋸切斷，刮削平光，再將充接穗之枝條，切成一寸至二三寸之短節，下端削成箆狀或木楔狀，含於人嘴，然後用快刀在樹之皮裏接連木質處切一小口，成一字溝或十字溝狀，將含於口中之接穗，插入砧木切口內，使皮與皮，木質與木質適合，縛束堅固，用土掩埋，祇將尖端露出，或糊以膠泥，壅土埋實，再蓋以去底之盆。接木完成後，須常灑水，不使乾燥，半月後，即可生新芽，若非接穗所出之新芽，盡行除去，於是接木手續告成。亦有將砧木自離地二三寸至四五寸處切斷，再以木鑿在木質與樹皮之間。鑿成半寸深之小溝四個至六個，然後將接穗四根或六根，下端削成三稜狀，分插於溝內，安對適合，照前法掩埋，使其生長。

（二）梢接法亦稱芽接或靨接，係在夏至至小暑前後，將生長一二年之苗木，削去梢端，留下一尺左右之樹身，在離地二三寸高處，切一丁字形口，然後將帶有芽苞之接穗枝條，按七八分長短，微帶木質，以刀削下，含於口中，再將砧木切口處之樹皮輕輕剝起，插上接穗，安對適合，仍將樹皮放下，蓋住切口，上下兩端用麻皮纏好，再用牛糞和泥土塗抹於接口，經二十日左右，即可出芽。如恐接木不甚可靠，則於砧木上接以接穗二三枝，新芽長至四五寸時，除去蔴皮，使其生長，再經六七年，便可結實。亦有行套接法者，此種接法，通常稱爲熱粘皮及搭筒接或戴帽接。其法爲擇晴亮之日，將二年生之接穗嫩枝，用刀砍下，估量其粗細，留有二三葉之部位，長約一寸五六分，切去上梢，摘去葉子，用快刀割開周圍之樹皮，用手檽活，預將砧木所需用之數枝芽葉摘去，切去上梢，再將留下之斷枝，由上部撕開，然後將擰活之接穗皮，慢慢抽下，如套筒般套諸砧木之撕開處，漸剝漸套，至套緊時將下端撕開之皮，用力割齊，與接穗之皮套好，並將上梢露出之木質，亦與接穗之皮剪齊，接後三五日，如無雨水，即可成活。亦有於接木時，將砧木上不需之枝芽，盡行切去者，更有接穗成活後，始將其餘枝芽切除者，在個人之經驗決定之。

分根

(三)分根法係穀雨節前後，將大果樹根際生出之小果樹，連根帶土，掘離老樹，按根部之大小，掘一小穴，穴中塞以糞土，用水澆濕，然後將掘下之小樹栽入，用土埋好，以足踏實，再將根際泥土，壅一小池，以便澆水，生長五六年後，雖不行接木法，亦可結實，此法靜樂縣多用之。

管理

果樹成活後，須加以管理，始能生長適宜，結實繁多，此種管理方法，因果樹之大小而異：

(一)小樹之管理　新栽之小苗或剛行接木之小樹，須不時灑水，以防乾燥，每年秋末冬初，施肥一次，以助地力。冬天則用蒿草或棉花纏裹，或將其彎屈於地，蓋以瓦罐，或拴一小磚塊於樹枝，以防凍死。至於鬆地，鋤草，除虫等手續，皆不可少。

(二)大樹之管理　長成的果樹，於秋季落葉後至春季發芽前，除施肥灌水外，再視果樹之形況而行摘芽、剪枝，割傷等手續。摘芽則摘除葉芽而留花芽，剪枝則剪除長枝而留短枝，蓋果樹枝幹，有閑長枝及結實枝之分，閑長枝不能開花結實，徒耗生長力，結實枝又有長短枝之分，花芽俱由頂芽生成，故須剪除長枝而任短枝之生長，割傷係用刀將樹皮割成條口，以減其壓力而利生長。此外結果過多，則加以摘除，開花期內，於根際掘開穴孔，注以鷄糞，灌以水，用土埋實，以免受凍害風害及虫害。春季將樹根掘開，不傷根條，曬晾數日，以除吃根之核桃虫。下雨後或用噴壺將樹葉灑濕，撒以灶灰，以減捲葉虫，用硫黃燻殺或剷去老皮，以除吃樹幹之虫。

採收

果子成熟，則用長桿，頂端安插鐵杈，以之夾住果柄，輕輕摘下。亦有登高方櫈或木梯之上，用手摘下者。摘時有必須注意者：一、不可擦傷果皮，否則易致糜爛；二、採取果實，宜擇明晴無露水之日，因早起及有露水時，果樹一經搖動，則其葉變黃，不結果實，或竟因之枯死，此種變黃枯死之現象，吾人通常稱為燒了；三、採摘果子，萬不可登樹，因人之體溫，與果樹過於接近，則樹皮鼓脹而脫落，或竟致枝梢枯乾。果子自樹上摘下後，裝以鋪以紙張之簍筐內，貯藏於清涼乾燥室中，如為不耐久藏之果子，則摘下即須食用，以免腐爛。

三　產銷

株數

據此次調查，山西栽植果樹株數，以崞縣為最多，計四九、五〇〇株，榆社次之，計一八、三六〇株，汾陽又次之，計一五、〇〇〇株，榆次、太谷、汾城三縣亦在一萬株以上，其他各縣，則自數十株至數千株。每株產量，因樹之大小及品種之優劣而有多少，自十五斤以至六百斤，平均每株產一〇三斤。

產量

產量以崞縣最多，計產、五、四四五、〇〇〇斤，榆社次之，計產二、二〇三、二〇〇斤，汾陽、離石懷仁、又次之，亦在一百萬斤以上。太谷、洪洞、渾源、等縣各產八九十萬斤左右，榆次、清源、平遙、臨縣、屯留、黎城、高平、武鄉、襄陵，汾城、曲沃、鄉甯、永濟、平陸、靈石、隰縣、應縣、靈邱、天鎮、偏關等縣所產在十萬至五十萬斤之間，其他各縣則均不足十萬斤，大寧、吉縣、襄垣、陽城、陵川、陽曲等縣、則僅產數千斤。

銷售

晉省所產果子，除各縣就地消費食用一二、四五二、七一一斤外，餘則外銷縣外，計七、二三二、〇九四斤，此中除省內鄰縣互相銷費外，太谷、陽城、永濟、夏縣、芮城、懷仁、陽高、天鎮、偏關、崞縣、河曲等外銷數量之一部份，銷路遠達綏遠、包頭、石家莊、河南、陝西等處。茲將山西省各縣果子產銷量列表於后：

山西省各縣果子產銷統計

縣別	栽植株數	每株產量(斤)	總產量(斤)	縣內銷產(斤)	縣外銷量(斤)	外銷地點
陽曲	四五	一〇〇	四、五〇〇	四、五〇〇	—	
太原	一七九	七〇	一二、五三〇	一二、五三〇	—	
榆次	一〇、〇二〇	二〇	二〇〇、四〇〇	一五〇、四〇〇	五〇、〇〇〇	太原、太谷
太谷	一二、五〇〇	七七·六	九七〇、〇〇〇	四四〇、〇〇〇	五三〇、〇〇〇	榆次、太原、祁縣、文水、徐溝、陽曲、及石家莊
清源	三、五四二	四五	一五九、三九〇	四二、一二六	一一七、二六四	太原市、文水、夏城、太原、
交城	七九八	一二〇	九五、七六〇	九五、七六〇	—	

文水	四六〇	一六〇	七三、六〇〇	七三、六〇〇	—	
汾陽	一五、〇〇〇	一〇三・二	一、五四八、〇〇〇	一、一六八、〇〇〇	三八〇、〇〇〇	鄰縣
平遙	一、〇九八	一八〇	一九七、六四〇	一九七、六四〇	—	
臨縣	三、一二〇	一五〇	四六八、〇〇〇	四六八、〇〇〇	—	
離石	一、七〇九	六〇〇	一、〇二五、四〇〇	一、〇二五、四〇〇	—	
長治	二四〇	一〇〇	二四、〇〇〇	二四、〇〇〇	—	
長子	二二五	一六〇	三六、〇〇〇	三六、〇〇〇	—	
屯留	五、四五〇	二七・四	一四九、〇〇〇	一四九、〇〇〇	—	
襄垣	二二〇	三〇	六、六〇〇	六、六〇〇	—	
黎城	五〇〇	二〇〇	一〇〇、〇〇〇	四〇、〇〇〇	六〇、〇〇〇	長治
壺關	四八	一五	七二〇	七二〇	—	
高平	四、三〇〇	一〇〇	四三〇、〇〇〇	三〇〇、〇〇〇	一三〇、〇〇〇	長治、長子、陵川、晉城
陽城	五〇	四〇	二、〇〇〇	一、五〇〇	五〇〇	晉城、高平，及河南
陵川	四八	五〇	二、四〇〇	二、四〇〇	—	
榆社	一八、三六〇	一二〇	二、二〇三、二〇〇	二、二〇三、二〇〇	—	
沁縣	七〇	二〇〇	一四、〇〇〇	一四、〇〇〇	—	
武鄉	七二〇	二四〇	一七二、八〇〇	一二〇、五〇〇	五二、三〇〇	榆社、遼縣、襄垣

昔陽	八五	二〇〇	一七、〇〇〇	一五、〇〇〇	二、〇〇〇	鄰縣
襄陵	一、三〇〇	一五〇	一九五、〇〇〇	一五七、〇〇〇	三八、〇〇〇	汾城縣、古城鎮
洪洞	二、七六〇	二五〇	六九〇、〇〇〇	四六三、〇〇〇	二二七、〇〇〇	安澤、臨汾、霍縣
汾城	一二、〇〇〇	二〇	二四〇、〇〇〇	二四〇、〇〇〇	—	
曲沃	一、八〇〇	一〇〇	一八〇、〇〇〇	一八〇、〇〇〇	—	
吉縣	三〇	二〇〇	六、〇〇〇	六、〇〇〇	—	
鄉寧	一、〇〇〇	一二五	一二五、〇〇〇	一二五、〇〇〇	—	
永濟	一、三四四	一一〇	一四七、八四〇	一一三、八四〇	三四、〇〇〇	臨晉、芮城、虞鄉、陝西、平民、朝邑、潼關
虞鄉	一、〇四六	七〇	七三、二二〇	七三、二二〇	—	
榮河	一、〇〇〇	八〇	八〇、〇〇〇	三〇、〇〇〇	五〇、〇〇〇	鄰縣
萬泉	八〇〇	四〇	三二、〇〇〇	一二、〇〇〇	二〇、〇〇〇	鄰縣
夏縣	一、八五〇	四〇	七四、〇〇〇	二八、〇〇〇	四六、〇〇〇	安邑、運城、及河南、陝州、
平陸	二、九三六	八〇	二三四、八八〇	一五〇、〇〇〇	八四、八八〇	鄰縣
芮城	一、九〇〇	一一〇	二〇、九〇〇	一一、九〇〇	九、〇〇〇	潼關、閿鄉
新絳	三六九	一五〇	五五、三五〇	五五、三五〇	—	
稷山	一、五〇〇	二〇	三〇、〇〇〇	三〇、〇〇〇	—	
靈石	一、二四八	二〇、	二四九、六〇〇	二四九、六〇〇	—	

隰縣	二、六〇〇	五〇	一三〇、〇〇〇	一三〇、〇〇〇	—	
大寧	六〇	六〇	三、六〇〇	三、六〇〇	—	
永和	一五四	一〇〇	一五、四〇〇	一五、四〇〇	—	
蒲縣	一八五	二〇〇	三七、〇〇〇	三七、〇〇〇	—	
大同	五二〇	一〇〇	五二、〇〇〇	五二、〇〇〇	—	
渾源	四、八〇〇	一六八・七	八一〇、〇〇〇	八一〇、〇〇〇	—	
應縣	三、九〇〇	一〇〇	三九〇、〇〇〇	三九〇、〇〇〇	—	
懷仁	七、〇〇〇	一六八・八	一、五九一、七五〇	六〇〇、〇〇〇	九九一、七五〇	鄰縣僉及綏遠
靈邱	三、一二〇	八〇	二四九、六〇〇	八〇、〇〇〇	一六九、六〇〇	廣靈
廣靈	七四四	一〇〇	七四、四〇〇	七四、四〇〇	—	
陽高	四〇一	二五	一〇、〇二五	七、〇二五	三、〇〇〇	鄰縣、及綏遠、
天鎮	三、二四三	八〇・八	二六二、一〇〇	三八、三〇〇	二二三、八〇〇	綏遠、和興縣、
偏關	五、〇〇〇	五〇	二五〇、〇〇〇	四〇、〇〇〇	二一〇、〇〇〇	綏遠、大同
岢縣	四九、五〇〇	一一〇	五、四四五、〇〇〇	一、八四五、〇〇〇	三、六〇〇、〇〇〇	綏遠、大同、包頭、太原
保德	一、三一二	八一・七	一〇七、二〇〇	一〇四、二〇〇	三、〇〇〇	鄰縣
河曲	一、二六〇	三〇〇	三七八、〇〇〇	一七八、〇〇〇	二〇〇、〇〇〇	陝西、綏遠、及省南各縣
總計	一九五、四六九	一・〇三	二〇、一五二、八〇五	一二、四五二、七一一	七、二三二、〇九四	

二　棗

一　概說

棗樹枝幹稀疏，外皮粗厚，花小實繁，果實先青後白，充分成熟時，大部紅色，略帶紫氣，味甜質脆，至爲可口，且生長頗易，年內卽可結實，故棗樹之在晉省水菓樹中，與果子居同等之地位，安邑及稷山所產，尤負盛名。全省計有棗樹一、八四二、〇〇三株，產量八一、二二六、六四五斤。

品　種

棗之品種，以形狀及性質之不同，種類甚多：

(一)硬棗　硬棗又稱笨棗或大棗，卽通常所謂之棗，果實長圓，頂底稍平，皮色紫紅，肉厚核大，味甜水少而質脆，成熟頗遲，除供生食及蒸煑食用外，更可作酒棗及乾棗之食用。稷山及保德所產，果實稍小，略帶圓形，肉厚核小，水份較少，曬乾食之，極爲甘美。

(二)圓棗　圓棗亦稱樓圪塔，又曰團棗，果實頗圓，頂底稍平，有類崖棗，肉厚核小，質較硬棗鬆脆，祗宜生食。又有名蜜棗者，果形圓小，質脆味甜，亦宜生食，同屬圓棗之類。

(三)脆棗　脆棗亦稱鷄。棗，果實長圓，兩頭尖小，形似梭子，味甜核小，質頗鬆脆，水份頗多，故亦稱玻璃脆，爲生食棗中之唯一妙品，不宜曬作乾棗食用。

（四）水棗　水棗亦稱扁棗或長棗，果實稍小，作長圓扁平形，肉厚核小，味微甜，質微脆，水份較多，祇可生食，不宜作乾棗食用。

（五）壺瓶棗　壺瓶棗果實頗大，形長圓，皮紫紅，核小味甜，略帶酸味，秋分前後成熟。

（六）轆轤棗　轆轤棗亦名龍棗，又曰錘棗，果實肥大，中間稍細，晒乾食之，其味頗佳。

（七）鈴兒棗　鈴兒棗果實中常，核大仁小，搖時有聲，故名。

（八）羊棗　羊棗俗名黑棗，又曰軟棗，在晉省之南部，多將其作爲柿樹之砧木，在省北及省會附近，則爲結實之果樹，果質外皮黑色，肉質紅黃，籽扁平光滑而似半圓月，愈成熟則肉愈甜而籽愈硬。

此外又有墩棗、芽棗、母棗、山棗、川棗、梛罐棗、藥葫蘆棗、短棗、地道棗、十月紅棗、木紅棗等名稱。

用途及製造

棗之唯一用途，厥爲食用，除生吃外，可製成酒棗乾棗及蜜棗，以供食用。酒棗亦名醃棗，其製造方法，係揀選完好無傷之生棗，以酒泡濕，裝入罈內，固封罈口，經半月左右，卽可食用。如不使洩氣，可歷五六月而不腐爛。乾棗之製造，係將生棗攤於蓆或箔上，置於乾燥清涼之室內，使其陰乾，乾燥以後，除其腐爛，貯於囤內或缸內，若須久藏，則將缸口封閉，可不致生虫。蜜棗祇稷山出產，其製法係將未全紅之生棗，以排針直劃，使成多數微細傷口，拌以糖蜜，入鍋以微火煑之，歷一小時後，卽成蜜棗，味極可口。

二 栽培狀況

氣候及土質 棗樹宜溫暖乾燥之氣候，但稍寒地帶，亦能生長，土質無論爲粘質土地，或粘質壤土，或砂質壤土，均可生長，地勢宜稍濕潤而向陽之地，成熟時，如雨水過多，則果實破裂或腐爛，故俗有「天寒棗兒繁」，「八月連陰淋爛棗」之諺。

繁殖 棗樹之繁殖，方法有二，一爲分根，一爲接芽，以其易於生長，故繁殖至爲便利，茲分述如下：

分根 (一)分根　春分至穀雨前後，將大棗樹根際生長二三年之小苗，連橫根或圪塔一齊掘下，按二丈餘遠近，掘一長孔。置磚頭一塊，將橫根穩置磚上，用土埋好，不時澆水，任其成活。若本年不生芽，則二三年內總能出芽，故萬不可拔去，農諺有云：「棗樹三年不算死」，多有久後復生者。

接木 (二)接芽　以酸棗作砧木，於芒種前後，自酸棗樹離地三四尺高處，用鋸切斷，劈開小口，插入棗芽，套以裝置濕木之柳筐，埋穩接芽，任其生長。

管理 棗樹於每年收棗以後，施肥一次，再用斧砍去枝梢過稠之處或旁根，開花期內，則將吃害花葉之蠶虫除去，其法係於樹根壅起土堆，拍打光滑或耡掘鬆軟，然後搖動枝幹，或用木杆敲擊，使蟲落下，蟲因土推之過於光滑或鬆軟，不能再行爬登樹幹，三五日後，即爲日光所曬死。

採收 棗之收獲期，除供生食者外，均俟十分成熟現紫紅色後，方始採收。收獲方法，先將樹下耡掘鬆軟，磨平地面，草根雜物，揀除盡淨，然後以長杆，打搖枝幹，使其落下，掃集收貯，此種方法，俗稱打棗。

三　產銷

株數

據此次調查，晉省棗樹栽植株數，以陽曲爲最多，計一、一二八、五五五株，平遙、稷山、靈石、等縣次之，在五萬株以上十萬株以下，太原、祁縣、交城、文水、興縣，臨縣、石樓、離石、中陽、武鄉、汾城、臨晉、滎河、猗氏、崞縣等處又次之，在一萬株至五萬株之間，其他各縣，則均在萬株以下。每株產量，以樹齡之大小而有多少，太谷、徐溝、臨縣、離石、河津、趙城、汾西、浮山等縣之每株產量多至一二百斤、文水、石樓、平順、吉縣、猗氏、忻縣、定襄、河曲等縣，則僅十斤左右。平均每株產量約四十四斤。

產量

產量亦以陽曲爲最多，計四五、一四二、二〇〇斤，太原、太谷、祁縣、文水、平遙、臨縣、離石、稷山、靈石、滎河、崞縣次之，產量在一百萬斤至五百萬斤之間，徐溝、清源、交城、興縣、汾陽、石樓、中陽、長治、武鄉、河津、趙城、汾西、襄陵、浮山、汾城、臨晉、猗氏、代縣、五台、保德等縣又次之，產量亦達數十萬斤，其他各縣，則均在十萬斤以下。

銷售

晉省計產棗八千一百餘萬斤，大部份爲產地所消費，計六九、五六九、一〇九斤，銷售於縣外者僅占少數，計一一、六四七、五三六斤，其中除爲鄰縣互相銷售外，平陸、芮城、稷山、永濟、臨晉、安邑、崞保等縣外銷數量之一部份，其銷路遠達河南，陝西，綏遠及天津。茲將山西各縣棗之產銷量，列表於后：

山西省各縣棗產銷統計表

縣別	栽植株數	每株產量(斤)	總產量(斤)	縣內銷量(斤)	縣外銷量(斤)	外銷地點
陽曲	一、一二八、五五五	四〇	四五、一四二、二〇〇	四五、一四二、二〇〇	—	
太原	二五、七五七	四〇	一、〇三〇、二八〇	三〇九、〇八四	七二一、一九六	太原市
太谷	九、〇〇〇	一六〇	一、四四〇、〇〇〇	八〇〇、〇〇〇	六四〇、〇〇〇	陽曲、榆次、文水
祁縣	四八、〇四六	六〇	二、八八二、七六〇	二、四二一、〇〇〇	四六一、七六〇	鄰縣
徐溝	二、二〇〇	一〇〇	二二〇、〇〇〇	二二〇、〇〇〇	—	
清源	六、九五五	四九	三四〇、七九五	四二、一二六	二九八、六六九	太原市、文水・交城・太原
交城	二五、八一三	一五	三八七、一九五	一二九、〇六五	二五八、一三〇	鄰縣
文水	二一、〇六六	五〇	一、〇五三、三〇〇	一、〇五三、三〇〇	—	
興縣	二六、六〇〇	二〇	五三二、〇〇〇	五三二、〇〇〇	—	
汾陽	四、二〇〇	五〇	二一〇、〇〇〇	二一〇、〇〇〇	—	
平遙	六七、三五〇	五〇	三、三六七、五〇〇	三、三六七、五〇〇	—	

臨縣	四〇、〇〇〇	一二〇	四、八〇〇、〇〇〇	三、六〇〇、〇〇〇	一、二〇〇、〇〇〇	汾陽
石樓	二〇、一〇九	九	一八〇、九八一	一〇〇、〇〇〇	八〇、九八一	臨縣、離石
離石	四三、〇二八	一〇〇	四、三〇二、八〇〇	二、八〇二、八〇〇	一、五〇〇、〇〇〇	汾陽
中陽	一三、一〇〇	七五	九八二、五〇〇	三八二、五〇〇	六〇〇、〇〇〇	汾陽、孝義、平遙
長治	四、四〇〇	二五	一一〇、〇〇〇	一一〇、〇〇〇	一	
黎城	三、二〇〇	三〇	九六、〇〇〇	四三、〇〇〇	五三、〇〇〇	鄰縣
壺關	二、五〇〇	二〇	五〇、〇〇〇	五〇、〇〇〇	一	
平順	九、四〇〇	五	四七、〇〇〇	二〇、〇〇〇	二七、〇〇〇	潞城、長治
武鄉	二四、一五〇	二〇	四八三、〇〇〇	四八三、〇〇〇		
平定	一一	二〇	二二〇	二二〇	一	
平陸	一、一二八	五〇	五六、四〇〇	四四、四〇〇	一二、〇〇〇	河南、陝縣
芮城	二、二〇〇	三〇	六六、〇〇〇	六二、〇〇〇	四、〇〇〇	永濟、平民、朝邑
河津	四、五二〇	一〇〇	四五二、〇〇〇	四五二、〇〇〇	一	
稷山	六〇、〇〇〇	三〇	一、八〇〇、〇〇〇	八〇〇、〇〇〇	一、〇〇〇、〇〇〇	聞喜、曲沃、臨汾、新絳、河津、及陝西・韓城
靈石	九四、三八〇	五〇	四、七一九、〇〇〇	一、五〇〇、〇〇〇	三、二一九、〇〇〇	鄰縣
趙城	二、一六八	二七〇	五八五、三六〇	四三五、三六〇	一五〇、〇〇〇	霍縣、汾西、洪洞
汾西	四、五〇〇	一〇〇	四五〇、〇〇〇	二三〇、〇〇〇	二二〇、〇〇〇	隰縣

大寧	三二〇	四〇	一二、八〇〇	一二、八〇〇	—	
蒲縣	一、五〇〇	四〇	六〇、〇〇〇	六〇、〇〇〇	—	
昔陽	三〇〇	一〇〇	三〇、〇〇〇	三〇、〇〇〇	—	
臨汾	一、二五〇	三〇	三七、五〇〇	三七、五〇〇	—	
襄陵	九、〇〇〇	二〇	一八〇、〇〇〇	七八、〇〇〇	一〇二、〇〇〇	臨汾、平遙、介休、
浮山	一、一二三	一五〇	一八三、四五〇	一〇三、四五〇	八〇、〇〇〇	臨汾
汾城	一〇、〇〇〇	二〇	二〇〇、〇〇〇	二〇〇、〇〇〇	—	
吉縣	四、八〇〇	一〇	四八、〇〇〇	三三、〇〇〇	一五、〇〇〇	鄉寧、大寧
鄉寧	一、〇六〇	五〇	五三、〇〇〇	五三、〇〇〇	—	
永濟	四、六五〇	二〇	九三、〇〇〇	八八、〇〇〇	五、〇〇〇	臨晉、陝西朝邑、平民
臨晉	一三、〇八〇	五〇	六五四、〇〇〇	三九四、〇〇〇	二六〇、〇〇〇	陝西郃陽、
榮河	一八、〇〇〇	八〇	一、四四〇、〇〇〇	一、四四〇、〇〇〇	—	
萬泉	二、五〇〇	二〇	五〇、〇〇〇	二五、〇〇〇	二五、〇〇〇	鄰縣
猗氏	一四、〇〇〇	一五	二一〇、〇〇〇	二一〇、〇〇〇	—	
解縣	二、八〇〇	三〇	八四、〇〇〇	四二、〇〇〇	四二、〇〇〇	虞鄉、臨晉
安邑	三、五〇〇	二〇	七〇、〇〇〇	二〇、〇〇〇	五〇、〇〇〇	陝西
忻縣	七、六〇〇	一〇	七六、〇〇〇	七六、〇〇〇	—	

定襄	八、〇〇〇	一二	九六、〇〇〇	六四、〇〇〇	三二、〇〇〇	忻縣、崞縣、陽曲
代縣	三、三一〇	四〇	一三二、四〇〇	一二二、四〇〇	一〇、〇〇〇	鄰縣
五台	九、六二〇	五〇	四八一、〇〇〇	四八一、〇〇〇	——	
崞縣	二六、四〇〇	四〇	一、〇五六、〇〇〇	五五六、〇〇〇	五〇〇、〇〇〇	大同、綏遠
保德	四、五二〇	四〇	一八〇、八〇〇	一〇〇、〇〇〇	八〇、八〇〇	河曲、岢嵐、綏遠
河曲	二三四	六	一、四〇四	一、四〇四	——	
總計	一、八四二、〇〇三	四四·二	八一、二二六、六四五	六九、五六九、一〇九	一一、六四七、五三六	

三　葡萄

一　概說

葡萄屬漿果類，爲拉蔓之一種果木，葉形頗大，葉緣有五個尖齒，蔓上生長絲，以纏附於他物，果實長圓不等，顏色有白黃黑之分，水汁頗多，晉省以風土之相宜，栽植頗廣。

晉省葡萄之品種，以顏色形狀之不同，而分爲多種：

品種

(一)紅葡萄　紅葡萄有圓形及長圓形兩種，圓形者名瑪瑙葡萄，長形者名瓶兒葡萄，皮色紫紅，面有白黴，味氣有酸甜兩種，皮厚水多，成熟稍早，除供生食外，並宜於釀酒，晉省所植，以此種爲最多。

(二)白葡萄　白葡萄亦有圓形及長圓形之分。圓形者名白瑪瑙葡萄或西白乾，長圓形者名瓶兒葡萄或冰糖葡萄，又名牛奶葡萄或羊奶葡萄，皮色青白，味頗甜；亦有略帶酸味者，長圓形葡萄內。有皮薄質脆，水汁稍少者，特稱脆葡萄，品味最佳，生吃頗好，祗不若紅葡萄之耐放。

(三)黑葡萄　黑葡萄皮色墨黑，果實有長圓之分，味氣有酸甜兩種。

用途

晉省所產葡萄，除供生食外，並能曬成葡萄乾及讓製葡萄酒，製造葡萄乾之方法，係將鮮葡萄用麻繩懸掛於乾燥不透風之室內，室內生地火四爐，燃燒泥膏，使其徐徐乾燥，約二十日左右，即能烘乾，取下，貯藏，以供食用，每鮮葡萄四斤，可製葡萄乾一斤。

二　栽培情形

氣候土壤

葡萄宜溫暖乾燥之氣候，土質宜砂質壤土或腐植質壤土，地勢以平坦向陽能施灌溉之處爲佳。惟紅葡萄則宜在山坡向陽之處，若栽於下濕地內，則根苗易於腐爛，故有栽諸旱地而不澆水者。

繁殖

葡萄栽植時期在清明節至芒種節，或立冬節前後，栽培方法有三：

(一)壓條法　將葡萄樹之良好枝條，彎曲於地，以土埋於掘開之溝穴內，梢端露出，俟埋土部分生出毛根後，用刀砍離老樹，移植於他處。

（二）插條法　將地掘成三丈許寬之大畦，從大畦兩旁，按六尺距離。用鍬掘穴，澆水穴內，然後向老樹削下二尺許長之老熟枝條，插入穴中，梢端向上，露出一二寸，亦有掘開大穴，穴旁再掘小穴，以人糞尿，然後將枝條盤成圈狀，放於穴內，上置滿握之穀，用土埋好，足踏堅固，澆水一次，使其生長。

（三）分根法　將大葡萄樹根際小苗，連根砍下，移植他處，使其生長。

條根栽植完成後，至次年清明節，用手將土堆慢慢挖鬆，不可使壓條之梢端，露出土外，以防大風吹害嫩芽，數日後，即可發芽。

葡萄自春季發芽至立冬節落葉後，可長成一丈餘長之條枝二三根，擇留強壯者一根，自二尺五六寸長圪節外二寸許處用刀削去，其餘各枝都自地面根際砍去，然後將留下者，壓埋土中，以防凍斃，至第二年清明節，將舊年所埋枝條挖出，使各節發生支條，至冬至節，長達丈許，再擇留強壯枝條兩根，各自二尺五六寸長之圪節外二寸許，用鐮刀削去，不可傷及幹條，其餘之支條，俱削去，然後用搗軟浸水之穀桿，將兩條捆於一處，壓埋土中，以防凍斃，至第三年清明節，照樣自土中挖出埋藏之枝條，解去穀桿，用木杈木桿，製成棚架，將條枝排列架上，加以緊縛，不致墮地，時加灌澆，使兩邊之葡萄相對生長，至立冬節，先將棚架折除，放下幹條，照前法削去枝條，並須將第一年幹條上所生之放條削去，因此種放條，不能結果而徒吸收養分，分其生殖也，削完後，仍照前法，用穀桿困在一處，按照所捆之形勢，掘成土濠，埋於濠內，到第四年清明節，再照第三年搭好棚架，至谷雨前後，新條長至五六寸許，卽可生長葡萄，新條長至四五尺時，又將發生之第一第二第三條葉，以手除折，祗留結葡萄穗條節頂上之一葉，以此頂葉能遮日光之直射，並可免大雨之打擊也。

採取　葡萄於處暑至秋分前後成熟，以剪剪下，裝入簍筐，貯藏於陰涼室內，如預備久藏，則將柄端之剪口，用火燃燒，或用黃臘塗固，再將室內鋪蓆，置葡萄於蓆上，或在窰內搭成木架，鋪蓆於架上，再將葡萄置於蓆上，不時查看，如有破壞者，卽行剪去，則可藏至次年四五月間。長子縣屬，則將葡萄埋於穀囤內，經三四月後，味氣分外甘美。

三　產銷

株數　據此次調查，全省計有葡萄一六一、三三一株，以清源為最多，計四四、二三二株，文水次之，計三一、六二三株，陽曲、安邑、榆次又次之，亦一二萬株，其他各縣則自數十株以至數千株，蓋晉省之風土，以中部最宜於葡萄之生長，故中部各縣栽植較多，北部天氣過寒，栽植甚少，南部之氣候土壤，較優於北部，故南部各縣栽植數量，亦較北部各縣為多。

產量　晉省年產葡萄六、二三五、五九九斤，各縣產量，隨其每株產量及栽植之多少而不同，文水產一、四

二二、九九〇斤爲最多，清源次之。計一、一九四、二六四斤，陽曲、榆次、汾陽、壽陽、吉縣、安邑、靈石、靈邱、廣靈、忻縣、又次之，各數十萬斤，其他各縣產量，則均在十萬斤以下，自數千斤以至數萬斤不等。每株產量，以其品質之不同及樹齡之大小而不等，大樹自二十斤以至二百斤，平均每縣產量爲三八・六五斤。

銷售

各縣所產葡萄，多數銷於縣內，計三、七九八、四八六斤，其銷售於縣外者計二、四三七、一一三斤、，縣外銷地，大多爲省內較繁盛之區，或不植葡萄及植而不敷消費之縣份，如陽曲、交城、太谷、祁縣、太原、平遙、榆次、汾陽、靈石、鄉寧、大寧、聞喜、萬泉、猗氏、解縣、絳縣、大同等縣、運銷省外者，數量甚小，祇河南省之博愛，河北省之石家莊，陝西之平民，及綏遠省境，略有銷售而已〇茲將山西各縣葡萄產銷統計，列表於后：

山西省各縣葡萄產銷統計表

縣別	栽植株數	每株產量(斤)	總產量(斤)	縣內銷量(斤)	縣外銷量(斤)	外銷地點
陽曲	二三、三四〇	二〇	四六六、八〇〇	四六六、八〇〇	—	
太原	一〇九	六〇	六、五四〇	六、五四〇	—	
榆次	一〇、七〇〇	五〇	五三五、〇〇〇	五三五、〇〇〇	—	
太谷	五四五	八〇	四三、六〇〇	四三、六〇〇	—	

清源	四四、二三二	二七	一、一九四、二六四	四二、一二六	一、一五二、一三八	太原市、交城、太谷、祁縣、太谷、平遙、楡次、
文水	三一、六二二	四五	一、四二二、九九〇	九二一、六四〇	五〇一、三五〇	陽曲、汾陽
汾陽	八、〇〇〇	二〇	一六〇、〇〇〇	一六〇、〇〇〇	—	
介休	一、〇〇八	二〇	二〇、一六〇	一〇、〇〇〇	一〇、一六〇	平遙、靈石、
石樓	九〇〇	五〇	四五、〇〇〇	三五、〇〇〇	一〇、〇〇〇	鄰縣
離石	二四六	八〇	一九、六八〇	一九、六八〇	—	
長治	二四四	一六〇	三九、〇四〇	三九、〇四〇	—	
長子	二四三	一八〇	四三、七四〇	四三、七四〇	—	
黎城	一六〇	八〇	一二、八〇〇	一二、八〇〇	—	
壺關	一二〇	三〇	三、六〇〇	三、六〇〇	—	
晉城	一二〇	七〇	八、四〇〇	五、〇〇〇	三、四〇〇	河南博愛縣、
武鄕	三六〇	一二〇	四三、二〇〇	四三、二〇〇	—	
昔陽	九六	一〇〇	九、六〇〇	九、六〇〇	—	
壽陽	六、六三二	八〇	五三〇、五六〇	二三三、五六〇	二九七、〇〇〇	河北石家莊、
洪洞	八七五	八〇	七〇、〇〇〇	七〇、〇〇〇	—	
吉縣	一、四五〇	七〇	一〇一、五〇〇	五〇、〇〇〇	五一、五〇〇	鄕寧、大寧、
鄕寧	一八〇	一二〇	二一、六〇〇	二一、六〇〇	—	

永濟	二一〇	四〇	八、四〇〇	六、一〇〇	二、三〇〇	虞鄉及陝西平民縣
臨晉	八四六	一〇	八、四六〇	八、四六〇	—	
安邑	一五、〇〇〇	三〇	四五〇、〇〇〇	五〇、〇〇〇	四〇〇、〇〇〇	聞喜、萬泉、猗氏、解縣、絳縣、
絳縣	四〇	六〇	二、四〇〇	二、四〇〇	—	
霍縣	一三〇	九〇	一一、七〇〇	一一、七〇〇	—	
靈石	一、五一三	一〇〇	一五一、三〇〇	一五一、三〇〇	—	
永和	一三四	二〇〇	二六、八〇〇	二六、八〇〇	—	
蒲縣	一〇〇	三〇	三、〇〇〇	三、〇〇〇	—	
渾源	一〇〇	八〇	八、〇〇〇	八、〇〇〇	—	
懷仁	一一二	一五〇	一六、八〇〇	一一、〇〇〇	五、八〇〇	大同
靈邱	一、六〇〇	一五〇	二四〇、〇〇〇	二四〇、〇〇〇	—	
廣靈	三、二〇〇	五〇	一六〇、〇〇〇	一六〇、〇〇〇	—	
陽高	五〇四	二五	一二、六〇〇	一二、六〇〇	—	
忻縣	五、六四〇	五〇	二八二、〇〇〇	二八二、〇〇〇	—	
代縣	三六五	四〇	一四、六〇〇	一四、六〇〇	—	
繁峙	四二〇	八〇	三三、六〇〇	三三、六〇〇	—	
保德	二〇	六〇	一、二〇〇	一、二〇〇	—	

河曲	二一五	三二	六、六六五	三、二〇〇	三、四六五	綏遠
總計	一六一、三三一	三八・六五	六、二三五、五九九	三、七九八、四八六	二、四三七、一一三	

四 柿

一 概說

柿樹枝幹高大，葉形長圓，立夏前後開花，寒露前成熟，除供食用外，並能釀酒壓醋，晉省河東道屬，以風土之相宜，栽植既多，產量亦富，惟以十九年遭受巨大之風災，損傷極巨，現全省計有柿樹二四五、八三六株，產柿三六、三五八、七一〇斤。

晉省之柿，以形狀之不同，種類甚多：

(一)鏡面柿　鏡面柿亦名小柿，又簡稱柿子，果實中常，頂圓底平，稍帶方形，色赤黃，味極甜，除供放軟之生食及溫煮食用外，並能製造酒醋及餅瓣，用途甚廣。

(二)扁柿　扁柿通稱板柿，亦名鍋蓋柿，實較大，形扁圓，色淡黃，味稍淡，祗宜放軟生食及曬柿餅之用。

(三)牛心柿　牛心柿亦名靑皮柿，果大形圓，頂部稍凹，底部方平，形似牛心，故名，色金黃，味甘美，放軟生食，或將皮括少許，置掛廊下曬黑食用，味甘無比。

（四）碟兒柿　碟兒柿亦名窗台柿，果實頗大，略帶立方形，頂底有凹溝，腰間凹溝尤深，外觀甚美，使人可愛，惟收量頗少，味氣亦淡，祇能供生食之用。

（五）米珠柿　米珠柿亦名火蛋柿，又名圪塔柿，果實小，長圓形，頂尖底圓，色赤味甜，祇能生食。

此外又有七月紅、八月紅、橋頂柿、炎果紅柿、碾盤柿、斤柿、平柿、無核柿、水紅柿、水柿、旱柿、板柿、小柿、竹柿、大紅柿、結蜜子等名稱。

用途

晉省產柿，除放軟生食及曬成柿餅柿瓣食用外。並能釀酒壓醋，用途至廣，壓醋之法，係將十分成熟者，無論形狀之優劣，壓倒缸內，置於溫熱之處，使其醱酵，俟缸內柿子，微作下沈，現漂白水泡，放散酸氣時，用丁字形之打醋木拐，每日打攪一次，謂之打醋，待攪打均勻，無柿塊之存在時，掬於磁製之拌醋盆內，拌以微些之細麥稭，置諸熱坑，以棉被等物，厚厚蓋住，使其發熱，經七日後，每日以淨手攪拌一次，祇有酸味而無澁味時，卽醞釀已成，俗稱熱了。然後倒在濾醋小缸內，近缸底之一邊，鑿一小孔，用高粱稈之硬皮塞住小孔，謂之淋醋缸，缸下置一簍駝架，架上插一紅花，俗謂醋姑姑好戴紅花，淋醋完畢，迷信上恆以素飯祭獻，再自井中新絞水一桶傾入缸內，經二小時，將高粱塞何向一塞，使醋汁緩緩漏下，另置一盆內，漏下之水，謂之淋子醋，但味淡不宜吃用，必須淋過三次，始能成醋，再倒新冷水一桶。使其照樣漏下，是爲第二淋，另置盆內，以後每淋一次，占用一盆，記明其次序，連淋四次後，計已淋淨，乃將舊渣傾出，換入新渣，將第一淋醋汁倒入漏下，漏完後，再將第二三四淋，照樣漏下，淋淨後，將舊渣傾出，再換新渣，仍將第一淋的醋汁，倒入缸內漏下，此次淋下之醋，乃成眞正頭淋醋，味氣極酸，價值極大，以下第二三四次淋下者，即爲二淋，三淋，四淋子醋、作一結束，所謂三盆一節是也，

二　栽培狀況

氣候土壤　柿樹性喜溫暖，而畏寒冷，故栽植柿樹，祇須溫暖乾燥之氣候，無論其爲何種土質，均能生長，但總以肥厚之砂質土，或帶腐植質之壤土爲佳，砂土則不過相宜，故晉省柿樹生長良好之處，首推蒲解等縣，地勢以通風向陽之處爲佳。

繁殖　晉省之柿樹，俱係以軟棗樹爲砧木，按照接木法所培成。

砧木之培植　軟棗樹即黑棗，又名羊棗，性質較接成之柿樹稍能耐寒，但過冷之處，生長亦不容易，培植方法係在清明前後，將良好之軟棗籽，置於糞內，浸漚數日，種在地內，經十餘日，即可出芽，至次年春季，按三四丈遠近移植，再行接芽法。或於冬季，將飽滿之棗籽，包以牛糞，埋於適合地方，開春以後，種在地內，地面常常澆水，使之濕潤，即能發芽，長到三四年後，再行接出柿芽，即成柿樹。

接木

晉省柿樹之接木法，通常分爲根接法，身接法，芽接法，葉接法四種，茲分述如下：

(一)根接法係在春分至清明前後，將生長三四年之軟棗樹，自離地二三寸高處，用鋸切斷，斷面刮削平光，在皮及木質中間，切開二分至四分之傷口，一面將柿樹之枝芽，切成三寸之短節，下端削成木楔狀，合於入口，傷口切好後，將接穗插內，安對穩合，砧木之粗度四分，則插接四芽，粗度二三分，則插接二三芽，接好後，用膠泥土糊好接口，或用麻皮舊棉等纏好，然後用土埋好，祇將梢端露出，任其生長，此種方法，最易成活，故一般農家，多採用此法。

(二)身接法係利用生長十餘年至二三十年之大樹幹，自離地三四尺至五六尺之高處，用鋸切斷，再用快斧劈成四大傷口，然後將接穗下端，削成木楔狀，安插於口內，纏好後，再套以裝有濕土之柳條筐或瓦罐，埋住接芽，成活以後，俟次年春季，始除去筐罐。任其生長。

(三)芽接法係入伏以後，將生長三四年之軟棗樹，自各分枝生芽之處，將皮剝開，剝成門扇狀，再將柿樹之嫩芽，連皮帶木，一併切下，插入門扇狀之口內，然後將剝開之皮掩閉胳合，用麻皮纏好，再抹上牛糞及泥土，使其生長，亦有用熱粘皮之套筒法接成者。

(四)葉接法卽芽接法之一種，係在芒種前後，將柿樹嫩枝上有葉之處，按一尺長度，連皮帶木，用刀切下，祇留一葉，摘去葉面，留下葉柄，然後在砧木上切一丁字狀傷口，將接葉插在口內，安對適合，以蔴皮纏住。

管理　柿樹之管理方法，大致與果子樹相同，當樹上生有蚜蟲（卽疥蝨）時，蒲解各點，則將樹根周圍掘開溝穴，穴內灌以尿及冷水，可以減少蟲害，亦有手上包着粗布，順着枝幹，將蟲抹擦而死者，其他如每年能灌尿一二次，結果亦能分外繁多。

採收　柿之成熟期，以品質之不同，而有遲早，早在白露節，遲至霜降節，成熟以後，先將地面𥓌鬆，除去草根，再用木杆或竹杆端釘鐵鈎下柿子，或站立於高方櫈上，從柿柄處，一一扭下。

三　產銷

株數　據此次調查。晉省柿樹之栽植。集中於南部之河東道屬，聞喜栽植最多，計六六、〇〇〇株，晉城次之，計二五、〇〇〇株，平順、陽城、榮河、垣曲、趙城等縣又次之，各萬餘株，其他各縣，則自數十株以至數千株，每株產量，以品種之不同及樹齡之大小而大有高低，遼縣、吉縣、趙城之每株產量高至四五百斤，萬泉、猗氏、汾城、壺關則低至三五十斤。

產量　產量以聞喜爲最多，計六、六〇〇、〇〇〇斤，趙城次之，計六、二五〇、〇〇〇斤，晉城垣曲及陽城又次之，在三四百萬斤上下，潞城、沁水、虞鄉、榮河、芮城，河津等縣亦各在百萬斤以上，其他各縣，則自數千斤以至數十萬斤。

銷售　晉省所產柿子，大半爲本地所消費，計二七、六七一、五八〇斤，行銷縣外數量，僅占少數，計八六

八七、一三〇斤，縣外銷量內除為本省各縣互相銷費外，晉城、陽城、鄉寧、永濟、平陸等縣之銷路，遠達河南陝西，茲將山西各縣柿之產銷數量，列表於后：

山西省各縣柿產銷統計表

縣別	栽植株數	每株產量(斤)	總產量(斤)	縣內銷量(斤)	縣外銷量(斤)	外銷地點
城潞	六、四〇〇	二六〇	一、六六四、〇〇〇	七三四、〇〇〇	九三〇、〇〇〇	壺關
黎城	三、二〇〇	一六〇	五一二、〇〇〇	一七〇、〇〇〇	三四二、〇〇〇	鄰縣
壺關	六〇〇	四〇	二四、〇〇〇	二四、〇〇〇	—	
平順	一三、七七〇	七二	九九一、四四〇	六九一、四四〇	三〇〇、〇〇〇	長子、長治、壺關
晉城	二五、〇〇〇	一六〇	四、〇〇〇、〇〇〇	三、〇〇〇、〇〇〇	一、〇〇〇、〇〇〇	鄰縣及河南
陽城	一八、九〇〇	一五〇	二、八三五、〇〇〇	一、五七五、〇〇〇	一、二六〇、〇〇〇	沁水、河南、濟源、
沁水	四、三五八	二八〇	一、二二〇、二四〇	一、二二〇、二四〇	—	
遼縣	一、五〇〇	四〇〇	六〇〇、〇〇〇	一〇〇、〇〇〇	五〇〇、〇〇〇	太谷、榆次
平定	二二〇	二八〇	六一、六〇〇	六一、六〇〇	—	
昔陽	五四	二〇〇	一〇、八〇〇	一〇、八〇〇	—	
臨汾	一四四	一二〇	一七、二八〇	一七、二八〇		
襄陵	二〇	八〇	一、六〇〇	一、六〇〇	—	

汾城	九、〇〇〇	五〇	四五〇、〇〇〇	二五〇、〇〇〇	二〇〇、〇〇〇	新絳、曲沃
翼城	四五〇	一三五	六〇、七五〇	四〇、七五〇	二〇、〇〇〇	浮山、沁水、曲沃
吉縣	一八〇	三五〇	六三、六〇〇	六三、〇〇〇	—	
鄉寧	二、三〇〇	二〇〇	四六〇、〇〇〇	二六〇、〇〇〇	二〇〇、〇〇〇	河津、陝西
永濟	二、七一〇	一六〇	四三三、六〇〇	一一八、六七〇	三一四、九三〇	解縣、臨汾、及陝西、河南、
臨晉	一、七八〇	一〇〇	一七八、〇〇〇	一〇〇、〇〇〇	七八、〇〇〇	鄰縣
虞鄉	九、六〇〇	一三〇	一、二四八、〇〇〇	四九九、二〇〇	七四八、八〇〇	鄰縣
榮河	一、八〇〇	八〇	一、四四〇、〇〇〇	一、四四〇、〇〇〇	—	
萬泉	六、〇〇〇	二五	一五〇、〇〇〇	一〇〇、〇〇〇	五〇、〇〇〇	榮河、猗氏、河津、
猗氏	六、九〇〇	五〇	三四五、〇〇〇	三四五、〇〇〇	—	
安邑	九八〇	八〇	七八、四〇〇	五〇、〇〇〇	二八、四〇〇	猗氏、聞喜
平陸	一、三一〇	一〇〇	一三一、〇〇〇	九六、〇〇〇	三五、〇〇〇	河南、陝縣
芮城	九、一〇〇	二〇〇	一、八二〇、〇〇〇	一、八二〇、〇〇〇	—	
河津	五、一六〇	二〇〇	一、〇三二、〇〇〇	一、〇三二、〇〇〇	—	
聞喜	六六、〇〇〇	一〇〇	六、六〇〇、〇〇〇	六、六〇〇、〇〇〇	—	
絳縣	三、七〇〇	一三〇	四八一、〇〇〇	三二五、〇〇〇	一五六、〇〇〇	聞喜、
垣曲	一六、〇〇〇	二〇〇	三、二〇〇、〇〇〇	三、二〇〇、〇〇〇	一、〇〇〇、〇〇〇	聞喜

趙城	一二、五〇〇	五〇〇	六、二五〇、〇〇〇	四、七二六、〇〇〇	一、五二四、〇〇〇	洪洞、霍縣
總計	二四五、八三六	一四八	三六、三五八、七一〇	二七、六七一、五八〇	八、六八七、一三〇	

五　梨

一　概說

山西產梨之縣，凡四十又三，晉南各縣，類多產之，晉北各縣，亦間有栽植者，萬泉孤山之金梨及崞縣之黃梨香水梨，均負盛名於西北，全省計植梨樹六〇六、四九七株，產梨四三、四九五、一七五斤。

品種

晉梨之品種，以成熟之遲早，果實之顏色，形狀，性質之不同，種類極多：

(一)金梨　金梨卽斤梨，亦曰株梨或錘梨，果實頗大，每個重約一斤，皮色鮮黃，形式長圓，中間肥大，兩端細小，皮厚質脆，味甜水多。又有瓶兒梨者，形狀與金梨彷彿，甜味則稍遜，成熟期均在白露前後。

(二)黃梨　黃梨果小形圓，頂底稍平，皮色黃綠，味甜渣粗，能久藏，可保存至一年以上，成熟期在白露前後。

(三)紅小梨　紅小梨亦稱紅梨及紅香梨，果實圓形，色黃微紅，皮厚渣粗，其味澀酸，頗耐久藏，成熟期在秋分前後。

(四)香水梨　香水梨亦曰油梨，果實稍小，色黃形圓，頂平底尖，皮薄味甜，細脆無渣，不耐久藏，成熟期較早。

(五)軟兒梨　軟兒梨形似蘋果，皮色青黃，白露前後成熟，初摘時，味頗劣，但歷十餘天皮變金黃後，則肉質柔軟，味酸甜而水份多矣。

(六)秋皮梨　秋皮梨果實較小，色黃形圓，中間粗大，兩端稍小，亦有頂大底小者，果柄頗長，柄根凸出，質細脆，味淡而略酸。

(七)白梨　白梨卽銀梨，亦稱平梨，果實較小；形平圓，色黃白，味酸甜，耐貯藏。

(八)瓣子梨　瓣子梨形長圓，頂端稍尖，皮色淡黃，圓稜上有五瓣突起，故名瓣子梨，肉質粗，味平淡，頗耐久藏。

(九)鷄腿梨　鷄腿梨形長圓似鷄腿，故名，皮厚而略帶酸味。

(十)鑵子梨　鑵子梨，味甜，形似鑵，故名。

此外有鼓錘梨，墩子梨、夏梨、秋梨，麥茬梨、七月黃、六月梨、子母梨、芽梨、半斤酥、車頭梨、木梨、青水梨、秋皮梨、鐵梨等名稱。

二

氣候土質　梨樹之生長，宜稍溫暖之乾燥氣候，過熱則易罹蟲害，過冷則枝葉枯槁不易發達，但總以稍微寒涼地帶爲佳，故崞縣所產，量多而味佳。土質宜稍濕潤之粘質壤土及帶腐植質之壤土，故晉省南部，梨樹頗多，但砂質壤土，亦能生長，惟汁少滓多耳。地勢以向陽背風之地爲最適宜。

繁殖　晉省梨樹之繁殖，普通多採用接木法，但亦間有用實生法者。實生之梨樹，生長遲緩，品質不佳，較佳之梨，俱爲用接木法所繁殖者。晉省梨樹接木所用之砧木，爲棠梨樹，杜梨樹，山梨樹及大紅果樹，以杜梨樹爲砧木接成之梨樹，品質最佳。

接木　接木方法，通常分根接法及梢接法二種：

（一）根接之法，於清明節前後，擇無風晴亮之日，自上午九時至下午一時，將生長三四年之砧木樹，從距地七八寸之高處，以鋸截斷，斷面削光刮平，再以鐵鑿在樹皮與木質之中，開一小口，然後將梨樹之嫩芽，切成二寸上下之短節，下端削成斜尖狀，刮削平光，含於人口，砧木削成，則插入小口，使皮與皮，木與木適合，露梢端三四分於外，用麻皮纏緊，壅土埋住，以足踏實，灑水濕潤，任其生長。

（二）梢接之法，亦稱芽接，又曰醫接，在夏至至小暑前後，將生長一二年之苗木，削去梢端，留一尺上下之樹身，於離地二三寸高處，切開一丁字形傷口，將傷口處樹皮，慢慢剝起，然後將預先削就合於口內之七八分長，稍帶木質有芽苞之接穗枝條插上，安對適合，仍將樹皮按下，蓋住傷口，上下兩端，以廊皮纏好，再以牛糞和泥土，塗抹於接口之上，經二十日左右，即可出芽。如恐一芽不可靠時，則於一砧木上，接二芽至三芽。

管理　梨樹之管理方法，與果子樹相似，惟梨樹苗長至五六尺高時，須將頂端切去，使橫生旁枝，多結果實，再則當樹皮過厚或樹木衰弱時，宜用斧將樹皮劃成若干傷口，或用快刀將粗皮割去若干，以求速長。以上兩者，為栽植梨樹不可或缺之手續。若梨樹上發生臭蟲，則於熱天午時左右蟲藏樹陰時，以麥稭火燻燒，以減少之。

採摘　採摘梨時，須於晴天早飯之後，以長杆一根，頂端釘一鐵鉤，旁掛布袋，以杆將梨自枝上鉤下，落於袋內，或以木梯倚於樹旁，緣梯而上，以手摘梨，置於筐內。

收藏　梨自樹枝摘下後，運至清涼乾燥房屋內，破傷者除去，地上舖以麥稭，然後將梨累積於上，再蓋以麥稭，經四五日，移轉一次，幾次後，色黃而味佳矣。是為渥梨，軟兒梨尤須用此醞釀方法，經十數天後，梨質變軟，方能食用。藏梨過冬，須用蔴紙蓋好，以防凍壞。

三　產銷

株數

據此次調查，山西栽梨株數，以崞縣爲最多，計二一六、五四八株，楡次次之，計二七、四五〇株，靈邱又次之，計二〇、〇〇〇株，渾源計一八、〇〇〇株，高平計一六、〇〇〇株，其他各縣，則自數十株至數千株不等，總計全省共有六〇六、四九七株。每株產量，因樹齡之大小，品種之優劣，有高至三〇〇斤者，安有低至二〇斤者，平均每株產量約七十餘斤。

產量

產量以崞縣爲最多，計三四、六四七、六八〇斤，高平次之，計一、一二〇、〇〇〇斤，靈邱又次之，計一、〇〇〇、〇〇〇斤，楡次、長子、黎城、沁水、武鄉、盂縣、汾城、吉縣、永濟、虞鄉、榮河、夏縣、河津、靈石、汾西、渾源，五台等縣，各產數十萬斤，其餘各縣所產，自數千斤以至數萬斤，總計全省其產四三、四九五、一七五斤。

銷量

山西所產梨，除各縣就地消費食用一三、八五九、六七四斤外，餘則行銷縣外，計二九、六三五、五〇一斤，其中除省內鄰縣互相銷售外，陽城、夏縣、平陸、芮城、五台、崞縣外銷一部份，遠銷至河南，綏遠及陝西等處。茲蔣山西各縣梨之產銷量列表於后：

山西省各縣梨產銷統計表

縣別	栽植株數	每株產量（斤）	總產量（斤）	縣內銷量（斤）	縣外銷量（斤）	外銷地點
陽曲	三八〇	一〇〇	三八、〇〇〇	三八、〇〇〇	—	
楡次	二七、四五〇	二〇	五四九、〇〇〇	三〇〇、〇〇〇	二四九、〇〇〇	太谷、太原、

清源	一九三	一〇〇	一六、三〇〇	一九、三〇〇	—	
石樓	一、二〇〇	七〇	八四、〇〇〇	五二、〇〇〇	三二、〇〇〇	鄰縣
長治	一〇二	八五	八、六七〇	八、六七〇	—	
長子	五、四四〇	一〇〇	五四四、〇〇〇	五四四、〇〇〇	—	
黎城	六五〇	二〇〇	一三〇、〇〇〇	一三〇、〇〇〇	—	
壺關	九六〇	一〇〇	九六、〇〇〇	九六、〇〇〇	—	
平順	五一三	一〇〇	五一、三〇〇	四一、三〇〇	一〇、〇〇〇	潞城、
高平	一六、〇〇〇	七〇	一、一二〇、〇〇〇	三六〇、〇〇〇	七六〇、〇〇〇	長治、長子、襄垣、潞城、洪洞
陽城	三八〇	八〇	三〇、四〇〇	二四、〇〇〇	六、四〇〇	晉城、河南
沁水	三、七〇五	七〇	二五九、三五〇	一〇四、一六九	一五五、一八一	平陽府屬各縣
沁縣	四〇	三〇〇	一二、〇〇〇	一二、〇〇〇	—	
武鄉	六四八	二〇〇	一二九、六〇〇	八〇、〇〇〇	四九、六〇〇	遼縣、榆社、襄垣、沁縣
平定	二四〇	一四〇	三三、六〇〇	三三、六〇〇	—	
昔陽	四一四	二〇〇	八二、八〇〇	八二、八〇〇	—	
盂縣	一、八七〇	一二〇	二二四、四〇〇	二二四、四〇〇		
襄陵	一、一〇〇	九〇	九九、〇〇〇	五四、〇〇〇	四五、〇〇〇	汾城縣古城鎮
浮山	一〇九	三〇〇	三二、七〇〇	三二、七〇〇	—	

汾城	六、〇〇〇	五〇	三〇〇、〇〇〇	一〇〇、〇〇〇	二〇〇、〇〇〇	新絳
吉縣	一、〇五〇	二〇〇	二一〇、〇〇〇	一五〇、〇〇〇	六〇、〇〇〇	河津、萬泉、鄉寧
鄉寧	二七〇	一五〇	四〇、五〇〇	二五、〇〇〇	一五、五〇〇	新絳
永濟	一、〇五〇	一五〇	一五七、五〇〇	一二五、一〇〇	三二、四〇〇	臨晉、陝西平民
臨晉	一、〇二〇	七〇	七一、四〇〇	七一、四〇〇	—	
虞鄉	五、一〇〇	一二〇	六一二、〇〇〇	一八三、六〇〇	四二八、四〇〇	臨晉、永濟安邑
榮河	三、〇〇〇	八〇	二四〇、〇〇〇	二四〇、〇〇〇	—	
萬泉	一、〇〇〇	二〇	二〇、〇〇〇	一〇、〇〇〇	一〇、〇〇〇	河津、稷山、安邑
夏縣	三、五〇〇	八〇	二八〇、〇〇〇	一五〇、〇〇〇	一三〇、〇〇〇	河南省、安邑、運城、聞喜、猗氏
平陸	六〇	八〇	四、八〇〇	二、二〇〇	二、六〇〇	河南陝縣
芮城	四五〇	二〇〇	九〇、〇〇〇	八二、〇〇〇	八、〇〇〇	陝西潼關、河南、靈寶、陝州
河津	一、二〇〇	二〇〇	二四〇、〇〇〇	二四〇、〇〇〇	—	
稷山	三六〇	六〇	二一、六〇〇	二一、六〇〇	—	
絳縣	四五	八五	三、八二五	三、八二五	—	
霍縣	八〇〇	五〇	四〇、〇〇〇	四〇、〇〇〇	—	
靈石	一、七五二	一〇〇	一七五、二〇〇	一七五、二〇〇	—	
汾西	二、〇〇〇	九〇	一八〇、〇〇〇	一八〇、〇〇〇	—	

大寧	九二	五〇	四、六〇〇	四、六〇〇	—	
永和	四七四	一〇〇	四七、四〇〇	四七、四〇〇	—	
蒲縣	七〇〇	一〇〇	七〇、〇〇〇	七〇、〇〇〇	—	
渾源	一八、〇〇〇	五〇	九〇〇、〇〇〇	四〇〇、〇〇〇	五〇〇、〇〇〇	鄰縣
靈邱	二〇、〇〇〇	五〇	一、〇〇〇、〇〇〇	五〇〇、〇〇〇	五〇〇、〇〇〇	鄰縣
五台	二、五三〇	二三五	五九四、五五〇	一三八、八九〇	四五五、六六〇	本省及綏遠
崞縣	二一六、五四八	一六〇	三四、六四七、六八〇	八、六六一、九二〇	二五、九八五、七六〇	太原、大同、綏遠
總計	六〇六、四九七	七一七	四三、四九五、一七五	一三、八五九、六七四	二九、六三五、五〇一	

六　桃

一　概說

桃爲有核果實，屬核果類，樹小壽短，生長三年，卽可結實，故晉農有「桃三杏四，棗兒上來就是」之諺，葉形長圓，邊緣有鋸齒，花色淡紅，果肉多帶紅色，味氣香甜，水份亦不過少。晉省栽植頗爲普通。

品　種

晉省桃之品種，就其繁殖方法而別之可分二種：

(一)實生繁殖培成之桃，名毛桃，亦名綿桃。

(二)接木繁殖培成之桃，名接桃，亦稱改良桃。

若就其顏色，形狀，粘核，離核等而別之，則種類尤多：

(一)白水桃　白水桃亦名白甜桃，皮肉均爲白色，亦有作綠白色者，皮薄核小，味甜汁多，粘核離核均有。

(二)大紅桃　大紅桃皮肉略帶紅色，果大汁少，亦有略帶酸味者。

(三)柳葉桃　柳葉桃葉細長，似柳葉，果實頗大，味淡甜薄，八月成熟。

(四)粘核桃　粘核桃亦名粘胡桃，肉與核粘着甚固，不易分離，果肉紅白，味甜汁多。

(五)離核桃　離核桃亦名離胡桃，肉與核頗易分離，果肉半紅半青，味甜汁少，半成熟時，便可食用。

(六)鴨蛋桃　鴨蛋桃果大粘核，水汁很多，味甜而略酸。

(七)紅梅桃　紅梅桃果皮半紅半白，粘核略帶酸味，成熟稍早。

(八)饃桃　饃桃果形頗大，皮色紅白，離核，每個重約一斤。

(九)香水桃　香水桃形似白水桃，水份多，味香甜。

此外就成熟時期分別之，則有：麥茬桃、夏桃、秋桃、五月鮮、六月鮮、七月鮮、八月鮮、九月鮮、伏裏桃、白露桃、雪裏桃等名稱。

用途　桃之肉及仁，均有用途，肉可生食，以充水菓，仁可製藥以療病。

二　栽培狀況

氣候土壤　桃樹宜稍溫暖之氣候，土質以肥厚砂土及砂質壤土爲最佳，若栽植於粘質土地，則僅發旺枝葉而結果甚少，且幹枝常流出水汁，至爲不宜。地勢以能澆灌向陽之處爲佳。

繁殖　桃樹之繁殖方法有二，一爲實生繁殖，二爲接木繁殖，實生繁殖係將桃核點種於地，任其生長，用此種方式培成之桃樹，結實甚少，果形亦小，品質惡劣，謂之毛桃或綿桃。接木繁殖所培成之桃樹，稱爲接桃及改良桃，品質均較佳於實生繁殖之毛桃，晉省之優良品種桃，均用此法培成。

接桃之培植方法。分爲三個階段，第一個階段爲下種，第二階段爲移植，第三階段爲接木，茲分述如下：

(一)下種　在秋分至寒露前後，先用手將桃肉剝去，浸核於人尿糞內，經一二星期後，核殼腐爛時，撈出埋於濕潤土內，次年清明節左右，即可出芽。亦有將桃核在糞內浸濕，埋在濕潤之處，至次年清明節左右，再掘勘地面，刮成小畦，按三四寸距離，點種畦內，覆以二寸厚度之薄土，時加灌溉，不使乾燥，半月後，即可出芽。又有在白露節左右，將桃核埋於馬棚內地下，次年清明節左右下種。更有連皮帶核，一并埋於糞土內，出芽後，不時耡地澆水，再施以牲畜糞或人尿糞，苗高二三尺時，於寒露節左右移植。

（二）移植　樹苗於移植時，留一尺五寸長之根幹，削去其餘之梢端，再按一丈距離，掘成徑尺之孔穴，施以牲畜糞，栽苗於穴內，埋實壅高，祇露出頂尖約二寸，至次年春季發芽後，再除去劣芽，使其生長，至秋季或再次年春季，舉行接木手續。

（三）接木　接木方法，大概與果子樹相似，用根接和梢接法，以實生之桃，杏，李為砧木，高平則以柳樹為砧木，亦有以大小種類自行接木者，又有不行接木，候生長相當之高度時，自根際以刀切下，使另生枝芽，所生新枝，生長相當高度，再行切去，如是二三次後，果實即可逐漸增大，晉農俗有「桃大不勝桃二，桃二不勝桃三」之語，即謂第一次切枝所結果實，不及第二次切枝後所結果實之大，第二次切枝後所結果實不及第三次切枝後所結果實之大。

管理

桃樹之管理方法，大概與果子樹之管理方法相同，惟桃多結於新枝，結於舊枝者極少，故每至秋季落葉後，春季發芽前，多剪去舊枝及長枝，使多結果實而微增樹壽。樹幹流水時，則於春季發芽前，用斧破傷樹皮，以減此種病害。樹上發生桃壁虱時，則手包粗布，順延枝幹，將蝨擦死，或於根際，掘開穴孔，穴內置以鷄糞，再灌以水，用土埋掩，或用蒜皮熬水，塗抹於枝幹上，以除蚧虫，如果肉內生小蟲，則用煮猪頭之腥湯，置冷後，灌於根際，以除桃虫。如果實墜落，則將根際搗實，或用大石壓住，以止墜落。

採取 桃成熟後，用手摘下，以供生食，亦有以蜜水煮軟而後作爲甜菜服用者。桃自樹摘下後，若置於陰涼室內，秋桃可經二旬而不腐爛，夏桃則經三四日卽難保其完整之狀。

三 產銷

株數 據此次調查，山西全省計有桃樹一五三、四四六株，以靈石爲最多，計一九、九五〇株，平遙次之，計一二、七八二株，靈邱又次之，計一〇、〇〇〇株，陽曲、太原、清源、汾陽、武鄉、芮城、定襄等縣之栽植株數，在五千株以上，一萬株以下，祁縣、徐溝、交城、文水、臨縣、離石、中陽、潞城、平順、晉城、盂縣、壽陽、臨汾、襄陵、吉縣、鄉寧、臨晉、夏縣、河津、絳縣、隰縣、永和、忻縣、代縣等縣之栽植株數，在一千株以上，五千株以下，其他各縣，則均在千株以下。

產量 全省計產桃一三、三五三、二四三斤，以靈石爲最多，計一、五九六、〇〇〇斤，平遙次之，計一、二七八、二〇〇斤，陽曲、太原、清源、交城、離石、武鄉、芮城、靈邱等縣又次之，產量在五十萬斤至百萬斤之間，徐溝、文水、汾陽、臨縣、潞城、平順、晉城、盂縣、壽陽、臨汾、襄陵、浮山、吉縣、鄉寧、河津、絳縣、隰縣、陽高、忻縣、定襄、代縣等縣各自十萬斤以至五十萬斤，其他各縣產量，則在數千斤至數萬斤之間。

銷售

晉省所產桃，大多數爲產桃各縣本地所消費，計達一一、八一三、二五九斤，約占總產量十分之九，其能有餘運銷縣外者，祇清源、文水、中陽、武鄉、臨汾、襄陵、吉縣、夏縣、平陸、芮城、絳縣、隰縣、靈邱等十三縣，外銷數量計爲一、五三九、九八四斤。縣外銷售地點，在省內爲陽曲、太谷、祁縣、徐溝、太原、汾陽、離石、榆社、浮山、汾城、鄉寧、大寧、安邑、聞喜、蒲城、廣靈等處，在省外爲河南之陝縣閿鄉，靈寶。銷量計九二、〇〇〇斤。茲將山西各縣桃之產銷統計，列表於后：

山西省各縣桃產銷統計表

縣別	栽植株數	每株產量(斤)	總產量(斤)	縣內銷量(斤)	縣外銷量(斤)	外銷地點
陽曲	八、七六六	七五	六五七、四五〇	六五七、四五〇	—	
太原	五、二八六	一〇〇	五二八、六〇〇	五二八、六〇〇	—	
祁縣	二、七三一	一八〇	四九一、五八〇	四九一、五八〇	—	
徐溝	一、二六五	一五〇	一八九、七五〇	一八九、七五〇	—	
清源	六、三〇九	九五	五九九、三五五	一一九、八七一	四七九、四八四	太原市、太谷、祁縣、徐溝、太原、汾陽、陽曲、
交城	四、九二九	一一〇	五四二、一九〇	五四二、一九〇	—	
文水	四、九四六	四〇	一九七、八四〇	九二、八四〇	一〇五、〇〇〇	汾陽
汾陽	五、〇〇〇	三〇	一五〇、〇〇〇	一五〇、〇〇〇	—	

平遙	一二、七八二	一〇〇	一、二七八、二〇〇	一、二七八、二〇〇	—	
臨縣	二、〇〇〇	二〇〇	四〇〇、〇〇〇	四〇〇、〇〇〇	—	
離石	二、四六九	三〇〇	七四〇、七〇〇	七四〇、七〇〇	—	
中陽	二、五〇〇	三〇	七五、〇〇〇	三〇、〇〇〇	四五、〇〇〇	離石
長治	三七〇	三〇	一一、一〇〇	一一、一〇〇	—	
長子	二四〇	三五〇	八四、〇〇〇	八四、〇〇〇	—	
襄垣	一九〇	一三〇	二四、七〇〇	二四、七〇〇	—	
潞城	二、六五〇	五五	一四五、七五〇	一四五、七五〇	—	
平順	二、二八四	七五	一七一、三〇〇	一七一、三〇〇	—	
晉城	三、〇〇〇	七〇	二一〇、〇〇〇	二一〇、〇〇〇	—	
沁縣	五五	一五〇	八、二五〇	八、二五〇	—	
武鄉	五、〇四〇	一一〇	五五四、四〇〇	四三二、三〇〇	一二二、一〇〇	榆社
平定	三三〇	一五〇	四九、五〇〇	四九、五〇〇	—	
昔陽	二八〇	一〇〇	二八、〇〇〇	二八、〇〇〇	—	
盂縣	一、八八四	一八〇	三三九、一二〇	三三九、一二〇	—	
壽陽	二、八七二	一二〇	三四四、六四〇	三四四、六四〇	—	
臨汾	三、三〇〇	一〇〇	三三〇、〇〇〇	三〇〇、〇〇〇	三〇、〇〇〇	浮山

襄陵	四、六五〇	四〇	一八六、〇〇〇	七八、〇〇〇	一〇八、〇〇〇	汾城
浮山	六〇七	二〇〇	一二一、四〇〇	一二一、四〇〇	—	
曲沃	一二〇	一〇〇	一二、〇〇〇	一二、〇〇〇	—	
吉縣	一、八七〇	一八〇	三三六、六〇〇	三〇〇、〇〇〇	三六、六〇〇	鄉寧、大寧
鄉寧	一、二四〇	一〇〇	一二四、〇〇〇	一二四、〇〇〇	—	
永濟	三四八	四〇	一三、九二〇	一三、九二〇	—	
臨晉	一、〇三四	五〇	五一、七〇〇	五一、七〇〇	—	
夏縣	一、三〇〇	四〇	五二、〇〇〇	二三、〇〇〇	二九、〇〇〇	安邑、聞喜
平陸	五九〇	一〇〇	五九、〇〇〇	三二、〇〇〇	二七、〇〇〇	河南陝縣
芮城	七、三八〇	一〇〇	七三八、〇〇〇	六六八、〇〇〇	七〇、〇〇〇	河南閿鄉靈寶
新絳	七八〇	一二〇	九三、六〇〇	九三、六〇〇	—	
河津	一、二〇〇	二〇〇	二四〇、〇〇〇	二四〇、〇〇〇	—	
稷山	六〇〇	三〇	一八、〇〇〇	一八、〇〇〇	—	
絳縣	二、八三〇	六〇	一六九、八〇〇	一〇〇、〇〇〇	六九、八〇〇	聞喜
霍縣	三三〇	三〇	九、九〇〇	九、九〇〇	—	
靈石	一九、九五〇	八〇	一、五九六、〇〇〇	一、五九六、〇〇〇	—	
隰縣	四、二〇〇	四〇	一六八、〇〇〇	五〇、〇〇〇	一一八、〇〇〇	蒲縣

永和	一、六二〇	三〇	四八、六〇〇	四八、六〇〇	—	
蒲縣	六〇	二五〇	一五、〇〇〇	一五、〇〇〇	—	
靈邱	一〇、〇〇〇	五〇	五〇〇、〇〇〇	二〇〇、〇〇〇	三〇〇、〇〇〇	廣靈
廣靈	二七〇	五〇	一三、五〇〇	一三、五〇〇	—	
陽高	八八二	二〇〇	一七六、四〇〇	一七六、四〇〇	—	
忻縣	一、〇〇〇	一〇〇	一〇〇、〇〇〇	一〇〇、〇〇〇	—	
定襄	六、〇〇〇	三〇	一八〇、〇〇〇	一八〇、〇〇〇	—	
代縣	二、二六四	六〇	一三五、八四〇	一三五、八四〇	—	
繁峙	六三九	五〇	三一、九五〇	三一、九五〇	—	
河曲	二〇四	五二	一〇、六〇八	一〇、六〇八	—	
總計	一五三、四四六	八七、〇二	一三、三五三、二四三	一一、八一三、二五九	一、五三九、九八四	

七　杏

一　概說

杏樹大實繁，根深壽短，花先紅後白，實先酸後甜，生熟均可食，爲成熟最早之果樹，收益既大，風土又宜，故晉省植杏，至爲普遍。

品種

杏之品種分類，與桃樹相似，實生繁殖者爲毛杏，接木繁殖者爲接杏，其以果實之顏色，形狀，性質，成熟之早晚分別之，則種類甚多：

（一）甜核杏　亦名甜胡杏，仁可生吃，皮作黃白色者名白臉甜胡杏；作紅黃色者名紅臉甜胡杏或胭脂杏；味甜汁多者名冰糖甜胡杏；冰糖甜胡杏之形似桃者名歪嘴甜胡杏，色黃味甜，成熟較早；又有色黃形長圓者名鷄蛋甜胡杏，粘核味劣。

（二）李子杏　圓形似李、皮色紅黃、或半紅半白，離核質脆、水汁頗多、味氣酸甜、惟靑食時、略帶苦酸之味。

（三）白水杏　亦名白砂杏、果形頗大、色黃白、水份多、味甜而略酸、核仁粘苦、另有味淡色白而香氣極大者，名十里香杏。

（四）合包杏　果實陽面作紅色，形大水少，味香酸，成熟早。又有全色作紅色者，特名海桃紅，水多味甜，品質最佳，成熟頗早。

（五）穿條紅　果形扁圓，大致紅色，微帶黑氣，品味稍劣，結果頗繁，成熟甚晚，他種杏已摘收完竣，而穿條紅始成熟出現於市場，故其價格，反較他杏爲高。

（六）自生杏　亦名實生杏，果形頗小，似羊糞蛋，故又名羊糞杏，色黃味甜，亦有味酸者。

（七）木瓜杏　果大色黃，有圓形及扁圓形二種，扁圓形者味較佳。

此外又有大紅杏、大綠杏、大結杏、桃葉杏、桃兒杏、二茬杏、紅梅杏、砂金杏、海棠杏、梆子杏、五月杏、端五杏、草麥杏、青皮杏、柳罐杏、麻殼杏、火杏等名稱。

用途 杏之用途，除果肉供生食並晒成乾果或蜜餞成杏餔食用外，仁可壓油及醃成鹹菜食用，並能入藥治病。

二 栽培狀況

氣候土壤 杏樹宜溫暖之氣候，耐寒力量，亦頗不小，任何土質，均能生長，惟栽於粘質土地，則須爲接木繁殖者。地勢以乾燥向陽之處爲佳，下濕之地，頗不適宜。

繁殖 杏樹之栽培方法，與桃樹相似，先選充分成熟之杏，連肉及核，埋於糞內，或稍溫濕之處，出芽後，按一丈七八尺之距離移栽，四五年後，便可結實，是爲毛杏。如以小毛杏樹或桃李樹爲砧木按根接或梢接法培成，則爲接杏，接木之法與桃樹同，惟接杏則萬不可砍傷樹皮。

採取 杏成熟後，用手摘下，或將地面耡掘鬆軟，動搖樹枝，使其墮下。

三 產銷

株數 據此次調查，山西杏樹之栽植，甚爲普遍，除少數縣份外，俱有培植，全省計有杏樹三五二、〇〇一株，中以陽曲栽植爲最多，計七六、二四五株，靈邱次之，計四七、〇〇〇株，中陽及聞喜又次之，各二萬數千株，清源、楡社、汾城、靈石、渾源及崞縣，各一萬餘株，其他除絳縣及保德僅八九十株外，餘則自數百株以至數千株不等。

產量　晋省年產杏二五、六五三、八四二斤，中以靈邱爲最多，計四、七〇〇、〇〇〇斤，楡次次之，計三、二四〇、〇〇〇斤，靈石又次之，計二、〇二七、四〇〇斤，陽曲、中陽、聞喜、崞縣各一百餘萬斤，清源、交城、文水、汾陽、介休、離石、平順、晉城、武鄉、汾城、曲沃、吉縣、永濟、臨晉、虞鄉、榮河、夏縣、平陸、芮城、新絳、河津、渾源、應縣、陽高、忻縣、繁峙等縣、各數十萬斤、其餘各縣、則自數千斤以至數萬斤不等。

銷售　晋省所產之杏，百分之九二以上爲當地所消費，計縣內銷量爲二三、六九八、〇二二斤，產杏各縣除供當地消費有餘而銷縣外者，有清源、文水、晉城、襄陵、曲沃、吉縣、永濟、虞鄉、夏縣、平陸、河津、山陰、右玉、崞縣等十餘縣，縣外銷量，計爲一、九五五、八二〇斤，銷路在省外爲河南及陝西，清化，潼關、大慶關、朝邑等地，在省內爲鄰近各縣。平順及靈邱兩縣，出產杏仁，銷於河北淶源縣及河南涉林縣，年約二八〇、〇〇〇斤。玆將山西各縣杏之產銷統計，列表於后：

山西省各縣杏產銷統計表

縣別	栽植株數	每株產量(斤)	總產量(斤)	縣內銷量(斤)	縣外銷量(斤)	外銷地點
陽曲	七六、二四五	一七	一、二九六、一六五	一、二九六、一六五	—	
太原	四六九	四〇	一八、七六〇	一八、七六〇	—	
清源	一五、〇一三	三二	四八〇、四一六	二六、七九六	四五三、六二〇	太原市、文水、太谷、祁縣、徐溝、太原縣
交城	一、一九三	二〇〇	二三八、六〇〇	二三八、六〇〇	—	
文水	二、三二〇	一〇〇	二三二、〇〇〇	一五二、〇〇〇	八〇、〇〇〇	汾陽、交城
嵐縣	二一五	一〇〇	二一、五〇〇	二一、五〇〇	—	
興縣	四、八五〇	二〇	九七、〇〇〇	九七、〇〇〇	—	
汾陽	六、〇〇〇	五〇	三〇〇、〇〇〇	三〇〇、〇〇〇	—	
平遙	九八二	一〇〇	九八、二〇〇	九八、二〇〇	—	
介休	一、六〇〇	一〇〇	一六〇、〇〇〇	一六〇、〇〇〇	—	
離石	六六五	三五〇	二三二、七五〇	二三二、七五〇	—	
中陽	二一、二八九	五〇	一、〇六四、四五〇	一、〇六四、四五〇	—	
長治	五六〇	二〇	一一、二〇〇	一一、二〇〇	—	
襄垣	九〇	二〇	一、八〇〇	一、八〇〇	—	
黎城	二〇〇	二〇〇	四〇、〇〇〇	四〇、〇〇〇	—	
壺關	一八〇	一〇	一、八〇〇	一、八〇〇	—	

平順	六、八二二	一〇〇	六八二、二〇〇	六八二、二〇〇	（杏仁）四五、〇〇〇	河南涉林
晉城	五、五〇〇	八〇	四四〇、〇〇〇	二二〇、〇〇〇	二二〇、〇〇〇	鄰縣及河南清化
榆社	一六、二〇〇	二〇〇	三、二四〇、〇〇〇	三、二四〇、〇〇〇	—	
沁縣	六〇	一三〇	七、八〇〇	七、八〇〇	—	
武鄉	七、九二八	一一〇	八七二、〇八〇	八七二、〇八〇	—	
昔陽	一九〇	二〇〇	三八、〇〇〇	三八、〇〇〇	—	
壽陽	一、四二〇	五五	七八、一〇〇	七八、一〇〇	—	
臨汾	六四	二四〇	一五、三六〇	一五、三六〇	—	
襄陵	一、七〇〇	三〇	五一、〇〇〇	四一、〇〇〇	一〇、〇〇〇	汾城古城鎮
浮山	二七二	二〇〇	五四、四〇〇	五四、四〇〇	—	
汾城	一〇、〇〇〇	二〇	二〇〇、〇〇〇	二〇〇、〇〇〇	—	
曲沃	五、四六九	九七	五三〇、四九三	三六九、四九三	一六一、〇〇〇	翼城、絳縣
翼城	二九〇	一二〇	三四、八〇〇	三四、八〇〇	—	
吉縣	一、七三〇	三〇〇	五一九、〇〇〇	三二九、〇〇〇	一九〇、〇〇〇	鄉寧、大寧
鄉寧	五一〇	一〇〇	五一、〇〇〇	五一、〇〇〇	—	
永濟	三、三〇〇	九〇	二九七、〇〇〇	二三〇、〇〇〇	六七、〇〇〇	臨晉・榮河、芮城、陝西大慶關、朝邑、潼關
臨晉	一、五五〇	一〇〇	一五五、〇〇〇	一五五、〇〇〇	—	

虞鄉	三、四五〇	八〇	二七六、〇〇〇	二〇〇、八〇〇	七五、二〇〇	臨晉、永濟、
榮河	二、〇〇〇	八〇	一六〇、〇〇〇	一六〇、〇〇〇	—	
萬泉	九〇〇	五〇	四五、〇〇〇	四五、〇〇〇	—	
夏縣	四、五〇〇	四〇	一八〇、〇〇〇	一〇〇、〇〇〇	八〇、〇〇〇	安邑運城
平陸	二、八〇〇	一〇〇	二八〇、〇〇〇	一八〇、〇〇〇	一〇〇、〇〇〇	鄰縣
芮城	二、三四〇	一二〇	二八〇、八〇〇	二八〇、八〇〇	—	
新絳	六五〇	一八〇	一一七、〇〇〇	一一七、〇〇〇	—	
河津	五、二〇〇	一五〇	七八〇、〇〇〇	五〇〇、〇〇〇	二八〇、〇〇〇	陝西
聞喜	二二、五〇〇	八〇	一、八〇〇、〇〇〇	一、八〇〇、〇〇〇	—	
稷山	一、〇〇〇	三〇〇	三〇〇、〇〇〇	三〇〇、〇〇〇	—	
絳縣	九〇	五七	五、一三〇	五、一三〇	—	
霍縣	二四〇	三〇	七、二〇〇	七、二〇〇	—	
靈石	一〇、一三七	二〇〇	二、〇二七、四〇〇	二、〇二七、四〇〇	—	
大同	七五〇	一〇〇	七五、〇〇〇	七五、〇〇〇	—	
渾源	一三、八〇〇	五〇	六九〇、〇〇〇	六九〇、〇〇〇	—	
應縣	二、四四〇	一〇〇	二四四、〇〇〇	二四四、〇〇〇	—	
山陰	二九二	七〇	二〇、四四〇	九、八四〇	一〇、六〇〇	鄰縣

靈邱	四七、〇〇〇	一〇〇	四、七〇〇、〇〇〇	四、七〇〇、〇〇〇	（杏仁）二三[illegible]、〇〇〇	河北淶源縣
廣靈	四、四〇〇	四〇	一七六、〇〇〇	一七六、〇〇〇	—	
陽高	四、四二一	三八	一六七、九九八	一六七、九九八	—	
天鎮	四五〇	四〇	一八、〇〇〇	一八、〇〇〇	—	
右玉	一、七五〇	三五	六一、二五〇	五二、八五〇	八、四〇〇	平魯、左雲
左雲	一〇〇	四〇	四、〇〇〇	四、〇〇〇	—	
偏關	一、〇〇〇	四〇	四〇、〇〇〇	四〇、〇〇〇	—	
忻縣	二、〇〇〇	六〇	一二〇、〇〇〇	一二〇、〇〇〇	—	
定襄	六、〇〇〇	一〇	六〇、〇〇〇	六〇、〇〇〇	—	
靜樂	二、七〇〇	二〇	五四、〇〇〇	五四、〇〇〇	—	
代縣	一、一五〇	八〇	九二、〇〇〇	九二、〇〇〇	—	
繁峙	一、八六五	七〇	一三〇、五五〇	一三〇、五五〇	—	
崞縣	一一、一二〇	一三〇	一、四四五、六〇〇	一、二二五、六〇〇	二二〇、〇〇〇	代縣、寧武
保德	八〇	七〇	五、六〇〇	五、六〇〇	—	
總計	三五二、〇〇一	七三	二五、六五三、八四二	二五、六九八、〇二二	一、九五五、八二〇	

八　李

一 概說

李樹略似桃樹，果圓形，作紅色及黃色，味酸甜而微澁，不耐久放，不宜多吃，故晉省李樹栽植，不似桃杏果子等樹之多，現全省計有三一、一五一株，產李五、二一二、〇七六斤。

品種

李之品種較少，就其顏色之不同而別之，約有下列數種：

(一)黃李　黃李亦名青皮李、果大形長、類似鷄蛋、肉厚核小、果皮黃色、果肉淡黃、味頗甜而略帶酸味。

(二)金黃李　金黃李亦名大黃李、果實頗大、皮色紅黃、水少味甜。

(三)珠紅李　珠紅李亦名小紅李、果實稍小、皮色鮮紅、味氣酸香。

(四)青李　青李亦名鷂子紅、皮色半紅半青、味氣酸甜。

(五)紫皮李　紫皮李亦名朱皮李、果實稍小、皮帶紫色、味甜汁多。

此外又有玉黃李、杏黃李、大李、小李、紅李、珠黃李、杏李等名稱。

二 栽培狀況

氣候土壤

李宜乾燥氣候，耐寒力亦强，土質以粘質土及腐植質壤土爲佳，砂質壤土及砂土亦能生長。地勢以向陽而稍濕潤之處。

繁殖　李樹之繁殖方法有二：

（一）分根　分根繁殖，係將大樹根際之小條，或自生之樹苗，移栽相宜之地，任其自在生長。

（二）接木　李樹之接木，多以桃杏等樹作砧木，亦有以大樹根際或自生之小苗作砧木者，按照芽接法或根接法培成。

管理　李樹之管理，大概與桃杏相似，祇是下糞不可太多，糞內加以河水淤泥則更為相宜。

採收　李成熟時，用手摘下，以供生食，頗不耐放，摘下之李，經五日後，便不能食用矣。

三　產銷

株數　據此次調查，晉省栽植李樹株數共計三一、一五七株，以臨縣為最多，計八、〇〇〇株，應縣次之，計三、九〇〇株，陽曲及清源又次之，各二千餘株，其他各縣，則自百餘株以至千餘株。每株產量，多至四〇〇斤，少至一〇斤，平均一六七斤。

產量　產量以臨縣為最多，計三、二〇〇、〇〇〇斤，離石次之，計七六八、〇〇〇斤，晉城、應縣、懷仁、又次之，各在二三十萬斤左右，其他各縣所產，則自數千斤以至數萬斤。

銷售　各縣所產李子，多為本地所消費，有餘銷縣外者，祇清源、晉城、永濟、夏縣、絳縣等數縣，計縣內銷量爲五、〇九一、三四七斤，縣外銷量爲一二〇、七二九斤，外銷地點爲本省之太原市，文水、太谷、徐溝、太原、高平、陽城、臨晉、虞鄉、安邑、曲沃、聞喜及陝西河南。茲將山西各縣李子產銷數量列表於后：

山西省各縣李產銷統計表

縣別	栽植株數	每株產量(斤)	總產量(斤)	縣內銷量(斤)	縣外銷量(斤)	外銷地點
陽曲	二、七六〇	三〇	八二、八〇〇	八二、八〇〇	—	
太原	四五〇	六〇	二七、〇〇〇	二七、〇〇〇	—	
清源	二、三一〇	三〇	六九、三〇〇	一四、〇四二	五五、二五八	太原市、文水、太谷、徐溝、太原
平遙	一一七	一〇〇	一一、七〇〇	一一、七〇〇	—	
臨縣	八、〇〇〇	四〇〇	三、二〇〇、〇〇〇	三、二〇〇、〇〇〇	—	
離石	一、九二〇	四〇〇	七六八、〇〇〇	七六八、〇〇〇	—	
長治	二八〇	二〇	五、六〇〇	五、六〇〇	—	
晉城	一、五〇〇	七五	一一二、五〇〇	九二、五〇〇	二〇、〇〇〇	鄰縣
榆社	五二〇	一〇〇	五二、〇〇〇	五二、〇〇〇	—	
永濟	一、六七二	四三	七一、八九六	四一、二七五	三〇、六二一	臨晉、虞鄉、陝西、河南
臨晉	一五六	一〇〇	一五、六〇〇	一五、六〇〇	—	

萬泉	一〇〇	一〇	一、〇〇〇	一、〇〇〇	—	
夏縣	二〇〇	五〇	一〇、〇〇〇	七、〇〇〇	三、〇〇〇	安邑
芮城	六〇〇	六〇	三六、〇〇〇	三六、〇〇〇	—	
絳縣	六一四	七〇	四二、九八〇	三一、一三〇	一一、八五〇	曲沃、聞喜
霍縣	二四〇	五〇	一二、〇〇〇	一二、〇〇〇	—	
應縣	三、九〇〇	一〇〇	三九〇、〇〇〇	三九〇、〇〇〇	—	
懷仁	一、二三〇	一〇〇	一二三、〇〇〇	一二三、〇〇〇	—	
靈邱	五五〇	七〇	三八、五〇〇	三八、五〇〇	—	
廣靈	一、二二〇	五〇	六一、〇〇〇	六一、〇〇〇	—	
陽高	二、七〇〇	二八	七五、六〇〇	七五、六〇〇	—	
天鎭	一一二	五〇	五、六〇〇	五、六〇〇	—	
總計	三一、一五一	一六七	五、二一二、〇七六	五、〇九一、三四七	一二〇、七二九	

九　核桃

一　概說

核桃亦名胡桃，樹高枝繁，葉大而厚，花爲黑色，實大如桃，外生靑皮，內長硬殼，屬於殼果類及乾果類，晉省之中部及南部，風土尙稱相宜，故栽植頗多，全省計有胡桃一六六、〇五八株，所產桃仁，多行銷天津。

品種

晉省核桃之品種，通常分爲綿核桃，夾核桃，疤核桃三種：

(一)綿核桃　綿核桃亦名大核桃，顆粒很大，殼皮細薄，仁子肥大，殼與仁易於分離，味氣良好，收量亦多。

(二)夾核桃　夾核桃亦名小核桃，顆粒稍小，殼皮粗厚，仁子瘠瘦，殼與仁嵌着甚緊，不易分離。

(三)疤核桃　疤核桃外皮作暗紅色，疤折頗多，仁肉極少，不能食用，祇供玩耍，以其值價稍大，故亦有栽植者，

用途

核桃之用途頗廣，仁可供食，壓油及製造各種糖果點心，果皮樹皮可充染料，樹幹木質堅固，可製槍砲托把及各種器具，價值頗大。

二　栽培狀況

氣候土壤

核桃宜溫暖乾燥之氣侯，土質以砂質壤土或壤土爲適合，地勢宜在山坡向陽之處，但在山澗溝渠之崖壁亦能生長。

繁植

核桃之繁殖方法，以品種之不同而差異：

(一)綿核桃及夾核桃繁殖方法爲播種繁殖。播種之法：係於白露節至寒露前後，將地掘好，耀耱平垣，按一丈遠近之距離，掘一孔穴，施以堆糞或牲畜糞，每穴放置一顆自己墮落，靑皮開裂，果大量重殼皮光滑之核桃，亦有將種桃置於糞內，浸漚五六日，然後種置穴內者，種桃置入後，蓋以三四寸厚之泥土，踏實澆水，次年春分至清明節前後出芽，苗長至尺許時，按二三丈之距離移植，十年後結實。

(二)疤核桃係接木繁殖，以山核桃樹爲砧木。用根接法培成。

管理 每年秋季，以快刀刮去少許樹皮，以求果實繁多。

採收 核桃於處暑至秋分前後成熟，用木杆打落，堆積室內，經七八日後，靑皮漚爛，用扒擦脫，再用清水淘洗，曬乾貯藏，以供食用或出售。

三 產銷

株數 據此次調查，晉省全省計有核桃樹一六六、〇五八株，以汾陽爲最多，計六〇、〇〇〇株，晉城次之，計五〇、〇〇〇株，遼縣、和順、盂縣、安澤、絳縣又次之，在五千株至九千株之間，其他各縣則自數十株以至三千株不等。

產量 全省計產帶殼核桃二、九二九、一三五斤，又三一、七〇八、〇〇〇個，核桃仁一、二六四、五三五斤，以汾城之產量爲最多，計產核桃仁四四〇、〇〇〇斤，盂縣次之，產仁三八〇、一六〇斤，和順次之，產仁二〇〇、〇〇〇斤。

銷售

晉省所產核桃，當地消費較少，計帶殼核桃八九五、七三九斤，又二一、七〇八、〇〇〇個，桃仁一〇九、六八五斤，外銷數量較多，計帶殼核桃二、〇三三、三九六斤，又一〇、〇〇〇、〇〇〇個，桃仁一、一五四、八五〇斤。交城、汾陽、黎城、遼縣、和順、昔陽、盂縣、安澤、汾西、五台等縣外銷地點，均爲天津，年約銷桃仁九十萬斤。帶殼核換一百萬斤左右，其他各縣，多爲鄰縣互相銷售，間有銷河南及陝西者，但爲數不多。茲將山西各縣核桃產銷統計，列表於后：

山西省各縣核桃產銷統計表

縣別	栽植株數	總產量	縣內銷量	縣外銷量	外銷地點
陽曲	六一五仁	一五、三七五斤仁	一五、三七五斤	—	
太原	四九	一、七一五斤	一、七一五斤	—	
交城	七七三	二七〇、五五〇斤	一八〇、三七〇斤	九〇、一八〇斤	天津
文水	三〇四	六九、九二〇斤	六九、九二〇斤	—	
汾陽	六〇、〇〇〇仁	四四〇、〇〇〇斤仁	四〇〇、〇〇〇斤仁	四〇〇、〇〇〇斤	天津
黎城	八〇〇仁	一〇四、〇〇〇斤仁	二六、〇〇〇斤仁	七八、〇〇〇斤	天津
壺關	二四〇	八、四〇〇斤	三、四〇〇斤	五、〇〇〇斤	河南

平順	二、一九九	五七、一七四斤	一九、〇五八斤	三八、一一六斤	潞城、長治、河南涉縣
晉城	五〇、〇〇〇	二五、〇〇〇、〇〇〇個	一五、〇〇〇、〇〇〇個	一〇、〇〇〇、〇〇〇個	河南
高平	四〇〇	一、二〇〇、〇〇〇個	一、二〇〇、〇〇〇個	—	
陽城	一、六六五	一〇八、二二五斤	二五、〇〇〇斤	八三、二二五斤	翼城、河南
陵川	二、五〇〇仁	一二五、〇〇〇斤仁	二五、〇〇〇斤仁	一〇〇、〇〇〇斤	高平及河南省輝林、修武、獲嘉、等縣
沁水	五五三	四九、七七〇斤	四九、七七〇斤	—	
遼縣	八、五五〇	六四一、二五〇斤	二一、〇〇〇斤	六二〇、二五〇斤	天津
和順	五、〇〇〇仁	二〇〇、〇〇〇斤	—仁	二〇〇、〇〇〇斤	河北省天津
榆社	九九〇	四九五、〇〇〇個	四九五、〇〇〇個	—	
昔陽	三〇〇	六〇、〇〇〇斤	一〇、〇〇〇斤	五〇、〇〇〇斤	河北、天津
盂縣	五、九四〇仁	三八〇、一六〇斤仁	三、三一〇斤仁	三七六、八五〇斤	河北、天津
襄陵	二〇	一、二〇〇斤	一、二〇〇斤	—	
浮山	四一三	一二、三九〇斤	一二、三九〇斤	—	
安澤	八、八九四	二一三、四五六斤	一二、九五六斤	二〇〇、五〇〇斤	天津、洪洞
吉縣	七四〇	八八八、〇〇〇個	八八八、〇〇〇個	—	
鄉甯	一、二五〇	一五〇、〇〇〇斤	五〇、〇〇〇斤	一〇〇、〇〇〇斤	新絳、汾城、襄陵
永濟	一、八〇〇	五四、〇〇〇斤	五〇、〇〇〇斤	四、〇〇〇斤	虞鄉、陝西平民

萬泉	一五〇	七五、〇〇〇個	七五、〇〇〇個	—	
芮城	三〇〇	一五、〇〇〇斤	一五、〇〇〇斤	—	
絳縣	六、九七〇	五五七、六〇〇斤	二七八、八〇〇斤	二七八、八〇〇斤	曲沃、解縣、新絳
靈石	一、三五〇	四、〇五〇、〇〇〇個	四、〇五〇、〇〇〇個	—	
汾西	二、一八〇	五五一、五四〇斤	一五、五四〇斤	五三六、〇〇〇斤	洪洞、孝義、及河北天津
五台	五九一	四四、三二五斤	一七、〇〇〇斤	二七、三二五斤	河北省
崞縣	五二二	六二、六二〇斤	六二、六二〇斤	—	
總計	一六六、〇五八	二、九二九、一三五斤 (仁)一、二六四、五三五斤 三一、七〇八、〇〇〇個	八九五、七三九斤 (仁)一〇九、六八五斤 二一、七〇八、〇〇〇個	二、〇三三、三九六斤 (仁)一、一五四、八五〇斤 一〇、〇〇〇、〇〇〇個	

十　石榴

一　概說

石榴樹小枝繁，葉形長圓，花紅蕚赤，果實球形，充分成熟，則果皮開裂，而包多數之籽粒，味酸甜均有，除供生食外，亦有作花草培植者，故晉省之石榴，多培植於花園菜園或牆根，鮮有整塊培植者。

品種

山西石榴之品種，除供觀賞之一類外，通常因色味之不同而分別其品種，茲分述如下：

(一)冰糖石榴　冰糖石榴之皮及籽俱爲白色，果形中常，籽大味甜。

(二)三白石榴　三白石榴之皮、籽、及花俱爲白色，籽小味酸，成熟稍遲。

(三)硃砂石榴　硃砂石榴亦名瑪瑙石榴。皮及籽俱爲紅色，籽大味甜。

(四)酸石榴　酸石榴之顏色與硃砂石榴相同，惟果大籽小，皮厚味酸。

(五)青皮石榴　青皮石榴果皮青紅，籽紅味甜，亦有紅白味酸。

此外又有碟叉石榴、笨石榴、秋石榴、甜石榴、江石榴、漿石榴等名稱。

用途

晉省之石榴，除充花草觀賞，及供生食外，酸石榴之皮，炒乾搗碎，冲以沸水，可治痢疾，以白糖調和，煎熬數小時，可以治療咳嗽。

二　栽培狀況

氣候土壤

石榴宜溫暖乾燥氣候，土質以壤土或粘質壤土爲最佳，地勢宜在牆根下向陽之處，故晉省農人有「南椒北石榴」之俗諺。

繁殖

石榴之培植方法，有實生及插條兩種：

(一)實生繁殖係以充分成熟之石榴，連根帶肉，埋於七八分深度之土穴內，時加灌溉，不使乾燥，候高達尺許時，再行移植。

(二)插條法亦稱扦插，又名壓條，係於清明前後，以粗似拇指之直枝，切成尺許之短段，掘穴插入，以土埋好，用足踏實，時加灌溉。亦有將枝條盤成圈狀，壓於穴中者。

管理 幼苗至冬天，須彎曲於地，以土埋住，或加以綑裹，以防凍斃，長大後移植，時須澆灌，每年施人尿糞一二次，旁芽及長芽，不時摘除，使多結實。

三 產銷

株數 晉省石榴栽植不廣，全計有一六七九四株，介休栽植最多，計八、〇〇〇株，芮城次之，計六、四五〇株，臨晉又次之，計一、〇六〇株，其他各縣，則均在千株以下。

產量 晉省共產石榴一三七、八九〇斤，各縣產量，以每株產量之不同而有差異，以介休爲最多，計六四、〇〇〇斤，臨晉次之，計一〇、六〇〇斤，其他各縣，則均在三四千斤左右。

銷售 晉省所產石榴，大多數供本地消費，計一三二、八九二個，運銷縣外者，僅占少數，計四、九九八個。縣外銷售地點，除產地鄰近縣份外，永濟銷售陝西平民，平陸銷售河南陝縣。茲將山西省各縣石榴產銷統計，列表於后：

山西省各縣石榴產銷統計表

縣別	栽植株數	每株產量（斤）	總產量（斤）	縣內銷量（斤）	縣外銷量（斤）	外銷地點
介休	八、〇〇〇	八	六四、〇〇〇	六四、〇〇〇	—	
鄉寧	二〇〇	二〇	四、〇〇〇	四、〇〇〇	—	
永濟	四二四	一〇	四、二四〇	二、三四二	一、八九八	虞鄉、臨晉、及陝西、平民
臨晉	一、〇六〇	一〇	一〇、六〇〇	一〇、〇〇〇	六〇〇	鄭縣
平陸	六六〇	一五	九、九〇〇	七、四〇〇	二、五〇〇	河南陝縣
芮城	六、四五〇	七	四五、一五〇	四五、一五〇	—	
總計	一六、七九四	八・二一	一三七、八九〇	一三二、八九二	四、九九八	

十一　西瓜

一　概說

西瓜爲食瓤之漿果，屬葫蘆科西瓜屬，一年生草本，莖蔓甚長有卷鬚，葉有深缺，作三杈形，夏月開花，花單性黃色，合瓣花冠，雄雌同株，盛夏成熟，形圓或橢圓，內瓤氣味甘美，性質清涼，瓤內所含水份愈多，則品質愈佳，有去暑解渴功能，實消夏之上品也。

品種

晉省西瓜之品種，以內瓤及外皮顏色之不同，而別爲小紅瓤，胎裏紅，水皮，三白大黑皮，大虎皮等數種，分述如下：

(一)小紅瓤又名十八日紅，蔓生長至八葉時，即可結瓜，瓜形甚少，外皮綠色，上有黑線，亦有靑皮或花皮者，皮質稍薄，成熟最早，自種至收，約八十日，自結瓜至成熟約二十五日。

(二)胎裏紅外皮色及成熟期，均與小紅瓤相似。惟未成熟時，瓜瓤即帶淡紅色，故名胎裏紅。

(三)水皮瓜蔓生長至十葉時結瓜，外皮綠色，黑線較小紅瓤稍寬，皮質較厚，成熟較遲，自種至收，約九十日，自結瓜至成熟約三十日。

(四)三白瓜蔓生長至十二葉與二十葉時結瓜，如在十二葉時結瓜，則瓜形稍小，皮厚瓤虛，在二十葉時結瓜，則瓜形稍大，皮薄瓤滿。以其皮籽及瓤，均作白色，故名三白。

(五)大黑皮瓜外皮黑色，有紅瓤黑籽者；有黃瓤紅籽者；亦有黃瓤黑籽者。

(六)大虎皮瓜外皮花綠色，瓤與大黑皮相似，瓜形頗大，成熟稍遲，自種至收約百餘日，自結瓜至成熟約四十餘日。

用途

瓜瓤含有多量之甜汁水份，充水菓生食，頗具消暑解渴之功；瓜籽以火炒熟，可充乾果小吃。

二　栽培狀況

氣候土壤

西瓜宜溫暖乾燥之氣候，山岳寒冷地帶，生長較差，在開花前及結瓜後，得雨二次，則能使瓜形肥大；如於開花時及成熟時雨水過多，則蔓死瓜爛，故有「水葫蘆乾西瓜」之俗稱。土質以砂質壤土或粘質壤土爲宜。種於粘質壤土，則色鮮味甜、成熟稍慢；種於砂質壤土，則色味平常，成熟稍速；若於粘質地土，舖砂一層，則能長成色味俱佳成熟頗早之西瓜。地勢宜擇向陽坡地，或空氣流稱之處，若種於下濕或澆水地內，則葉起斑點而易腐爛，故種瓜之田地，須做成高畦，使瓜苗不受潮濕。

輪種

西瓜最忌連種及對茬，宜與麥，谷，高粱等輪種，越七八年後始能再種。

培秧

西瓜之栽種方法，普通以直接播種者爲多，但爲求成熟早速起見，亦有以秧苗移栽者。秧苗之培植，於驚蟄節開始，先以四分之三之木屑或麥糠，與四分之一之熟土混和，裝入香爐或以二瓦合成之瓦筒內，再下籽四五粒，置於溫暖之處，出土後，夜晚則置於室內，以防凍寒；日間則移置院場，以受照晒，至清明節後，種於瓦內者，解開瓦筒，種於香爐等，則打破香爐，連土移植穴內，日間以草遮蔽其南面，以防晒斃；夜間則以瓦遮蓋，以防受凍，直至天暖苗壯時止。亦有拔秧苗而不帶原土者，手續雖較便，但移植後成活之苗，不甚穩妥，且成熟期亦遲緩。

其直接播種者，則須行浸種，耕地、施肥、下種、摘心、摘花等手續，玆分述如下：

浸種

西瓜之種籽，下種前多以水浸過，但亦有不行浸種直接乾種地內者。浸種方法有四：一、以沸水將種籽冲過，潑散地面待冷後，收置器內，蒙蓋濕布；二、置種籽於磁器，以沸水冲起，再以另一磁器，互相傾倒，待水冷後，傾去水，留種籽於器內，用濕布蓋好；三、將種籽以溫水泡過，擦去外皮之油滑，換水洗淨，蓋以濕布，置於溫暖之處，每日早晚。用冷水淘洗一次；四、將種籽以冷水浸泡半日，撈入瓦盆，置於溫暖之處，不再與水相接觸。以上各種浸種方法，以溫水浸泡，較爲妥當，蓋以沸水冲泡，固能使發芽齊全，但冲泡過度或手法不熟，則有浸壞種籽之危險。

栽種西瓜之田地，於下種前，須加以耕耘並施以相當肥料，其方法以地質之不同，分爲四種：

(一)鋪沙瓜，秋季深耕一次，春分前後，䎱耱平坦，行距三尺，用鍬掘成小渠，施肥渠內；亦有行距三尺，株距一尺七八寸，點肥地面，以鍬掘翻，再自河內，將浮砂起去，取收陰砂，運至田內，滿面鋪平，厚約寸許，以待下種。

(二)明地瓜　行距五尺，掘成一尺寬之小渠，掘起之浮土，置於渠之北面，施肥渠內，以鏝刨之，使肥料勻和土中，澆水後，再刨一次，用耙耙平，以待下種。

(三)旱地瓜，秋後耕地一次，如爲麥茬，則除伏天外，每雨一次，耕䎱一次，前後共耕四五次，然後行距五尺，株距二尺，掘成周圍約一尺深約二尺之土穴，灌大糞一杓，加蓋薄土，以免臭氣洩散，掘出穴外及穴內之泥土，經一冬陽光之照晒，生土變爲熟土，陰性變爲陽性，至春季還置穴內，既能保存濕氣，又可使發芽齊全。亦有冬季不灌大糞，而於春分前後，將掘出之土，和以豆餅或牲畜糞，還置穴內者；又有秋季耕䎱平坦，至春季方始掘穴者。更有將肥料撒佈地面，犂翻土中，䎱耱平坦，以待下種，並不掘穴者。

(四)水地瓜　秋末或春初，行距三尺至五尺，挖地成直壕，掘起之土，堆於兩壕之間，近壕兩面，做成坡形，以備雨水過多時，易於出水，壕底施以牲畜糞或大糞，砍耙數次。或冬季鋪砂於壕底，春季施肥，亦有散牲畜糞於地面，翻入土中，耙耱平坦，做成三尺寬七八尺長畦堰，畦內平鋪五分厚之細砂，澆灌一次，按一尺遠近，用手撥開細砂，掘成五六分深之小穴，以備下種。

下種

晉省西瓜之下種節期，以地帶氣候之不同而有遲早，省南在清明節左右，省北在小滿節左右，省垣附近則在谷雨節左右，故有「清明前後點瓜種豆」，「小滿前後安瓜點豆」，「谷雨前後點瓜種豆」，之農諺，下種方法有三：

(一)鋪砂瓜　在已掘成之小渠內，株距一尺七八寸，將砂刨開，點籽一粒，每畝約點八百餘窩。

(二)水地瓜　株距一尺，點籽六粒，種籽入土深度，約爲五分，蓋上浮土，畫一圈記，以備易於察看並防踐踏，經五六日發芽。

(三)明地瓜　以鏟或鍬，拍碎翻掘之熟土，掘深約半寸之小穴，點籽四五粒，若天旱乾燥，則澆水後點粒，擁土埋蓋，當中稍高，周圍踏實，五六日後，刨開驗視，如芽將出土，則午後用耙耬之，次晨卽可出土，亦有臨出芽時，用石塊堵於瓜苗之兩旁或西北面，以防寒風，使幼苗生長暢旺。

管理

發芽後，疏間二次，使每穴祇留一株，大葉生有四五枚時，則行摘心手續，將心芽摘去，誘生新蔓。再掘穴點肥二次，覆以泥土，以免蔓藤羣聚，蔓漸伸長，乃敷藁草，以防結瓜後接觸泥土。結瓜後須加以翻轉，以期全面俱受陽光，如欲瓜形肥大，則新蔓上每隔四五枚葉間所生之雌花，稍行摘除，亦有不行摘心摘花者，每蔓可結瓜二三枚，但瓜形甚小。

病害 西瓜之病害，以露菌病最烈，初生時，現黃色不正之斑點，漸致枯死，氣候溫暖濕潤之時，蔓延尤盛，甚至全圃死滅，種瓜農人，對之雖作充分之注意，但十分可靠之防除方法，尙少應用，蟲害則有瓜螢，爲小形之甲蟲，狀似常螢，防除之法，除早防捕殺外，亦有撒布石灰以除之者。

摘取 西瓜開花結蒂後，約三四十日成熟，成熟與否，以手指彈聲聽聲辨之，音濁爲未熟，音清則爲成熟之象徵，又瓜梗旁側之小蔓枯槁及瓜之着土處變爲黃色時，亦爲成熟之象徵。成熟後，以手或刀摘割離蔓，搬至室內，候內瓤陰涼後，以供食用或銷售。摘收之期，以地帶而不同，自處暑以至白露節前後，雁門關外一帶，則有遲至中秋節後始成熟者。故晉省歌謠中有：「懷抱火爐吃西瓜」之句，卽指省北氣候寒冷各縣情形而言。

三　產銷

面積 山西西瓜之栽種至爲普遍，在一〇五縣中，除極少縣份外，俱有栽種，據此次調查全省西瓜之栽種面積，總計九二、五六三畝，中以陽曲爲最多，計三〇、〇〇〇畝，縣城次之，計一〇、〇〇〇畝，朔縣又次之，計五、五七〇畝，太原、太谷、文水、長治、永濟、平陸、芮城、河津、靈石、大同、渾源、山陰、廣靈、崞縣、定襄等縣之栽種面積，各自一千畝以至四千餘畝、平遙、石樓、離石、中陽、洪洞、曲沃、翼城、臨晉、萬泉、猗氏、解縣、安邑、聞喜、霍縣、應縣、靈邱、忻縣等處，各自五百畝以至九百畝，其餘各縣，則自數十畝至四百餘畝。

產量

晉省西瓜之總產量，計為一〇三、〇三一、七〇〇斤，中以陽曲之產量為最多，計三〇、〇〇〇、〇〇〇斤，太原次之，計六、二一九、〇〇〇斤，長治又次之，計六、〇〇〇、〇〇〇斤，朔縣五、五七〇〇、〇〇斤，潞城，河津及聞喜各三四百萬斤，太谷、平遙、石樓、離石、洪洞、翼城、臨晉、安邑、平陸、芮城、靈石、大同、廣靈及崞縣各一二百萬斤，榆次、祁縣、清源、交城、文水、汾陽、臨縣、中陽、屯留、沁水、遼縣、榆社、壽陽、臨汾、浮天、汾城、曲沃、鄉寧、永濟、滎河、萬泉、猗氏、解縣、新絳、稷山、絳縣、霍縣、汾西、渾源、應縣、山陰、靈邱、陽高、天鎮、忻縣、定襄、五台、繁峙等縣，各產數十萬斤，其他各縣產量，各僅數萬斤以至數千斤。

銷量

晉省所產西瓜，多數供當地消費，計縣內銷量為九四、一五三、三〇〇斤，有餘運銷縣外者，祇太原、清源、文水、襄陵、吉縣、臨晉、安邑、平陸、河津、絳縣、汾西、大同、山陰等省，計八、八七八、四〇〇斤，祇當總產量百分之八•六二，銷路除大同所產銷北平、天津、豐鎮、綏遠、平陸所產銷河南陝縣，及河津所產銷陝西外，其他各縣則均為省內各縣互相銷售，茲山西省各縣西瓜產銷統計，列於后：

山西省各縣西瓜產銷統計表

縣別	種植面積(畝)	產量(斤) 每畝數	產量(斤) 總數	銷量(斤) 縣內	銷量(斤) 縣外	外銷地點
陽曲	三〇、〇〇〇	一、〇〇〇	三〇、〇〇〇、〇〇〇	三〇、〇〇〇、〇〇〇	—	
太原	四、一四六	一、五〇〇	六、二一九、〇〇〇	三、九八七、〇〇〇	二、二三二、〇〇〇	太原市
楡次	一〇〇	三、〇〇〇	三〇〇、〇〇〇	三〇〇、〇〇〇	—	
太谷	一、三〇〇	二、一〇〇	二、七三〇、〇〇〇	一、二〇〇、〇〇〇	一、五三〇、〇〇〇	
祁縣	二五〇	二、〇〇〇	五〇〇、〇〇〇	五〇〇、〇〇〇	—	
徐溝	五〇	一、六〇〇	八〇、〇〇〇	八〇、〇〇〇	—	
清源	二二八	一、五〇〇	三四二、〇〇〇	一〇二、六〇〇	二三九、四〇〇	太原市
交城	六〇	二、四〇〇	一四四、〇〇〇	一四四、〇〇〇	—	
文水	一、二三〇	七六〇	九三四、八〇〇	七一五、七〇〇	二一九、一〇〇	汾陽、交城、郝縣
汾陽	四〇〇	二、〇〇〇	八〇〇、〇〇〇	八〇〇、〇〇〇	—	
平遙	五〇〇	二、〇〇〇	一、〇〇〇、〇〇〇	一、〇〇〇、〇〇〇	—	
臨縣	三〇〇	八〇〇	二四〇、〇〇〇	二四〇、〇〇〇	—	
石樓	七〇〇	一、五〇〇	一、〇五〇、〇〇〇	一、〇五〇、〇〇〇	—	
離石	八〇〇	二、四〇〇	一、九二〇、〇〇〇	一、九二〇、〇〇〇	—	

中陽	八〇〇	八〇〇	六四〇、〇〇〇	六四〇、〇〇〇	—	
長治	三、〇〇〇	二、〇〇〇	六、〇〇〇、〇〇〇	六、〇〇〇、〇〇〇	—	
屯留	一〇〇	一、〇〇〇	一〇〇、〇〇〇	一〇〇、〇〇〇	—	
襄垣	一三五	一八〇	二四、三〇〇	二四、三〇〇	—	
潞城	一〇、〇〇〇	四〇〇	四、〇〇〇、〇〇〇	四、〇〇〇、〇〇〇	—	
沁水	九〇	一、五〇〇	一三五、〇〇〇	一三五、〇〇〇	—	
遼縣	三〇	四、八〇〇	一四四、〇〇〇	一四四、〇〇〇	—	
榆社	四〇〇	二、〇〇〇	八〇〇、〇〇〇	八〇〇、〇〇〇	—	
沁縣	五	二、〇〇〇	一〇、〇〇〇	一〇、〇〇〇	—	
沁源	三〇	五〇〇	一五、〇〇〇	一五、〇〇〇	—	
武鄉	八〇	三五〇	二八、〇〇〇	二八、〇〇〇	—	
昔陽	五〇	四〇〇	二〇、〇〇〇	二〇、〇〇〇	—	
壽陽	三〇〇	一、〇〇〇	三〇〇、〇〇〇	三〇〇、〇〇〇	—	
臨汾	一三五	一、二〇〇	一六二、〇〇〇	一六二、〇〇〇	—	
襄陵	一五〇	六〇〇	九〇、〇〇〇	七五、〇〇〇	一五、〇〇〇	汾城
洪洞	八三〇	二、〇〇〇	一、六六〇、〇〇〇	一、六六〇、〇〇〇	—	
浮山	二三五	二、〇〇〇	四七〇、〇〇〇	四七〇、〇〇〇	—	

汾城	二五〇	一、六〇〇	四〇〇、〇〇〇	四〇〇、〇〇〇	—	
曲沃	五〇〇	一、五〇〇	七五〇、〇〇〇	七五〇、〇〇〇	—	
翼城	八五〇	二、四〇〇	二、〇四〇、〇〇〇	二、〇四〇、〇〇〇	—	
吉縣	三三	二、三〇〇	七五、九〇〇	六八、〇〇〇	七、九〇〇	大寧、蒲縣、鄉寧
鄉甯	三〇〇	一、〇〇〇	三〇〇、〇〇〇	三〇〇、〇〇〇	—	
永濟	二、四〇〇	四五〇	一〇八、〇〇〇	一〇八、〇〇〇	—	
臨晉	六七〇	一、五〇〇	一、〇〇五、〇〇〇	八〇〇、〇〇〇	二〇五、〇〇〇	猗氏、榮河、永濟
榮河	三〇〇	一、〇〇〇	三〇〇、〇〇〇	三〇〇、〇〇〇	—	
萬泉	六〇〇	一、〇〇〇	六〇〇、〇〇〇	六〇〇、〇〇〇	—	
猗氏	七六八	一、二〇〇	九二一、六〇〇	九二一、六〇〇	—	
解縣	五五〇	一、〇〇〇	五五〇、〇〇〇	五五〇、〇〇〇	—	
安邑	九〇〇	一、五〇〇	一、三五〇、〇〇〇	九五〇、〇〇〇	四〇〇、〇〇〇	萬泉、猗氏、
平陸	三、五〇〇	六〇〇	二、一〇〇、〇〇〇	一、一〇〇、〇〇〇	一、〇〇〇、〇〇〇	河南陝縣
芮城	二、四〇〇	一、〇〇〇	二、四〇〇、〇〇〇	二、四〇〇、〇〇〇	—	
新絳	三五〇	一、二〇〇	四二〇、〇〇〇	四二〇、〇〇〇	—	
河津	一、〇〇〇	四、〇〇〇	四、〇〇〇、〇〇〇	二、〇〇〇、〇〇〇	二、〇〇〇、〇〇〇	陝西
聞喜	七五〇	五、〇〇〇	三、七五〇、〇〇〇	三、七五〇、〇〇〇	—	

稷山	一〇〇	三、〇〇	三〇〇、〇〇〇	三〇〇、〇〇〇	—	
絳縣	一四五	一、〇〇〇	一四五、〇〇〇	一一五、〇〇〇	三〇、〇〇〇	翼城、曲沃、聞喜
霍縣	五〇〇	一、二〇〇	六〇〇、〇〇〇	六〇〇、〇〇〇	—	
靈石	一、〇七〇	二、五〇〇	二、六七五、〇〇〇	二、六七五、〇〇〇	—	
汾西	二五〇	一、二〇〇	三〇〇、〇〇〇	二〇〇、〇〇〇	一〇〇、〇〇〇	鄰縣
蒲縣	二五	二、〇〇〇	五〇、〇〇〇	五〇、〇〇〇	—	
大同	二、五〇〇	一、〇〇〇	二、五〇〇、〇〇〇	二、〇〇〇、〇〇〇	五〇〇、〇〇〇	北平、天津、豐鎮、綏遠
渾源	二、〇〇〇	三〇〇	六〇〇、〇〇〇	六〇〇、〇〇〇	—	
應縣	八一五	三〇〇	二四四、五〇〇	二四四、五〇〇	—	
山陰	一、二〇〇	八〇〇	九六〇、〇〇〇	五六〇、〇〇〇	四〇〇、〇〇〇	鄰縣
靈邱	八〇〇	八〇〇	六四〇、〇〇〇	六四〇、〇〇〇	—	
廣靈	一、一〇〇	一、五〇〇	一、六五〇、〇〇〇	一、六五〇、〇〇〇	—	
陽高	三四〇	二、〇〇〇	六八〇、〇〇〇	六八〇、〇〇〇	—	
天鎮	二三〇	一、〇八〇	二四八、四〇〇	二四八、四〇〇	—	
右玉	三五	四八〇	一六、八〇〇	一六、八〇〇	—	
朔縣	五、五七〇	一、〇〇〇	五、五七〇、〇〇〇	五、五七〇、〇〇〇	—	
偏關	一五〇	六〇〇	九、〇〇〇	九、〇〇〇	—	

忻縣	五〇〇	一、〇〇〇	五〇〇、〇〇〇	五〇〇、〇〇〇	——
定襄	一、〇〇〇	四〇〇	四〇〇、〇〇〇	四〇〇、〇〇〇	——
五台	二八〇	三、六〇〇	六四八、〇〇〇	六四八、〇〇〇	——
繁峙	三九八	一、八〇〇	七一六、四〇〇	七一六、四〇〇	——
崞縣	一、一〇〇	一、五〇〇	一、六五〇、〇〇〇	一、六五〇、〇〇〇	——
總計	九二、五六三	一、一一三	一〇三、〇三一、七〇〇	九四、一五三、三〇〇	八、八七八、四〇〇

十二　甜瓜

一　概說

甜瓜亦名香瓜，爲成熟後生食之瓜果，肉質脆嫩，氣味香甜，莖蔓短小，就地生長，葉之大小及花之形狀，均與黃瓜相似，遇天氣炎熱，西瓜缺少時，人多食之，亦具解渴之功。西瓜之供人食用部份爲瓤，甜瓜則爲皮肉，西瓜之蔓莖，摘除支芽，留其正心，甜瓜則反之，摘正心而留支芽。栽培方法較西瓜爲易，復爲一般人民所愛食用，故晉省甜瓜之種植，亦頗不少。

品種

甜瓜有三大類：一爲甜瓜，肉綿味甜，個頭甚大；二爲香瓜，肉沙味香，個頭中常；三爲脆瓜，肉脆味香，個頭稍小。復因瓜之形狀，有長有圓，皮色肉質及籽之顏色，有花、紅、黃、白、黑、綠之別，故名稱甚多，茲分述於後：

（一）劉全瓜　形狀頗圓，有大小兩種：大者個頭甚大，肉質甚脆，外皮綠色，上有白霜，易於上銹；小者個頭稍小，形如圓鼓，外皮白色，不易上銹。此種甜瓜，不必俟其十分成熟，即可食用。

（二）圓甜瓜　個頭甚大，肉質帶綿，味氣平常，外皮顏色，嫩時深綠，老則變黃，自開花後，約二十六七日成熟。

（三）蛤蟆脆　形狀長圓，味氣甚香，外皮綠色，上有黑點，有似蛤蟆，故又名蛤蟆皮，每苗可結瓜七八枚，小者十餘兩，大者二三斤。

（四）羊角脆　瓜形尖長，類似羊角，故又名羊角酥。外皮黑色，上有白道，綠瓤白籽，亦有綠皮紅瓤者，肉質沙甜，味氣甚香，每苗可結瓜十餘枚，重約半斤，開花後一月成熟。

（五）菜瓜　形狀稍長，外皮花色，肉質甚綿，味氣頗香。另有一種，形狀皮色，均相類似，惟不宜生食，專供製造醃菜之用，

（六）捧兒瓜，亦名山東捧，形狀細長，外皮稍厚，色青或花，綠瓤白籽，味氣較劣，每苗結瓜八九枚，最大者一斤。

（七）芝蔴鈴　形狀長圓，個頭頗大，味氣甚甜，外皮顏色，嫩時發青，成熟變黃，上有類似芝蔴之

黑色小點，故名芝蔴鈴。

(八)一串鈴　亦名馬串鈴，形狀如梨，個頭不大，品味甚好，皮色花綠，每苗結瓜十餘枚，開花後二十七八日成熟。

(九)白皮瓜　形狀長圓，味甜如蜜，皮肉瓤均爲白色，每苗結瓜七八枚，最大者一斤，約三十日成熟。

(十)蒸饃瓜　形似蒸饃，味氣甜淡，皮色黃綠，籽瓤白色，肉質帶麵，可以充饑，每苗結瓜五六個，大有二三斤，約三十四五日成熟。成熟後瓜皮甚軟，故又名老婆瓜。

(十一)金香脆　形狀長圓，皮綠肉黃，瓤黃籽紅，肉脆味甜，約三十四五日成熟。

(十二)燈爐紅　外皮淺綠，肉質紅色，瓤黃籽白，味氣甚香，每苗結瓜四五枚，約三十餘日成熟。

(十三)野雞紅　外皮柳綠色，肉質瓤籽，均爲紅色，成熟期與燈爐紅彷彿。

(十四)揚州蜜　又石白梨沙，皮瓤及籽，均爲白色。

(十五)核桃皮　又名竹葉青，皮青，瓤紅，籽白。

(十六)黑皮瓜　有大小兩種：小者名黑地猪，外皮黑色，瓤籽白色，味氣香甜，成熟稍早；大者名黑甜瓜，個頭甚大，長約尺餘，重二斤至六斤，每苗結瓜一二枚，生食不佳，宜製醃菜。另有花皮菜瓜，個頭及用途，與黑皮瓜相同。

此外尚有燈籠紅——皮脆味極甜，梨兒脆——質脆淡甜而清香，柳葉青——皮軟味甜成熟最早，青皮瓜，十道裂，陸瓜，蜜桶瓜，綠線瓜，火瓜，策瓜，牛角蜜，撒金黃等名稱。

用途　甜瓜成熟後或嫩時，可供生食，味氣甜氣，清涼解渴；其製菜食用者，則醃做鮮菜，現時食用；或醬成鹹菜，貯藏備用。靈邱縣之醬瓜，味氣最佳，臨晉縣之包瓜菜，亦頗馳名。

二　栽培狀況

氣候土壤　甜瓜宜溫暖之氣候，山岳寒冷之地，不宜栽種，苗小時，性喜乾燥；結瓜後，又宜濕潤，但雨水過多，則個頭增大，而香味減淡。土質無論砂土粘土或腐植質土，俱能生長，惟種植於粘土地，味氣微減。地勢宜向陽，不宜背陰，在空氣流通之平坦地內，最為適宜；種在水地或園地，則成熟甚早，而味氣平常；種在旱地，則味氣甚佳，但成熟略遲。

輪種　甜瓜不宜連種，須與其他作物輪種，在前種之作物，以麥茬為最好，高粱黍谷等茬，亦尚相宜，倘種在芝麻及棉花茬地或在茬地內，均足使苗枯死，故種植甜瓜，對於茬地方面，須加以深切注意焉。

耕地施肥　甜瓜種地之耕地方法，因茬而異，麥茬於秋夏兩季，犂地四次，高粱黍谷等茬，於秋季犂地二次，不須耱耪，亦有僅耕一次者。至冬季或開春時，以牲畜糞成人尿糞和入坑土，用耙擦碎，堆置地內，擁土蓋好，至驚蟄前後，撒開肥料，犂翻土中，耱耪平坦，以後每雨一次，耪地一次，至下種時為止。亦有行距二尺五寸至三尺，株距一尺三寸至二尺，或橫順俱一尺七八寸，堆糞一撮，用鍬翻入土中者；又有種在水地，撒糞地面，用鍬掘翻，耙平地面，刮成畦堰，以候下種者。

下種鋤地及追肥

下種期，因地而異，早在清明節前，遲至小滿前後，先將種籽用水洗淨，於堆糞處，掘一深約寸許之小穴，澆水穴內，點籽四五粒至七八粒，用土埋蓋；亦有不以水浸，將三脚耬之中孔塡實，用耬下種者。發芽約七八日至十餘日。苗長出二寸至四寸時，間苗一次或二次，每簇留苗一株，株距一尺三寸至二尺，深鋤一次，在距苗三四寸處，掘成小穴，施人尿糞於穴內，壅土埋蓋，耙耬一次，用鍬拍平。苗長至四五葉時，每雨一次，鋤地一次，亦有再施黑豆或麻籸者。若種於水地，則先做成畦，每畦勾壕兩行，深約一寸，將種籽按二寸距離，勻排壕內，或用手攤，或用足踏，將壕埋平，上蓋細砂，厚約五六分，亦有不鋪砂者。下種後，澆水畦內，隔三四日，耙地一次，七八日發芽，苗長至四葉，高度達三四寸時，間苗一次，苗距七八寸，不鋪砂者，於結瓜前須多鋤數次，結瓜後不須再鋤；鋪砂者，則不可行耡地手續。

摘心

甜瓜就地生長，既不須搭架，亦毋庸壓條，惟摘心手續，則必須舉行。摘心之法，因瓜之種類而異，蛤蟆脆及羊角脆，苗長至四葉時，摘去頂心，留二支芽；再長至二葉時，又摘去頂心；復發二支芽，候出一葉，卽行摘心；以後則留瓜而去頂。捧兒瓜，苗長至六七葉時，摘去頂心，生出支芽，擇留上端者二，長至尺許時，再摘去頂心，則葉間又生支蔓，蔓間可結一瓜。桀瓜，長至二葉時，摘去頂心，留二支蔓，支芽長至三葉時，再摘去頂心，以後凡發出支芽，俱行摘心，每苗能結瓜二個。他種甜瓜，大概長至六七葉時，摘去頂心，而擇留支芽三根，再長至尺許時，再行摘心，以後再長支芽，則再摘心。

管理

甜瓜於結瓜時，將有瓜之葉，用土壓好，以防風害；雨後天晴時將附瓜之小莽摘去，使瓜不至朽落；地氣過濕，最易腐爛，故有「西瓜斑點甜瓜爛，香瓜結下些串鈴蛋。」之俗語，因之摘心多在正午前後，雨後再將瓜翻轉一次，使苗內及瓜皮，俱不受潮濕，以減少腐爛病症；種於水地之甜瓜，結瓜後，每三四日澆水一次，蓋澆水愈勤，則成熟愈速也。

除害

甜瓜之蟲害，在苗小時，有紅色瓜牛及黑色露猴，食害瓜葉，用柴灰或黑礬水撒布地面以除之；臨成熟時，多生瓜蛆，如將瓜多翻轉數次，使瓜皮遍受陽光之照晒，則蛆不易生。

摘收

甜瓜之收穫期，大概在夏至節至立秋節。但亦有早在小暑節及遲至白露節者。採摘時，須擇天氣晴亮之日，於晝間行之，早晚均不相宜，採摘方法，係揀成熟者，以手摘下，但黑皮瓜成熟，有自行脫離瓜蔓者，祇須檢拾而已。

留種

甜瓜之種籽，須於先年預爲留種。留種之法係將十分成熟之甜瓜，取出瓜籽，倒入磁盆，置放背陽之處，使之發酵，日期愈多，則次年所結之瓜，甜味愈大，發酵時，不可照晒或添水，因照晒可致僵死，添水則可致出芽也。然後用水洗淨，晾乾貯藏，置於無烟氣之清涼地方，以備來年下種之用。